■ 지은이

최해양崔海洋 CUI Hai-yang

1972년생 길림성 류하 출신 조선족 학자로 운남대학교 민족학 박사 학위를 취득하고, 현재 귀주민족대학교 부총장, 교수, 박사 지도교수로 지내고 있고, 중국정치협상위원회 위원 등도 겸하고 있다. 중국사회과학중대전문프로젝트 등 국가급 프로젝트 5개를 담당하고, 『한국인류학백년』 등 저(역)서를 집필했으며 100여 편의 논문을 발표하고 성(부)급 연구상 1등상을 획득했다.

■ 옮긴이

김국화金菊花 JIN Juhua

중앙민족대학교 조선언어문학박사 학위를 취득하고, 상해외국어대학교 언어과학연구원에서 연구원으로 지내고 있다. 산동대학교 외국어대학 한국어학과 10년 재직 경력이 있다. 『朝鮮后期漢譯諺語集〈耳談續纂〉語言對比研究』 등 15권의 학술 저서를 집필 및 번역하고, 『韓語翻譯教程: 口譯』 등의 책임 편집을 맡았으며, 국내외 학술지에 30여 편의 논문을 발표했다. 중국사회과학프로젝트 등 국가급 프로젝트 2개를 담당하고 '정음상', 산동성해외언어학회우수논문상 등 연구상을 수상했다.

中国侗族稻作文化研究

Copyright ⓒ 2024 by CUI Hai-yang
Original Chinese edition published by 貴州大學出版社 Co., Ltd.

Korean Translation Copyright ⓒ 2025 by Minsokwon
Korean translation edition published by Minsokwon

이 책의 한국어판 저작권은 貴州大學出版社와의 독점 계약으로 민속원에 있습니다.
저작권법에 의해 보호를 받는 저작물이므로 무단전재와 무단복제를 금합니다.

민속원 아르케북스 255 minsokwon archebooks

중국 귀주성 동족侗族 쌀농사의 생태인류학

| 최해양 지음 |
| 김국화 옮김 |

민속원

책을 펴내면서

　자연과 인간은 생명 공동체로, 서로 고립된 것이 아니라 지금까지 상생·융합의 길을 걸어 왔다. 인류 문명의 오랜 진화 과정에서 생계는 집단 생존의 기본 전략이기도 하지만 문화체계를 구성하는 핵심적 요소이기도 하다. 중국 귀주貴州성 여평黎平현 황강黃崗 동족侗族의 전통적 생계방식은 인간이 자연환경과 어떻게 얽히고설키면서 생존 시스템을 구축하고, 자연과 조화를 이루면서 경제·생태·문화의 공존과 발전을 해왔는지를 생생하게 잘 보여주고 있다.

　생태인류학에 대한 깊은 관심은 이 책의 출간으로까지 이어졌다. 사실 이와 관련된 연구는 박사 과정 중 윤소정尹紹亭 지도 교수님이 제시한 연구 방향과 양정석楊庭碩 은사님의 지도하에 진행한 귀주성 황강 동족의 생계 패턴에 대한 조사에서 비롯되었다 해야 할 것이다. 다년간의 현장조사에서 나는 관찰자로서 더 나아가 실천가라는 이중 신분으로 문화적응이라는 연구 시각에서 동족의 전통 농업, 산림 이용, 민간 지혜의 축적과 전승을 깊이 있게 이해하려 했다. 줄리안 스튜어드Julian Steward의 '문화 생태학cultural ecology'에서 알 수 있듯이 문화적 적응은 정적이거나 전통적인 것만을 고수하지 않고, 역동적이고 환경에 따라 진화하는 것이다. 따라서 급변하는 시대에서 동족이 전통적인 생계 시스템을 통해 환경과 어떻게 조화로운 생존 방식을 구축하고, 이러한 생계방식의 지속 가능성 또한 어떻게 나타나는지, 그리고 이러한 경험은 오늘날 생태 관리에 어떠한 시사점을 주는지 하는 등이 바로 이 책에서 다루고자 하는 핵심 과제들이다.

어떤 생계든 그것은 특정한 역사적 조건의 산물로 한 민족의 역사적 기억과 염원을 담고 있으면서 시대적 진화와 발전을 보여준다. 현대 사회의 거센 물결 속에서 황강 동족의 전통적 생계방식은 많은 도전과 어려움을 겪었음에도 불구하고 대대로 이어온 그것이 갖는 생태적 지혜와 문화적 의미는 세월의 흐름 속에서 여전히 활력적이면서 더 큰 매력을 발하고 있다. 황강에서 우리는 서로 얽혀서 구성된 유기적인 적응 시스템을 발견할 수 있었다. 황강 지역의 논은 단순히 식량을 생산하는 기능뿐만 아니라 수자원 관리, 물고기·오리 공생, 산림 보호 등 다원적 기능을 통합한 생태적 장치로 생태적 지혜를 지닌 지속 가능형 모델이며, 동족의 전통적 생계가 민간 지혜를 통해 어떻게 환경에 잘 적응했는지를 보여주기도 한다. 동족 마을에서 농업 활동은 고립적으로 진행되는 것이 아니라 더 광의적인 문화 및 사회 시스템에 포섭되어 제사 활동, 사회적 금기, 마을 자치 규약을 통해 안정정적인 기능을 보장해 왔다. 따라서 전통문화의 적응력은 생물학적으로만 반영되는 것이 아니라 사회 및 문화 구조와의 조화로운 발전과도 연관된다. 황강에서 생계수단의 선택은 자연자원의 제약은 물론 사회조직과 문화적 관념에서 오는 영향도 크게 받는다. 이러한 이중 적응을 통해 동족은 역사 발전 속에서 문화적 전통을 전승함으로써 획일적인 현대화 농업 모델의 도입이라는 역사적 운명을 모면할 수 있었다.

　　전통적 생계방식은 고정불변의 유산이 아니라 끊임없이 발전을 한다. 20세기 이후 산업된 농업의 영향, 남벌로 인한 산림자원의 파괴, 시장경제의 침투로 동족의 전통적 생계 모델의 안정성은 끊임없이 위협을 받아왔다. 이 책은 황강 동족이 생태적 발전과 문화적 적응력을 어떻게 유기적으로 결합해 이러한 도전에 응전해 왔는지를 심도 있게 다루었다. 예를 들어 동족은 새로운 농업 기술의 도입에 있어 전면적 수용이나 거부 등으로 단순하게 대응한 것이 아니라 분별적 수용을 통해 지역 농업 생태계에 적응하게 했다. 이러한 문화적 전략은 동족의 생계 모델의 뛰어난 적응력을 보여줌과 동시에 지속 가능한 미래 지향적인 발전은 결코 단일 기술을 주도로 해서 실현되는 것이 아니라 전통적인 지혜와 현대적 혁신을 결합해야 함을 시사하는 현대적 농업 개발 모델에 대한 성찰의 기회를 제공했다.

생태 위기와 문화적 갈등은 오늘날 세계가 직면한 2대 주요 난제이다. 이를 대함에 있어 황강의 사례는 생태적 문제의 근본 원인은 대체로 문화적인 것들로 단순히 기술적 또는 경제적인 것이 아니기에 문화생태학적 접근을 해야만 문제를 해결할 수 있는 가능한 방식임을 잘 보여주고 있다. 즉, 생태 위기의 해결책은 물리적 공정이나 정책적인 규제에만 의존하는 것이 아니라 문화적 적응의 관점에서 민간 지혜를 이해하고 존중하고, 전통적 생계방식에서 지속 가능한 발전을 이룰 문화적 전통의 가치를 찾아내야 한다는 것이다. 이 책은 자연을 존중하고 자연에 순응해야만 인간은 자연과 조화롭게 공존할 수 있고, 문화를 존중하고 전통을 전승해야만 문화의 민족성과 다양성을 유지할 수 있음을 시사한다. 이는 곧 지속 가능한 발전관을 지닌 생태적 지혜이자 문화적 자각이라 해야 할 것이다.

이 책은 현장 답사의 연구 결과물이면서 과학적 탐구를 지향한 이론적 시도이다. 전통적 문화인류학의 정적 연구 패러다임을 넘어 생태적 적응이라는 동적인 관점으로 인간과 자연이 상생하는 발전 메커니즘을 밝히고자 했다. 이를 위해 연구의 과학성과 신뢰성을 확보하기 위해 참여관찰, 면접조사, 정량적 분석 등 다양한 연구 방법들을 적용했다. 또한 생태인류학ecological anthropology과 발전 연구의 차이를 좁히고자 민간 지혜의 지속 가능한 개발을 위한 현대적 전략에서 지니는 핵심적 가치를 재조명하는 데 이론적 가치를 두었다. 연구 절차에 있어 현대화 발전과 생태 보호 간의 '개발 함정'을 피하는 방법에 대한 답을 찾고, 지역문화를 존중한다는 전제 하에서 문화의 힘으로 생태, 경제, 사회자원의 통합을 이루어 지속 가능한 발전의 내생적 모델을 구축할 것을 강조했다.

이 책에서 황강 동족의 논은 독특한 생계방식은 물론 인간과 자연이 조화롭게 공존할 수 있다는 인간과 자연 관계의 또 다른 가능성을 제시했다. 세계적인 현대화 물결 속에서 지역문화는 역사적 유물이 아니라 미래 지향적인 자원이다. 전통문화는 현대화의 장애물이 아니라 지속 가능한 미래를 여는 교량일 수도 있다는 답을 황강의 조사를 통해 찾을 수 있었다.

이 책의 개정판(귀주대학출판부, 2024) 출간은 과거 연구에 대한 검토와 정리이기도 하지만 오늘날 우리가 당면한 생태 위기를 대처함에 있어 학계뿐만 아니라 일반 독자들의 인식과 사고의 폭을 넓히는 데도 도움이 되었으면 한다. 특히 이 책의 한국어판 동시 출간은 한국과 중국의 문화 교류를 위한 구체적 실천이며, 세계화라는 시대적 배경 하에서 문화 간 이해를 증진하고, 중국의 국가 이미지를 제고하기 위한 중요한 시도라는 점을 짚고 넘어가지 않을 수 없다. 이를 통해 전 세계에 중국의 풍부한 생태 문화적 전통에 대한 이해를 넓히고, 생태인류학 관련 국제적 대화를 위한 새로운 연구 시각을 제공했으면 하는 바람이다. 인간과 논에 관한 이야기는 현재진행형으로, 인간과 자연의 관계에 대한 우리의 이해는 아직 끝나지 않았다. 아무쪼록 이 책이 이와 관련된 토론을 광범위하게 불러일으키고, 인간과 자연의 조화로운 발전을 이루는 가능성을 함께 모색함을 촉구하는 계기가 되기를 바란다.

2025년 2월
최해양

차례

책을 펴내면서 • 4

제1장 황강 마을의 인문 및 생태 배경 —— 013

   1. 마을의 인문 경관 ·· 14
   2. 마을의 지리적 환경 ·· 26
   3. 마을의 기후 및 식생 ·· 30
   4. 마을의 2차적 생태환경 ·· 35

제2장 황강 마을의 역사 —— 039

   1. 동족의 역사 ·· 40
   2. 동족의 마을 구술사 ··· 44
   3. 마을과 역대 왕조와의 관계사 ··· 55
   4. 마을의 경관 변화 ··· 60

제3장 황강 마을의 동족 문화 —— 067

   1. 동족의 전통적 생활 습관 ··· 68
   2. 동족의 전통적 생산 풍속 ··· 74
   3. '함천제'에 나타난 동족의 생태적 관념 ································· 78
   4. 동족 문화의 자연적 적응 ·· 86
   5. 동족 문화의 사회적 적응 사례 ·· 91

제4장 황강 동족의 전통생계 — 095

1. '전통농업' 개념의 모호성 ··· 96
2. '전통농업' 개념의 새로운 이해 ·· 101
3. '전통생계'와 '전통농업'의 차이 ·· 106
4. 동족 전통생계의 특징 ·· 109

제5장 다양한 황강 찰벼 품종 — 117

1. 동족 문화의 자연적 적응의 평가 기준 ······································ 118
2. 내음랭·내비성 산림 찰벼 품종 ·· 123
3. 내한·조숙·완숙 외래 찰벼 품종 ··· 130
4. 선조로부터 물려받은 고유의 찰벼 품종 ···································· 134

제6장 황강 동족의 자연재해 대처 방법 — 139

1. 동족 전통벼 생계의 리스크 대처 능력 ······································ 140
2. 전통생계의 자연재해 대책 ·· 142
3. 전통생계의 자연재해 예방책 ··· 149

제7장 동족의 물고기·오리·벼 공생 농업방식 — 157

1. '온역론'과 '잡초론' ··· 158
2. 물고기·오리·벼 공생의 자연재해 대처 효과 ···························· 160
3. 물고기·오리·벼 공생 방식에서 '거시적인 조정·제어 역할' ······· 166
4. 자원의 고효율 이용 및 특별 보호 방식 ···································· 172

제8장 황강 동족의 생태환경의 취약성에 대한 대응책 —— 179

    1. 경작지·못·수로망 구축 ·· 180
    2. 유수침식의 방지 ·· 186
    3. 생태 취약성의 보완 ··· 191
    4. 산림 생태계 보호 ·· 196

제9장 황강 동족의 벼문화 적응의 이중성 —— 207

    1. 기존 연구사 검토 ·· 208
    2. 새로운 문화 정의와 문화적응의 이중성 ···························· 214

제10장 황강 동족 전통생계의 발전과 변화의 문화적 원인 —— 221

    1. '사회문화적 통합모델'과 '문화변동' 이론 ·························· 222
    2. 동족 전통문화의 '문화접변' 과정 ····································· 228

제11장 황강 동족 전통도작문화의 자기 보호 —— 235

    1. 전통 찰벼 품종의 보호 ·· 236
    2. 전통 찰벼 품종의 도입 메커니즘 ····································· 243
    3. 전통 찰벼 품종의 육성 메커니즘 ····································· 246
    4. 전통 찰벼 품종의 번식 메커니즘 ····································· 250

제12장 황강 전통생계가 산림 파괴로 입는 충격 — 257

1. 산림 파괴의 역사적 과정 ········· 258
2. 산림 파괴의 문화적 원인 ········· 263
3. 전통생계가 산림 파괴로 입는 충격 ········· 265

제13장 황강 전통생계에 외래 기술이 미친 영향 — 273

1. 외래 영농기술이 황강 마을에 가져다 준 충격 ········· 274
2. 비료와 농약 보급이 황강에 가져다 준 충격 ········· 279
3. 황강 주민의 외부 영농 기술 도입과 응용 ········· 285
4. 유연한 제도적 보장이 황강 전통생계에 미친 영향 ········· 290

제14장 황강 전통생계의 지속가능성 — 301

1. '지속가능성'의 개념과 발전적 변화 ········· 302
2. 동족 전통생계와 지속가능한 생태 ········· 312
3. 동족의 전통생계와 지속적인 자원 공급 ········· 320
4. 동족의 전통적 농업·목축업 상품과 지속적인 시장 보장 ········· 330

제15장 결론 및 토론 — 339

부록 — 349

옮긴이의 글 • 373
참고문헌 • 377
찾아보기 • 384

제1장

황강 마을의 인문 및 생태 배경

1. 마을의 인문 경관
2. 마을의 지리적 환경
3. 마을의 기후 및 식생
4. 마을의 2차적 생태환경

제1장

황강 마을의 인문 및 생태 배경

1. 마을의 인문 경관

황강 마을은 귀주貴州성[1] 동남부에 위치한 검동남묘족동족자치주黔東南苗族侗族自治州 여평黎平현 쌍강雙江향에 속하는 행정구역으로, 지리적으로 자치주의 종강從江현과 인접해 있다. 관할 지역인 여평현에서 뻗어 나와 반도 모양을 하고 있는 황강 마을은 북쪽을 제외한 삼면이 종강현에 둘러싸여 있고, 북쪽 만이 쌍강향 관할 구역인 평천平天 귀미貴密, 사채四寨, 잠하岑河 등 네 행정촌과 인접해 있다. 여평현, 종강현 두 현의 변두리에 있는 황강 마을은 쌍강현 내에서 가장 변두리에 있는 행정촌이다. 황강 주변의 마을들은 종강

---

[1] 귀주성(貴州省)은 중국의 서남부에 위치한 성이다. 귀양시(貴陽市), 육반수시(六盤水市), 준의시(遵義市), 동인시(銅仁市), 필절시(畢節市), 안순시(安順市) 등 6개 지급(地級) 시와 검서남포의족묘족자치주(黔西南布依族苗族自治州), 검동남묘족동족자치주(黔東南苗族侗族自治州), 검남포의족묘족자치주(黔南布依族苗族自治州) 등의 3개 자치주(自治州)를 관할하며, 성도(省都)는 귀양시(貴陽市)이다. 동으로는 호남성(湖南城)과 접하고, 남으로는 광서장족자치구(廣西壯族自治區)와 이웃하고, 서로는 운남성(雲南省)과 접하며, 북으로는 사천성(四川省)과 중경시(重慶市)와 접하고 있다. 귀주성의 전체 인구는 3,475만 명(2010년)이며, 중국에서 소수 민족이 많이 살고 있는 성 가운데 하나로 묘족, 포의족, 동족, 이족, 수족, 요족 등의 소수 민족이 약 37.8%를 차지한다. 중국 전체에서 묘족은 절반 정도, 동족은 절반 이상, 포의족은 거의 전부가 이 성의 중남부에 거주하고 있다.

현 고증高增향 관할 지역으로 변두리에 위치한 행정촌 소황小黃, 점리占里의 경우도 황강 마을과 인접해 있어서 고증향에서 보면 황강 마을은 아주 변두리에 위치한 행정촌이다.

귀주성의 위치

황강 마을이 위치한
검동남묘족동족자치주

이런 치우친 지역인 만큼 황강 마을은 지금도 도로가 공식 개통되어 있지 않다. 불과 20년 전만 해도 맑은 날에만 겨우 소형 자동차로 황강 마을에서 향내 정부 소재지인 쌍강향 또는 남으로 종강현 고증향 소황촌까지 시골길을 이용할 수 있었다. 워낙 동, 서가 높고 가파른 산에 첩첩이 둘러싸여 있다 보니 이 두 시골길을 제외하고는 산림을 지나는 오솔길 등 비포장 산길을 이용해야만 종강현의 관동貫洞, 용도龍圖, 서쪽으로는 종강현 낙향洛香촌으로 다닐 수 있었다.[2] 그러나 황강 관광업의 발전으로 교통 상황은 획기적인 변화를 가져왔다. 현재 교통은 아스팔트길로 된 간선도로가 동서를 연결하고, 집들이 도로 연선에서 산으로 이어져 있다. 동에서 서로, 북에서 남으로 흐르는 두 강이 황강 마을을 관통하다 채문 아래쪽과 마을 남서부에서 만나 하나로 이어져 최종 하류지역인 쌍강진鎭으로 흘러든다. 현재 황강 마을은 중국의 고속열차역과 40분 거리에 위치하고, 동족 마을인 조흥肇興 관광명소까지 고속으로 1시간 채 안 되는 거리에 있어 이전에 비해 교통이 아주 편리해졌다.

지리적 위치로 보면, 마을은 동남이 높고 서북이 낮은 데다가 여평현 남동부의 좁고 기다란 산골짜기에 있어 흡사 노로 젓는 배를 방불케 한다. 전망대에서 내려다 본 황강 마을은 가옥이 촘촘하게 들어서 있고 산들이 병풍처럼 둘러 싸여 있다. 마을에 총 다섯 고루鼓樓가 있는데 그중 새로 조성한 고루는 마을 한가운데에 촌민위원회가 공무를 보는 곳과 가까이 하고 있고, 나머지 네 고루는 주위에 주민들의 가옥에 둘러 싸여 서로 다른 구역으로 나뉘는데 이러한 배치는 촌락노인 의사회寨老議事會의 소집에도 유리하다.

언뜻 보면 이런 치우친 지리적 조건으로 인해 황강 마을의 외부 교류가 폐쇄적일 수밖에 없는 것처럼 보이지만 사실상 그렇지 않다. 심도 있는 조사 결과 황강 마을은 동족 문화권에 있는 호남湖南, 귀주, 광서廣西 등 세 성의 동족 지역과 하나로 어우리지면서 '천삼千三'관款[3] 중의 '백오황강百五黃崗'에 속하는 것으로 나타났기 때문이다. 여기서 '백오百五'

---

2 黎平縣志編撰委員會編, 『黎平縣志』, 巴蜀出版社, 1989.
3 역주: 과거 동족이 지연과 혈연을 유대로 구성한 마을 공동체의 협약과 법에 의거해 구축한 지역, 행정, 군사방어 등 성격을 지닌 연맹으로 동족의 사회조직이며 사회제도이다. 관수款首, 관각款脚, 관중款衆군軍, 관평款坪, 관패款牌, 관약款約, 관관款判 등으로 구성되는데, 고방古邦, 수구水口, 뇌동雷洞, 남강南江 일대의 '사

는 동족 '합관合款'⁴ 중 황강의 150가구가 포함된다는 것을 말한다. 마찬가지로 '천삼관구 千三款區'는 '합관'⁵ 중 1,300가구가 관련 주민임을 뜻한다. 이렇게 가구 수를 지역 명으로 하는 호칭은 동족 지역에 통용되는 지명 규범이다. 이런 '관약款約'은 성립되는 즉시 지명과 지역 획분도 정형화되어 다음 큰 '합관'이 새로 생겨날 때까지 줄곧 사용되는데 '합관'이 바뀌면 지명과 지역 획분도 새로 정해진다. 이런 독특한 지명 명명 방식은 다른 민족들은 잘 이해되지 않을 것이다. 한편 통상적으로 일정 지역의 가구 수는 특정 상황에서는 줄어들 수도 있지만 시간이 흐름에 따라 늘어나기 마련이다. 그러나 동족 지역에서는 '관약'에 의해 나뉜 가구 수가 오랫동안 안정적이고 변화하지 않는다. 왜냐하면 동족 지역에서는 이미 일찍이 산아제한 관습법을 실시했기 때문이다. 흔히 가구 당 1남1녀만 가능한데 아들이나 딸을 하나 더 갖고자 하면 지역사회의 동의는 물론 촌락노인 의사회의 허가를 받아야 했다. 출산 관련 현대과학기술이 도입되지 않았던 과거에 동족 지역에서는 신생아 익사溺嬰⁶ 수단으로 관약에 의한 위의 관습을 순조롭게 이어나갔다는 사실도 짚고 넘어가지 않을 수 없다.

20세기 초, 황강 마을에는 불과 150호만이 살고 있었다. 그 후 한족과 다른 민족이 들어와 정착하면서 황강 마을의 동족은 '인재 유치'와 경제 발전을 감안해서 촌락노인 의사회의 토론을 거쳐 소수 외래 민족의 마을 정착을 허락하기 시작했다. 그러나 이들 외래 민족

각우四脚牛'관, 조흥肇興, 피림皮林 일대의 '육동六洞'관, 고진高進, 유방流芳 일대의 '천보동天甫洞'과 '천보육동합관天甫六洞合款' 등 현縣의 동족 공동체 조직은 모두 관 조직에 속한다.

4 합관은 소관小款, 중관中款, 대관大款, 연합대관聯合大款 등으로 나뉘는데, 가구 수와 인구 규모에 따라 소속 마을의 수가 결정된다. 큰 마을은 따로 또는 여러 작은 마을로 구성되고, 작은 마을은 십여 개 또는 수십 개 소관으로 구성된다.

5 동족 관款 관련 구체적인 내용은 이하 내용 참조 가능. 湖南省少數民族古籍辦公室主編, 楊錫光, 楊錫, 吳治德 整理:『侗款』, 岳麓書社, 1988; 楊進飛,「侗款制探」,『民族論壇』, 1987(3); 雷廣正等,「侗族地崗"洞", "款"組織 的特徵和作用」,『民族研究』, 1989(3); 向零:「洞款鄕規及其演變」,『貴州民族研究』, 1989(3); 楊秀綠,「侗款 的產生, 功能及傳承探探」,『中南民族學院學報』, 1989(1).

6 '신생아 익사' 관습은 10년전 까지만 해도 상당히 보편적인 현상으로 저자가 황강촌에서 조사하는 동안 현지 주민들로부터 확인한 바 있다. 1980년대에 귀주민족연구소에서 귀주의 소수민족 거주 구역을 대상으로 한 '6산6수六山六水' 조사에서도 당시 '신생아 익사' 현상이 있는 것으로 나타났다(向零,「重訪九洞」, 貴州民族硏究所編,『六山六水調查』, 1986).

은 반드시 동족문화를 받아들이고 산아제한을 하며 영원히 가구 수를 늘리지 않을 것을 사람들 앞에서 약속해야 했다. 이를 어겼을 경우 황강 마을에서 쫓겨나야 했다.

이번 조사에서 저자는 황강 마을의 초등학교 입구에 세워진 몇몇 비석 가운데 광서光緒21년(1895)에 새겨진 비석에 외래인 양자를 들이고 외래인의 입적을 허락하는 등 관련 규정들이 기재되어 있음을 발견할 수 있었다. 그 후 방문조사를 통해 이런 식으로 황강 마을에 입적하여 정착한 가구 수가 50호로, 석石, 방芳, 왕汪, 진陳, 낭梁, 계啟 등 성씨 사람들인 이들은 오씨로만 구성된 현지인들과 선명한 대조를 이루었다.[7] 이들 이주민들의 입적으로 황강 마을의 가구 수는 209호로 늘어나게 되었다. 1950년대에서 1980년대까지 중국의 인민공사제도가 실시되고, 정부의 산아제한 정책은 실시되지 않은데다 동족의 전통적인 산아제한 관습 또한 폐지되었기 때문에 황강 마을의 가구 수는 50% 증가하여 305호로 늘어났다. 저자가 황강 마을을 조사했을 때 현지의 동족 가구 수는 305호였으니 20년 동안 이 지역의 인구는 1.7% 증가한 셈이다. 2019년 기준 호적을 기입한 황강 마을 인구수는 1,797인으로 총 365가구였는데 인구 증가율이 전국적으로도 가장 낮았다. 이는 중국 정부의 산아제한과 동족의 전통적인 산아제한 관습이 공동으로 작용한 결과라 할 수 있다. 인구증가로 보면 황강 마을은 동족 지역 나아가 전국적 범위 내에서

---

7 오씨 성이 아닌 이 지역 사람들은 서로 다른 지역에서 왔다. 이를테면, 진陳씨 성을 가진 사람들은 황강촌 소속 여평현의 중조中潮진 반로潘老마을에서 온 대장장이들로 철기구를 워낙 잘 만들어서 남을 것을 권유하여 지금까지 이 7~8대가 이 지역에서 살고 있다. 방芳씨 성을 가진 이들은 본적이 종강현 낙향洛香진 간단干团촌으로 이 지역에 온 석장石匠의 후예(구체적인 조사 필요로 함)로 아직도 본적 간단촌에 조상의 묘가 있어서 해마다 제사 지내러 다녀온다고 한다. 석石씨 성은 총장현 고증향 바파岜抓촌에서 중화민국(1912~1949) 시대에 나무통木桶을 만들러 황강촌에 왔다가 진광후陳光輝 댁의 장기 고용인으로 지내다 중화인민공화국 설립 후에 완전히 정착하게 되었다. 왕汪씨 성은 황강촌 소속 여평현의 멸동滅洞에서 왔으며 1949년까지만 해도 2가구였던 것이 중국의 토지개혁 후에 1가구가 사채로 이주해 거주하게 되었다. 양梁씨 성은 1950년대에 본적이 장관동江貫洞인 향의 공급판매협력사供銷社의 판매원이 이곳에 머물게 되면서 점차 정착하게 되었다. 여기서 짚고 넘어갈 것은 이곳에 정착한 외래인 중 성을 오씨로 바꾼 사례는 1건이 있다. 즉, 본적이 여평현 암동岩洞진 신동新洞촌인 임씨林氏 성을 사용했던 큰어머니 가족의 오노계吳老启의 경우도 이럴진대 그 조상이 여기저기를 다니며 '동서侗書(날짜를 봐 주는 책)'를 전달하다 황강촌에 이르렀을 때 노인들이 교양 있고 사리 밝다고 판단해 이곳에 남아 글을 가르칠 것을 권장했다. 나중에는 큰어머니 가족의 성으로 바꿔서 적을 올려 지금까지 4~5대가 여기서 정착해 살고 있다. 현재 다른 성씨인 외래인들은 옛 동네에서 살고 있다(위의 내용은 황강촌 촌락노인 의사회에서 제공).

도 일관성을 지니고 있음을 알 수 있는데, 이는 외지이고 폐쇄적인 황강 마을의 이미지가 표상에 불과하다는 것을 뜻한다.

현재 황강 행정촌에는 황강, 잠추岑秋 두 자연마을이 있는데 그 중 황강 마을 주민은 동족이 100%, 잠추 마을의 경우 54가구 모두 묘족苗族이다. 촌위원회가 황강마을에 설치되어 있기에 황강마을은 촌에서 중심 마을의 기능을 하게 되고, 촌위원회 외에도 황강 마을에는 위생소, 초등학교, 공급판매협력사를 하나씩 두고 있다. 상급 행정부문에서 황강 마을에 와서 행정기관 공무를 볼 경우 모두 황강에 묵었지 잠추 묘족 마을로 가는 경우는 극히 드물다. 현지 주민들의 말에 의하면 최근 10년 사이 고작 향장鄕長 한 분이 잠추 묘족 마을을 방문하여 4시간 동안 이야기를 나누었다고 한다.[8] 황강 마을의 남서쪽에 위치한 잠추 마을은 황강마을과 직선거리가 2.5㎞ 밖에 안 되지만 워낙 산이 높고 골짜기가 깊어 두 곳을 연결하는 오솔길은 실히 5㎞ 될 뿐만 아니라 험난하여 적어도 반나절은 걸리기에 황강마을보다 더 외진 곳이다. 황강 마을과 달리 잠추 묘족의 전통생계방식은 벼 재배 외에 대량의 밭작물을 재배하고, 임업과 상업은 일반적으로 경영하지 않으며 공부를 했거나 글을 아는 사람이 더욱 적다. 그러나 이곳의 묘족은 자기 민족어는 물론 동족어를 하고 동족의 노래까지 부른다.

황강의 행정촌은 현재 11개 생산 소조를 관할하고 있다. 경작지와 산림을 보면, 제1조와 제9조는 해당 행정구역 내 남부, 제2조와 제10조는 남동부, 제3조와 제11조는 북부, 제5조와 제7조는 서부, 제4조와 제8조는 북동부에 위치해 있다. 잠추 묘족 주민으로 구성된 제6조는 경작지와 산림이 황강 마을의 남서쪽에 위치해 있다. 잠추 촌의 행정편제를 보면 황강 마을이 동족을 주체로 한 것과 달리 묘족을 포함한 다민족 연합의 촌락이라 할 수 있다.

동족의 전통사회 편제를 보면 황강 마을의 동족 주민은 같은 가계家系의 다섯 방족房族[9]

---

8   2003년 2월, 쌍강향 향장 양송성梁松成이 산아제한 업무팀을 인솔하여 잠추 묘족 마을을 다녀간 적이 있는데, 당시 향장을 수행한 향의 산아제한 업무 담당자 외에도 황강촌의 산아제한 업무는 전문담당자計生員 오귀상吳貴祥(본 연구과제의 취사 담당)도 있었는데, 그의 소개에 따르면 당시 향장을 수행해 잠추의 산아제한 업무를 본 후로 잠추와 가까운 본인의 논에 물고기가 도둑 맞는 일이 자주 일어났다고 했다.

으로 구분된다. 중화인민공화국 설립 전 다섯 개로 세분화된 이들 방족은, 거주 구역은 물론 경작지와 산림도 모두 명확하게 구분 짓고 관할권도 따로 갖고 있었다. 따라서 각 방족은 오직 혈연관계에 의해 경작지와 산림 소유권을 양도했는데 방족 간 경작지와 산림은 침범은 물론 매매는 더더욱 허용되지 않았다. 방족 영유의 경작지와 산림을 제외하고도 전반 황강 동족 가문은 공동의 산림도 갖고 있었는데, 이 산림은 '소령小岭'에 위치하고 있다. 황강 마

황강 마을의 '용림'

을의 서부에 위치한 소령은 남북 방향의 작은 고개로, 산봉우리는 황강 마을보다 180m 정도 높이 솟아 있다. 역사적으로 이 공공산림은 황강 동족가문의 공용묘지로 산의 수목은 황강 마을 주민에게 줄곧 숭배와 존경, 사랑을 받았다. 따라서 정치적 풍파와 영향으로 얼룩진 지난 20세기는 물론 지금도 소령에는 수백 년 된 고목이 자라고 있다. 동족의 전통 습관대로라면 소령의 산림들은 정확하게 '용림龍林'이나 '방풍림護寨林'으로 불러야 할 것이다.

황강 마을의 동족 가문은 대외로 '오吳'씨 성을 사용한다. 동족의 구전 역사에 의하면 '오'와 '석石'씨는 모두 잘 나가는 집안이었다. 장강 삼각주 일대에서 태어난 오씨 선조는 현지 한족과의 갈등으로 전전하다 나중에 호남湘, 귀주黔, 광서桂 세 성의 변경 지역에 정착하게 되었다고 한다.[10] 먼 훗날 집안이 번창하여 12개 가계로 나누어지는데, 황강과 같은 향인 황강 마을 소속 여평현에 있는 네 촌의 동족 주민이 바로 이 가문에서 열두 번째 되는 파의 후손들이다. 네 마을의 동족 주민은 이 가계 종가의 후손들이고, 황강 마을 동족 주민은 이 가계 막내 동생의 후손들이다. 황강 마을에 거주한 동족 오씨는 훗날 다

9　방족은 부계 친족을 말하는데, 동족어로는 '부라補拉', 즉 아버지와 아들이라는 뜻이다.
10　楊國仁, 吳定國等整理, 『侗族祖先那里来』, 貴陽: 貴州人民出版社, 1981.

섯 방족으로 또 구분된다. 동족에서 이어져 내려오는 마을 전통에 따르면, 마을 설립 후 반드시 지역사회만의 살세薩歲[11] 제단祭壇과 고루鼓楼[12]를 설립해야 했다. 황강 마을에서 가장 일찍 설립된 살세 제단과 고루는 모두 마을의 서쪽 높은 언덕위에 위치해 있다. 현재 이 옛터에 새로운 고루가 하나 세워져 있다. 이 고루를 마을에서 계보고루鷄保鼓楼라 부른다. 한어로 해석하면 옛 동네 고루老寨鼓楼 이다. 이 고루 외에도 중화인민공화국 설립 전에 마을에는 다른 의사공당議事公堂이 네 곳 있었는데 각 공당에서 네 방족의 사무를 따로 장관하도록 되어 있고, 계보고루까지 합하면 총 다섯 방족의 모든 구성원들을 포함하고 공동으로 지역사회의 정상적 운행을 유지한다.

현재 현 정부와 향 정부 모두 황강 마을의 관광업을 추진하기 위해 옛 동네 고루 복구 사업은 물론 원래 있던 네 의사공당 옛터에 새 고루를 네 개 세웠다. 이 5대 고루는 남에서 북으로 차례로 서 있는데, 마을 최남쪽의 화량고루禾晾鼓楼(louc liangv jemh, 양정)는 주로 황강 행정촌의 1조와 9조의 동족 주민을 통할하고, 그 북쪽에 있는 두 번째 고루는 채문고루寨門鼓楼(louc bags singl(zingl), 포기)로 황강 행정촌의 2조와 10조의 동족 주민을 통할하며 중앙에 있는 옛 동네 고루老寨鼓楼(louc peek jih, 일명 louc jaih kgaov, 파서)는 황강 마을의 5조와 7조의 동족 주민을 통할하고, 그 북쪽에 있는 계변고루溪邊鼓楼(louc dangc leeux, 당로)는 마을 주민 거주지역의 동북쪽에 위치해 있으며 주로 황강 행정촌의 3조와 11조 그리고 4조의 주민 총 87가구를 포함해 세 생산 소조만 남겨지게 되었다. 따라서 이 세 생산 소조의 부분 가구는 다른 생산조에 따로 편입할 수밖에 없었는데 이렇게 구성된 고루가 통할하는 방족은 현재 황강 마을에서 세력이 가장 막강했다. 이외에 다섯 번째 채미고루寨尾鼓楼(louc gaos lox, 고라)는 마을의 가장 북쪽에 위치해 있으며 8조와 4조를 통할한다. 5대 고루의 기본상황을 도표로 보면 다음과 같다.

---

11 張民, 「薩歲考略」, 『貴州民族研究』, 1982(3); 石開忠, 「宗教象征的来源, 形成與祭祀儀式」, 『貴州民族學院學報』, 2005(6).
12 동족의 고루鼓楼 문화와 관련해서는 다음의 내용을 참조 바람. 石開忠, 『侗族鼓楼』, 華夏文化藝術出版社, 2001; 黃才貴, 「黎平肇興鄉侗族鼓楼調査」, 『六山六水民族調査』 卷四, 貴州民族研究所編, 1986.

<표 1> 황강 마을 5대 고루의 기본상황(2019년)

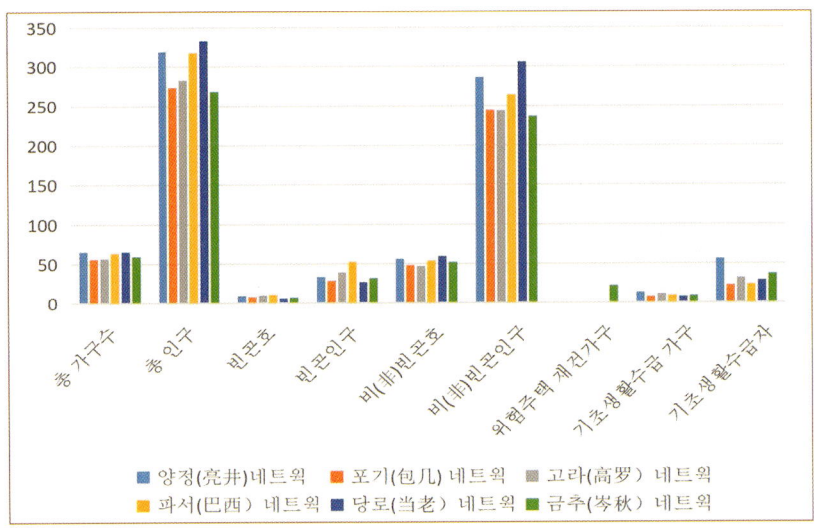

오늘날 황강 행정촌은 동경 108.45도에서 109.3도, 북위 25.67도에서 25.72도에 걸쳐있고, 거주지역이 해발 780m 가까이 되는 곳에 있는데 동서 길이가 6㎞ 넘고 남북 길이가 7.5㎞되며 43여 ㎢의 총면적을 지닌 관할면적이 아주 큰 동족 행정촌이다. 인구 및 가구는 총1,679명, 총 359가구 되는데 그중 동족이 305가구, 묘족이 54가구[13]이다. 마을의 논은 1547.84묘畝[14]인데, 그중 제방논坝子田(Yav Bianv)이 5~6%, 산간의 평지논山冲田(Yav Guis)은 50%, 태양이 비교적 충족한 고개 위의 논岭上田(Yav Beis)이 30% 정도이고, 높

---

13 2019년 현재 황강 마을의 총 인구는 1,979명으로 모두 365가구이다. 그 중 노인이 49명으로 50~55세가 2명, 56~60세가 4명, 61~65세가 8명, 66~70세가 18명이며 71~75세가 10명, 76~80세와 81~85세가 각기 4명씩이다. 그중 빈곤인구가 51가구로 214명 되며 非빈곤인구는 314가구로 총 1,583명이다. 그중 생산연령 인구가 956명으로 54.13%를 차지하는데 공업 및 공정사업에 종사하는 생산연령 인구가 314명, 집에 남아노동에 종사하는 인구가 642명으로 총 생산연령 인구의 32.85%를 차지한다. 빈곤인구 가운데 생산연령 인구가 124명으로 총 빈곤 인구의 57.94%를 차지한다. 그 중 공업 및 공정에 종사하는 생산연령 인구가 38명이고, 집에 남아 노동에 종사하는 인구가 86명으로 외지에 나가 공업 및 공정에 종사하는 하는 인구가 총 빈곤인구의 30.65%를 차지한다. 非빈곤인구 중 생산연령 인구가 832명으로 비빈곤 인구의 54.44%를 차지한다. 그중 공업 및 공정에 종사하는 생산연령 인구가 276명이고, 집에 남아 노동에 종사하는 인구가 556명으로 외지에 나가 일하는 생산연령 인구가 非빈곤 생산연령 인구의 10.35%를 차지한다.
14 역주: 중국식 토지 면적의 단위로 1묘는 약 666.67㎡에 해당된다.

은 산의 계단식 논高山梯田(Jans)과 천수답望天田(Yav Gas Bienl)이 10% 된다. 진흙이 깊은 산 저수지 논山塘水庫田(Yav Daeml)은 4~5%된다. 산림면적은 28,656.6묘로 논 면적 보다 20배 넓다. 관할한 산림이 이렇게 넓은 것은 다른 동족 지역에서 아주 보기 드물다.

　주지하다시피 전통적인 동족 마을은 대부분 방죽 언덕丘陵坝崗[15]에 위치하여 마을, 양어장, 논, 고정된 수역水域이 혼연일체를 이루고, 사방이 연결된 산림에 둘러싸여 있다. 그러나 황강 마을의 경우 이와 다르다. 첫째, 황강 마을이 위치한 지리적 위치는 해발 760m로 비교적 높은데, 해발이 가장 높은 논은 961m에 달하고 절반 이상의 경작지가 해발 700m 넘는 곳에 있다. 어떤 의미에서든 황강 마을은 해발이 가장 높은 동족 마을에 속한다고 해도 과언이 아니다.

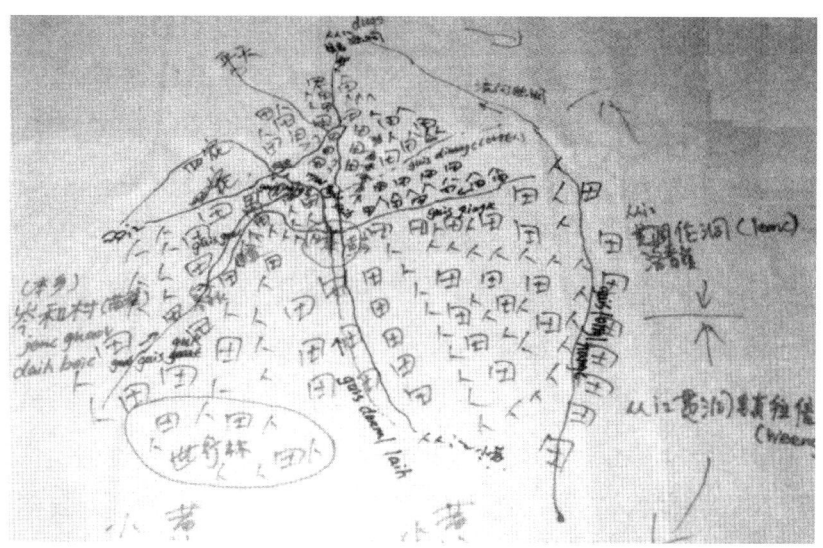

황강 주민 오성룡(吳成龍) 등이 그린 현지 자원분포도

15　흔히 '제방坝子', '동천洞天', '계동溪洞' 이라고도 하는데, 이런 제방 언덕에 있는 논은 관개가 편리하고 수원이 충분하며 벼 재배에 적합한 것은 만묘 정도의 규모가 되고 작은 것은 수백 묘가 된다.

둘째, 황강 마을의 지리적 위치를 보면, 하곡 제방 지역으로 극히 협소해 총면적이 300묘를 초과하지 않는다. 마을의 동족 주민이 이용할 수 있는 모든 평지를 양어장과 논으로 최대한 개발했으나 새로 개척한 논과 양어장은 동족의 전통생계방식으로 봤을 때 여전히 150가구를 먹여 살리기 어려운 실정이다. 이에 부득이 멀리 있는 산림에 산전山田을 개간할 수밖에 없었는데 산을 옮기다시피 힘을 모아 현재 볼 수 있는 논을 개간해냈다. 그러나 이런 논은 마을에서 멀리 떨어져 있어 다른 동족 마을처럼 논과 마을이 한데 어우러질 수 없었다. 황강 마을에 들어서면 무성한 산림이 논보다 많은 것을 볼 수 있다. 산림만 보이고 논은 볼 수 없는 농촌의 이런 풍경은 다른 동족 마을과 사뭇 다르다.

셋째, 일반적으로 동족 마을에는 비교적 큰 하류가 관통한다. 하류는 대외적으로 교통의 편리함을 제공할 뿐만 아니라 목재 교역의 수송선이기에 동족의 임업발전에도 비교적 좋은 뒷받침을 할 수 있다. 그러나 황강 마을을 흘러 지나는 시냇물은 일 년 내내 초당 0.5㎥ 유량밖에 안되어 교통운수의 수요를 전혀 충족시킬 수 없다. 이것이 황강 마을의 산봉우리만 보이고 강은 볼 수 없는 경관을 이루게 했다. 만약 현지 주민들과 이야기를 나누지 않고 경관만을 본다면 묘족의 마을로 보기 십상이다.

마지막으로 황강의 마을 구조는 촌락을 제외하고 동족 가구마다 스스로 논 주변에 모두 움집을 세워 농번기 때 거주하는 데 사용한다. 이런 종류의 설치들은 다른 동족 마을에서 극히 보기 드물다. 그러나 묘족 마을에서는 아주 보편적이다. 이런 현상이 조성된 것은 그들의 경작지가 마을과 멀리 떨어져 있는 편이라 동족의 전통과 다른 이런 마을 구조를 채용하지 않으면 안 되기 때문이다. 따라서 경작지가 마을에서 비교적 먼 관계로 황강 마을의 주민이 저녁 먹는 시간도 아주 늦다. 많이 늦으면 10시나 11시도 될 정도로 이런 생활습관은 모든 동족 지역에서도 아주 특별하다. 황강 마을의 이런 구조적 특징은 이미 동족의 전통을 달리했지만, 산간 지역의 묘족 마을과 아주 비슷해 황강의 지역사회를 이해하는 아주 중요한 사회문화적 사실이 될 것이다.

해발이 높아 촌락과 경작지가 직접 연결될 수 없기 때문에 농업생산에 있어 노동의 강도가 높고, 황강의 생활습관은 동족 지역에서 매우 특이해 다른 동족 주민에 있어 황강 마을은 특이한 외진 촌락으로 자리매김할 수밖에 없었는데, 이것 또한 황강 주민이 주변 동족 주민과의 통혼비율이 떨어진 하나의 원인이기도 하다. 저자의 조사에 의하면, 현재 황강 마을의 여성이 주변 동족 사람에게 시집간 경우는 25명을 넘지 않고, 근처 마을에서 황강으로 시집온 경우는 더욱 적으며, 황강의 동족 주민은 나름대로 자기들만의 생활방식에 즐거움을 느끼며 살고 있는 것으로 나타났다. 현재 동족 지역사회에서 외지에 가서 노동(표 2)에 종사하는 것은 이미 유행이 되었지만 노무에 종사하는 황강 마을의 노동자 청년들은 극히 적다.

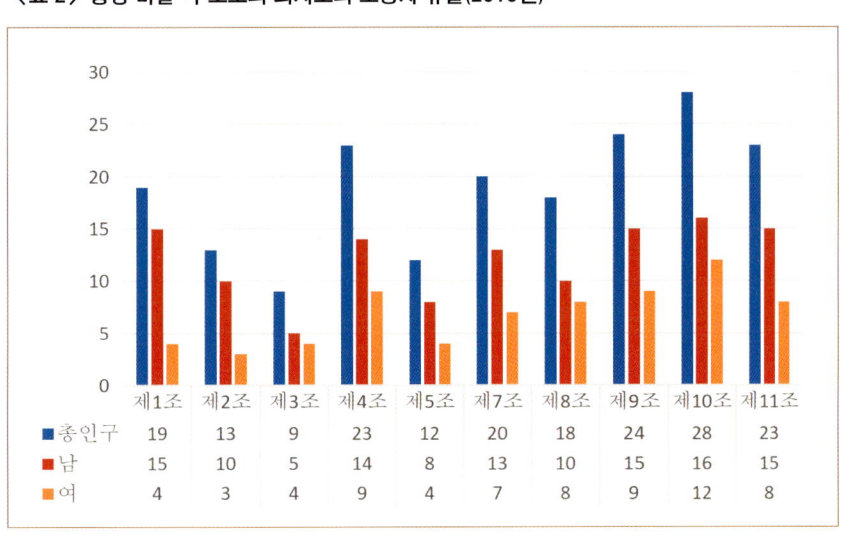

〈표 2〉 황강 마을 각 소조의 외지로의 노동자 유출(2019년)

최근 관광 도로, 거리, 보도, 제천祭天 용지를 개통하고 마을 내 도랑을 깨끗이 정리하고 새로 정돈하며 민가 접대소民居接待點 8곳과 공중화장실 두 곳을 새로 세웠음에도 불구하고 황강 마을에 있는 현재 1997년에 세워진 풍우교風雨橋는 지금까지 보수 공사를 하지 않았다. 마을에 있는 다섯 고루는 2004년에 모두 건설을 마무리했는데, 당로고루當老鼓樓는 2002년에, 파서고루巴西鼓樓와 고라고루高羅鼓樓는 2003년에, 포기고루包几鼓樓와 양정고루亮井鼓樓는 2001년에 보수 공사를 끝냈다. 황강 마을의 관광업을 발전시키기 위해 2016년 정부에서 사람을 파견하여 살단薩壇 수선작업을 하게 했는데, 2016년에 개축되어 참신한 면모를 드러내게 되었다. 연극 무대戲台도 2012년에 보수되어 면모를 일신하고 황강의 채문寨門도 2012년에 세워졌다.

관광 붐은 현대 동족 사회에서 일어난 또 다른 하나의 물결로 황강 부근의 종강현 고증향 소황 마을은 현재 전국적으로 널리 알려져 있는 동족문화 여행지역[16]으로 되었다. 소황촌과 황강 마을은 역사적으로 관계가 밀접하고 갈등도 자주 일어났다. 10년 전과 달리 현재의 황강 마을은 관광업을 발전시키기 시작했다. 관관업의 전개와 발전은 황강 마을의 인문생태 구조에 변화를 가져다주고 있다. 철근 콘크리트 구조로 된 구조물과 도로, 현대화 상업 경영, 현재 마을 시장의 상품에는 게임기 등이 있을 정도로 이런 것들은 이미 황강의 생태 경관을 구성하는 중요한 요소들이다. 그러나 이는 현지 전통적인 전원 목가식의 생활에 영향 주지 않았는데 바로 이런 원인으로 동족의 전통생계방식은 완전하게 잘 전승되었고, 이로써 동족의 전통생계방식 연구의 이상적인 대상으로 거듭나게 했다.

2. 마을의 지리적 환경

황강 마을은 전체가 고원 위에 자리 잡고 있는데 동, 남, 서 모두 비교적 높은 산봉우리에 막혀 서로 연결되지 않고 북부만 지세가 낮은 편이라 산골짜기 시냇물이 모여든다. 지세 특징은 남이 높고 북이 낮은 편인데 워낙 이 고원지대의 지표가 극히 굴곡이 심하고 경내 산봉우기가 아주 많아 주요한 산맥이 모두 남북으로 늘어서 있으며, 산맥 사이에 있는 협곡마다 시냇물이 흐른다. 주요한 네 산맥 모두 소황과 황강의 접경 지역에 있는 여러 산맥이 맞닿은 곳에서 발원해 평행으로 북으로 뻗어 이어지다 해발이 점차 낮아진다. 가장 동쪽에 위치한 산맥의 산마루는 황강과 용도의 접경지대이고, 가장 서쪽의 산맥의 산마루는 황강과 낙향의 접경지대인데, 황강 행정촌의 잠추 마을은 바로 이 산맥의

16　徐新建, 「古城的生命在于文化與傳承」, 『貴州社會科學』, 2009(2), p. 49.

동쪽 언덕에 위치해 있고, 황강 마을은 이 두 산맥의 산골짜기에 위치해 있으며 황강 마을 서쪽에 있는 산맥이 바로 앞에서 소개한 소령小嶺이다.

황강 경내에 흐르는 시냇물은 세 개가 있다. 동쪽에서 서쪽으로 차례로 평천하平天河, 황강하黃崗河, 잠추하岑秋河 세 개의 개울이 황강의 북쪽 경계 지역을 지나 사채하四寨河로 흘러든다. 사채하는 먼저 서쪽으로 흐르다 다시 쌍강으로 유입된 후 남쪽으로 흐르다 최종 도류강都柳江으로 흘러든다. 황강 마을은 황강하의 발원지에서 머지않은 산간 지역의 분지에 있다. 사면이 산으로 둘러싸여 북쪽만 깊은 골짜기로 황강하가 이를 관통한다. 황강하는 황강 마을을 관통하는 후 한줄기 폭포를 이루는데, 해발 760m 높이에서 한 길로 쏟아져 흐르다 평천하를 만나 해발이 420m로 내려간다. 황강 마을에서 흘러나온 후 평천하와 만나는 강어귀에 이르면 직선거리가 3㎞에 해발도 340m 밖에 안 된다. 이로부터 황강 경내 하곡은 깊고 물의 유속이 빠른 점을 미리 짐작할 수 있다.

구릉지에 자리 잡은 황강 마을

구릉에 있는 계단식 논

황강이 자리 잡고 있는 이 언덕은 주로 암석으로 중생대 후기에서 신생대 시기의 사암砂岩과 혈암頁岩으로 구성되어 있는데 지표에 가까운 기암基岩은 진흙 성질의 혈암이고, 그 밑에는 딱딱한 사암층으로 되어 있다. 사암층 밑에는 용암이 흘러들어 딱딱한 사암층 사이에 석영암石英岩층이 섞여 있고, 소수 석영암은 지표에까지 표출되어 있다. 그러나 화강암, 현무암은 거의 표출이 안 되어 있고, 하천의 바닥 깊은 곳에만 산발적으로 보인다. 혈암과 사암은 토양으로 되는 속도가 비교적 빠르고 양도 많기 때문에 황강 지역의 토양 표면층은 깊고 두꺼우며 그 깊이가 1m에서 30㎝로 균일하지 않다. 표토는 거의 혈암과 사암이 풍화된 것으로 토양의 밀도가 작아 수분 유지에 좋다. 그러나 환기성이 떨어져 모래 함유량이 많은 지역이라야 토양의 통풍성이 개선될 수 있다.

현지의 동족 주민은 토양의 분류에 있어 몇 가지 표준이 있는데, 이를테면 토양의 기본 물질과 광물 알갱이의 크기에 따른 분류와 명명을 예로 들 수 있다. 이들은 완전히 혈암의 풍화작용으로 형성된 토양을 '흰 진흙白泥', 사암과 혈암이 혼합되어 형성된 토양을 '누런 진흙黃泥', 부패한 물질의 즙이 많이 함유된 토양을 '검은 진흙黑泥'이라 불렀다. 황강 마을의 북부는 해발이 비교적 낮아 토양이 심하게 산화되어 붉은 벽돌색을 띠지만 이러한 토양에 대해서는 특별한 명칭이 따로 없다. 한편 현지 주민은 물 온도의 차이에 따라 토지를 분류하고 명명하기도 한다. 샘물로 관개한 논은 일괄적으로 '냉침답冷浸田'이라 칭하고, 금속광물의 오염을 받은 논은 통칭하여 '녹물답銹水田'이라 하며, 일조가 충분한 산간 지대의 논은 '고개 위의 논'이라 한다. 그 외 현지 주민들이 토양을 구분함에 있어 마지막 표준으로 지세의 고저에 따른 표준이 있다. 황강 마을보다 높은 논이나 밭은 일괄적으로 '고해발 밭'이라 하고, 황강 마을보다 낮은 논이나 밭은 일괄적으로 '저해발 밭'이라 불렀다. 이상 소개한 분류법은 오늘날까지도 황강 주민의 농작물 재배활동에 있어 주도적으로 작용하고 있다.

황강 지역은 산이 높고 계곡이 깊어 중력의 침식작용이 아주 심할 뿐만 아니라 강수량이 많아 유속으로 인한 침식이 매우 심하며, 지표식물이 인간에 의해 파괴되기만 하면 산사태나 낙석이 발생하기 십상이다. 산골짜기의 하단에는 수차례의 진흙과 암석 퇴적 현상을 발견할 수 있는데 이는 이런 지대에 여러 차례 산사태가 일어났음을 말해준다. 황강 마을의 저해발 지역의 논은 대부분 바로 이렇게 형성된 진흙과 돌의 퇴적층 위에 조성되어 있다.

수림이 무성하고 기암 구성이 복잡한 편이며 자연의 힘에 의해 표토의 뒤바뀜도 분명함으로 황강 마을의 대부분 경작지는 매우 비옥하고 토양 중 질소, 인, 칼륨의 함유량이 비교적 풍부하여[17] 비료를 주지 않아도 농작물 생산량에 크게 영향 주지 않는다. 대신 어

17　산불 놓은 후의 효과는 아주 선명하다. 예컨대, 잡초나 관목 따위를 베어서 산림을 새롭게 조성하기 위해 산불을 놓는 것을 말하는데, 이를 통해 대부분 잡초나 종자, 해충, 부생하는 진균을 태워서 병충해를 줄이고 표토의 유기 광물질 무기질 작용을 통해 영양분으로 만든다. 실험에 의하면 산불 후 짧은 시간 내 토양 중 가용성 영양분인 질소, 인, 칼륨, 칼슘, 마그네슘, 철의 함량이 늘어나는데 일부 영양분의 함량은 산불 전의 2-8배에 달하는 경우도 있다고 한다. 그 외에도 토양의 투수성과 수소이온농도(pH)가 증가하고 토양 생물 종류에 변화가 일어난다. 이와 관련된 자세한 내용은 다음을 참조 바람. 楊有耕, 「錦屛縣魁胆侗村發展林業生産的基本經驗」, 『六山六水調査』, 貴州民族硏究所編, 1986.

떤 화학비료든 조금이라도 일정량을 초과하면 농작물의 수확을 올리기는 커녕 논에 잡초가 만연하게 한다.[18] 이러한 상황은 다른 동족 지역과 다르다. 다른 동족 마을의 논은 대부분 '저해발 지역'에 위치해 있어 물의 침식작용이 그다지 심하지 않지만 고온 지속과 습기로 토양이 과도로 산화되어 토양이 붉은 벽돌색인 산성을 나타내고 인과 칼륨 성분이 물에 쉽게 휩쓸려가서 인과 칼륨비료를 보충해야만 농작물의 생산량을 높일 수 있다.

3. 마을의 기후 및 식생

황강 마을은 동아시아 계절풍 지역에 위치해 있고, 바다를 가까이 하고 있으며, 위도도 낮은 편이기에 일 년 내내 따뜻하고 비가 많이 온다. 연평균 기온이 섭씨 17.1도이고 1월의 평균 기온은 섭씨 5.4~6.1도(극단적인 상황에서는 최저기온이 영하 6.4도)이며, 여름에는 최고 기온이 35도에 달하는데 연 강우량이 1100~1300㎜로 무상기간이 290일 되며 연 일조시간이 1,200시간에 달해서 전통 찰벼의 재배에 아주 적합하다. 그러나 황강 마을은 북위 25.91도, 동경 108.99도 되는 지역에 있고 해발이 780m로, 다른 동족 지역보다 해발이 높고 기온이 현저히 낮으며 일교차가 비교적 커서 여름 피서에 적합한 곳이다. 황강 마을은 여평현과 종강현 두 현과 먼데다 이 두 현의 사이에 있지만 기후는 두 현과 확연히 다르다. 여평현과 종강현 기상국의 기상자료로 황강 마을의 기상상황을 반영하기 어려운데다가 황강 마을 또한 지금까지 기상자료들을 기록해두지 않아서 황강 마을의 기상 정보를 이해하는데 인용할만한 정확한 데이터가 없다. 따라서 실제적으로 현장조사를 결합한 위의 데이터와 현지 주민의 기억에 근거한 것은 소중한 자료라 해야 할 것이다. 황강 마을의 기후에 대하여 아래 몇 가지로 나뉘어 구체적으로 분석하고자

---

18 연구결과에 의하면, 밭에 있는 비료 성분이 일년생 광엽류 잡초의 증가를 낳지만 사초과莎草科의 잡초는 선명하게 줄어든다고 한다. 이와 관련된 내용은 다음을 참조 바람. Guh, J.O., *Successive growth of weeds as affected by soil fertility and light intensity in paddy field fertilized differently for many year*, M.S. Thesis/Seoul National University, 1974.

한다.

매년 음력 6월15일은 황강 동족의 '함천절喊天節'[19]로, 이 날이 되면 황강 마을 주민들은 혈연관계가 있는 '합관' 관계의 동족 주민과 같이 황강 마을에 모여 명절을 보낸다. 이 날 가장 중요한 종교의식은 바로 '함천', 즉 하늘을 향하여 기우제를 올리는데 기도문은 다음과 같다. "오늘 바람이 불고 비가 내리고, 바람에 산림이 춤추고, 비가 시내로 흘러 들어, 강에 물이 불고, 관개수로에 물이 가득하기를 비나이니, 한 바탕 큰 비를 내려주소서, 한 바탕 신령의 비를 내려주소서[20] ……." 이 기우문에서 볼 수 있다시피 황강 주민에게 가장 큰 자연재해는 가뭄이고 가장 심각한 가뭄은 마을 내의 주요 시냇물들이 마르는 것이다.[21] 황강 지역 산림이 무성하고 토양의 보수 능력이 비교적 뛰어난 것을 감안해 볼 때 이런 가뭄이 생기면 비가 오지 않는 날이 연속 20일을 넘기게 된다. 물론 이런 가뭄 현상이 개별적이긴 하지만 그렇다고 해서 황강 지역에 강우량이 부족하다고 할 수 없다.

현지 동족 주민의 기억에 의하면, 최근 20년에 가장 큰 홍수는 1990년에 발생했는데 이번 홍수로 순식간에 3분의 2되는 가구가 물에 잠기고 마을을 빠져 나간 물 총량은 초당 10㎥를 초과했다. 현지의 산림 식생과 토양의 수분함유량을 결합해 보면 이러한 홍수가 발생하면 24시간 강우량이 120㎜를 초과하게 된다. 이 홍수가 음력 6월에 발생했다는 것은 황강 지역의 매년 계절 강우량 변화가 아주 크다는 점을 말해주는 좋은 사례로, 계절풍이 방향을 바꿔서 생긴 우연히 일어난 자연 재해이다. 또 현지 주민들의 기억에 따르면, 1990년 이후 10년간 매년 홍수는 강바닥을 모두 덮지 못했고, 여름철에 물이 끊기는 현상이 실질적으로 발생한 적이 없다고 한다. 이는 최근 10여 년 동안 이 지역의 강우량은 적정량을 유지하여서 거의 실질적인 수재나 한재가 발생하지 않았음을 의미한다.

---

19 역주: '제천절祭天節' 혹은 '구우절求雨節'이라고도 하며 현지의 전통 명절로 매년 음력 6월 15일에 해당한다.
20 참고로 원문은 "今天祈你風行降雨, 風舞山林, 雨注入溪, 江河漲水, 溝渠水滿, 放一場好雨, 送一場神雨……"이다.
21 『黎平縣志』(1989)의 기록에 의하면, 1957~1982년 6~8월 기간 동안에 작은 가뭄이 7번, 중간 정도의 가뭄이 8번, 심한 가뭄이 5번 있었다.

황강에 도착한 후 조사팀은 황강의 일교차 및 습도를 측량한 결과 다음과 같은 특징에 유의할 필요가 있다는 결론을 도출했다. 황강 마을의 4~5월 기온이 여평현보다 흔히 6~10도 낮고, 7월에는 2~5도가 낮으며, 4~5월의 상대습도는 최저치가 75%로 최고 높을 때는 97%로, 평균 85%이며 7월의 평균습도도 80%를 초과했다. 여평현과 비교할 경우 상대습도가 분명 높은데, 이는 해발이 높고 기온이 낮으며 산림이 무성하여 생긴 기후가 그 원인이다. 황강 마을의 계절성 기후 변화는 여평현보다 완만하다. 7월의 최고 기온도 30도를 초과하지 않아 현재 기록되어 있는 여평현의 최고 기온보다 10도 정도 낮다. 1월의 기온은 측량하지 않았지만 현지 주민들의 말에 의하면, 어떤 해는 황강 마을 평지에 쌓인 눈이 30㎝를 초과한데다가 10일간 녹지 않고, 강물도 얼지 않지만 집에 가져다 놓은 먹는 물은 모두 얼었다고 한다. 아마 당시 최저기온은 겨우 영하 5도밖에 안 될 것으로 추측되는데 이는 특별한 해에 불과하고 일반적으로 얼음과 눈을 볼 수 없고, 무상기도 330일이나 될 정도로 길다.

　황강 지역은 남해의 온난 습윤 기후의 영향을 받을 뿐만 아니라 벵골만 온난 습윤 기후의 영향을 받는다. 북부에 뇌공산雷公山이 있어 일 년 중 풍향 변화도 나름대로 특징이 있는데 겨울철 한류는 주로 북동 방향에서 오고, 여름철 난류는 남서 방향과 남동 방향에서 오는데 봄, 가을철에 부는 북동풍은 흔히 연일 비를 동반하고, 여름철의 남서풍과 남풍은 우뢰와 비를 자주 동반한다. 냉온 기류가 교차하지만 그리 빈번하지 않고, 심한 편이 아니므로 우박이 내리는 날씨도 극히 드물다. 현지 주민들의 기억에 의하면 10여 년 동안 겨우 1번 정도 우박이 왔다. 또한 황강 마을의 벼 재배는 심수深水 재배이고 재배기간이 짧은 작물은 재배하지 않기 때문에 봄, 여름 사이에 내리는 우박은 크게 재해로 작용하지 못한다.

　황강 마을의 또 다른 주요 기후 특징은 일교차가 비교적 크다는 것이다. 현지 실제 조사를 보면 4,5월의 밤 온도는 가끔 10도나 10도 이하로 떨어지고, 맑은 날의 경우 25도 이상이며, 겨울의 경우 일교차가 비교적 적어, 흔히 3~5도 차이가 난다. 이러한 일교차에다 해발이 높고, 습도도 높은 편이어서 짙은 안개가 끼는 날이 비교적 높은 비율을 차지하는데, 특히 봄, 가을철은 거의 매일 짙은 안개가 낀 날이다시피 한다. 짙은 안개가 끼는 날이면 가시거리가 100m 이하로 떨어져, 지세가 높은 지역은 작은 비와 짙은 안개가 동반하는 경우가 많은데 짙은 안개는 흔히 오전 10시 이후에야 거의 걷힌다. 흐린 날이 많고, 안개 낀 날이 많아 황강 지역의 일조량은 여평현과 종강현에 비해 크게 떨어진다. 황강에 있다 보니 음랭하여 견디기 어려웠는데 의류와 침구, 주택이 쉽게 습해진다. 따라서 동족 주민은 불로 난방을 하는 시간이 10월부터 시작되어 이듬해 5월에야 끝난다. 그래서 민간에 "6월 6일이 지나야 솜옷을 벗는다"라는 유행어가 있을 정도인데 이는 현지 주민이 이런 현지의 기후 특징을 경험적으로 총화한 것이다.

황강 지역의 연평균 강우량을 실제로 측정해보지는 않았으나 여평현과 종강현의 기상자료를 결합하여 보면, 1,300~1,500㎜ 정도 될 것으로 보인다.[22] 그러나 산이 높고 골짜기가 깊으며 시냇물의 물살이 세서 풍부한 강우량을 유익한 관개용수로 이용할 수 없다. 황강 마을의 농경지는 주로 샘물로 관개를 한다. 수자원 공급을 안정적으로 하기 위해 현지 동족 주민은 양어장과 작은 저수지를 만들 수밖에 없었는데, 최근에는 산 개울을 가로막아 관개용수로 사용했다. "물이 크게 불거나 주는 것이 산개울이다"라는 옛말이 있지만 황강 지역의 경우는 다르다. 왜냐하면 황강 지역은 산림이 무성하고, 지표에 부식된 물질이 풍부하며 토양이 물을 저장하는 능력이 뛰어나기 때문이다. 강우량이 풍부하고 계절적 분포가 불균형하긴 하지만 산간 시냇물의 수위 변화가 그리 심하지 않다. 개천 수량이 겨우 초당 0.001㎥ 밖에 안 되지만 일 년 내내 수위가 안정적이어서 유수량이 아주 적거나 아예 없는 경우는 거의 없다. 수량의 안정은 일 년 중 짙은 안개가 낀 날이 많은 것과 연관된다. 즉, 가을과 겨울에는 대기 강우량이 뚜렷하게 적은 편이지만 항상 짙은 안개가 끼기 때문에 짙은 안개가 수목과 접촉한 후 쉽게 이슬이 되어 지표로 떨어지기 때문이다. 이런 형식의 수분 보충은 지표 수량의 안정에 중요한 작용을 한다. 이런 상황은 운남云南성 원양元陽현 하니哈尼족의 고산지대 다랑이 논과 아주 비슷하다.[23]

---

22 黎平縣志編撰委員會編, 『黎平縣志』, 巴蜀社出版社, 1989, p. 100.
23 角緩梅等, 「亞熱帶山地梯田農業景觀穩定性探索 - 以元陽哈尼梯田農業景觀爲例」, 『云南師範大學學報(自然科學版)』, 2003(2), pp. 56~57.

이는 도류강의 건조기 때 안정적인 유량을 보장하는 데 크게 작용할 수 있도록 한다. 따라서 황강에 있어 자체의 지하수 줄기특징을 이해함에 있어 대기 강우량 자료 수집에만 의지할 것이 아니라 산림 중 수증기가 지표나 지물 표면, 저공 중에서 형성한 안개나 이슬 등이 수자원 보존에 미친 작용도 고려해야 한다.

습하고 비가 많은데다가 현저한 상대적 높이 차이는 황강 지역의 생물종이 복잡성과 다양성을 띠게 했다. 황강 지역의 식생은 크게 세 가지 측면으로 나뉠 수 있다. 해발 500m 이하의 시냇물 하류의 원시 식생은 아열대 상록활엽수와 낙엽활엽수로 된 혼합림이고, 500m에서 700m까지는 난온대 낙엽활엽수와 상록활엽림, 상록침엽림으로 된 혼합림이며, 700m 이상의 산간 지대는 온대 낙엽 활엽림과 상록침엽림 혼합림이며, 산마루 지대는 수풀과 풀비탈로 되어 있다.

저해발 지대의 원시 식생은 수목 종류는 주로 녹나무과, 운향과, 목련과, 종려과로 된 교목으로 사철 푸르며 사계절 꽃이 핀다. 잘 보존되어 있는 원시 정글은 식생 종류가 무려 5~6가지로 크게 나뉠 수 있다. 적지 않은 교목이 판근이 있고, 덩굴식물攀緣植物이 여기저기 줄기를 감고 올라가 통과하기 어렵다. 게다가 부생식물附生植物이 많을 뿐만 아니라 종류가 다양한 특징도 아주 뚜렷하게 나타난다. 해발이 중간 정도인 지대의 주요 수목으로는 장미과, 참나무과, 다래과와 뽕나무과의 식물, 잣나무와 삼나무를 위주로 하는 침엽수종이 있다. 이 구역에는 진귀한 식물이 풍부한데, 예를 들면, 이 지대에 자라는 천 그루 이상의 주목나무 군락이 있는가 하면 참오동나무도 널리 분포되어 있다. 식생 종류는 무려 5~6가지로 크게 나뉘는데, 고산지역의 경우 원시 식생은 3가지 또는 3가지 이상으로, 식생은 잣나무와 삼나무를 위주로 하고 낙엽수는 각두과殼斗科(참나무과) 식물 위주로 거대한 단풍나무와 다래나무가 간혹 섞여 있다.

황강 지역은 지형 구조가 복잡하며 위에서 소개한 세 가지 분류법이 현지에서 점차 과도하게 선명한 특색을 보이고, 해발이 다른 산림 생태계의 경계 또한 명확하지 않은 것이 현지 원시 산림 생태계의 큰 특징이기도 하다. 즉, 다양한 해발이 병존하지만 각종 생물 군락의 전반적 규모는 극히 제한적이다. 이를테면 현지의 고정적 수역은 자연 상황이 극히 한계적이지만 여기저기 널리 분포되어 있기 때문에 자연 상황에서 수생 및 습생 식물이 현지에 모두 분포되어 있다. 그런가 하면 현지의 자연 상황은 산림 생태계 위주지만, 산림 근접 지역과 토양이 척박한 지대에 소규모의 초본 식물 군락이 존재할 가능성도 없지 않다. 위에서 소개했듯이 생물군락의 고도의 다양성, 생물 물종의 고도의 복잡성 및 공간분포의 파쇄성破碎性(분산성)은 현지 원시 식생의 총체적 특징으로 나타났다.

원시 식생의 두드러진 특징은 현지 동물 물종의 다양성과 복잡성으로도 나타났다. 황강의 동물 물종을 대체적으로 관찰한 결과 황강 지역의 야생 동물은 소규모와 다양화가 병존하는 구조를 보이는 것으로 나타났다. 예를 들어 양서류 동물로는 큰 도룡뇽大鯢, 중국장수 도룡뇽大蠑螈, 작은 도룡뇽小蠑螈 등 유미목有尾目이 있는데, 현지 주민들이 직접 목격한 적이 있다. 무미목無尾目 중에 일부 섬여蟾蜍(두꺼비)는 동족 주민 모두 명확하게 분별할 수 있을 뿐만 아니라 그에 상응되는 동족어 명칭도 있었다. 개구리목에는 습지에서 서식하는 개구리뿐만 아니라 산에서 서식하는 산청개구리樹蛙도 있었는데 이런 개구리들도 동족 주민들은 명확히 분별할 수 있고, 관련 동족어 명칭도 있다. 물론 동족이 이러한 개구리 들을 따로 명명한 것은 대부분 식용 가능 여부에 근거하여 이름을 지었지 분류학의 분류 방법과는 다르다.

4. 마을의 2차적 생태환경

현재 황강 마을의 생태적 배경은 동족 주민이 장기간 역사 발전 속에서 개조한 반半원시, 반半개조의 이차적 생태환경이다. 현지 동족 주민이 원시 생태계를 둘러싼 개조改造는 대체로 다음 3개 방면으로 나타난다. 첫째, 양어장 조성, 즉 하류 개조의 수단을 통해 원시 생태환경 중 찰벼 재배와 어류 양식에 유리한 논과 양어장을 따로 분리하였다. 둘째, 원시 동물종의 사회적 가치를 명확하게 함과 동시에 이에 근거해 동물종의 개체군 크기를 조절하였다. 셋째, 사람이 거주하기 적합한 촌락 도로체계를 구축하여 현지 주민의 생활 수요를 만족시켰다.

양어장 개조는 사실 완전 무에서 천수浅水(얕은 물) 습지 생태환경을 조성하는 것이 아니라 원시 생태계 중 기존의 시냇물과 양어장을 인위적으로 확대함으로써 커다란 천수 습지를 만들었다. 동족의 전설에서는 오씨 동족의 선조가 여기에 자리 잡은 이유를 명확하게 언급하는데, 집의 개가 털에 부평초를 더덕더덕 묻혀서 돌아와서 이 땅에 양어장과 논을 개척할 수 있을 것으로 판단하여 이곳에 정착을 결정했다는 것이다. 황강에 도착한 후 부추의 성장이 유난히 무성한 것을 발견하고 이곳에 마을을 세워 정착 생활을 하면서 후손들에게 물려주기로 했다고 한다. 물론 이런 산비탈이 가파른 지역에 논과 양어장을 개척한다는 것은 고된 노동을 필요로 하고, 심지어 피를 흘리고 목숨까지 잃는 대가까지 치러야 했다.

저자가 황강 마을의 각 소조 논을 현지 답사했을 때 하곡을 향한 논두렁이 3m에서 5m 되고, 심지어 20m 넘는 것도 있음을 쉽게 찾아 볼 수 있었다. 황강에는 다랑이 논이 두 군데 있는데, 각각 4조와 2조에 속한다. 다랑이 논으로 불린 까닭은 논 면적이 커서가 아니라 그 구획이 극히 조각으로 분산되었다고 하여 붙여진 이름이다. 이 두 다랑이 논 가운데 큰 것은 3묘를 초과하지 않고, 가장 작은 밭의 면적은 3㎡ 밖에 안 된다. 그리고 대부분 모두 좁고 긴 띠 모양으로 된 계단식 밭으로 논두렁은 등고선을 따라 조성되고 너비가 1m에서 5m로 불균형하며, 흔히 길이가 너비의 10~20배를 초과한다. 다랑이 논이라 불리기는 하지만 사실 총면적은 300묘를 넘기지 않는다. 게다가 이러한 농경지는 전부 밀림 속에 위치해 있거나 가파른 벼랑 위에 고립되어 있기 때문에 촌락의 도로나 마을의 지름길은 물론 산꼭대기에서 내려다보아도 흔히 산림만 보이고 농경지는 보이지 않는다.

동족 주민은 야생 동식물 자원을 이용할 때, 현지의 생물종에 대해 사회적 가치를 명확히 부여하는데 이 또한 동족 주민이 원시 생태계 개조의 근거로 작용한다. 그래서 그들은 가치가 있는 나무들을 대상으로 인위적으로 사람의 힘을 빌려서 그 규모를 확대하고, 그렇지 않는 생물종에 대해서는 노동력을 낭비하면서 개조하지 않는다. 또한 아예 쓸모가 없거나 싫어하는 물종物種은 노동력과 자본 투자를 아끼지 않고 제거한다. 수차례 세대교체를 거치면서 현재 동족의 원시생태 환경은 크게 변화를 가져왔다. 이를테면 동족 주민은 동족의 전통 관념을 이어서 삼나무 가치를 최고로 보았기 때문에 삼나무를 제외한 모든 나무는 '잡목'으로 불렸고 삼나무만 쓸모 있는 나무로 보았다. 이러한 인식 하에 동족 주민은 삼나무를 인공적으로 재배할 뿐만 아니라 야생의 삼나무도 정성 들여 보호하고 있다. 삼나무를 벌목할지라도 인공적 수단을 사용해 벌목하고 남은 나무 그루터기를 자극하여 새로운 식물체를 형성하게끔 자극함으로써 삼나무를 벌목하면서도 그 수량은 줄어들지 않게 하였다. 장기간 이를 실천한 결과 삼나무는 이미 현지의 우수한 수종이 되어 850m가 넘은 산꼭대기에도 우뚝 솟아있다. 설령 삼나무의 생장이 굳건하지 않더라도 동족 주민들은 이런 삼나무들을 정성스레 관리한다.

주목朱木은 정부 지정 멸종 위기수종 일급보호 수종으로 식물분류학상 삼나무와 같은 구과식물에 속하지만 동족 주민들이 삼나무를 편애하고 주목을 홀대하는데 이런 행위는 음미해볼 가치가 있다. 그 원인은 동족 주민들이 주목의 목재는 삼나무처럼 부식에 강하지 않고, 주목의 껍질도 삼나무처럼 단단하고 질기지 못하기에 주목의 가치를 폄하하고 주목은 연료로만 적합하다고 여겼기 때문이다. 사실 땔감으로 보면 삼나무는 참나무橡樹(靑岡樹)에 미치지 못하다고 보았기에 현지의 주목 군락을 따로 관리하지 않았으니 세심한 관리는 상상할 수도 없는 일이다. 그 와중에 특별한 사례라면 마을의 '소령'에 있는 '용림'인데 여기는 생물종을 따로 구분하지 않고, 모두 세심하게 관리하고 벌목을 금지했기 때문에 '용림'은 현지 산림생태계의 원시 면모를 그나마 잘 보존하고 있다.

촌락과 도로체계 건설은 거주 환경 조성이라는 필요에서 전적으로 출발한 것으로 그 결과 원시 생태계에 부정적인 영향을 불가피하게 가져다주기 마련이다. 따라서 동족 주민은 이를 이용하는 정도에만 그쳤는데 밭이나 도로, 촌락에 미치지 않는 외진 지역에 한해서는 일반적으로 인위적 개조를 강행하지 않은 등 일정 정도의 인위적 개조만 했다는 점이 다행스럽지 않을 수 없다. 그중에 원시 생태계에 비교적 큰 영향을 미친 인위적 개조는 주로 농촌 주변의 산림을 관리했는데, 동족의 관습에 따르면 농경지 위에서 12줄, 아래에서 6줄에 한해 농경지의 소유자가 이에 대한 통제와 사용 권한을 전적으로 갖고 있기 때문이다. 흔히 줄기가 곧고 높이 자라는 나무를 뿌리째 제거함으로써 관련 구역의 산림을 파릇파릇 어린 풀들이 자라는 지역으로 만들어 광선과 바람을 제공하게 하여 수온과 토양온도를 높게 함과 동시에 방목지로도 활용하여 수분 저장과 토지 보호의 역할을 하게 했기에 논의 건설은 일반적으로 관련 논 면적의 3배에서 5배의 공간범위를 차지하게 된다.

위에서 기술한 3가지 방면의 인위적 생태 개조의 결과로는 기존의 산림 생태계의 구조를 바꾸었을 뿐만 아니라 어떤 특수 상황에서는 이석류泥石流를 포함한 자연재해를 초래했기 때문에 이를 원시 산림식생 파괴 문제로만 간단하게 이해하면 안 된다. 왜냐하면 다른 한 방면으로는 천수浅水 습지 범위의 확대와 촌락의 건설에 따라 생물종의 다양화와 생태구조의 다양화도 추진되어 원래 규모가 극히 작았던 습지 생물 군락이 현재는 크게 늘어났기 때문이다. 수생 식물종과 양서 동물종은 현지에서 모두 뚜렷하게 증가해 이런 유형의 산림은 인간이 개조를 포기하기만 하면 원시식생을 빠른 시일 내에 회복한다. 저자는 황강 4조 논을 현장 답사하는 과정에서 적지 않은 물증을 찾을 수 있었다. 논 위쪽과 아래쪽의 키 큰 나무들이 벌목 후 3년 내에 어린 싹들이 자라나고 왕성하게 성장하다 5년이 되면 다시 무성하게 되는 것을 예로 보면 산림 이용은 산림 파괴로 간단히 이해할 것이 아니라 산림에 대한 이용과 세심한 보호를 겸할 수도 있다는 것을 보여주는데 이것 또한 우리가 추구하는 이상적 목표이다.

제2장

황강 마을의 역사

1. 동족의 역사
2. 동족의 마을 구술사
3. 마을과 역대 왕조와의 관계사
4. 마을의 경관 변화

제2장
황강 마을의 역사

1. 동족의 역사

황강 동족의 역사는 사실상 동족 자신의 역사와 동족이 황강 지역에 들어온 후의 발전사, 황강이 국가 행정관리 체제에 편입된 후 현지 동족과 국가관계사 등 3가지로 분류된다. 이 3가지 유형의 역사는 서로 관련되면서 공동으로 황강의 과거 역사와 오늘이 있게 했다. 이 책은 동족의 문화적 적응을 주로 논의하는데 바로 이러한 역사적 배경을 전제로 전개되고 추진된 것으로 이번 현지조사에서 여러 문화유적, 유물과 사실들이 축적되어 나타나기에 황강 동족의 문화적응을 탐구하기에 앞서 황강의 사회 역사 과정을 분명하게 밝힐 필요가 있다.

황강 지역에 들어온 후의 동족의 발전사에 대해 동족 출신의 역사학자인 장민張民, 향령向零, 석림石林, 석개충石開忠, 용요굉龍耀宏 등 국내 학자들은 많은 연구를 하고, 성과도 거두었는데 동족 형성과정에 대한 일부 핵심적인 문제들을 밝혔다. 그러나 기존의 연구는 지금도 논쟁이 많아 후속 연구에 여지를 보인다. 이러한 토론이 본 연구에 영향을 줄 수도 있어 기존 연구의 성과에 대해 대략적으로 검토한 후 다음 단계 연구를 재조명하고자 한다.

동족의 기원에 대해 학계의 의견은 '본토설土著說'과 '외래설外來說'로 크게 구분된다.[1]

본토설²이란 동족이 현재 동족의 거주지역과 가까운 곳에서 발전해온 단일 민족임을 뜻한다. 그 요점을 정리하면 진한秦漢 이후 많은 한문 문헌자료에서는 고대 백월百越족의 일족인 '낙월駱越', '간월干越', '어월于越' 중의 하나로 기록하고 있는데, 오랜 역사 발전을 거쳐 원래 거주지를 기반으로 점차 오늘날의 동족으로 발전하게 되었다는 것이다.³ '외래설'도 동족이 고대 백월족의 한 갈래임을 인정하지만 다른 방향 또는 다른 역사 시기에 현재의 동족이 생활하는 지역으로 이주해와 오늘날의 동족으로 발전한 것으로 해석한다. 단 이주의 출발지와 고대 백월족의 한 지파가 오늘날 동족이 분포되어 있는 지역으로 이주했는지와 관련해서는 의견의 차이가 있는데, '외래설'의 경우에도 '남래설', '동래설' 등 서로 다른 관점으로 나뉜다. 이 두 가지 관점 외에 일부 다른 결론도 있는데 예를 들면 용요굉 교수는 동족의 기원을 '간월'로 주장하는데, '간월'은 원래 장강長江과 회하淮河 일대⁴ 사이에 분포된 동이족의 한 지파로, 원강沅江⁵ 유역으로 피난 온 후 현재의 동족으로 발전했다고 보는 것이다.⁶

이외에 '월인가越人歌'를 둘러싸고 민족의 소속에 대해 논쟁을 벌이는 이도 없지 않다. 장민⁷, 등민원鄧敏文⁸ 두 동족 학자는 '월인가'는 동족 선조들이 부른 노래로 보지만, 장족壯族 학자 위경온韋慶穩은 언어학자의 시각에서 이 노래를 장족과 일정하게 연관성을 지닌 것으로 보았다.⁹ 전자는 '월인가'가 한문 전적에 기록되어 있는 장소에 근거하면 동족

---

1 麻光炳,「侗族族源研究與方法論」,『侗學研究』, 1991.
2 동족의 '본토설'과 관련해서는 王胜先,「侗族族源考略」,『貴州民族研究』, 1984(2), p. 95; 王胜先,「考古發現與侗族族源」,『貴州民族研究』, 1982(1); 吳廷棟,「侗族是百越壹支發展起来的土著民族」,『貴州民族研究』, 1993(2) 참조 바람.
3 동족의 '외래설外來說'과 관련해서는 龍耀宏,「侗族源于"干越"考」,『貴州民族研究』, 1987(10), p. 149 참조 바람.
4 역주: 중국어로는 강회江淮 일대라 하는데 좁은 의미에서는 회하 상류의 신양信陽, 장강 하류에서회하에 이르는 구간을 말하고 현재는 하남 남부, 강소, 안휘 중부 지역을 아우르는 특정 구간을 가리킨다.
5 역주: 귀주성 동부에서 발원하여 호남성을 흐르는 강.
6 龍耀宏,「侗族源于"干越"考」,『貴州民族研究』, 1987(10), p. 148.
7 張民,「探探(越人歌)與侗族 - 兼證侗族族源」,『貴州民族研究』, 1986(1); 張民,「探探(越人歌)的誕生地 - 兼證榜絀越人與侗族族源」,『貴州民族研究』, 1986(4).
8 鄧敏文,「(祖公上河)的成因與侗族族源」,『貴州民族研究』, 1987(4).
9 韋慶穩,「探論百越民族的語言」,『百越民族史論集』, 北京: 中國社會科學出版社, 1986.

은 장강 중류에서 위로 거슬러 올라가 귀주의 원강 유역으로 진입하여 동족으로 발전하였다고 본다.[10] 위의 서로 다른 관점은 연구자가 문화의 연원과 민족의 유래에 대해 엄격하게 구분을 하지 않고 민족이동의 문화개념을 혼용함으로 생긴 관점으로 이런 논쟁은 의미 있는 결론을 도출하기 어렵다.

오늘날 우리가 말하는 모든 민족은 오랜 역사발전 속에서 이미 소멸된 민족들이 상호작용하여 형성된 것으로 문화의 접촉과 충돌, 적응과 혁신을 겪으면서 발전해 왔다.[11] 혈연과 문화의 근원으로 보면, 현재의 모든 민족은 여러 근원을 지닐 수밖에 없기에 단일 문화 근원으로 한 민족의 기원을 확정한다고 하면 중국 티베트 언어에 속하는 중국의 모든 민족은 같은 근원을 지니므로 그들의 역사과정을 구분한다는 것은 무의미한 일이 아닐 수 없다. 반면 혈연적 계보만으로 민족의 기원을 고찰하면 오늘날의 인류는 모두 오스트랄로피테쿠스에서 진화했다. 그렇다면 각 민족의 역사를 어떻게 고찰해야 할 것인가? 포의족布依族의 기원설에 대한 학자의 기준을 보면 부이족의 자칭인데 이는 다른 민족의 인정을 받고 한문 전적에 기록될 정도이다. 그렇다면 문서에 기록된 시대는 적어도 부이족 기원설이 정형화된 유력한 증거라 해야 할 것이다.[12] 이 관점을 참고로 동족의 기원설을 보면, 우리는 장민의 연구가 큰 가치를 지니고 있음을 인정해야 할 것이다.

송나라 육유陸游는 『노우암필기老學庵筆記』에서 "천辰, 원沅, 정주靖州의 오랑캐로는 흘령仡伶, 흘료仡僚, 흘람仡覽, 흘루仡僂, 산요山猺가 있는데, 토착민土著으로 불리기도 했다. ……"[13]라고 기록하고 있는데 장민은 바로 이를 근거로 삼았던 것이다. 여기서 '흘령'은 오늘날 동족의 선조로 그는 당대 동족의 자칭인 '경更'을 대조하면서 언어학의 음운학 분석을 통해 '흘령'이 바로 '경'의 반절反切을 음역音譯한 것으로 '흘仡'자의 성모와 "령伶"자의 운모, 성조가 합친 것이 동족의 자칭인 '경更'의 발음이 되었다는 것을 증명했다.[14] 이

---

10 張民, 「探探〈越人歌〉的誕生地兼證榜楜人與侗族的關系」, 『貴州民族研究』, 1986(4), p.108.
11 吳廷棟, 「侗族是百越壹支發展起来的土著民族」, 『貴州民族研究』, 1993(2), p.74.
12 杜薇, 「布依族各支系分布的源流變遷」, 『貴州世居民族研究』, 2004, pp.339~340.
13 陸游, 『老學庵筆記』 卷四.
14 張民, 「浅談侗族與仡伶和伶」, 『貴州民族研究』, 1993(1), pp.86~87.

연구 결론은 적어도 12세기 전에 동족이 이미 하나의 단일 민족으로 발전하였다는 것에 가치가 있다. 이를 근거로 증명할 수 있는 것은 오늘날 동족의 분포지역이 송대宋代 이전의 매우 오래 전에 현지 주민이 '월越' 또는 '요僚'로 불리는데, 이들 고대 민족이 그 후의 동족과 문화적 연원과 혈연적 관계가 있지만 이들은 서로 다른 고대 민족에 속하기 때문에 동족의 진정한 기원설로 보기는 어렵고 동족이 이런 고대 민족의 한 갈래에서 왔다는 것을 입증할 뿐이다.

 동족의 기원과 동족 사회의 역사적 과정을 확정하는 것은 이 책의 주요 연구내용이 아니지만 이 책에서 다루는 문화적응의 전제와 기초로 되는 내용이기도 하다. 이 책에서는 황강 동족의 문화적응을 연구하지만 이는 문화 공백 상태에서 문화를 새로 형성한 것이 아니라 동족 문화를 전승한 동족 주민이 황강 지역의 자연 및 사회에 적응하는 과정에서 생겨난 것으로 본다. 따라서 동족 문화와 전통생계는 황강 지역 동족 주민의 문화적응의 기초와 근거이면서 황강의 동족 문화와 다른 지역 동족이 구별되는 차이점이기도 하기에 황강 동족 주민의 문화적 재적응에 대한 새로운 성과의 도출이 바로 본 연구의 과제이다.

 위의 소개 내용을 기초로 동족 기원에 대한 기존의 연구는 다음과 같이 하나의 공통된 인식으로 요약할 수 있다. 그것은 곧 동족 문화의 형성 초기에 동족 선조들이 원강과 도류강 중류의 넓은 하곡 언덕 지역에 거주하였는데, 지세가 비교적 광활하고 평탄하며, 하천이 종횡으로 연결되었고, 사면이 구릉에 둘러 싸여 있는 생존환경이었던 것이다. 전통적인 동족 문화는 필연적으로 이런 생존환경에 적응하면서 점차 형성된 것이므로 동족의 전통문화에는 반드시 넓은 하곡의 언덕 지역이라는 생존환경의 낙인이 찍혀있기 마련이다. 이 책에서 연구하는 황강 동족의 생존환경은 넓은 하곡 언덕 지역의 생존환경과 다를 수 있기에 황강 동족 주민의 문화적 적응은 구체적으로 산간지역 생존환경에 동족의 전통문화가 재적응을 한 것으로, 바로 이런 관계로 오늘날 황강 동족의 생계방식이 다른 동족 지역과 구별되고 이런 차이점은 곧 이 책에서 저자가 고찰하는 문화적응의 과정이다.

 황강 지역사는 한문 자료나 문헌으로 입증되지 않았고 동족 자체도 문자로 그 역사를 기록하지 않아 이에 대한 연구는 현재 동족 주민의 구전으로 된 자료를 근거로 해야만

황강 마을

했다. 단지 개토귀류改土歸流[15]한 후 200년 가까이 되는 시간 동안 한문 자료밖에 남기지 않았다. 이를 배경으로 했을 때 자연히 추측의 성격을 띨 수밖에 없지만 이런 추측 또한 완전한 공백보다는 나을 것이다.

2. 동족의 마을 구술사

오늘날 황강에서 아직도 전해져 내려오는 주민들의 마을사 기억에 의하면, 마을 형성 초기에 사채의 오씨 형제 두 사람이 먼저 황강을 발견했다고 한다. 동족의 관습에 의하면, 황강에 거주하는 우선권은 오씨 형제에게 있었지만 이들은 풍수지리적으로 명당자

---

15 역주: 중국 원·명나라 때 감숙성·사천성·광서성·운남성·귀주성 등 북서·남서의 변경지역에 거주한 소수민족을 중국화하기 위하여 실시한 정책으로 족장을 폐하고 중앙관리를 임명하는 것을 가리킨다.

리를 두고 양보를 한 것이 아니라 서로 다투었는데 결국 점괘로 이 토지의 귀속권을 결정하기로 했다. 형은 정직하고 동생은 교활한지라 형제가 시기에 맞추어 황강의 얕은 물에 곡식을 뿌려 싹이 먼저 나면 황강의 명당을 차지하기로 하는 방법인 벼씨를 뿌리는 방식으로 점을 쳐서 황강의 귀속권을 결정하기로 약속했지만 황강의 영유권을 차지하기 위해 동생은 씨를 뿌리기 전에 음모를 꾸며 씨를 뿌리기 전에 시루에 찜으로써 형을 함정에 빠트렸다. 결과 형이 뿌린 씨는 물속에서 썩지만 동생이 뿌린 볏모는 새싹이 나면서 동생이 황강의 소유권을 취하게 되고 동족의 관례대로 두 형제의 자손은 정식으로 분종分宗하면서 형의 자손은 사채에, 동생의 자손은 황강에 정착하면서 동성동본의 종친을 형성한다.

동생이 황강에 정착한 후 두 아내를 맞이하여 자녀를 낳아 날로 번성하면서 두 갈래 방족을 형성하였다. 훗날 정부인이 낳은 방족은 또 두 방족으로 나누어진다. 인구가 늘어남에 따라 세 갈래 방족은 더 분화하면서 오늘날 5대 방족이 공존하는 황강의 구조로 발전했다(황강의 5대 방족 분화 과정은 아래 표 참조). 〈표 1〉에 제시한 각 방족의 동족 명칭은 한어 발음이 병기되어 있는 데 각 방족의 구체적인 분화 시간은 구술 자료가 시대 획분의 조건을 구비하지 않기에 구체적으로 설명할 수 없고 각 방족이 분화하는 과정만을 찾아낼 수 있다.

첫 번째 주장

구전에 의하면, 오씨의 선조인 뇨鬧는 황강에 정착한 후 자손 번성을 위해 두 아내를 맞으면서 이복형제인 두 방족으로 발전을 하게 된다. 정부인의 후손은 두내로頭乃老(Douc neix laox), 즉 처 혹은 '큰어머니' 방족으로 불렸다. 둘째 부인의 후손은 숙모 방족을 뜻하는 두내위頭乃威(Doux neix weih)로 불렸다. 후에 두내로는 인구가 급속하게 증가하여 두대頭大(Douc dav, 즉 중간 또는 마을에 거주하는 방족) 방족으로 분립되어 나가고, 전은錢銀(Sinc yinc) 방족 두 갈래로 분리되고 오랜 역사 발전 속에서 전은 방족에서 다시 납군蠟軍(lagx jomc) 방족이 분리되어 나와 총 다섯 방족이 발전했다. 이것을 도표로 나타내면 다음의 〈표 1〉과 같다.

⟨표 1⟩ 황강의 '5대' 방족

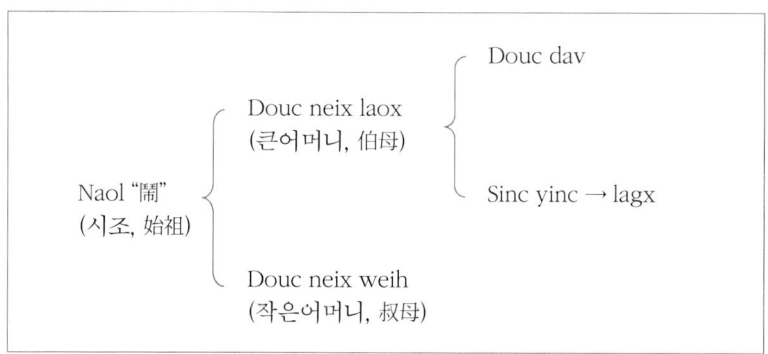

두 번째 주장

구전에 따르면, 두료頭鬧(Douc naol, 鬧의 가족)가 가장 먼저 황강에 정착했고, '큰어머니 伯母'와 '작은어머니' 두 갈래 방족으로 나중에 분화하는 데 방족 내에서는 결혼할 수 없으나 방족 간에는 가능하다. 그 후 '큰어머니' 방족은 계속해서 세 갈래 새로운 방족으로 분화되어 각기 '두대', '전은', '납군'으로 불리며 기존의 '큰어머니', '작은어머니' 두 방족과 더불어 지금까지 발전해 오고 있다. 이처럼 다섯 갈래 방족의 병행 발전은 끊임없는 분종을 통해 점차 형성된 것임을 알 수 있다. 한편, 분종 후의 방족 간에는 통혼이 가능하나 각 방족 내에서는 결혼을 금한다는 것은 분종과 방종의 발전, 통혼 범위 모두 동족 전통 혼인제도의 유기적 구성 부분으로 방족의 발전, 분종, 새로운 방족의 형성 모두 일련의 가족 내 합관을 통해서 이루어지는 만큼 다른 지역 동족과 비교했을 때 관습법에 의하여 형성된 혈연 사회의 구조는 완전히 같지만 황강 동족은 이런 제도를 가장 오래 유지하고 오늘날까지 제일 온전하게 전승하고 있다는 점에서는 차이를 보인다.

중화인민공화국이 설립되기 전까지만 해도 이 다섯 갈래 방족 내에서는 통혼이 불가능했고 방족 간에서만 이루어졌는데 이런 전통은 '두대', '전은', '납군' 세 방족 내에서는 지금까지도 이어지고 있다. 토지개혁, 인민공사화, 개혁개방 등 시기에도 이 전통은 지속적으로 전승되어 왔는데, 이에 세 갈래의 방족 구성원들은 긍지를 가질 뿐만 아니라 지역사회의 발언권에 있어서도 주도적 지위를 지녔다. 반면 '두대', '전은' 두 방족은 개혁개방 후에 이 오랜 전통을 고수하지 못하고 느슨해지기 시작했는데 최근에 들어와서는 두 방족 내에 통혼을 하는 사례가 생기긴 했어도 3대 내, 즉 사촌남매는 결혼할 수 없고 촌수가 더 멀어야 했는데, 이는 분명 전통적인 혼인제도를 위배하는 것이다.

여기서 짚고 넘어가야 할 것은 설령 이러한 위배현상이 나타나지만 이런 관습을 위배한 가정은 사실 동족의 다른 제도적 전통을 유지하고 있다는 것이다. 그 예로는 동족의 인명 명명 제도가 있는데, 이는 신혼부부가 첫아이를 낳은 후 그들은 원래의 이름을 다시 사용할 수 없고, 아무개의 아빠, 아무개의 엄마라고 칭호를 바꾸게 되는데 모모는 바로 이들의 첫아이 이름이고 그들의 자녀가 결혼하면 아이를 낳을 때까지 기다리다가 이들과 이들의 자녀들도 또다시 이름을 바꾸게 된다. 그래서 이제는 아무개의 할아버지, 아무개의 아버지, 아무개의 어머니로 불리게 되는 데, 여기서 말하는 아무개는 이들의 손주이다. 위에서 이미 언급했듯이 동족의 전통 출산제도는 1남1녀 만 가능했기 때문에 이런 인명 명명제도가 그 어떤 상황에서도 혼란이나 중복을 가져오지 않았다. 따라서 분종이나 새로운 방족을 세울 시에는 원칙적으로 삼대 후에야 가능한데, 이는 사람들 간에 서로 호칭 상 혼란을 피하기 위한 것으로 분종 후의 당사자들은 윗사람 이름 사이에 나타나지 않는다. 이러한 전통은 왜 방족 내 결혼을 할 경우 삼대 후에야 가능한가라는 질문에 대한 답이기도 하다.

마찬가지의 도리道理로 조부, 아들, 손주 삼대 가정을 하나로 보는 전통을 보호하는 차원에서 황강의 다섯 갈래 방족은 각자 방족 내에 방족보다 낮은 등급의 혈연관계의 사회구조를 확장할 것을 필요로 했다. 이러한 사회구조의 형성은 기존 연구에서 정식으로 명명한 적이 없기에 여기에서는 이를 '가계'라 잠정적으로 한다. 모든 가계는 원칙적으로 조부, 아들, 손주 세 핵심 가족성원으로 구성되지만 실제로는 아들 가정에 아들이 사망하여 없다든가 자녀가 출생하지 않았거나, 결혼하지 않았거나 하는 등의 원인으로 적혀있지 않는 경우도 있다. 하지만 거시적인 시간적 측면에서 살펴보면 모든 가계의 구조는 여전히 3대라는 핵심 가족 성원으로 구성되어 있는 것을 볼 수 있다.

저자의 현장조사에 의하면, 황강 현지의 동족 주민은 자기 가문을 소개할 때 흔히 자신의 방족뿐만 아니라 조부까지도 소개하면서 이의 후손임을 소개하고 있다. 그리고 동족에게는 가계 역시 하나의 소홀히 할 수 없는 단위라는 것을 알 수 있다. 황강 마을 '납군'과 같은 방족의 경우 10여 호가 있는데, 각기 서로 다른 네 조부 후손에 속하였다. 예컨대, 네 가계로 나뉘는데 그중 한 가계는 이미 자손이 끊겼다. 그러나 '두대' 방족은 현재 다섯 가계로 구성되어 있고, 그 가구 수는 15호여야 함이 마땅하지만 문화대혁명 기간에 아이를 더 낳은 이유로 실제 가구수는 15호가 넘었다. '작은 어머니' 방족은 현재 네 가계로 구성되어 있는데 '두대' 방족과 같은 원인으로 실제 가구 수 역시 12가구보다 훨씬 많다.

위에서 볼 수 있는 것처럼 '전은' 방족도 세 가계를 포함하고 있지만 실제 가구 수는 9호를 훨씬 초과했다. '큰어머니' 방족은 가문에서 지위가 가장 높았기 때문에 그 아래 소속되는 가구 수도 가장 많았다. 물론 제도가 허용하는 범위 내에서 가능한 가구 수도 가장 많았지만 현재는 이 기준치를 넘어 이 방족의 가구 수는 81가구에 달하는 실정이다. 따라서 그 구성원은 3조, 11조, 10조에 분산적으로 편입되어 있는 구조로 되어 있다. 여기서 짚고 넘어갈 것은 현재 황강 마을 호적에 등록되어 있는 305호 동족 가정(제1차 조사 데이터) 중에 위에서 언급한 다섯 방족에 속하는 가구 외에도 일부 가구들이 있었는데, 이들 가구는 이곳에 정착하게 된 다른 성씨의 구성원이 설립한 가정으로 구체적인 상황은 위에서 이미 소개했기에 여기서 다시 언급하지 않겠다.

위의 사회조사 자료에서 볼 수 있다시피 이 다섯 방족은 분종을 통해 발전하는 과정에 전통을 이어 왔다. 그것은 초기 생모에 의해 '큰어머니'와 '작은어머니'로 나뉘던 두 갈래 방족이 3대로 이어지다 '큰어머니' 방족에서 '두대' 방족과 '전은' 방족으로 먼저 분화되고, 3대가 지나서는 '전은' 방족에서 다시 '납군' 방족이 분화된다. 이렇게 분화 과정은 대체적으로 6대를 거쳤다. 6대라는 수치는 이 지역이 아주 넓고, 인구가 희소했기 때문에 어떤 방족은, 제도는 허용하지 않았지만 남자 아이의 출산에 대해 허락함으로써 차기 분종을 위해 준비를 한 것으로 된다. 다섯 갈래 방족이 형성된 후 각 방족의 가계는 결국 정형화되고 '백오황강百五黃崗'의 구조로 규격화했으며, 다시 '대합관大合款'의 방식을 통하여 주변 가문의 동의를 거친 후 장기간 전승되어 왔다.

그 후로는 가구당 1남1여만 낳아 기르도록 하는 규정을 철저하게 따르도록 하면서 발전해 왔다. 이 과정에서 자손이 끊기는 가구가 발생하면 방족의 '합관' 방식을 통해 이들의 출산 티오를 어느 가계에서 가져갈 것인지를 정한다. 현재 사회조사를 통해 본 황강 마을은 오씨 종족으로 구성되고 동족의 문화적 전통에 의해 엄격하게 산아제한을 통해 형성되었다. 이러한 전통적 규정은 현재 여러 차례 심한 충격을 받았지만 일부는 지속적으로 전승되고 있는 상태이다. 이런 전승 내용의 분석을 통해서 전체 전통 규정에 대한 전면적 복원이 가능했다.

황강 마을의 '천삼'관[16] 중 '백오' 편제가 있었는데 이 편제 내 다섯 방족 간에는 인구 비례와 각 방족이 본 지역사회에서의 실제 지위, 그리고 상대적 평등의 원칙 하에서 일정한 차이를 보였다. 물론 이러한 차이는 오랜 역사 발전 속에서 점차적으로 형성된 것이기도 하다. 그 과정을 대체적으로 요약하면 다음과 같다. 동족 막내아들이 집안의 일을 맡는 관습법 조례에 의해 '큰어머니'와 '작은어머니' 두 방족 중에서 '작은어머니' 방족의 후예들이 옛 동네老寨와 '소령' 공동묘지의 관리권을 물려 받는다. 그 후손들은 농경지를 새롭게 개척하고자 '소령'의 서쪽을 개척하게 되는데 현재 황강 마을의 5조와 7조를 포함해 '작은어머니' 방족의 후손들이 개척한 농경지들은 아직도 '작은어머니' 방족의 후손들이 경작한다. 그러나 '큰어머니' 방족의 후손은 앞 세대들이 나이가 든 관계로 관습대로 거주하는 집을 별도로 건축해야 했다. 맨 처음 건축 장소의 위치가 바로 오늘날 계변 고루와 주변 지역이다. 후세 자손의 논 개척은 앞 세대 방족과 달리해야 했기 때문에 북쪽으로 개척할 수밖에 없었고, 규미規密 강어귀에 개척한 논은 현재 3조와 11조, 10조에 속해 있고, 이 역시 '큰어머니' 방족의 후손들이 경작하고 있다.

황강 마을은 다른 동족 마을처럼 마을 설립 초기에 세운 '살세薩歲'[17] 제단과 '고루鼓楼'

---

16 '관款'은 원시사회 농촌공사의 조직 형식으로, (宋)洪邁이 펴낸 『容齋隨筆·四筆·渠陽蠻俗』에는 "평안한 생활을 하고 있는 지역에는 '가문에 관이 있고 관에 든 사람은 곧 다섯 방족에 든 사람이다'(靖之地各有門款, 門款者, 言伍籍也)"라고 기록되어 있다. 이는 관이 혈연관계에 의해 이루어진 여러 가구가 하나의 방족을 형성하고, 여러 방족이 다시 가문을 조성하는데 흔히 한 가문은 같은 마을에서 거주하는 것을 알 수 있다. 재인용 출처는 다음을 참조 바람. 吳三麟,「古代靖州侗"款"組織」,『貴州民族研究』, 1993(1), p.93.
17 살세는 남부 동족이 숭배하는 여신으로 '조모'를 뜻한다. 집집마다 신앙이 있고 마을마다 모시는데 환경에 따라 사용되는 명칭만 다를 뿐이다. 즉, 평소에는 '살'(sax)로 많이 불리고, '살마'(sax mags), '살등'(sax daengc), '살병'(sax biingl) 등의 명칭도 쓰인다. 더 자세한 내용은 다음을 참조 바람. 張民,「關于榕江縣車江的"薩歲"調查」,『六山六水調査』, 貴州民族研究所出版(內部發行).

는 오늘날 '옛 동네 고루' 곧 기존의 고루 옛터에 복구공사를 했지만, 옛 '살세'제단은 현재 그대로 남아 있고 5조와 7조의 구성원들이 주관하여 제사를 올리고 있다. 이로부터 초기 두 방족이 분종할 때도 동족의 전통에 의해 막내아들이 종교적 사무를 관장하였음을 추측할 수 있다. 그 후 '큰어머니' 방족이 비교적 빠르게 발전하고 다른 동족 지역과의 연계가 아주 밀접하며 대외 연계에 있어 이 지역사회의 대표권을 장악하며, '계변고루'를 새로 조성하고 다른 새로운 '살薩' 제단을 세우면서 이 방족이 황강 사회에서 비교적 높은 지위를 확립하게 된다. 그 후 '큰어머니' 방족 중에서 새로운 세 갈래 방족인 '두대', '전은', '납군'이 분리되어 나왔다. 이는 곧 새로운 '살'제단과 '고루'를 조성하여 이 지역사회의 지위는 더욱 두드러지지만 동족의 전통적 습관이 여전히 작용하기 때문에 기존의 '옛 동네 고루'와 옛 '살'제단은 결코 폐지되지 않고 지위가 내려갔을 뿐이며, '작은어머니' 방족의 후예에 포함시켜 제사를 지냈다. 나중에 3갈래로 새로 분리되어 나와 형성된 방족은 지금까지 고루 건설과 '살' 제단 조성을 허용하지 않고 회당會堂을 건설하여 여러 방족들이 공무를 논의할 때 사용했다. 개혁개방 후에 관광업의 발전을 추진하기 위하여

황강 마을의 고루

기존에 있던 회당 옛터 세 곳에 '화량고루', '채문고루', '채미고루' 등 세 고루를 조성했다.

또 다른 단서는 바로 여러 방족의 농경지 분포 범위로부터 실증할 수 있었다. 위에서 언급한 것처럼 '큰어머니' 방족의 경작지 개척은 북쪽으로 확장하였는데, 여기에는 그럴 만한 이유가 있었다. 바로 '작은어머니' 방족의 여女 시조는 묘족 출신으로 서쪽 확장은 서부 지역의 묘족과 밀접한 관계를 맺을 수 있는 반면 '큰어머니' 방족의 여 시조는 동족 출신으로 경작지의 북쪽 확장은 평천坪天, 규미, 사채 등 동족과 밀접하게 교류하는 데 유리하였기 때문이다. 그리고 나중에 생긴 세 방족은 경작지 확장 방향이 자연히 상술한 두 방족과 달리할 수밖에 없었기 때문에 '두대'는 북쪽으로, '전은'은 동쪽으로 농경지를 개척했던 것이다. 이 경작지들은 모두 원시 밀림을 개척하였으므로 '산림과 양식'이라는 두 마리 토끼를 잡아서 혜택을 더 많이 누릴 수 있었다. 이들이 두 방족과의 차이점이라면 선조의 전통에 의해 이익을 본 것이 아니라는 것이다.

따라서 이 두 방족의 후손들은 황강 지역에서 '좋은 사람好人'과 '부유한 사람富有的人'으로 보았는데 이들이 좋은 사람으로 불린 이유는 그들의 후손이 전 세대 방족과 경작지를 다투지 않았기 때문이고, 그들이 부유하다고 했던 이유는 산림 혜택을 받을 수 있었기 때문이다. 가장 나중에 분종한 '납군' 방족은 농경지를 동북쪽으로 평천하 하곡을 따라서 개척했다. 그러나 농경지 개척은 어려움이 아주 많았는데 이른바 '다랑이 논'이 바로 이곳에 위치해 있었기 때문이다. 그래서 황강 지역사회에서 '납군' 방족의 후손들은 부지런하다고 자부를 한다. 이로부터 현재의 농경지의 관할권과 분포는 사실 역사적 산물로, 방족 후손들은 선조들의 업적을 이어 받았을 뿐만 아니라 전승에 있어 공정성을 최대한 확보하고 이 와중에서 나타난 차이점은 다른 방식으로 보상을 받을 수 있었기에 황강 마을의 각 가구의 토지 영유외 사용은 오랜 역사 속에서 장시간 안정적으로 유지되게 할 수 있었다. 그래서 모든 구성원들이 편안하고 즐겁게 생활할 수 있도록 했다.

동족의 황강 정착 과정은 한문漢文으로 된 고서에 기록되어 있지 않기 때문에 한문 역사서를 통하여 정착 시기를 고증할 수 없다. 위의 여러 구술과 그 내용의 신뢰성에 대해 황강 마을 주민들은 의심하지 않는데 이유는 아주 간단하다. 왜냐하면 이 다섯 방족의 공존은 현시 동족 주민이 모두 직접 느낄 수 있는 사실일 뿐만 아니라 각 방족 모두 자신의 계보를 정확하게 기억하고 있기 때문이다. 만약 이런 역사과정이 없었다면 오늘의 사회적 사실은 어디에서 왔는지 설명할 방법이 없고, 토지와 산림 등 자원이 방족에 의해 명확하게 구분되는 등 사회현상을 받아들여지지 않았을 것이다.

동족 주민이 위의 내용을 사실로 생각하는 한편 '개토귀류' 후의 정부 문서는 황강의 역사를 어떻게 기록하는지는 다른 문제이다. 오늘의 황강 동족 주민이 오씨의 후예라면 자신이 정통 동족이란 사실을 하나같이 굳게 믿는다. 그러나 기이한 것은 '개토귀류' 이후 청나라 정부 문서이든, 황강 현지에 세워진 비서이든 모두 황강을 '칠백생묘족마을七百生苗寨' 범위 내에서 기록을 하고 있었을 뿐만 아니라 이러한 문헌자료는 황강과 점리가 '칠백생묘족마을' 내에서 지위가 동등하고 손에 꼽히는 큰 마을이라고 하나같이 기록하고 있다. 황강 주민은 현재도 한문으로 된 고대 중국 문헌자료를 통독할 수 없기 때문에 문헌에 기록된 내용의 동기에 대해서 구체적으로 연구할 수도 없었을 것이다.

그러나 비문에 언급된 토지 경계와 자원 소유권에 대해 그들은 유창하게 외울 수 있을 뿐만 아니라 경계의 변화와 그에 따르는 각 지역의 땅의 재산권의 귀속에 대해 구체적으로 확인할 수 있다. 그렇지만 비문에는 그들 선조는 '칠백생묘족마을'의 대표로서 비석을 세우는 데 참여했지만 아는 것이 전혀 없고, '칠백생묘족마을'이 무엇을 지칭하는지에 대해서도 몰랐다고 명확하게 기재되어 있다. 이러한 현상이 발생한 원인은 관약과 정부 공문서 중 재산권 분쟁이 있은 것으로, 동족 간에는 동족어를 통하여 협의를 보았고 늑석감비勒石堪碑는 관청에서 한족漢族 문인에게 집필을 위탁해 구전과 문자기록 간에 의견 불일치가 생길 수밖에 없었다고 해야 할 것이다. 이것에 근거하면 다음의 두 가지 결론을 도출할 수 있다. 첫째, 청조의 지방 관부는 줄곧 황강인을 '칠백생묘족마을' 내로 포함시켰고, 광서 2년(1876)에 비각碑刻을 세울 때까지 그들이 신분(동족)을 인정하지 않았는데 관청과 동족 주민의 인식의 차이에는 사회 역사적 원인이 있었을 것이다.

사회조사를 통해 저자는 다음의 내용을 찾아 볼 수 있었다. 소위 '칠백생묘족마을' 지역 중 황강과 점리가 큰 마을에 속하는 만큼 점리의 동족 주민은 자신의 기원설에 대해 다른 기억을 갖고 있었다. 그들은 공개적으로 자기들은 '동부묘모侗父苗母'의 후손이라고 자칭하지만 황강의 동족 주민은 이에 대해서 입을 다물었다. 비록 황강 동족 여성의 옷이 주변의 묘족과 아주 비슷하지만 다른 지역의 동족 여성 장식과는 어느 정도 차이를 보이고 있었고 황강 동족 주민은 풍속이나 습관에 있어 주변의 묘족과 많이 비슷했기 때문에 이런 일련의 문화 현상을 통해 저자는 점리 동족 주민의 서술이 역사적 사실에 더 가깝다고 볼 수밖에 없다. 그렇다고 해서 이러한 역사적

찹쌀을 쪄서 단술 제작

사실이 결코 황강 주민의 민족 정체성을 부정하는 것은 아니다.

사실 황강의 동족 주민은 진정한 의미에서의 동족일 뿐만 아니라 동족의 전통문화가 상대적으로 완전하게 전승하고 있는 동족 지방단체라고 하는 데는 그럴만한 이유가 있다. 그 이유로는 네 가지를 들 수 있다. 첫째, 황강의 동족 주민은 지금까지 문화를 전승하고 보호하고 있는데, 주요 내용과 구조는 동족 문화와 일맥상통하다. 둘째, 황강은 청나라 정부의 '개토귀류' 후 이 지역을 정식으로 접수하기까지 황강 마을의 선조들은 이 지역 동족 내부의 대 '합관'에 줄곧 참여했고, 명확하게 '백오황강'이라는 위치를 명확하게 확보했던 것이다. 셋째, 황강의 동족 주민은 가족 단위를 넘어 줄곧 전체 동족 지역 범위에서 펼쳐지는 마을 경축행사, 동족 내부의 '식상사吃相思(츠샹스)'[18]와 새해맞이 행사, 나아가 '합관' 연맹에도 참여해 주변 동족과 하나로 어우러졌지만 묘족과는 어우러지지 않았다. 넷째, 황강 동족 주민 나름의 사고방식과 주변 동족 지역에서 공인하는 민족의 정체성으로 보면 모두 소재 지역의 민족을 동족, 묘족, 한족, 장족壯族, 수족水族, 요족瑤族 등 여섯 민족으로 나뉘는데 황강 주민은 줄곧 스스로 동족으로 규정하였고, 주변

---

18   역주: 그리움을 먹는다는 마음속 연인 찾는 축제, 즉 동족 지역 경축일 혹은 농한기에 촌과 촌, 촌락과 촌락을 상호 간에 방문하는 민속활동으로 동족 청년들은 이때 전통복장 차림으로 갈대로 만든 생황芦笙을 불고 춤을 추며 마음 속 연인을 찾는 풍습을 말한다.

여섯 민족의 승인도 받았던 것이다.

저자가 황강 동족 주민과 주변 묘족의 특수 관계를 강조하는 이유는 황강 동족 주민들이 의식적으로 회피하는 민족 간의 관계에 대한 역사적 사실을 언급하는 것이 아니라 이 역사적 과정을 분명히 해야만 동족 전통생계의 문화적 적응과정을 더 깊이 고찰할 수 있기 때문이다. 황강의 자연적 적응과 사회적 적응을 분석함에 있어 일부 적응 내용은 분명하게 묘족 문화에서 유래한 것이기 때문이다.

황강 동족 주민은 관념에 있어 자기들은 정통적인 동족 신분임을 강조함과 동시에 이웃 지역의 묘족과는 사상에 있어 거리를 유지하고 있다고 인식하고 있다. 그들은 자기들끼리 묘족이 자기네 세력 범위 내에서 결연해 정착하는 것을 눈 감아 주었던 것은 이들 묘족의 선조들이 황강 동족의 산림을 지키겠다고 약속했기 때문이다. 이러한 약속은 건국 초 토지개혁 전까지 이어져 왔다. 한편 황강 동족 주민이 1인당 경작지 면적이 커서 주변 현 중에서도 으뜸인 것은 부인할 수 없는 사실이기 때문이다. 반면 황강과 같은 행정촌 잠추 묘족은 1인당 경작지 면적이 사용 수요를 만족시키지 못하고, 경작지가 황강이 아닌 다른 인근 행정촌에 속해 있었다는 점도 특이한 현상이 아닐 수 없다. 이는 상상할 수 없는 토지자원 점유 상황으로 중화인민공화국 설립 이래 몇 차례에 걸쳐 토지 사용권을 조정했음에도 불구하고 불합리한 현상이 여전히 유지가 되었던 점은 도무지 이해가 안 된다. 이러한 사실은 묘족에 대한 황강 동족 주민의 관념이 역사의 진실을 말해주는 거울임을 보여준다고 해야 할 것이다. 바꾸어 말하면 역사적으로 황강 지역의 묘족과 동족의 사회적 지위는 결코 평등하지 않았던 것이다.

위의 내용을 종합하면 황강 동족의 마을사는 동족 문화가 묘족의 거주지에 점차 침투하고 묘족과 동족 문화가 상호 융합하는 민족 간의 상호작용하는 과정이 이루어지는 역사적 과정으로 이해해야 한다.

3. 마을과 역대 왕조와의 관계사

황강 지명이 한문 문헌에 기록되어 있는 시기는 비교적 늦다. 청나라 옹정 황제의 '개토귀류' 전까지는 모든 한문 문헌에 명확하게 황강이라는 지명을 사용하지 않았지만 황강 지역 주변의 동족 지역은 일찍부터 기록이 되어 있다. 황강에 소재한 여평현은 여계黎溪현에 속한다고 해서 붙여진 이름으로 여계 평정을 뜻한다. 송나라 주보朱輔의 『계만총소溪蠻叢笑』[19]에 가장 일찍 기재되어 있고 송사宋史에도 관련 기록이 있다. 송나라를 대체한 원나라는 서남의 소수민족지역에서 토사土司[20]제도를 시행했다. 『원사지리지元史地理志』에 의하면, 원나라 조정은 현재 황강 주변 지역을 호광湖廣 관할 하의 사주군민안무사思州軍民安撫司에서 통솔했다고 한다. 사주 토사 전경현田景賢은 주변 지역 즉 '고주만호부古州萬戶府' 만 가구는 물론 담계潭溪, 영종永從, 중조中潮 등 장관사長官司[21] 등 지역을 통할했다. 당시의 고주古州 만호부萬戶府와 위에서 소개한 담계, 영종, 중조 등 세 곳의 장관사가 황강 지역을 직접 통할했는지는 문헌 고증이 어려워서 확인할 길이 없다.

명나라에 사주군민안무사는 지위가 동등한 사남思南 선위사宣慰司[22]와 사주思州 선위사로 분리되었다. 원나라에 와서 고주만호부는 폐기되었지만 중조, 담계, 영종 등 장관사는 보존되었고 사주 선위사에서 통솔했다.[23] 명나라 영락永樂 황제 시기는 사주선위사 밑에 서산양동西山陽洞 장관사[24]를 증설하였다. 그러나 이런 토사가 직접은 아니더라도 다른 형식으로 황강을 관리하였는지에 대한 문헌 기록은 없다. 영락 11년(1413), 명나라 조정은 사주와 사남의 토사를 폐쇄하고, 그 관활 경내에 팔부八府[25]를 설치하였다. 그 중 여평 소속의 부府는 곧 황강 주변의 13곳의 장관사[26]를 통괄했다. 그러나 『명사귀주토사전

---

19   符太浩, 『溪蠻叢笑硏究』, 貴陽: 貴州民族出版社, 2003, p. 98.
20   역주: 중국 원元 나라 이후 서남 지역의 야만족蠻族을 다스리던 지방관.
21   石開忠, 『侗族款組織的文化人類學闡釋』, 中央民族大學博士論文, 2007, p. 12에서 재인용.
22   『明實錄』 "洪武實錄" 卷15, p. 14.
23   石開忠, 『侗族款組織的文化人類學闡釋』, 中央民族大學博士論文, 2007, p. 13에서 재인용.
24   光緖, 『黎平府志』 卷2上.
25   『明實錄』 "永樂實錄" 卷16, pp. 5~6.

明史貴州土司傳』,『명사귀주지리지明史貴州地理志』와『명실록明實錄』, 명나라의 귀주 지방지를 두루 살펴보아도 황강 지명과 관련된 지명 기록은 여전히 보이지 않는다. 여평부의 서쪽과 남서부에 그 당시 큰 면적의 '생계生界'[27]가 존재했다는 명나라 사적史籍의 명확한 기록에 비추어 보면 황강은 명나라까지만 해도 여전히 '생계'에 속했던 것으로 볼 수 있다. 따라서 중국 정사正史에 황강 관련 명확한 단서를 찾을 수 없었던 것은 객관적 사실을 반영한 것이라 해야 할 것이다.

청나라 옹정雍正황제 시기 개토귀류改土歸流는 '자연생태계'에 속해 있던 묘강苗疆의 개발을 행동 목표로 삼았는 바 이를 통해 생계를 새로 개척하고 '신강륙청新疆六廳'[28]을 설립했다. 신강륙청 중 하강청下江廳은 바로 현재의 종강현[29] 지역이다. 원 여평부 남서부의 '생계' 역시 이 시기에 정식으로 행정 관할구역에 편입되었다. 그 후 '묘강금례苗疆禁例'[30]가 해제됨에 따라 '신강륙청'의 내부 상황은 비로소 관방의 문서에 등장한다. 이번 조사를 통해 저자는 황강에서 가장 오래된 비석이 도광道光 2년(1822)에 세워졌음을 발견했다. 비문에는 일찍이 건륭乾隆 40년(1775)에 황강은 여평부에서 직접 관할하는 담계 장관사가 통솔하고, 담계 장관사는 당시 황강 외에도 소황, 점리 등 같은 지역 내 다른 동족과 묘족 마을까지 관리를 했다는 내용이 적혀 있다. 이 비문 내용은 위로 거슬러 올라가서 건륭 40년(1775)에 담계 장관사가 이미 정식으로 황강 지역을 관할하였다는 것을 증명해 준다.

오늘날 위의 비문 내용을 살펴보면 이상한 점은 있지만 그렇다고 진실성에 대해 의심할 바는 못 된다. 왜냐하면 담계 장관사의 관할 구역은 여평현 동쪽이고, 황강, 소황, 점리 등 소위 '칠백생묘七百生苗' 촌은 여평부의 남서쪽에 위치했기에 당시의 여평부가 소속

---

26 『明實錄』"永樂實錄"卷91, p.6.
27 '생계'는 많은 문헌에서 '묘강복지苗疆腹地'라고 한다. 이와 관련하여 다음을 참조 바람. 光緖, 『黎平府志』; 許家干, 『苗疆聞見錄』; 『黔南識略』.
28 육청에는 '팔채청八寨廳(오늘날의 단채현丹寨縣)', '단강청丹江廳(오늘날의 뇌산현雷山縣)', '고주청古州廳(오늘날의 용강현榕江縣)', '청강청淸江廳(오늘날의 검하현劍河縣)', '도청강현都淸江廳(오늘날의 삼도수족자치현參都水族自治縣)', '대공청台供廳(오늘날의 대강청台江縣)'이 포함된다.
29 『侗族簡史』, 貴州民族出版社, 1985, p.43.
30 『淸實錄貴州資料輯要』, 貴陽: 貴州人民出版社, 1964, p.416. 역주: 묘족에 대한 금지 조항.

된 영종현永從縣에서 황강까지 거리로는 더욱 가깝기 때문이다. 청나라 조정에서, 비문에서 가리키는 '칠백생묘'라 칭하는 지역을 왜 영종현으로부터 담계 장관사가 다스리게 하지 않았는지 오늘날 우리가 봤을 때 분명히 상식적으로 이해되지 않는 부분이 없지 않다. 그럼에도 불구하고 꼭 이유가 있다면 그것은 곧 '개토귀류'의 과정 중 담계 장관사가 토지을 위해 노력을 아끼지 않았고, 이 지역이 당시 새로 계발된 '생계'인 관계로 호적 등록과 경작지 소속이 불분명하거나 명확하지 않았기 때문에 정규적 편제인 영종현에서 관리하도록 하는 것은 어려움이 커 토사에서 통괄하게 하는 것이 관리에 더욱 유리하였다고 보는 것이 설득력 있다. 즉, 청조 정부는 이 토지를 담계 장관사로 하여금 통솔하고 소위 '칠백생묘채'를 하나의 완전한 지역 단원로 담계 장관사에 귀속하여 전면적으로 관리하게 했다는 것이다.

저자와 조사원들은 이번 현지답사를 통해 비석을 9점 발견하였는데, 그중 5점에 '칠백생묘채'를 담계 장관사에서 관활하도록 한다는 내용이 언급되어 있는 것으로 조사되었다. 이는 담계 장관사의 행정 관활 권한이 청나라 말까지 줄곧 이어져 왔음을 충분히 입증한다. 중화민국 시기에는 여평부가 관활한 영종현과 하강청이 합병되어 종강현에 신설되면서 비로소 변화가 생겨나기 시작했다. 당시 국민정부의 이러한 조치는 한편으로 중화민국 이후 잔존한 작은 토사小土司에 대해 행정기구 재편을 감행하는 한편 행정관리 편리를 도모하기 위해 도로 거리에 근거해 현의 경계를 재획분했던 것이다. 이를 통해 토사가 통괄하는 토지의 재조정으로 이어져 '칠백생묘채'에 대한 담계 장관사의 통괄권도 박탈당하고 과거 역사시기 소위 '칠백생묘채'라 하는 하나의 지역 단위가 아니라 대부분 지역을 종강현에서 관리하고, 황강을 포함한 일부를 여평현에서 관리하는 것으로 둘로 나누어서 관활하게 하는 결과를 초래했다.

위의 여러 비문을 통해서 황강 역사의 중요한 내용에 대해 다음과 같이 요약할 수 있다. 우선 동족의 전통사회제도에 의하면 전체 동족 지역 모두 '합관' 방식에 의해 명확하게 각 종족촌락 공동체의 토지자원 통괄과 사용범위를 결정했다. 새로운 토지자원을 얻기만 하며 관례에 의해 '합관'을 정하고, 다시 지역 범위를 정하게 된다. 한편 한 종족촌락 공동체가 인구가 번성하면 종가 내부에서 분종을 하는데 다른 방족이나 가계로 분류되어 정착하게 된다. 이러한 역사적 과정은 동족이 단일 민족을 형성한 이래 줄곧 전승하고, 동족 지역의 안정과 번영을 지탱해 주고 있다. 그러나 이러한 역사적 과정은 장기간 한문 문헌에 기록되지 않았지만 비석으로 이런 역사적 과정과 발전에 직접적인 물증을 제공하였다. 그중에서도 네 비문은 황강 마을이 동족 마을 공동체의 토지 경계에 대해 명확하게 기록을 남기고 있다. 따라서 비문은 토지 경계의 역사적 변화와 지표이면서 다른 종족촌락 공동체와 인접해 있기 때문에 그야말로 명실상부한 경계 비문이라 해야 할 것이다. 특히 오늘날 황강 마을의 관한 구역이 비문에서 언급하였던 국경이 근거인 점을 비추어보면, 이러한 비문은 동족의 종족 공동체 분화사라고도 할 수 있기 때문에 문헌기록에 의한 관방사와 동족사를 연결시키는 연결고리로 작용했다.

둘째, 토지 경계의 획분은 비문 내용을 통해 유효 시한을 직접 확인할 수 있었기에 가장 직접적인 물증이다. 상술한 비문 중에는 1984년(비문 8 참조)에 새긴 비문이 마지막에 새겨진 것으로, 정부가 현지에서 농업생산청부제聯產承包責任制를 완성한 3년 차에 '합관'이라는 합동조항을 주관했던 황강의 촌락노인은 오늘까지도 건재하고 있다. 비문에는 다음과 같은 내용이 적혀 있다. 이웃 종강현 용도 마을 동족 주민이 땅을 임대하여 조림하는데, 그 기한은 30년, 땅을 임대해 조림 과정에 생기는 수입 배분은 2006년까지 이미 3회에 걸쳐 지불했는데, 이로 인해 황강은 6,500위안의 공동수입을 얻게 된다. 그 후 2015년까지 용도 마을 동족 주민은 황강 마을의 조림 과정에서 생겨난 경제수익을 배분하고, 기한이 되면 이 토지를 황강 마을에 반환해야 한다. 용도 마을이 빌린 이 토지는 바로 상술한 여러 비석에서 언급하였던 황강 마을 토지 범위에 속했던 것으로 이런 비문은 현재까지도 여전히 법적 효력을 지니고 있다는 것을 충분히 증명하는데, 이 효력은 동족 지역 여러 종족촌락 공동체로부터 한결 같이 인정을 받으면서 오늘까지 이어지고 있다. 비문에 기록된 이런 내용은 사회 실정에 부합될 뿐만 아니라 문헌 기록을 입증하는 중요한 내용들이다.

셋째, 그중 한 비문(비문 4 참조)에는 황강 종족촌락 공동체가 큰 면적의 공공산림을 가지고 있고, 이를 '분산墳山' 또는 '용림'이라 부른다고 명확히 기록하고 있다. 이 산림의 위치는 위에서 이미 언급했다. 비문에는 황강 촌내의 여러 방족이나 개인이 묘지 토지를 다른 마을 사람에게 양도하여 매장하는 것을 금지한다는 내용이 적혀 있다. 이 비석은 도광 2년(1822)에 새겨졌지만 관습법에 의한 구속력은 지금까지 이어져 오고 있다. 오늘날 황강 경내에 묘지를 소유한 다른 종족촌락 공동체가 없다. 특히 한족 같은 경우 황강 경내에 묘지를 전혀 갖고 있지 않다. 이 비문의 출토는 동족 역사상 토지자원은 종족촌락 공동체에서 공동 소유하고, 각 동족 가구에게는 토지 사용권만 있지 개인에게는 사유권이 없다는 사회적 사실을 직접 증명해 주고 있다.

넷째, 위의 비문 중 광서光緖 21년(1895)에 세워진 한 비문에는 다른 성씨인 자를 양자로 받아들이는 규범을 거듭 강조하는 내용이 적혀 있었는데, 황강 현지조사에서도 이런 규정의 비문 내용을 직접 확인할 수 있었다. 현재 황강 경내에는 오 씨를 제외하고 진陳, 왕汪, 방芳, 석石 등의 성씨가 있다. 황강 어른들의 기억에 의하면, 이러한 타성 가족을 받아들인 것은 모두 인재 영입의 필요에 의해서였다고 한다. 이런 타성 가족의 선조들은 황강에 '입적落籍'을 허락받을 때 하나같이 재주를 갖고 있었던 사람들이었다. 농기구 제조, 한어에 정통 등 이런 재주들을 그들은 하나 정도 갖고 있었던 것이다. 따라서 촌락노인 의사회를 통해 황강 낙적을 허락받을 수 있었다. 주의할 점은 이 비석의 시기가 바로 청조 정부에서 '묘강금례' 실시를 철저히 완화한 시기와 서로 맞물리는 점에 주목할 필요가 있다. 즉, 이로부터 청조 정부에서 실시한 정책에 대한 황강 동족 주민의 호응으로, 이를 통해 외래인의 황강 정착 관습법을 위해 중요한 근거를 확립하게 되고 이로써 황강 오씨 가족이 종족촌락 공동체를 통제하던 상황에 변화를 가져오게 된 것이다.

끝으로, 도광道光 20년(1840)에 새겨진 다른 한 비문(비문 9 참조)에서는 지방관과 각급 토사가 소수민족 주민에게 부역을 분담하는 것을 금한다는 청조 정부의 금지 조항을 내용으로 재표명하고 있다. 이 비문은 겨우 금지 조항의 사본에 불과하지만 같은 내용의 비문이 여평부黎平府와 도운부都勻府 경내 각지에 널려 있었는데, 저자는 쌍강향 사채촌에서 유사한 내용의 비문을 찾아볼 수 있었다. 이 비문의 발견은 청조 정부가 현지에서 '칠백생묘채'를 이미 효과적으로 통괄했을 뿐만 아니라 기본적으로 중앙정부에서 정책 법령을 제정함을 증명한다. 이 비석과 도광 20년에 새겨진 담계 장관사가 '칠백생묘채'에서 부역을 분할한다는 내용의 다른 출토 비석(비문 6 참조)은 청조 정부가 황강 지역에 대한 행정관리체제의 명확하고 유효함을 서로 뒷받침하고 있다.

위의 내용을 종합해 보면 비록 위에서 언급한 이해만으로 저자는 황강 마을의 전체 역사적 과정을 모두 복원할 수 없었지만 적어도 황강 주민은 나름대로 전해내려 온 사회역사적 과정이 있다는 것을 확인할 수 있었다. 그들은 '합관'을 통해 관습법을 확립하였고, 황강 지역사회의 안정과 발전을 줄곧 이어왔는데, 이러한 관습법에 의한 사회규범은 동족 내 종족촌락 공동체 체제에 깊이 침투되어 개토귀류 후에야 비로소 행정 권력이 황강 지역에 개입된다. 동족에 관한 문헌기록과 구술자료가 이 시기에 와서야 비로소 연결이 된다. 두 가지의 양상이 병행된 역사는 오늘날까지 이어지고 있다.

4. 마을의 경관 변화

신중국 건국 후부터 현재까지 반세기 남짓한 세월은 황강 역사상 인문 경관이 가장 급변한 시기였다. 사회조사 자료 수집의 필요성에 의해 반세기 전에 남겨진 사진과 회화를 통해 반세기 전의 황강 경관을 한눈에 보려고 했던 저자의 바람은 어쩌면 사치일 수 있다. 왜냐하면 반세기 전만 해도 황강에서는 사진기술을 접하지 못하였고, 당시 황강은 한어가 가능한 사람이 없었기 때문에 동족 언어가 가능한 수행인원이 없이 한어만 가능한 한인漢人은 이 지역을 다녀갈 수 없었으니 저자가 원했던 황강의 경관 사진 따위가 남겨질 리 없었다. 따라서 이러한 바람은 간접 자료에 의한 논증을 하는 수밖에 없었다. 다행히 저자는 1995년 중국인민해방군총후근부측회국中國人民解放軍總后勤部測繪局에서 제작한 1:50,000축척의 군용지도를 찾아냈다. 50년 전의 지도와 현재 네비게이션 인공위성 위치추적장치 그리고 현재 통용되는 중국 지도를 서로 비교해서 다음과 같이 황강 자연과 인문경관의 3대 변화를 도출해낼 수 있었다.

첫째, 황강 경내에 있는 여러 작은 시내 예컨대, 남에서 북으로 가로질러 흐르는 황강의 작은 시내는 50년 전 군용지도에는 찾아볼 수 없다. 이와 유사한 상황은 평천하의 상류가 현재보다 짧다는 점을 들 수 있다. 둘째, 황강 지역 내 해발이 높은 몇몇 산봉우리는 해발고가 위의 군용지도에 명확하게 표시되어 있지 않았다. 명확히 843m라고 해발을 표시한 산봉우리는 황강 마을 '소령'의 주봉으로, 주변에 이 주봉보다 높은 산봉우리가 있음에도 불구하고 해발을 명확하게 표시하지 않았다. 셋째, 황강 마을 가옥규모는 오늘날 황강 주거지역의 5분의 1에 미치지 못할 뿐만 아니라 황강하의 서쪽에 밀집되어 있다. 오늘날 황강하 동쪽의 가옥 구역은 당시 미개척지였다. 이상 세 가지 변화가 자연과 인문 경관에 가져온 구체적 양상은 아주 복잡한데, 다음은 이 책의 연구주제와 관련된 내용들만 요약해서 제시한 것이다.

황강 체류 기간에 저자는 현지 주민들과 진행하는 자료조사회에 여러 차례 참여하여 황강 마을 오정국吳政國 등 노인 다섯 명을 중점적으로 인터뷰하고 현재 황강 마을 경내 지하토 시료土樣에 대해 방문조사와 실측한 결과 50년 전 황강 마을은 '호수와 늪이 많은 지역水鄕澤國'이었다는 놀라운 사실을 발견하게 되었다. 남에서 북으로 황강을 가로질러 흐르는 시냇물은 인공개조를 통하여 논과 양어장으로 직접 흘러들어 가게 했는데, 개조 전의 천연 강바닥은 원래 모습을 완전히 잃고 모습을 감추게 되었다. 오늘날 황강 경내 반수 이상의 가옥과 황강 마을을 가로지르는 도로 그리고 각종 신축 공공건물 이를테면 농구장 등은 모두 양어장을 매립한 후에 조성한 것들이다. 다섯 분의 촌락노인의 기억에 의하면, 자신의 집무 기간에 매립한 양어장만 해도 수십 개 되는데 오늘의 황강 마을 촌민위원회, 공급판매협력사, 위생소와 대강당 모두 양어장을 매립한 후 건축된 것들이다. 오늘날 황강 마을을 관통하는 시냇물의 강바닥도 매립 과정에서 인공적으로 정리한 결과물이다. 이런 이유로 당시 중국인민해방군대지측회조中國人民解放軍大地測繪組가 은폐된 시내를 발견할 수 없었기 때문에 군용지도에 반영되어 나타날 리 만무하다.

저자는 황강 마을 여러 지역에서 직접 토양 시료를 채취해 분석한 결과 가옥, 도로를 막론하고 지하토에 모두 두터운 퇴적층 진흙이 강바닥에 퇴적되어 있는데, 어떤 점토층은 비 오는 날이면 일부 점토층에 침식 현상이 생기기도 했다. 이런 상황은 이들 노인들의 기억이 완전히 정확하다는 것을 입증한다. 인터뷰가 끝난 다음 노인들은 만약 우리가 1993년 전에 황강에 왔더라면 양어장이 밀집한 모습을 볼 수 있었을 것이라고 하면서 크게 감동했다.

평천하의 상류는 황강 마을 2조와 10조의 논 범위 내에 위치해 있고 발원지는 현재 큰 양어장으로 지하의 샘물을 직접 비축한다. 1958년 이후 '이량위강以粮爲綱' 운동 중 많은 양어장을 포기하고 농경지로 개조하면서 물길이 새로 정리되어 오늘날 볼 수 있는 강이 논을 지나는 경관을 형성하고 평천하의 상류를 위로 약 2㎞ 더 늘렸다. 조사 중 현지 주민들은 하류가 흘러 지나는 양어장과 논에 대해 거의 모든 사람이 원래 경관을 기억하고 손금 보듯 환하게 꿰뚫고 있다며 흥미진진하게 얘기를 했다. 그들은 논과 못 모두 어느 선조가 어느 시대에 만들었는지 기억할 뿐만 아니라 이러한 공공사업에 기여한 노인들을 본보기로 받들면서 사회관습도 이러한 노인들의 이름을 따서 양어장과 논의 명칭으로 해 이들에 대한 찬사를 아끼지 않았다. 그 후의 조사에서도 양어장, 경작지, 도로, 다리는 물론 이 책에서 토론하는 찰벼 품종의 도입, 재배와 육성, 대면적의 인공산림 조성 등은 모두 진행자의 이름을 따서 명명했음을 발견할 수 있었다. 바로 이런 사회규범이 황강 마을 공공사업의 번창과 발전을 유지했던 것이다.

저자의 결론은 황강 마을의 많은 경작지들이 지난 반세기 사이에 거의 인공 '호수와 늪이 많은 지역'에서 밭과 논이 되는 과정으로 변화를 경험했다는 것이다. 이 변화 과정에서 황강 주민이 기억하던 마음속의 많은 선조들의 이름은 양어장과 함께 사람들의 기억 속에서 점차 흐릿해졌다. 산간 지역에서 인위적으로 물가의 환경을 만드는 사례는 모든 동족 지역에서 쉽게 찾아볼 수 있는 인문 경관인데, 이는 반세기 동안 발전하면서 점차 소실되고 있지만 여전히 보편성을 지닌다. 황강 경관 변화의 주요 특징을 정리하면 다음과 같다. 첫째, 황강이 이렇게 호수와 늪이 많은 경관을 조성한 것은 다른 동족 지역에 비해 이곳 지역의 지형이 평탄치 않아 어려움이 많다. 둘째, 이러한 형식의 인공 호수와 늪이 사라진 시간은 황강이 다른 동족 지역보다 늦다. 따라서 조사에 신빙성이 있는 자료와 정확한 기억을 남길 수 있었다. 셋째, 황강의 지리적 구조는 넓은 계곡이나 평지가 아니어서 인공적으로 호수와 늪을 개조한 후 많은 댐과 수로의 훼손된 부분이 자연적으로 생길 수밖에 없을 뿐만 아니라 계절성으로 인한 국지성 폭우를 만나면 침식이 발생한다. 이는 전통적인 동족 경관을 연구하는 데 분명히 구체적인 물증을 제공하므로 그 회복도 다른 동족 마을에 비해 훨씬 수월할 것이다.

군용지도에 표시되어 있는 황강의 해발 표고는 전면적이지 않아 현지 주민을 통해서도 구도로 입증할 만한 증거를 찾을 수 없다. 오늘날 현지 주민들이 '해발이 높다'라든가 '해발이 낮다'라는 표현을 사용하지만 이들의 인지 속에는 해발 표고에 대한 지식이 없기에 해발에 대한 진정한 의미를 이해한다고 보기 힘들다. 왜냐하면 이들은 마을을 좌표 원점으로 하여 마을보다 높으면 고해발 지역, 마을보다 낮으면 저해발 지역이라 불렀기 때문이다. 따라서 그들이 거주한 지역 내 지표 위의 정상 위치에 대해 명확하게 표시하지도 않고, 또 이를 개의치도 않았으며 이를 표시해야 하는 이유에 대해서도 알지 못했다. 그러나 산지·밀림 기후의 특점과 이 지역의 측지 난이도를 고려해서 군용지도에 최고치를 표시하지 않았지만 실제 원인을 도출해낼 수 있었다.

군용지도 등고선의 변화를 자세히 들여다 본 후 몇 군데 뚜렷한 오차를 발견할 수 있었는데 이런 오차는 토지층이 두터운 구간에서 흔히 발생했다. 이는 당시 중국인민해방군 측회조가 일반 측량 기구인 세오돌라이트로 장거리 측정을 통하여 등고선을 그렸음을 보여준다. 지표층이 두터운 구간은 당시 산림이 울창하고 수풀이 무성했던 관계로 측량자들은 밀림지역 주변에 측량대를 세우는 방법 밖에 없어 등고선의 방향을 상상해서 손으로 그렸고 실제로 현지 측량을 하지 않은 것이었다. 산림 모습이 변화하면서 등고선이 정확하지 않다는 오차가 드러났으며, 정확하게 표고를 남기지 못한 산림의 경우 산봉우리 역시 그 이유가 산림이 아주 무성한데다가 사시사철 안개 낀 날이 많아 측량자들이 산꼭대기에 직접 올라갈 수 없었다는 것, 가시도가 낮아 측량대를 세울 수 없었다든가 설령 측량대를 세웠다 하더라도 세오돌라이트로 눈금을 정확하게 볼 수 없어 자연히 정확하게 표시를 높이를 표시할 수 없었던 것일 수도 있다는 것이다.

요컨대 50년대 군용지도의 측량 차이는 기술적인 조건과 인력 부족 등 제약적인 요소 외에 자연 경관의 급속한 변화가 더욱 중요한 요소로 작용한다. 변동의 핵심적인 내용으로 무성한 원시 산림은 1958년과 1983년 두 번에 걸쳐 내려진 행정 명령에 의해 인위적으로 원시 식생이 철저히 파괴된 것을 들 수 있다. 현재 황강 지역의 무성한 산림은 1985년 후에 차츰 회복하기 시작한 재생 유령림幼齡林(幼林)·장령림壯齡林[31]들이다. 황강 지역의 원시 식생은 이 촌의 '용림'과 마을에서 멀리 떨어진 일부 산골짜기에서만 찾아볼 수 있다. 따라서 현재 접한 황강 산림의 경관은 전체 동족 지역에서 쉽게 찾아 볼 수 있는 것이 아니며 이것 또한 반세기 전 황강의 산림 경관을 대표한다고 할 수 없다.

황강 마을 주민 취락의 개척도 아주 눈에 띈다. 1950년대의 군용지도에 주민의 가옥은 전부 황강의 서쪽, 즉 오늘날의 마을 옛 동네 고루 주변에 조성되어 있었지만 현재 황강 마을 가옥은 황강의 작은 평지를 전부 매립하고 이와 대응하게 황강 마을 내부도 옛 동네, 신마을新寨, 시냇가 마을溪邊寨로 구분 지으며, 황강 마을 옛 채문도 무너져 폐허로만 남아있다. 이러한 경관의 변화를 황강 마을 규모의 확대로 보면 안 된다. 건국 초기에 황강 마을은 이미 200가구의 규모였으나, 반세기 지난 현재 고작 165가구 늘어났다. 따라서 주민들의 취락 범위 확대는 기존 마을 구조의 해체, 즉 기존 방족이 취락에 거주하는 전통 구조에 혼란을 가져왔을 뿐만 아니라 다른 방족의 구성원인 오씨외 구성원들이 자유롭게 거주지를 선택하는 경향도 나타났다는 것을 의미한다. 주민의 취락 공간 범위의 확대는 취락 무질서의 결과이지 인구와 가구 규모 확대에 따른 결과가 아니다.

촌락노인의 기억에 의하면, 황강 마을의 기존 가옥은 논과 양어장 위에 조성되어 있는데, 이는 주상식 가옥으로 나름대로 방화 기능을 지닌다. 그러나 평지 가옥으로 바뀐 후에 동족의 전통적 불 사용 방식으로 인해 과거 반세기 동안 거의 십년에 한 차례씩 대화재가 발생했었다. 지금 촌락의 구조는 부득이 새로운 주거구조에 따른 방화대 구분을 필요로 했다. 이것이 바로 황강 주민 거주지 면적은 크지만 이용률이 높지 못하고, 방화 기능이 높지 않은 것의 실제 원인이다.[32]

---

31 역주: 나무 나이에 따라 산림 유형을 나타내는 것으로 유령림은 나무가 자라 산림을 이루기 시작할 때부터 벌목 때까지 기간 중의 첫 단계로 10년 이하의 어린 나무로 조성되고, 장령림은 10년 초과 20년 이하의 나무들로 조성된다.

32 최근 80년래 마을에는 1948년, 1965년, 1986년, 1998년에 걸쳐 총 4회 화재가 발생했다. 매번 겨울철에 일어났는데 화재 장소가 번번이 마을이었다. 물론 그중에는 주택 화재가 발생하지 않았던 고루도 있긴 했다. 화재 발생 시 촌민위원회가 가장 빠른 시간에 자택 내 돼지, 소, 말 등 가축들을 끌고 나가는 바람에 소화의 시기를 놓치고 소화 시 주민들은 물통으로 양어장이나 강의 물을 사용해야만 했고 주택도 목구조로 되어 있으며 주택들이 밀집해 있는 상태서 화재가 일어날 경우 화재가 빠르게 번져버려 화재가 발생하기만 하면 대량의 주택이 타버리고 만다. 1990년대 전 온 마을을 불사르는 화재가 발생했는데 겨우 몇 가구만 그나마 이를 모면하고 온전하게 남겨질 수 있었는데 현재 300년 되는 고택古宅이 이에 속한다. 주요 원인으로는 이들 주택 주위에 양어장으로 둘러 싸여 있어 어떤 방향에서든 불의 습격을 받는 것을 면할

황강 마을의 수자원 공간 분포도

  각 방족 간의 거주지 상호 교차로 기존의 사회관리 체제는 약화될 수밖에 없다. 생활·생산과 일상적인 새로운 수요에 의해 일부 새로운 건축도 황강 마을에서 시대의 요구에 의해서 생겨나고, 점포와 거리가 황강 마을에 남아 있는 양어장 사이에서 생겨나며 상수도 급수설비도 무질서하게 거주 지역에 배치되었다. 전통과 외래의 요소가 서로 견제하면서 오늘날 황강 마을의 구조를 규칙성 없이 변화시켰다.

  마을의 인문과 자연경관의 변화는 사실상 장기적인 역사 발전을 거쳐 형성된 결과이며, 동족의 전통문화 재적응의 산물이기도 하다. 이러한 재적응은 황강 마을 동족 전통문화의 재적응에 커다란 충격을 가져다주었을 뿐만 아니라 동족의 전통생계에도 고정

수 있었던 것을 들 수 있다. 최근에 일어난 화재는 2000년으로 파서巴西, 양정亮井 등 두 고루 맞은편의 대다수 가옥과 곡물 창고가 타 버린 것을 들 수 있다. 총 43가구가 피해를 입었고 마을에 방화선을 설치하기 시작했으며, 마을 거주 범위가 확장되어 새로운 거주지를 개척함에 따라 옛 동네, 신마을, 시냇가 마을로 구성된 구조를 형성하게 되었다.

관념을 크게 부여한다. 따라서 저자는 촌락의 경관 변천을 분명히 해야 동족 문화의 재적응 과정을 구체적으로 검토할 수 있다고 본다.

제3장

황강 마을의 동족 문화

1. 동족의 전통적 생활 습관
2. 동족의 전통적 생산 풍속
3. '함천제'에 나타난 동족의 생태적 관념
4. 동족 문화의 자연적 적응
5. 동족 문화의 사회적 적응 사례

제3장

황강 마을의 동족 문화

1. 동족의 전통적 생활 습관

황강 마을의 주민은 동족의 전통적 생산과 생활습관을 전승해 왔으나 그중 일부 전통 풍습에는 이미 변화를 가져왔다. 이 책에서는 주제와 직접 관련되는 풍습을 분석함으로써 문화적 적응의 이해를 돕도록 한다. 황강 동족 주민들은 찰쌀을 좋아하고, 생식을 하며, 신 음식, 생선과 새우 등 수산물을 먹는데, 이는 다른 동족 지역의 경우도 다를 바 없다. 그러나 이곳 동족 주민은 지금까지 거의 채소를 심어서 먹지 않으며, 평소에 먹는 채소라고는 야생 부추가 전부이다. 한편 야생 동식물 취식이 아주 광범위한데, 야생동식물이라 하면 선태류苔蘚類와 고사리류蕨類에서 피자식물被子植物의 열매, 꽃, 잎사귀, 괴근塊根 모두 취식 범위에 속한다. 야생동물의 경우 연체류, 곤충류, 어류, 양서류, 파충류, 조류, 포유류 등 모두 취식의 대상으로 종류가 아주 다양하다. 그러나 종교 신앙이나 합관에서 정한 관습법 규정에 따라 일부 야생 생물은 식용을 금한다. 이를테면 제비같은 경우는 지역사회 어디에서든 보호를 받는다.[1] 이러한 식생활 습관을 유지하기 위해 황

1　동족의 전통사냥과 관련해서는 다음의 내용을 참조 바람. 潘永榮,「浅談侗族傳統生態觀與生態建設」,『貴州

강 동족의 집에는 사냥총과 수산물을 잡는 포획 도구, 곤충을 잡기 위한 그물 등이 비치되어 있고, 주민들은 동물을 포획하거나 식물을 채집하는 여러 기술과 기능에 숙달되어 있다. 그들의 식습관은 자연환경에 적응한 산물로, 그들이 처한 생태 환경에 생물 자체가 다양성을 지니기 때문에 이들 주민들에게 음식에 필요한 각종 동식물을 제공할 수 있는 가능성을 제공했다. 한편 이처럼 다양한 음식은 생물자원의 균형적 소비에 유리한데 많은 농, 임, 목축의 해충 및 농작물·가축 등에게 해가 되는 야생동물은 이런 식습관을 통하여 효과적으로 억제할 수 있었다는 것을 간과하지 않을 수 없다. 화학비료와 농약을 전혀 사용하지 않고도 안정적인 산출과 높은 생산고·수확고를 확보할 수 있기에 이러한 풍습은 이들이 생태적 농목축업을 계속 실행할 수 있었던 토대가 되었다. 물론 이들의 이러한 식습관은 다른 민족의 비난을 받기도 했다.

오늘날 동족의 복장은 시대의 풍조에 따라 뚜렷하게 변화했다. 젊은이를 포함한 적지 않은 사람들은 이미 한족 복장으로 바꿔 입었지만 현지에서 동족의 전통 복장은 여전히 유행하고 있다. 전통적인 동족 복장을 살펴보면, 여성들의 머리 장식품과 복장이 이웃의 묘족 여성들과 비슷한 요소들을 적지 않게 유지하고 있는 것을 특징으로 꼽을 수 있다. 즉, 여성들의 머리 장식이 다른 동족 지역의 여성들과 다르지만 가까운 지역의 묘족 여성에 가까운 편이다. 동족은 오늘날 전통적인 방직, 제봉, 제단 등 기술과 기능을 여전히 이어오고 있다. 인디고藍靛(indigo, 남색 염료) 재배와 염색도 현지에서 많이 유행하는데, 동족 가정마다 베틀과 염색용 독이 있을 정도이다.

황강 동족 전통 재봉도 매우 뚜렷한 환경 적응 특징을 보여주고 있다. 남녀를 막론하고 현지 주민이 입은 겉옷은 모두 우교牛膠나 우혈牛血로 풀을 먹였는데, 풀을 먹인 후 다시 평평한 석판 위에

찰벼 벼짚 재로 인디고 물들이는 모습 (사진: 포곤蒲琨)

民族學院學報』, 2004(5), p.7.

서 반복적으로 두드려 옷감 표면에 꼭 광택이 나도록 해서 햇빛을 받으면 반짝반짝 빛난다. 이러한 옷감은 물에 젖지 않기 때문에 이슬이나 비에 노출되어도 속옷이 잘 젖지 않는다. 이런 옷을 착용하는 풍속은 비와 안개가 많고, 초목이 무성한 생태 환경에 적응한 결과임이 분명하다. 이러한 옷을 입는 목적은 속옷이 젖지 않고 건조하며 체온을 따뜻하게 유지하고, 공기가 통하여 야외에서 작업할 때 속옷이 젖지 않게 하기 위한 것이다. 겉옷의 색깔은 남녀를 막론하고 거의 진홍색이나 짙은 남색이고, 흔히 작은 꽃무늬로 되어 있는데, 이런 디자인은 주민들이 처한 환경과 조화를 이루기 위함이 특징이다. 위에서 언급한 것처럼 황강 마을은 아열대 산림생태환경에 속해 있어 숲의 우거진 정도, 즉 울폐도 郁閉度가 높다. 울창하게 무성한 나무에 가려져 매우 그윽하고 어두침침한데 이런 색상의 옷을 입어야만 주위 환경과 조화를 이룰 수 있고, 수렵과 채집을 할 때에도 은폐하기 쉬워서 짐승들에게 가까이 접근하기 편하기 때문이다. 마름질도 느슨하게 하고 옷을 입었다 벗었다 하기 편하게 만들었다. 이는 이들의 생산작업과 연관되어 있는데 벼·물고기·오리의 복합 경영에 종사하고, 임업·식량 재배를 겸한 경영 작업을 위해서이다.

남녀를 막론하고 생산활동 과정에서 매일 몇 번이고 산을 오르내리고 강을 건너야 했기 때문에 쉽게 입고 벗을 수 있는 옷이어야 했다. 그러기 위해서 강을 건널 때 옷이 젖는 것을 피해야 했는데, 가장 대표적인 것은 여성들이 입는 짧은 치마와 다리에 차는 각반이 있다. 짧은 치마는 무릎을 가리지 않아 산을 오르거나 강을 건널 때 방해되지 않고, 각반은 겨우 한 조각의 네모난 천에 끈을 고정시킨 것으로 강을 건널 때 쉽게 풀고 언덕으로 올라간 후 또 쉽게 착용할 수 있어 자주 산을 오르내리고 강을 건너도 번거롭게 느껴지지 않고 다리에 가시 긁히거나 독사에게 물리는 것을 피할 수 있다. 남성들의 여름 복장은 바지통이 넓어 적응 효과가 여자 옷차림과 같다. 이를 종합해 보면 동족의 전통 복식도 이들이 처한 생태환경에 적응한 산물로 전통생계의 자연 적응의 수준을 효과적으로 높여준다.

황강 마을의 전통적 사회구조는 지금까지 잘 전승되어 오고 있는데, 이러한 사회조직을 '종족촌락 공동체'라 할 수 있다. 거주 단지는 흔히 혈연관계로 구성된 종족 성원으로 구성되는데, 황강의 경우 혈연관계에 의한 오씨 종족 성원으로 구성되었다. 노인은 지역사회에서 중요한 역할을 했으며, "오랜 나무가 마을을 지키고 노인이 마을을 관리한다"는 동족의 속담이 이런 제도를 생생하게 보여준다. 이 속담의 의미는 현재 모든 동족 주민에게 깊이 새겨져 일상생활에서 구체화하고 있는 데서 알 수 있다. 황강 마을은 다섯 고루가 있고, 고루를 단위로 한 방족에서 관리를 하고 방족 내 각자 3인에서 5인으로 구성된 촌락노인 의사회가 있다. 고루를 단위로 가장 연륜이 있고 명망이 있는 노인의 경우 전체 황강 마을의 지도자 중의 하나로 되기 마련이다. 다섯 고루에 각자 지도자를 1인씩 두고, 이들 지도자로 황강 마을 '종족촌락 공동체'의 의사회를 구성한다.

종족 간의 사소한 언쟁에서 재산 분쟁에 이르기까지, 더 나아가 이웃 마을과의 분쟁 조정을 포함해 크고 작은 일을 가리지 않고 이들 5인의 노인들이 의견을 주거나 중재를 한다. 이들의 중재에 따르지 않는 현지 주민이 없고, 행정업무를 보는 촌의 간부, 촌장, 지부서기, 회계 등도 큰 어려움에 봉착할 경우 촌락노인 의사회의에 의뢰해 결정을 하고 이에 의한 실시를 책임질 뿐이다. 일상사무 외에 '제살祭薩', '기천祀天' 등 주요 종교행사가 있을 때도 이 최고 의사회에서 주관한다. 전임 최고의사회의 성원으로 지낸 오정국과 오보은吳保銀(현재 이 두 사람은 모두 촌락노인이 아님) 두 사람은 '종족촌락 공동체' 최고의사회 성원직을 담당하기 전에 황강 마을 당정간부로 20년 넘게 지냈으며, 퇴직 후에 촌락노인 직무를 계속 맡아 왔다. 이 직무는 촌락노인들이 사무를 못 보게 될 때까지 연임한다. 위에서 소개한 것처럼 용도 마을의 토지 임대 육립 비각은 바로 이 두 사람이 촌락노인으로 지낼 적에 조항에 서명하도록 주관한 것이다. 저자는 조사 기간에 그들의 결정 과정을 실제로 관찰하고 방청할 수 있었다. 현임 촌장과 서기는 현장에 없었지만 그들의 결재를 따랐다.

다른 '종족촌락 공동체'와 마찬가지로 각 방족이 '종족촌락 공동체'에서의 지위는 동등하지 않다. 제일 먼저 이 지역에 정착한 선조의 직계 자손의 방족에서 선출한 촌락노인이 최고의사회에서 의장을 담당할 뿐만 아니라 각종 명절, 제사 행사 등의 경우에서도 대표 역할을 한다. 예컨대, '모내기' 의식 진행 때 위에서 소개한 대표 촌락노인이 주관을 하고, 다른 방족의 촌락노인은 이어서 방족 내에 있는 고루를 중심으로 재차 '모내기' 의식을 실시한다.

〈표 1〉 현임 촌락노인(2016~2019)

고루	현재 촌락노인 담당자	행정소조 소속
양정(亮井)鼓楼	오국허(吳國許)	1, 9조
파서(巴西)鼓楼	오패전(吳佩全)	2, 10조
당로(當老)鼓楼	오상안(吳祥安)	3, 11조
고라(高羅)鼓楼	오응안(吳應安)	8, 4조
포기(包起)鼓楼	오국허(吳國許)	5, 7조

　황강 마을의 여러 방족 성원과 각 방족 촌락노인 간에는 사회 신분상으로는 완전히 평등한데, 가장 먼저 이 마을에 정착한 방족의 자손과 패로는 의장과 대표에 불과하지 여러 방족 간에는 사회적 의미에서 형제 관계이고, 자원 공유와 발언권에 있어서는 사회등급 상의 차이가 없다.

　그러나 오씨 성씨가 아닌 성원의 경우는 예외이다. 왜냐하면 동족 '종족촌락 공동체'의 전통적 관습법에 의하면 양자를 들이는 방식으로 황강에 정착한 가구나 그의 자손은 명의상 황강에 몸을 붙이고 지내기 때문에 그들 가구에 속하는 고루가 없고, 이들의 대변인도 촌락노인으로 인정받을 수 없기 때문이다. 이는 사회등급 상의 차이로 나타나지 않는다. 그들은 황강에서 차별이나 착취 압박을 받지 않고 평등하게 각종 사회생활에 참여하는 권력을 지니며, 양자를 들인 소속 가구의 고루에 의한 방식으로 참여하고 각종 사회생활에 종사하며 해당 고루 촌락노인의 보호를 받는다. 차이점이라면 마을 내 중대 행사 때 다른 성씨 주민들은 공공서비스를 제공해야 한다. 이를테면 춘절에 행하는 동족의 대관인抬官人 놀이의 경우 가마를 태우는 일은 주로 이들 몫이다. 이런 대우는 이들이 거주권과 토지 사용권을 얻은 데 대한 보상으로 간혹 제공하는 이런 공공서비스에서는 압박감을 갖지 않지만 이런 타성 종족 성원은 아무래도 심리적으로 불평등을 느낀다. 진씨 가족의 한 노인은 저자에게 저자가 진씨 가족을 도와 고루 하나를 건축하여 황강 마을에서 진정한 의미의 형제의 명분을 얻기를 희망한다고 명확하게 태도를 표했다. 이런 의미에서 황강의 사회구조는 사람마다 절대적으로 평등하다고 할 수 없다. 이로부터 이러한 사회구조야말로 자원의 이용과 효과적인 관리를 확보하는 기본 보장임을 알 수 있다. 아래에서 논의하는 문화적응의 성과도 바로 이러한 사회구조를 통하여 전파되며 정형화되고 유지되는 효과가 나타났다고 보아야 할 것이다.

황강 마을 동족의 혼인풍습도 다른 동족 지역과 뚜렷하게 차이를 보인다. 여기서는 진정한 의미에서의 혼인 자유가 실시되어 청춘남녀가 정식으로 혼인을 하기 전에 이성과 교제하고 약혼에 이르면 심지어 혼전 성행위도 가장과 지역사회로부터 인정을 받는다. 결혼과 이혼도 아주 자유로워 이혼해도 결코 사회적으로 차별을 받지 않는다. 청춘남녀는 모두 '행가좌월行歌坐月'[2]이라는 노래를 화답하는 연애방식을 통하여 만남이 이루어진다. 특히 이 '행가좌월'은 여성 집에서 진행할 수도 있는데, 부모와 형제들은 이를 간섭하지 않을 뿐만 아니라 자리를 비워 줌으로써 당사자들이 자유롭게 배우자를 선택하도록 맡긴다.

동족 전통의 '종족촌락 공동체'의 '관약'은 사랑과 혼인 행위를 제약하는 것으로 작용했다. 1980년대 이후 이러한 규약은 농촌 자치 규약의 형식으로 계속 이어졌다. 현재 접할 수 있는 초기 농촌 자치 규약은 모두 다섯 개로, 그중 2003년 전의 세 개 규약에서는 외도를 금하고, 강간죄를 처벌하는 등의 관련 조항을 언급하지 않고 있다. 촌락노인의 설명에 따르면, 이는 정부의 법률 내용과 연결하기 위한 조항으로 황강 마을의 전통 관념 중 강간과 외도는 죄가 아니라고 했다. 이러한 문화적 사실은 다른 동족 지역사회와 뚜렷하게 구별되는 내용이다.[3] 현지의 관습법 중 혼인 범죄로 인정되는 것은 혼외 정사가 아니라 오히려 난륜亂倫(즉 근친상간)이다. 이른바 난륜은 허락되지 않는 대상과 사랑하거나 혼인 관계가 발생하는 것으로 현지에서 용인할 수 없는 아주 잘못되고 용서받지 못할 큰 죄이다.

원래 동족의 가족에서는 어떤 가족 성원이든 어느 가족 성원과 혼인할 수 있는지 관약에 의해 엄격히 근거로 제시되어 있다. 새로운 관약이 생겨나 통혼을 허락하기 전에 관

---

2   역주: 자주 만나 함께 달을 보며 노래하는 동족 청춘 남녀의 교제와 연애 풍습.
3   혼인과 연애에 관한 동족의 관습법 규정은 다음의 내용을 참조 바람. 郭長生·鄧星煌, 「侗族習慣法槪述」, 『貴州民族硏究』, 1983(1), p.144.

련된 가족성원은 법적 의미에서의 혈연적 동포, 즉 형제자매로 이러한 성원 간에 사랑·혼인 관계가 발생하면 바로 황강 마을 성원들은 윤리를 어지럽히는 죄로 인정하며, 성행위는 더욱 말할 필요도 없다. 과거에는 엄벌에 처하였는데 예를 들어 당사자는 맞아 죽거나 혹은 물에 던져 익사하게 함으로써[4] 당사자는 결혼 대신 다른 곳으로 도망가야 사형을 면할 수 있었다. 오늘날 황강 마을의 혼인관계는 여전히 촌 내부 각 부족 간의 통혼 위주이다. 이러한 사실은 명의상으로 자유연애, 자유 결혼을 허락하지만 사실 청춘남녀에게 선택할 수 있는 배우자 대상은 실제로 극히 제한적이며, 일반적으로 비슷한 연령의 배우자는 3~5명의 이성 중에서 선택해야 함을 시사한다. 따라서 자유연애라고 하지만 배우자 선택 범위에 있어 결코 자유롭지 못하다고 할 수 있다. 황강 마을은 사랑과 결혼에 대해 아주 너그럽게 받아들이지만 인구를 통제함에 있어서는 극단적으로 잔혹하다. 흔히 아이를 익사시키는 수단을 통하여 동족 관약에 의한 산아제한을 실시한다. 조사 과정에서 우리가 접한 동족 청년남녀들은 자신의 형제자매가 어떻게 죽어갔는지를 또렷하게 기억하고 있었는데, 그 과정을 묘사함에 있어 그들은 숨기거나 부끄러워하는 것이 아니라 아주 자연스럽게 마치 본인과 무관한 다른 사람 일처럼 진술하였다. 이러한 심리 상태는 문화구조로 인한 결과와 부합하는 것으로 이해할 수밖에 없는 데, 이는 레비 스트로스Claude Levi-Strauss가 정의한 '무의식' 행위에 부합한다.

2. 동족의 전통적 생산 풍속

황강 마을의 생산 풍속은 방죽 지역의 동족 마을과 구별된다. 여기의 모든 자연 자원은 종족촌락 공동체에 속하며, 통일적으로 관리하고 농사활동은 전통 규정에 따라 절기별로 엄격하게 실시한다. 동족 주민들은 모두 절기별 주요 농사활동(부록 9 참조)을 외우

4　동족의 관습법에는 난륜 죄에 대한 처벌 수위가 매우 높다. 이에 대한 구체적인 내용은 다음을 참조 바람. 廖君湘,「侗族傳統社會衝突的主要層面」,『經濟與社會發展』, 2005(6).

고 있을 뿐만 아니라 시간 순서에 따라 농사일을 한다.

다른 계절에 행해지는 농사활동의 전환은 일률적으로 종족촌락 공동체의 최고의사회에서 다루어지는데, 농사철이 되면 모두 성대하게 의식을 거행하며 농사활동 시작을 선포한다. 써레질, 경작 준비와 파종, 모내기 시작을 알리는 제례의식 개앙문, 풍작을 기원하는 행사인 흘신절吃新節[5]에서 정식 수확인 가을걷이에 이르기까지 관련 종교의식을 진행한다. 모내기 의식인 '개앙문'을 예로 들면, 촌락노인과 활로두活路頭[6]는 절기와 점괘에 의해 행사를 치르기 때문에 현지에서는 아직도 일종의 전문 인력인 점쟁이가 있다. 인재로 영입한 사람들의 후손들로 대대로 내려오면서 이 직무를 맡고 있다. 먼저 점쟁이가 촌락 공동체의 모내기 시작 행사 일자를 정한다. 정한 기일이 되면 오씨 종가의 촌락노인이 농사일을 주관하는 '활로두'를 거느리고 의식을 지내고 촌락노인 등이 '활로두'의 논에서 볏모를 세 개 뽑아 논에 상징적으로 심고, 풀표지草標[7]를 꽂는 것으로 모내기의 시작을 알린다. 12일이 지나고 나면 마을 주민들은 자기 논에 정식으로 모내기를 한다. 다른 방족도 종가의 방법을 따라서 방족 내 논에서 동일한 의식을 거행하고, 12일 후에 가족 성원들도 각자 논에 모내기를 한다. 이러한 풍속은 정부에서 규정한 농업생산 청부제가 이미 가구를 단위로 실시되고, 토지도 가족 단위로 도급되었음에도 불구하고 생산조직은 여전히 세습적인 집단 경영 형식을 따르고 있으며, 개인과 가구 그 어느 쪽도 감히 촌락노인과 '활로두'의 권위를 무시하지 못하고, 감히 자기 주장을 하면서 규정을 어기는 농사활동을 하는 자가 없음에 실로 놀라지 않을 수 없다. 따라서 생산관리에서 종족촌락 공동체가 지니는 이런 효과성과 행정 부문의 관여에 대해 아주 강력한 대항력을 가지고 있다고 보아야 할 것이다. 그러나 행정관과 농업기술 전문인원은 흔히 이 점을 발견하지 못하고 교잡벼와 농약, 비료를 보급하면서 동족 주민들의 사상이 선진적이지

---

5 역주: 음력 6월 하순에서 7월 초 논에 벼꽃이 필 무렵에 치르는 동족의 전통적인 3대 명절 중 하나로 개청절開靑節, 신미절新米節이라고도 부르며, 구체적인 일자는 지역에 따라 다르다.
6 역주: 묘족 마을에서 농사일을 주관하는 우두머리.
7 중국 남부 지역에 거주하는 민족의 '풀표지' 관련 내용은 다음을 참조 바람. 徐曉光, 「芭茅草與草標」, 『貴州民族研究』, 2008(3); 李曉明, 「南方山地民族"草標"的文化人類學闡釋」, 『黑龍江民族叢刊』, 2008(4).

못하고 우둔해 신기술을 배우지 못한 것으로 잘못 판단하고 있다. 즉, 황강 주민들에게 존재하는 하나의 잠복된 요소를 인정하는 것을 원하지 않았고, 틈만 나면 주민들의 농사일을 제약하는 것에 게을리하지 않았다. 이러한 이유로 행정관들과 농업기술 전문인원들은 아주 쉽게 표면적인 성공에 만족하는 것으로 그쳤지 교잡벼와 농약, 비료 등 외래 기술이 현지 주민들에게 필요한 것인지, 또 보급이 필요한 지에 대해 자세히 분석하지 않았다.

2006년 행정부문에서 농약과 비료를 조달하여 농촌에서 보급되도록 홍보하였다. 몇 개월 후 황강 마을의 밭에서 버려진 농약병을 쉽게 발견할 수 있었다. 2007년 행정부분에서는 '생태농업Ecological Agriculture' 이념을 받아들여[8] 황강 마을의 비료와 농약 공급을 중단하였다. 황강 마을 주민들은 태연하게 마치 아무 일이 발생하지 않는 것과 같았고, 오히려 공급사의 사람들이 자기들이 돈 벌 기회가 없다고 원망했다. 한편 공급되었던 농약과 비료들은 모든 동족 주민들이 규정대로 사용하지 않았고 공급된 교잡벼도 상당 부분 닭과 오리의 사료로 사용되었다. 2008년 교잡벼 보급도 같은 운명을 면치 못하게 되었으니 농약과 비료를 공급되지 않는 것이 주민들에게는 오히려 편하고 불필요한 지출을 막았다는 점에서 다행스럽게 생각하였다.

농사일은 계절적 특징만이 아니라 집단생산의 특징도 지니고 있는데 구체적인 농사작업의 경우도 가족을 넘어 서로 연합하는 특징을 보였다. 써레질, 파종, 모내기, 가을걷이 등 간단한 일 외에 작업량이 비교적 많은 일은 모두 가족 단위를 넘어 지역사회에서 서로 도우며 진행된다. 그 일례로 가을걷이를 보면 황강 마을에 가족 노동력에만 의지하여 농가청부생산하는 논의 벼 수확작업을 완성하는 일은 아예 찾아볼 수 없다. 논에 벼

---

8   생태농업은 미국의 토양학자 알보레히트(W. A. Alborecht)가 1970년대 제기한 개념으로, '생태농업은 인간의 관리를 최대한 줄이는 조건 하에서 농업생산을 하는 것을 강조하는데 생태 면에서 자아 유지, 저수입, 경제면의 생명력, 토양 비옥도와 생물 군종의 다양성 유지, 비료를 적게 사용하거나 아예 사용하지 않음으로써 환경에서 오는 압력을 줄이고 환경, 윤리, 미학 면에서 수용할 수 있는 소형 농업을 말한다. 1980년대 영국의 워싱턴(M. K. Worthington)은 다년간 실천을 거쳐 서구 농업의 개념과 목표를 생태학 원리와 시스템 과학의 방법으로 현대 과학 성과와 전통농업 기술을 결합하여 구축한 생태적 합리성을 지닌 양성 순환을 하는 일종의 현대농업발전으로 해석했다(談克儉,「替代農業模式其特點」,『沈陽農業大學學報』, 2005(3)).

가 익으면 가정주부들은 돼지나 거위, 개를 잡아 풍성한 음식을 준비하고 먼 친척과 이웃을 초대하여 수확을 돕도록 한다. 수확 현장은 온통 사람소리로 떠들썩한 광경이 펼쳐지고, 일꾼들은 일하면서 시시덕거리며 남녀 간에 노래를 주고받는다. 허기가 지면 밭 기슭에 모닥불을 피워 식사를 한다. 집에 급한 일이 없으면 천막에서 묵으면서 날이 밝으면 일을 계속 하는 사람도 있다. 이런 계절이면 사랑을 속삭이는 젊은 남녀들이 제일 구속을 안 받는데, 이런 계절을

현지 여성이 돌로 된 디딜방아에서 찰벼 찧는 모습

이용하여 밤을 새우면서 구애의 노래인 행가좌월을 하면서 농사일도 게을리 하지 않는다. 외부사람이 봤을 때 농사일이 아주 힘들어 보이나 동족 주민에게 수확은 실은 수확이라는 이름을 빌려 '즐겁게 노는 모임游樂聚會'으로 한적함과 스스로 만끽하는 즐거움으로 충만되었다. 따라서 가을걷이 요청을 받으면 모두 흔쾌히 해 주는데, 농사일의 다망함을 전혀 느끼지 않는다. 왜냐하면 당일에 수확을 끝내지 못하면 이튿날에 계속하면 되고, 술을 마시고 노래를 하면서 하면 되기 때문이다. 한 집의 가을걷이가 끝나면 이튿날 또 집을 바꾸어 가면서 하니 즐거움이 끊이질 않는다.

황강에 오기 전 저자는 다른 지역의 동족 주민들로 부터 황강 마을이 저녁을 제일 늦게 먹는 마을이라 들었는데, 늦은 시간인 저녁 11시가 되서야 저녁을 먹기에 저자에게 요기할 건조식품을 어느 정도 지참할 것을 귀띔해 주었다. 그러나 황강에 도착한 후 아예 현지 주민들과 논두렁, 밭두렁에서 식사를 하고 밥과 술을 실컷 먹은 다음 거처로 돌아와 자료를 작성하면서 참을성 있게 기다리면 저녁 시간이 되어 야식을 먹었다. 외부 사람들은 황강 사람들이 고생을 많이 하고 농사일이 힘들어서 밥도 제대로 먹지 못한다고 하지만 현장조사 후에 황강 사람들은 자신이 고생한다고 생각하지 않고, 나름대로 소탈하고 만족감을 느끼고 있기에 이런 따뜻한 귀띔은 웃고 넘겨야 했다.

황강의 사회풍속은 이외에도 많고 또 모두 문화적응과 관련된다 할 수 있다. 단지 상관성 관계가 멀거나 가깝거나 하는 차이만 있을 뿐이다. 위에서 분석한 내용은 그 일례에 불과할 뿐이지만 중점적으로 소개하는 이유는 이런 풍습이 아래에서 토론하고자 하는 문화적응과 관계가 더욱 밀접하기 때문이다.

3. '함천제'에 나타난 동족의 생태적 관념

황강 동족 주민의 종교생활에서 함천제는 중요한 내용의 하나이다. 함천제는 동족 전통문화에서 대표적인 종교행사일 뿐만 아니라 주변의 다른 종교생활과도 구분된다. 더욱 중요한 것은 함천제라는 의식에는 황강 지역사회의 생태자원과 생태문제에 관한 황강 주민의 철학적 사고가 담겨있다. 생태자원과 생태문제는 현지 전통생계로 피할 수 없는 핵심적인 대상이다.

1) 제사 전 준비

(1) 소도살

6월14일 새벽 3시 촌락노인들은 백정 및 일꾼들을 모아 집합시킨다. 백정은 흔히 소를 구매한 사람인데, 이곳 성년 남성들은 대다수가 도살 기술을 소지하고 있고 제사에 사용되는 소는 100~250kg이나 된다. 도살에 사용되는 도구로는 큰 망치 하나, 든든한 대나무 장대 두 개, 도살에 쓰는 칼 두 자루, 잘게 쓴 파란 고추 1.5kg, 컵 하나, 뼈에서 살을 발라내는 칼 한 자루, 함지나 플라스틱 대야 3~5개가 있다.

먼저 대나무 장대 두 개를 사용해서 빈터에 십자 모양으로 배치한다. 이어서 두 사람이 삼밧줄로 소의 코를 꿰고, 다른 두 사람은 소꼬리를 끌어 소를 외양간에서 끌어 내오면 다른 사람들도 같이 소를 눕혀서 십자로 된 장대에 단단히 묶어 소가 움직이지 못하게 한다. 그리고 나서 누군가가 쇠망치로 힘껏 소머리를 내리치면 쇠망치 소리와 함께 소가 의식을 잃는다. 이때 백정이 칼을 들고 소의 목 부위를 측면으로 찌르면 커다란 구멍으로부터 피가 콸콸 나오는데, 다른 사람이 곧 컵으로 이를 받아 대야나 함지에 붓는다. 이때 잘게 쓴 파란 고추를 이 대야에 넣어 충분히 섞는다. 고추를 넣는 이유는 식욕을 돋우기 위한 것도 있지만 살균 작용도 하기 때문이다. 소가 완전히 의식을 잃으면 껍질을 벗긴다. 이때 뼈에서 살을 발라내는 칼로 소가죽을 통째로 발라낸다. 마지막으로 쇠고기를 균등하게 가정 단위로 나누어 준다.

(2) 위생과 안전

아침 일찍 촌장이 방송으로 가족 단위의 위생과 화재 방지 안전에 대해 교육을 진행한다. 현재 쌍강진 중국공산당위원회와 정부에서 <2019년 쌍강진 황강 마을 '6.15함천제' 안전보안방안>을 제정하고 안전보호업무지도소조와 행정업무인원, 경찰과 매 소조에 두 명의 지원봉사자로 구성된 종합 협조조와 도로교통 질서조, 치안유지 및 응급처리조 등 열 개의 업무소조를 구성했는데, 명절날의 위생과 안전을 확보하는데 그 목적을 둔다. 이와 동시에 주변의 향진에 도움을 요청해 관할 구역 내의 교통을 단속하고, 진 내 여러 촌을 적극적으로 동원해서 당일 도로 교통의 정리업무를 협조해 도로 교통의 안전을 철저하게 보장한다. 사회 안정을 지키는 업무 인원은 팔에 붉은 완장을 착용하는데 3일 동안 이 업무에 1,800위안 자금이 투입된다.

(3) 복장

중요한 명절인 만큼 마을의 남녀노소 모두 전통 민족복장 차림을 한다. 이런 복장은 현지에서 재배한 목화로 제작하고, 기본 염색제는 인디고로 만든 납염蠟染재료를 사용한다. 면화가 운남과 귀주 지역에 전파된 후 집집마다 일정 면적의 면화를 재배해 의류와 이불을 만드는 데 이용했다. 그러나 현재는 재배 면적이 많이 줄어들어 대부분 시장에서 목화를 사와 옷감으로 사용하고, 표백과 염색은 여전히 전통적인 납염으로 한다. 현지 주민들은 실을 사 와서 먼저 직기로 흰 천을 짜고 재로 표백을 한 후에 삶은 야우野山芋(rhizome of Taro)을 뭉개서 걸죽해지면 천의 겉면에 바르고 이를 그늘진 곳에서 말린다.

말린 천은 쇠뿔로 천의 겉면을 반복적으로 문질러 천 위에 말라붙은 야우 잡질을 제거한다. 그러고 나서 자체 제작한 염료에 천을 담가서 납염을 한다. 식물을 여과해 만든 염료는 동족 전통문화의 특징을 지닌다. 마디풀과蓼科(Polygonaceae)의 대청蓼藍(쪽요람, Polygonum tinctorium), 십자화과의 숭람菘藍(Isatis indigotica Fortune), 콩과豆科(Leguminosae)의 인디고木藍(Indigofera tinctoria, 일명 인디고페라 틴토리아) 등 여러 식물의 중기와 잎을 나무통에 저장해 두었다 발효해 나쁜 냄새가 나면 즙액을 쏟아버리고 남은 식물의 건더기를 여과시켜서 남은 액체를 다시 나무통에 부으면 그윽한 색상의 인디고가 탄생한다. 이로써 염료 제작은 끝났는데 천을 나무통에 담그고 뚜껑으로 덮어서 일주일 정도 지난 후 꺼내서 말리고 다시 나무통에 일주일 동안 담겨둔다. 이런 작업을 네 번 반복하면 착색 작업은 거의 끝났다.

색상을 입힌 후에 색 고정 작업으로 들어가는데, 이에 사용되는 주요 재료는 달걀흰자, 소금 등이다. 먼저 달걀흰자를 천에 싸서 망치로 계속 두드림으로써 색 고착 작업을 끝낸다. 이 과정을 거쳐야 하는 이유는 납염으로 제작된 그윽한 천 색상을 밝고 윤기 있게 하는 데 의미를 둔다.[9] 현재 황강의 젊은이들은 대부분 시간을 밖에서 노동자로 일하기 때문에 동족의 복식을 만들 줄 모르는 청년들이 많아 납염 기술도 전통을 잃어버릴 위기에 놓이게 되었다.

위에서 동족 복장의 제작과 천연 염색 기술을 언급한 이유는 함천제 날에 현지 주민들을 제외하고 제사를 주관하는 무당인 귀사鬼師와 관살管薩[10]이 모두 동족 복장을 입어야 했고 이 또한 아주 까다롭기 때문이다. 여기에는 함천제를 무더운 여름에 지내서 복장은 되도록 가볍고 얇은 것을 위주로 해야 한다는 엄격한 생태적 생각이 담겨져 있다. 따라서 전체 행사의 핵심은 남성 위주로 진행되기 때문에 남성 복장을 아주 가볍고 얇게 제작하고, 신령에 대한 존경과 거리감은 물론 몸에 닿았을 때 시원하고 상쾌해야 했기에 짙

---

9 賀欣悅, 「中國傳統工藝現代化演變與思考」, 『藝術評鑒』, 2019(18).
10 역주: 동족이 제사를 올릴 때 제사祭師(제관祭官의 우두머리)는 행사 사회를 맡고, 관살管薩은 차를 끓이고 향을 준비하는 일을 분담한다.

은 색상을 위주로 하고 바지는 모두 검정이다. 그러나 제사를 주관하는 몇몇 남성의 경우는 좀 달랐는데, 제문을 올리는 오정국과 세 명의 관살은 모두 일반인과 같은 복장을 했으나 동족 천으로 만든 두건을 여러 번 머리에 둘러 쓴 점이 그러하다. 그 외 귀사의 경우 두건을 제외하고 부적지를 한 모자를 썼는데, 위에 여래불如來佛, 관음보살觀音菩薩, 투전승불斗戰勝佛, 옥황대제玉皇大帝, 서왕모王母娘 등이 그려져 있다.[11] 전반적으로 제일 근사하게 보이고 선조 역사를 제일 잘 반영하는 전통 복장과 신령에 대한 존경을 나타내는 복장을 착용하는 것을 원칙으로 한다.

(4) 제물 준비

제물은 전체 의식에서 가장 핵심적인 부분이다. 여기에는 60kg 넘는 가장 핵심적인 제물인 돼지 외에도 흔히 다른 제물도 준비한다. 그 외에 찹쌀, 소금에 절인 생선, 야생 다아茶芽, 단술糯米酒 등 몇몇 중요한 현지의 자연산물도 준비해야 한다. 제물을 준비하는 과정과 요구 또한 극히 까다로워 엄격하게 따를 것이 요구된다. 관련 규정은 이들의 선조가 처음 함천제를 치르면서 정한 것으로 지금까지 이어져 오고 있고, 내용에도 실질적인 변화가 없다.

우선 제사용 돼지를 구입한다. 제물로 사용되는 돼지는 산 돼지로 전체 주민이 모은 자금으로 이웃 마을에서 사들이는데 행사 당일에 잡아 신선한 돼지피로 제고祭鼓를 한다. 다른 제물은 관살과 귀사가 행사 참가인원 1인당 1인분 기준으로 각자 준비하고 다른 사람은 관여하지 않는다. 특히 여기에 사용되는 세 가지 제물은 자신 집의 것만 사용해야지 다른 집의 것을 빌리거나 구입해서 사용해서는 안 되는데 여기에는 절인 생선 세

---

11 관광개발과 더불어 현지에서는 전통적인 함천제喊天祭는 함천절로 변화하였다. 중요한 변화로는 행사가 끝난 2분 후에 전적으로 현대관광업 수요를 만족시키는 '동대대가侗族大歌 공연'을 추가했다. 남성, 여성 각각 50명으로 구성된 이 공연은 관광객도 함께 참여할 수 있는 오락 활동으로 공연자들의 복장도 함천제 행사처럼 엄격하지 않다. 흔히 여성들은 흰 윗옷 안에 검은 속옷을 목에 걸치고 짧은 주름치마를 입고 대대로 전해 내려온 동족 전통의 여러 은장식품을 착용한다. 남성의 경우 간단한 검은 홑옷을 입고 두건을 머리에 쓴다. 이 외에도 특히 일상생활에서 남성이 입는 복장은 약혼 전에는 모두 남성 모친이, 약혼 후에는 장모가 모두 직접 만들고 결혼 후에는 아내가 복장을 만든다는 점도 주목할 만하다.

마리도 포함된다.[12] 찹쌀은 생으로 한 공기 정도 준비했다가 우물물에 담근다. 그리고 단술을 준비하는데 준비량은 흔히 찻주전자로 한 주전자 정도 된다. 절인 생선, 생 찹쌀, 단술은 돼지 피와 함께 행사 당일에 사용한다. 그 외에 각자 야생 다아로 우려낸 차탕茶湯[13]을 준비하는데, 6시 전 제단에서 문살問薩을 할 때 사용하기 때문에 대중들에게 가져가지 않아도 된다. 한편 귀사 또한 행사 당일용으로 다북 쑥蒿草(wormwood)을 준비한다.

(5) 제물을 차리는 절차

제물을 차릴 때도 순서와 규정이 있다. 우선 아침 6시 전에 기상을 해서 '문살'의식을 하는데 관살이 각자 담당하는 살단에 가서 차를 올리는 제물에서 가장 먼저 사용되는 것은 제사용 차이다. 이어서 관살이 다른 제물인 소금에 절인 생선, 찹쌀, 단술을 함천제 행사 현장으로 가지고 간다. 모든 행사 참가자들이 촌민위원회에 모여서 행사를 진행하는 광장으로 함께 출발한다. 이동 과정은 귀사인 오광흥吳廣興이 인솔을 한다. 귀사는 술을 한 모금 머금었다 다시 뿜는 동작을 거듭 하면서 손에 두 번째로 사용되는 다북 쑥을 들고 끊임없이 흔든다. 행사 현장에 도착한 후 귀사는 재를 먼저 올리고 사람들의 도움 하에 제사용 돼지를 잡아 신선한 피를 제고를 하니 돼지 피가 세 번째로 사용되는 제물이다. 제고가 끝나면 오광흥이 관살을 인솔해 오정국과 함께 제사 전 의식을 시작한다. 오광흥이 주문을 외우면 사람들이 같이 술을 마시는데 이를 세 번 반복한다. 이로써 행사의 전반부가 마감되는데, 네 번째 사용되는 제물이 단술, 절인 생선, 찹쌀임을 알 수 있다. 행사가 끝나면 이런 제물도 '신성'을 잃고 일반 음식물로 되는데 관살이 준비해 온 음식물을 각자 가지고 가서 먹고 친지들에게 나누어 주기도 한다.

---

12 황강에서 절인 생선은 집집마다 식용하는 생필품으로 고추와 찹쌀을 잘게 해서 버무린 다음 깨끗하게 손질한 생선에 차곡하게 넣어서 나무통에 넣어 발효시키는데, 한 달이 지나면 꺼내서 먹을 수 있다.
13 찻물과 구별되는 북경, 천진, 제남 등 지역에서 유행하는 일종의 먹거리.

2) 함천제 주제主祭의식

(1) 문살

이 제사 과정은 외부에 공개하지 않는다. 음력 6월 14일 새벽 6시 전에 제사를 관장하는 관살 3명이 차로 진행한다. 3명의 관살은 아침에 살단에 가서 각자 차를 올리는데 도중에 다른 사람을 만나서는 안 되기 때문에 관살이 살단에 차를 올리러 가는 것을 본 사람은 아직까지 없다. 살세(동족의 대조모)에게 오늘 함천제 행사를 보고하고, 살세가 이를 지원하여 행사가 원만하고 순조롭게 진행되도록 보우할 것을 희망하며 의외의 사건이 발생할 경우 살세가 즉시 알려줄 것을 부탁한다. 현지인의 기억에 의하면, 함천제에서 지금까지 의외 사건이 발생하지 않았는데 이는 살세의 지지와 갈라놓을 수 없다고 보았다.

(2) 행사장 진입

행사장에 들어가면 아침 7시 반쯤에 행사를 시작한다. 7시쯤 되면 귀사 오광홍과 함천사喊祭詞를 담당한 오정국은 먼저 촌민위원회 옆에 있는 광장에 도착한다. 오광홍은 제복 차림으로 준비한 차, 술, 절인 생선 세 마리, 생 찹쌀 한 공기를 갖고 한 손에 다북쑥을 들고 간다. 오정국은 제사물을 준비할 필요 없고, 동족 복장만 갖추어 입으면 된다. 오국희吳國喜, 오양진吳樣眞, 오선근吳先勤 3명의 관살은 문살을 한 후에 각자 집으로 돌아가 절인 생선, 찹쌀, 차와 술을 갖고 촌민위원회에 도착한다. 귀사, 오정국, 함천을 담당한 오씨 종가의 3명 남성으로 구성된 관살 6명 모두 짙은 남색의 동족 복장을 차려 입는다. 그러고 나서 10인 청년 남성으로 구성된 생황[14]팀, 징과 북을 치는 사람 각각 1명이 도착하면 끈으로 몸통과 입을 포박한 제물용 돼지가 현장으로 옮겨지면 도살에 필요한 칼, 대야 등 기본 도구들의 준비 작업도 끝난다.

8시에 함천제 행사가 시작된다. 한 줄로 길게 늘어선 참석자들이 광장에서 백 미터 정도 떨어진 행사 광장으로 이동하는데, 귀사 오광홍, 오정국, 3명의 고나살, 함천인, 징과

---

14 역주: 갈대로 만든 중국 묘족苗族과 동족의 취관 악기吹管樂器의 일종.

북을 치는 사람, 생황팀, 돼지를 멘 사람 순서로 줄지어 걷는다. 귀사 오광홍이 앞장서서 걷고, 왼손에 다북 쑥을 들고 의례에 따라 흔들고 오른 속에는 찻잔을 들고 먼저 차 한 모금을 머금고 전방과 주위에 입으로 뿜으면서 끊임없이 주문을 외운다. 생황팀은 걸으면서 악기를 연주하는데 생황, 북, 징 소리가 차례로 깊은 산중에 있는 마을에 울려 퍼진다. 귀사 오광홍의 소개에 의하면, 이 이동 노선은 예법대로 하지 않아도 되는데 최근 관광객이 늘어나면서 추가하게 되었다고 한다. 이를 '외지인'들이 이곳을 어지럽힌 관계로 신령이 불결한 것들을 제거하는 작업이 필요했다고 해석했다. 따라서 그의 예법은 한 손에 다북 쑥을 들고 다른 한 손에 찻잔을 들고 찻물을 땅에 뿜어 이 땅을 깨끗하게 함과 동시에 함천 의식의 신통한 효과를 끊임없이 증명하고 하늘에 있는 뇌파雷婆[15]와 직접 대화하기 위한 데 목적을 두었다.

(3) 함천 의식

제천의 핵심적인 공간은 촌락의 '방죽'으로, 이곳에 길고 널쩍한 판목에 제물을 배열하고 작은 걸상 6개가 귀사 오광홍과 오정국, 함천을 하는 사람과 관살 3명이 앉도록 준비되어 있다. 곁에는 함천대가 놓여 있다. 제사를 주재하는 몇몇 사람들이 자리에 앉으면 돼지를 잡는데, 이때 청년들이 힘을 모아 돼지를 잡고 신선한 돼지 피를 대야로 받아 옮기고 나서 북채에 신선한 돼지 피를 발라 함천을 하는 사람이 힘껏 세 번을 치는 것으로 함천제 의식의 시작을 정식으로 알린다.

이 때 귀사 오광홍의 인솔 하에 관살과 오정국, 함천을 하는 사람이 함께 제사 의식 사회를 본다. 먼저 판목 위에 놓인 술을 세 잔 마시는 것으로 황강 주민의 선조에 대한 제사를 마무리한다. 이어서 함천을 하는 사람과 오정국이 함께 함천대에 올라간다. 귀사는 부적지를 머리에 하는데, 함천을 하는 사람이 부적지를 한 모자를 귀사에게 씌어 주고 북을 힘껏 세 번 친다. 이 때 오정국과 함천을 하는 사람이 앞뒤로 한 마디씩 한 다음 함천을 한다. 함천은 신령에게 올해의 강우량, 수확, 농업인구, 가축, 흉작 등 황강 사회에 구

---

15 역주: 우뢰는 주관하는 신령.

체적으로 영향을 주는 주요한 내용들을 보고하고, 신령(우뢰를 주관하는 뇌파를 가리킴)이 이들의 풍작과 평안, 번성, 화목, 가축을 보우해줄 것을 기원하는 내용을 담고 있다. 이를 반복해서 진행하는데 우렁찬 목소리가 한적한 산간 마을에 울려 퍼진다. 제문을 읽는 사람인 함천인 외에 다른 사람에게는 들리지 않는다. 함천은 15분 정도 시간이 소요된다. 오정국과 함천을 하는 사람이 함천대에서 내려 오는 것으로 행사가 마무리된다. 전체 제천 의식이 모두 끝나면 9시 20분 쯤 된다.

(4) 임신부를 상대로 하는 금기사항

함천 의식의 전반 과정에 임신부의 참여를 허락하지 않는다. 황강에서는 임산부와 간련된 금기사항들이 많아 남의 집에 가서 밥을 먹는다든가 혼자 집에 있을 때도 다른 사람을 초대해서 식사를 거의 하지 않는다. 특히 '두우斗牛(소싸움)', '함천제' 등 중요한 종교적 활동에 임신부들은 절대적으로 오지 못하도록 한다. 그 이유와 관련해서 이런 이야기가 있었다고 한다.

먼 옛날 황강에 아주 신적인 물소 한마리가 있었는데, 소싸움만 하면 절대 지는 법을 몰라 마을에서 그에게 '백모'라는 이름을 지어주었다 한다. 백모는 마을의 다른 물소처럼 우람지게 생기지는 못했지만 어디에서 하는 시합에서든 시합에서 진 적이 없다. 그러나 어느 날 마을에서 열리는 소싸움에 임산부 한 명이 구경을 하러 현장에 있었는데 옆에서 아무리 불러도 백모가 끄떡도 하지 않아서 경기에서 지고 만다. 한번 좌절을 겪고 난 후에 백모는 어떤 시합이든 다시 분발하지 못하고, 결국 죽음을 당하고 만다. 3년 후 마을에는 '특이'한 아기가 출생을 하는데 하루 만에 머리가 세고, 말을 한 후 자기가 백모가 환생한 아이라고 했다는 것이다. 이에 온 마을 사람들이 크게 놀라면서 왜 그때 소싸움에서 분발하지 못했는지를 묻자 모든 이유가 임신부에게 있다고 답했다. 만약 그날 소싸움을 하면 임신부 배 속 아이의 혼백이 상대 소에게 가서 아이를 다치게 하기 때문에 이를 포기했다고 하면서, 아이를 보호하기 위한데 있다는 대답이었다. 백모의 답변에 문득 모든 것을 깨치게 되면서 그 후부터 어떤 단체행사든 임신부의 참여를 절대적으로 금했는데 종교행사의 경우는 더욱 그러했다.

얼핏 보면 이것은 황당한 이야기로 들리고 과학적으로 해석이 불가능하다. 그러나 현지의 문화사고 방식으로 보면 종교행사 자체가 신령과 나누는 대화이기 때문에 신령에 대한 존경을 표하기 위해 임신부의 참여를 금했음을 쉽게 알 수 있다. 특히 대규모 행사 자체가 시끌벅적한데다 관광업의 발전으로 많은 외지인들도 행사에 참여하기에 모든 행사 과정이 아주 요란하고 난잡해 태아에게 좋지 않은 영향을 주기 마련이다. 게다가 임신부의 종교행사 금지는 황강에서만 있는 특이한 현상이 아닐 정도로 많은 민족들에게 이러한 금기들이 있다.

4. 동족 문화의 자연적 적응

문화적응에 대한 문화인류학적 연구는 주로 공시적인 현장조사 자료에 근거하기 때문에 문화적응의 최종 성과에 주목하기 쉬우나 문화적응의 시점은 밝혀내기 쉽지 않다. 이러한 단점은 오늘에 이르러서도 아직 전면적으로 유효한 보완 방법을 찾지 못하였다. 이 책에서는 비교적 풍부한 역사적 문헌자료와 동족 문화에 관한 기존 연구 성과를 검토하여 이 단점을 보완하는 전제조건을 다음의 세 가지로 요약할 수 있다.

첫째, 역사 자료를 근거로 한다. 이 책의 제2장에서 소개했듯이 황강 동족이 황강에 정착한 역사는 유구하지만 외부에 이 역사적 사실이 알려진 것은 오랜 세월이 지난 후였다. 청나라 옹정 황제 시기 '개토귀류' 후에야 이 사실이 밝혀졌다. 이 점을 명확히 이해하면 동족의 문화 재적응을 위해 의도적인 시간의 출발점을 제공했고, '개토귀류' 후의 한문 고전 자료에 기록됨으로서 적응 기점의 참조로 될 수 있기 때문에 문화 재적응 조건이 기존 연구보다 더욱 더 구체화 될 것이다.

둘째, 문화인류학 기존 연구 성과의 도움을 받는다. 동족 문화에 대해 이미 비교적 충분히 살펴보았기 때문에 위에서 기술한 황강 동족문화의 특징은 동족이 황강에 정착한 후 문화 재적응을 하면서 형성한 새로운 내용임을 확인할 수 있다. 이렇게 문화적응의 기점도 비교적 명확해지게 된다. 다른 지역의 동족 문화를 재적응의 기점으로 다루어 새로운 문화적응의 기초를 탐구하게 되면 연구가 더욱 분명하고 확실해진다. 황강 동족 문화의 특징을 문화 재적응의 결과로 보면 재적응의 조건도 기본적으로 완비하게 되는 것이다.

셋째, 황강의 자연 환경은 다른 동족 지역과 차이가 있는데, 저자는 자연과학 연구자의 장기적 연구 성과의 도움을 받았다. 황강 동족과 주변의 다른 민족의 관계는 문화인류학에서 이미 많은 연구를 하였을 뿐만 아니라 청말에서 당대에 이르기까지 각종 정부 문서를 통해 확인할 수 있다. 위에서 언급한 것처럼 저자는 황강 동족의 주민이 직면한 자연배경과 사회배경에 대한 비교적 충분한 이해가 있었는데, 이 점은 기존 연구자들에 비해 분명히 운이 좋았기에 황강 동족 문화의 특징에 입각해 문화적응의 실제를 증명할 수 있을 뿐만 아니라 문화적응의 내용과 나아가 문화적응의 과정에 대한 재구성도 가능할 것으로 보인다. 다음의 몇몇 사례를 소개하면서 동족이 황강에서 경험한 자연적 적응과 사회적 적응의 과정을 살펴보고자 한다.

1993년 이전의 황강 마을의 인문 경관은 제방 지역의 동족 마을과 아주 달랐다. 이러한 차이도 이 지역의 동족이 처한 자연환경에 적응한 결과이다. 황강 마을이 처한 자연환경은 지표가 울퉁불퉁 평탄하지 않고, 계곡에서 흐르는 물도 유량이 적어 마을의 논농사와 양어장, 수로망에 흘러들지 않았기 때문에 황강 마을의 논이 마을과 멀리 떨어져 분산되어 한곳에 집중되지 못하게 했다. 이러한 상황에서 동족 주민은 한편으로 동족의 전통문화를 꿋꿋하게 이어갔고, 다른 한편으로 각 지역에 맞게 수정되어 적용되었다. 이러한 수정은 바로 동족 문화가 자신의 자연환경에 능동적으로 적응한 생생한 모습들로 나타난다.

황강의 음식습관은 다른 동족 지역과도 크게 구별된다. 이러한 차이는 주로 황강이 처한 생태환경에 적응한 결과이다. 황강 지역은 산림이 무성하고 동식물 종류가 매우 다양했기에 동족 주민들의 식단은 아주 다양하고 풍부한 것으로 나타날 뿐만 아니라 그들의 생계에 영향을 주었다. 그들 개개인은 모두 특이할 정도로 풍부한 사냥, 채집, 어획의 기술과 기능을 잘 알아야 하고, 나아가 그들의 작업·휴식 제도와 일상 복장에도 영향을 주었고, 그들의 사상관념에 까지도 최종적으로 영향을 주었다. 이를 요약하면 생태환경 가운데 생물의 다양성은 황강 주민의 물질과 정신생활 여러 방면에 모두 뚜렷하게 흔적을 남겼던 것이다.

우리가 처음 황강에 도착했을 때, 통역과 안내로 도움을 요청한 오성림吳聲林은 황강 사람들이 사냥하는 모습을 우리에게 보이지 말라고 주민들에게 은밀히 경고를 주었다고 한다. 그러나 우리 일행과 주민들 사이에 신뢰가 깊어짐에 따라 그들은 사냥할 때 우리를 피하지 않았을 뿐만 아니라 오히려 우리 앞에서 이를 뽐내기 조차 했다. 오성림의 조카는 자기 사냥총이 동네에서 가장 좋은 것으로, 다년간 사용한 사냥용 보물이기에 3,000 위안에도 팔지 않는다고 허풍을 떨었다. 학구적 본능으로 저자는 걱정스레 오성림에게 "만약 당신들 이렇게 사냥을 꾸준히 하면 새들을 다 잡고 말게 되지 않겠냐?"고 말했더니 그가 답하기를 "새는 물고기가 변한 것으로 논에 물고기만 있으면 새는 절대로 멸종되지 않고, 더군다나 새가 먹는 물고기는 우리가 기른 것이고, 새가 잘 자랐으니 이젠 우리가 새를 먹을 차례다."라고 했다. 그의 답은 저자로 하여금 놀라움을 금치 못하게 했다. 조사를 더 깊이 있게 할수록 그들이 사냥할 때 나름대로 규칙이 있음을 결국 주목하게 되었다. 즉, 사냥의 동선은 고정되어 있고, 절대로 밀림으로 들어가 사냥감을 찾지 않는다는 것이다. 그들의 말대로라면 씨를 남겨야 내년에 먹을 것이 있다는 것이다. 각종 조류의 사냥은 수렵이 허용되는 계절에도 엄격한 규정이 있었다. 여름에는 꿩과와 비둘기과 새만을 사냥하는데, 그 이유는 이런 새들은 부화 후 두 달이면 스스로 살길을 찾으므로 큰 새를 죽여도 작은 새는 죽지 않기 때문이다. 겨울에는 주로 들오리와 섭금류 조류들을 사냥한다. 그 이유도 간단한데, 이 두 조류는 많다 못해 양어장과 논에서 월동하는 새우를 먹어버릴 수 있기 때문이다. 따라서 그들의 사냥습관이라면 조류는 분명히 멸하지 않을 것이다.

오전귀吳全貴는 현지 벼재배에 아주 능숙하고, 그의 아내는 각종 야생식물 채집에 능통하여 어

물고기와 새우를 잡는 어로도구

떤 지역에서 무슨 야생식물을 채집할 수 있는지를 손금 보듯 빤하다. 저자가 어떻게 이렇게 많이 아는지 물었더니 이 부부는 웃으면서 "돼지 뒤를 따라 산으로 가, 돼지가 먹는 것을 채집하면 되요. 많이 채집하면 돼지를 먹였고, 맛있고 신선한 것은 사람이 먹는데 지역별로 먹을 수 있는 나물을 돼지가 우리보다 퍽 잘 아니까요. 돼지를 뒤따라 일을 했더니 많이 쉬웠고 하나도 피곤하지 않아요."라고 답했다. 그들과의 이 대화 내용이 며칠 후에 있은 조사 좌담회를 통해서도 입증이 되었다. 저자의 동료들은 대량의 식물종 그림 앱을 작동시켜 8~15세까지의 황강 마을 아이들에게 구별하게 한 결과 어린이들이 아는 생물종 수량은 대학교 학부생들보다 훨씬 더 많아 현장에 있는 생물학과 학생들을 많이 놀라게 하였다. 8~9세의 어린이들의 경우 200~400종의 동식물을 쉽게 알아보았던 것이다. 물론 단점도 보여주었는데, 살아있는 생물만 알아보고 흔히 볼 수 있는 식물 표본은 전혀 알아보지 못했던 것이다. 이는 다양한 생물종 환경에 대한 문화적응의 결과로 이들 주민들의 지식구조를 직접 구축하였고, 그의 장단점도 모두 지녔던 것이다.

생태환경이 황강 주민들의 행위방식을 구축한 것도 직접적이고 뚜렷했다. 주민들과 함께 산에서 모내기를 할 때 조금만 주의를 기울인다면 그들의 복장이 거의 사냥이나 식물채집에 잘 어울린다는 것을 볼 수 있다. 등산용 칼, 그물, 접착제를 담은 작은 병, 소량의 소금, 라이터 등도 갖추었다. 모내기 과정에서도 또 다른 수확을 한다. 점심 쉬는 시간에 밭 기슭에 모닥불을 피우면 순식간에 그들은 10~20가지 야생생물을 채취해 오는데 징그럽게 생긴 수오공水蜈蚣(파대가리), 신선하고 기름진 드렁허리黃鱔, 우렁이, 미꾸라지泥鰍(추어) 등 없는 것이 없다. 밭에서 먹는 점심 식사 역시 즐거움으로 가득하는데 이때 빠질 수 없는 것이 바로 조미료인 소금과 고추이다. 찰밥을 제외하고 들에서 먹는 식사는 돈 한 푼 들이지 않는다. 이를 예로 이들이 처한 생태체계에 대한 문화적응은 결코 줄리안 스튜어드Julian Steward가 말한 것처럼 반드시 '문화 핵심culture core'을 통해서 점차 위로 미쳐 궁극적으로 사회조직과 정신이념에까지 이르지 않는다. 사실상 황강의 사회구조 중 기본적으로 생물의 다양성의 흔적을 볼 수 없지만 그들의 지식구조는 분명 이런 생물 다양성의 영향을 뚜렷하게 받고 다른 생물종에 대한 이들의 가치 척도도 다른 지역 사회의 동족의 전통적 관념과 다르다. 즉, 문화에 대한 생태환경의 모델 구축 작용[16]은 결코 문화적 구조 계층의 구조 가운데서 상향식으로 추진된 것이 아니라 도약식으로 작용한 결과임을 뚜렷하게 나타났다. 객관적으로 존재하는 생태환경 각 요소는 거의 개별적 작용 방식으로 직접 다른 구조 계층의 문화요소와 연관성을 갖는다. 문화가 생태환경에서 모델로 구축될 때 아주 큰 능동성을 보여준다. 위에서 언급한 현지인들이 제비를 죽이는 것을 금하는 것이 바로 그 생생한 예시이다. 제비도 새에 속해 그들의 관념대로라면 물고기로부터 변하여 온 것인데 왜 죽이면 안 되는가? 여기에 대해 그들은 답하지 않았다. 이로부터 문화는 문화가 놓인 생태환경에 대한 적응으로 늘 문화와 체계와의 접촉 면에서 발생하는 데, 전통생계와 생태계의 접촉은 비교적 밀접하고 모델 구축 작용 또한 비교적 뚜렷하다. 그렇지만 생태계의 각 요소가 문화 중 다른 측면에 직접 작용할 수 없고, 작용을 받은 다른 문화 측면 역시 문화의 전체 의식에 의지하여 필요에 부합되는 반응을 보인다고 단정 지을 수 없다. 문화가 이런 능동적인 반응의 특성을 선천적으로 지니고 있기에 스튜어드의 관점을 반드시 고수해서는 절대 안 된다.

    황강에 대한 조사 중에서 저자는 자연환경에 대한 문화적응과 생태환경에 대한 문화적응이 구별된다는 점을 발견했다. 자연환경에 대한 문화적응의 효과는 문화적응이 확고할수록 문화적응 효과에 대한 주민들의 이성적 해석은 더 모호하다는 것이다. 생태환경에 대한 문화적응의 결과는 개체 차이가 비교적 크고 이를 위해 설정한 이성적 해석이 아주 다양하기 때문이다. 이를 토대로 저자는 향후 연구에서 자연환경과 생태환경에 대한 문화적응에 대해 구별해야 할 필요성을 느꼈고, 이것 또한 향후 노력해야 하는 방향이며, 이 책에서는 기존의 학술적 성과를 계승하면서 간결하고 확실하게 기술하기 위해 자연환경과 생태환경에 대한 문화적응을 하나로 통합해 '문화의 자연적 적응'이라 칭한다.

---

16 스튜어드는 구체적인 환경 모델이 특정한 문화특징을 구축한다고 보았다. 이에 대한 구체적인 내용은 李霞, 「生態人類學的產生和發展」, 『國外社會科學』, 2000(6), p.3 참조 바람.

5. 동족 문화의 사회적 적응 사례

황강의 많은 문화사실 중 상당 부분이 황강의 생태환경 및 자연환경과 직접적인 상관성이 없고, 오히려 주변의 여러 민족과 관계가 밀접하다. 예를 들면, 이곳의 동족 부녀는 줄곧 묘족 여성 머리장식으로 나름 장식을 하는데 이것이 생태환경과 아예 관계없는 것은 아니다. 그러나 이를 역사적 시각으로 보면 이들은 '동족 부친과 묘족 모친'의 후손이라는 상상할 수 없는 지역 차이에서 합리적인 해석을 찾을 수 있었다. 사실은 아주 명백한데 가장 먼저 황강에 정착한 동족 남성이 묘족 여성을 부인으로 맞았다고 해서 복장 습관을 함부로 간섭할 수 없었던 것이다. 이런 동족 남자는 자기 아내를 대신해 동족 식으로 머리를 단장할 수도 없었다. 이것은 애만 쓰고 좋은 소리 못 듣는 일일 뿐만 아니라 인내심을 가지고 한다 하더라도 이 여성들이 언젠가는 친정으로 돌아가게 되는 날이 오기 마련인데 돌아가 친정 식구들로부터 인정을 받겠는가? 그러니 옷차림과 단장은 자연히 원래대로 해야 했고, 세월이 지나면서 부부도 결국 여성이 자유롭게 하는 것으로 되었는데 황강의 동족 사회 규모가 확대된 후 이제는 묘족과 통혼을 하지 않아도 되었다. 바꾸어 말하면 원래 옷차림 관습에 작용했던 외부의 사회적 역량은 사라졌으나 이미 정형화된 장식습관은 문화통합의 작용에서 여전히 관성적으로 유지되어 현재 우리가 볼 수 있는 특유의 장식현상으로 보였던 것이다.

이러한 예증은 문화의 사회적 적응에 대한 전형적 자료임이 분명한데, 이 자료를 잘 살펴보면 다음 세 가지에 유의할 필요가 있다. 첫째, 문화의 사회적 적응은 생태환경과 무관할 뿐만 아니라 생계방식을 통하여 영향력을 미치지 않고 외부 작용력이 특정적인 문화요소에 영향을 미침으로써 반응을 보이게 하는 것으로 직접적으로 나타나는데 다중 선택의 여지를 보인다. 이를테면 위에서 언급한 것처럼 머리 장식은 고치지 않았지만 복장은 고친 것으로 보면 스튜어드가 '문화 핵심'의 핵심적 작용을 지나치게 강조했다고 해야 할 것이다. 둘째, 외부의 사회의 방해가 사라진 후 이미 정형화된 문화요소는 해당 문화에 의해 받아들여지고 흡수되기만 하면 관습에 의해 유지되는데, 당사자들도 그 유래에 대해 분명하게 말하지 못할 정도이다. 셋째, 문화의 사회적 적응이 문화구조 내에서의 분포는 자연히 균형적이지 않다. 동족 지역의 문화를 살펴보면, 여성들의 머리장식과 위에서 언급한 광범위하게 다양한 생물종을 채취하여 먹는 것이 묘족 문화와 관련이 있는 것을 제외하고는 묘족 문화의 영향을 깊이 받은 요소는 결코 많지 않다. 그러나 머리 장식과 다양한 생물종에서 식재료를 광범위하게 채취하는 두 사례를 통해 문화의 사회적 적응이 동족 문화 내에서의 분포가 결코 균형적이지 않다는 것을

명절의 남성과 여성 복식

알 수 있다. 머리 장식은 단지 여성에게만 작용하고 남성에게 결코 영향을 미치지 않으며, 다양한 생물종 식재료를 광범위하게 채취하는 것은 동족 주민 내부에서도 차이가 뚜렷하게 존재한다. 황강에서 조사하는 동안 우리는 새 사냥 달인과 드렁허리를 잘 잡는 고수, 버섯류를 잘 채집하는 전문가와 신선한 죽순 가공에 능한 고수도 알게 되었다. 이들은 기술과 기능은 물론 심미관과 정서에 이르기까지 모두 외래문화의 영향을 찾을 수 있으나 기호가 치우쳐 있어 결코 동족 전통문화처럼 민족 내부에서 균형적으로 분포되지 않는다. 이로부터 외래 영향과 원래 민족전통은 구분하여야 하고 이 또한 구분이 가능하다.

 최근 반세기 동안 황강 마을의 자연과 인문 경관에 급격한 변화가 일어났다. 오늘날 황강마을 경관에서는 옛 모습을 찾아볼 수 없다. 전반적으로 동족 전통문화의 내용은 갈수록 줄어들고, 한족으로부터 유입되는 내용은 늘어나고 있는데 이러한 변화는 모두 문화의 사회적 적응에 속한다. 대규모의 양어장을 매립하는 것은 분명히 동족 주민의 소원이 아니다. 왜냐하면 현재 동족 농가들에서는 모두 치어가 충분하지 않고 어떤 양어장의 경우 3~5가구에서 같이 사용하며 윤번으로 1년씩 사용하니 모두 불편을 느끼지만 새 양어장을 만들려면 평지를 사용해야 하기 때문에 그럴만한 땅을 제공할 수 없는 점을 실감하고 있기 때문이다. 따라서 이들 동족 가정은 모두 모순과 곤란에 빠졌다. 신축 농구장과 도로는 당분간 버릴 수 없고, 양어장은 사용하기에 불충분해도 속수무책이니 이러한 곤

혹은 사회적 적응 초기에 반드시 겪게 되는 과정으로 보인다. 이 와중에 황강 주민을 마음 졸이게 하는 것은 빈번한 화재 발생이다. 왜냐하면 초기 동족 주택은 모두 양어장 위에다 지어서 가옥이 서로 분리되어 있어서 화재 발생 때 피해를 입을 확률이 아주 낮으나 현재 양어장을 평지로 조성해 주방과 침실은 분리했지만 가옥 간 양어장이 더는 격리 작용을 하지 못해서 화재가 쉽게 발생하기 때문이다. 정부에서 실시한 혜택 정

찰벼 수확

책은 가옥 간에 방화선과 방화대를 두기는 했지만 격리 효과는 양어장에 분명 미치지 못했다. 따라서 현지 주민은 모든 일에 조심하지 않을 수 없어 생활이 이상하게 긴장해져 혹시 언젠가 갑자기 큰 불이 날까 걱정하고 있다. 이로부터 문화의 사회적 적응은 아주 뚜렷한 상징적 특징이 있어야 하는데, 이는 외부에서 유입된 문화요소가 전통적 문화요소처럼 오랫동안 적응 과정을 경과하지 않았기에 의외로 위험을 안기고, 이로부터 야기된 우발적인 문제도 마모됨으로써 당사자들이 받아들이기에 마음이 더 편하고 만족스러움을 알 수 있다. 외부의 문화요소는 장시간의 조율이 없기에 많은 부작용이 아직 완전히 나타나지 않았기에 당사자들이 항상 자연스럽지 못하고 안전감을 느끼지 못하는데 이로부터 문화의 사회성 적응의 내용을 명확하게 구분할 수 있다.

황강 마을은 양어장을 매립하고, 도로와 시골 포장길이 대대적으로 들어서면서 기념적 의미가 있는 지리적 표시들도 자취를 감추고 말았다. 이런 지리적 표시에는 감동적인 이야기들이 담겨 있거나 이들 선조 중의 어떤 업적과 직접 상관되기에 이런 지리적 표시의 소실뿐만 아니라 선조들의 업적에 대한 기억도 같이 사라지게 해 마을 역사에 공백을 가져왔다. 사건 발생 초기에 누구도 이를 마음에 두지 않고 모두 도로 개통의 기쁨에 잠겨 있었던 것이다. 그러나 시간이 어느 정도 지나자 문제가 나타나기 시작했다. 초기의 양어장, 좁은 길, 논, 도로에서 휴식을 취하는 작은 의자들은 노인들이 스스로 작업하거

나 지어 자금을 투자해 노동력을 고용하거나 공익사업 형식으로 전개되었는데, 이는 개인 이름을 오래 동안 후대에 전하려는 목적에서 였다. 이런 사상 면의 지원과 보장은 누구를 막론하고 모두 공익을 위해 힘을 내게 해서 전체 지역사회의 화합과 질서를 지탱하게 했다. 그러나 현재 도로가 훼손되면 정부에서 수리하기를 기다리고, 양어장과 수로를 건설하려면 반드시 건설 항목으로 입안해 자금이 확보

큰 수확(뗄감) 후 귀가

되어야 공사를 시작할 수 있고, 사용은 하지만 보수 작업이 이루어지지 않아 전체 사회의 운영을 늘 두루 돌볼 수 없는 실정이다. 왜냐하면 이제 공익 업적은 모두 정부의 몫이며, 지리적 표식으로 누구의 이름으로도 사용되지 않을 것이 뻔해 개개인과 무관한 일이기 때문이다. 이러한 상태가 지속되면 향후 어떤 결과를 가져올지 현지 주민들도 잘 모른다. 그래서 마을자치기구와 정부의 간부들은 불안할 수밖에 없다. 이로부터 모든 문화의 사회적 적응은 반드시 예상과 달리 뜻밖의 영향을 가져오기 마련인데, 이는 의례히 문화의 사회적 적응의 다른 한 표지라 해야 할 것이다.

위의 내용을 종합하면 저자는 민족문화의 적응은 반드시 자연적인 것과 사회적인 것 두 측면으로 구별되어야 하고, 연구 절차에 있어서도 서로 다른 두 적응 내용을 명확하게 구분해야 하는데, 이는 충분히 가능하다고 본다. 이를 토대로 하면 동족 전통생계방식의 특징을 연구하고, 현대적 변화에 대한 검토도 가능해지게 된다. 기존의 연구에서 문화적응을 다룰 때 흔히 한 민족의 전통생계를 주목해 온 점을 감안하면 전통생계를 연구 대상으로 하여 문화적응의 실질과 메커니즘을 연구하는 측면에서는 지금까지의 연구와 잘 연결되고, 민족 간의 문화 견제와 균형에 대한 연구로 이어진다는 점에서 황강의 전통생계의 특징을 중점적으로 분석한다면 충분히 의의 있는 연구가 될 것이다.

제4장

황강 동족의 전통생계

1. '전통농업' 개념의 모호성
2. '전통농업' 개념의 새로운 이해
3. '전통생계'와 '전통농업'의 차이
4. 동족 전통생계의 특징

제4장

황강 동족의 전통생계

1. '전통농업' 개념의 모호성

'전통농업'과 '현대농업'이라는 개념이 경계와 특징이 뚜렷하지 않지만 비교를 통해서 생물기술로부터 지원받는 농목축업 생산을 '현대농업'이라 칭하고, 그렇지 아니할 경우 모두 '전통농업'으로 간주한다. 이 정의대로 전통농업을 해석하면 현재 실행되고 있는 황강 동족의 전통생계가 설 자리를 잃게 되는데 더욱이 지역 내 한족 생계와의 차이와 다른 소수민족 생계와의 차이를 명확하게 구분할 수 없다. 그래서 소위 '전통농업'의 성격도 분명히 뚜렷해질 수 없다.

'전통농업' 개념의 모호성은 필연적으로 '현대농업' 개념의 모호성도 야기한다. 현 시점에서 공시적으로 이상적인 '현대농업'의 특징을 바라볼 경우 황강 동족의 전통생계에도 반영되는 것이 있어야 한다. 먼저 상품화를 예로 들어 보자. 현대농업은 시장화 생산 체제로 늘 인식되지만 황강 동족의 전통생계 중 원목, 양질의 찰벼, 가축·가금은 아주 높은 상품력을 유지해 왔다. 예를 들어, 농업세를 취소하기 전에 황강 마을에서 국고에 제출한 양질의 찰벼만 해도 15만 kg에 달하는가 하며, 상당한 규모의 찰벼가 시골에 있는 재래시장을 통하여 외지로도 판매되었다. 이로 보아 이들 상품력은 결코 낮은 수준이 아니었다는 것을 알 수 있다. 다음으로 농목축업 제품 중 유기농식품, 자연식품 기준에 부합한 비율을 보면 1990년대 전에 황강 마을에서는 화학비료나 농약을 전혀 사용하지 않았고 농업, 임업, 축산품 모두 거름을 사용하고 농기계를 사용하지 않았지만 모든 농축산물 제품은 유기농식품의 요구에 부합되었다. 마지막으로 전통생계의 생태유지 효과를 보면, 이런 전통생계는 자신이 처한 생태체계를 최소한으로 개조하려는 원칙을 지키기 때문에 전체 생태체계가 장기간 안정을 유지하고 생계경영 활동이 자원순환 이용에 대체적으로 부합되게 했고, 자연과 생물자원이 장기간 상호 의존하고 상호 보완하면서 공생하게 했다.

현대 서방국가의 경작방식에서는 무경간 농법免耕法(zero tillage)[1], 무공해 농업을 제창하는데, 이는 전통생계 중에서 홍보하지 않아도 일찍이 사실로 되어 버렸다. 현대농업의 어떤 특징에서 보아도 동족의 전통생계는 간단하게 전통농업이라 칭하지 못할 뿐만 아니라 오히려 현대농업의 요소를 일정 부분 가지고 있는데 실제로 이상적인 현대농업과의 유일한 차이라면 이런 유형의 전통농업은 막대한 노동력의 투입을 필요로 했다는 점에 있다. 총체적으로 공시적 측면에서 보면, 현대농업의 성격은 명확하지 않았는데 중국 소수민족의 경우 더욱 그러했다. 그리고 선진국의 현대농업의 성격도 천차만별이며, 이를 역사적인 시각으로 보면 현대농업의 성격의 모호성은 더욱 분명하다.

경제학, 사회학 등의 사회과학은 공시적 자료에 의존하는 것이 일반화되어 있는데 이들 학문 분야가 현대농업 성격의 역사적 변화 과정을 발견하기란 결코 쉬운 일이 아니다. 반면 문화인류학은 이들 간의 불일치와 누락을 쉽게 찾아내므로 다음에는 중점적으로 문화인류학자의 연구를 통해 현대농업의 성격 역사변화의 문화적 형성원인을 밝히고자 한다.

레비 스트로스Claude Levi Strauss는 자신의 구조주의 문화 이론에서 인류 사유의 기본 모델이 '이원 대립binary opposition'[2]이라고 했는데, 그의 결론은 초기 인류학자들의 분석을

---

1 역주: 땅을 갈지 않고 좁은 골을 파서 심는 농법.
2 (法)列維 - 斯特勞斯著, 李幼蒸譯, 『野性的思維』, 北京: 商務印書館, 1987.

전승한 것이라 볼 수 있다. 루이스 헨리 모르간Lewis Henry Morgan의 문명과 야만[3], 뤼시앙 레비브륄Lucien Levy Bruhl[4]의 '미개인의 사고'와 '문명인의 사고'[5]는 모두 초기 인류학 연구의 사유모델을 대표한다. 레비 스트로스의 업적은 이런 사유관습을 모든 민족문화에로 널리 보급하고 이를 인류 사고의 보편성으로 정의한 데 있다. 레비 스트로스의 사고 맥락대로 현대 논저에 자주 등장하는 전통농업에 대해 살펴보면, 소위 '전통농업'은 놀랍게도 바로 이런 이원 대립 사고모델의 산물임을 발견할 수 있다. 즉, '현대농업'과 '비현대농업'을 철저히 양분한 결과이다. 그렇다면 '현대농업'이란 과연 무엇일까? 이와 관련해서 지금까지 학계에 결코 확실하고 분명하게 밝혀진 것이 없다.

20세기 초에는 상품화된 농업생산을 '현대농업'으로 보고, 자급자족의 농업 형식을 '전통농업'으로 정의하였다. 또한 제2차 세계대전 후 선진국은 연료 농기계에 의지하여 농경을 하는 농업을 '현대농업'으로, 수공업 생산에 주로 의지하는 농업을 '전통농업'으로 보았다. 1980년대에 들어서 석유화학공업의 발전과 더불어 화학비료, 농약, 작물의 생장을 자극하는 호르몬에 의존하는 농업을 발달된 현대농업으로 보고, 거름과 천적으로 병충해 억제를 하는 농업을 전통농업으로 보았다. 1980년대 후반 유전자 공학이 발전함에 따라 유전자변형식품(GMO) 생산을 '현대농업'의 상징적 특징[6]으로 보고, 순자연 농목축 생산을 전통농업에 포함시켰다. 아주 짧은 한 세기 동안 현대농업에 대한 정의는 끊임없이 새로워졌고, 전통농업과의 구분도 끊임없이 변화해 왔다. 그러나 현대농업과 전통농업의 구분은 줄곧 이원 대립의 사유 구조를 따랐기 때문에 현대농업이나 전통농업을 막론하고 모두 관습적인 구분이지 과학적 의미에서의 구분은 아니다.

20세기 말 지구의 생태환경이 악화되고 석유자원이 결핍됨에 따라 소위 현대농업이 점차 자기회귀로 끊임없이 기존의 낙후한 농업생산 요소를 여겼던 것을 사용하여, 과도

---

3 (美)路易斯-亨利-摩爾根, 『古代社會』, 上冊, 北京: 商務印書館, 1977.
4 뤼시앙 레비브륄(Lucien Levy Bruhl)은 마르셀 모스(Marcel Mauss)와 파리대학교 민족학연구소를 창립하고, 연구소 소장으로 지냈다.
5 (法)列維-布留爾著, 丁由譯, 『原始思維』, 北京: 商務印書館, 1981, p. 5.
6 朱明德, 「美國的轉基因農業戰略及其對策」, 『食品科技與經濟』, 2000(6).

하게 사용했던 농기계와 농약, 비료와 유전자변형종이 야기한 심각한 생태적 위기를 개선시켜 나갔다. 미국의 일부 농장에서 유행했던 무경간 농법을 사용한 농업[7]을 예로 들어 보면, 사실 무경간 농법은 전통농업 범주에 속하기에 경작기술 자체로 보아 정형화된 무경간 농법과 땅을 갈지 않거나 좁은 골을 파서 심는 등 최대한 땅을 갈지 않는 식의 농업생산이다. 따라서 미국의 현대 집약형농업에서 많이 이루어지는 무경간 농법은 실은 새로운 개혁이 아니라 완전히 전통적인 농경기술로의 회귀이다. 한편 화전경작 방식으로 지나치게 무성한 산림을 다시 자라게 하는 것 역시 미국에서 현재 크게 장려하는 현대 농림 기술 중의 하나인데, 이를 통해 생태환경 체계에서 생물 다양성의 수준을 높일 수 있다고 보았던 것이다.[8] 그러나 이들이 사용한 '현대기술'은 대체적으로 이리저리 이동하며 경작하는 '유경游耕'문화의 생계방식을 그대로 답습한 것이다. 그러나 '유경'문화의 생계방식은 그전까지만 해도 줄곧 원시농업으로 간주되어 왔고, 전통농업보다 더 낙후된 농업이었다. 따라서 이러한 현대농업기술도 완전한 회귀로 나타난 것이며, 결코 현대농업을 창조한 것으로 이해하면 안 된다.

현재 일부 유럽연합 국가들에서는 유전자변형식품의 국내 수입[9] 반대활동을 하고 있다. 일본에서는 경작지를 산림으로 환원하는 활동을 대규모로 진행해서 토지자원 중 산간지역 경작지의 비율을 줄이려고 한다.[10] 동시에 일본은 생물학적 방법으로 해충을 예방 퇴치[11]하는 연구에 힘을 기울였고, 미국의 '현대 농업' 발전과 상반되는 길을 걸었다. 아이러니하게도 유럽연합의 각국과 일본이 스스로 현대농업을 발전시킨다고 공언했다는 것이다. 그렇다면 도대체 어떤 농업이 현대농업이냐는 것과 관련해 의견을 같이 할 수 있는 것은 거의 불가능한 일로 되었다. 이외에도 그리스[12], 프랑스[13]에서도 비싼 식

---

7 (美)G.B.特里卜来 · D.M.杜倫著, 張炳星譯, 「免耕法」, 『世界農業』, 1979(1).
8 鄭敏, 「美國國家公园的困擾與保護行動」, 『國土資源情報』, 2008(10).
9 劉標, 「轉基因食品能吃嗎？」, 『百科知識』, 2000(5).
10 關守蓉, 宮林茂幸 箕輪光博, 陳學群, 「日本的森林文化及其理想模式」, 『北京林業大學學報』, 2007(2).
11 程立生, 「中國重大熱帶作物病虫害生物防治發展戰略研究」, 『熱帶農業科學』, 1995(3).
12 王蘭, 「油中驕子 - 橄欖油」, 『四川烹飪學校學報』, 2005(4).
13 李記明, 曲健, 溫春光, 「法國波爾多的葡萄與葡萄酒」, 『中外葡萄與葡萄酒(三)』, 2001(6).

품을 생산할 경우 줄곧 수공업의 형식을 이어왔다. 올리브유나 와인의 정통적인 고급 풍미를 유지하기 위해 이런 나라들에서는 기계화된 생산을 사용하지 않았던 것이다. 다시 말해서 현대농업이라 큰소리치는 선진 공업국은 '전통적' 농목축 생산기술 수단을 안정적으로 지속되어 왔다는 것이다. '현대 농목축업 제품'은 국제시장에서 점유율이 줄곧 상승했으며, 시장 점유율은 저가격 시장에 집중되고 고가격 소비시장은 여전히 전통 농목축업 제품이 주도적인 지위를 차지했던 것이다. 따라서 현대농업과 전통농업의 정의는 지금까지 분명하게 구분되어 온 적이 없음을 쉽게 알 수 있다. 현대 저술에서 가장 많이 등장하는 '전통농업'에 대해 과연 어떻게 해석해야 할 것인가? 이는 사실에 근거해서 분석을 할 수밖에 없다. 왜냐하면 현재 우리 앞에 놓인 전통농업은 본래부터 다양하게 해석되기 때문이다.

'전통농업'은 일종의 관습적인 표현으로 전통농업에 대한 이해에서 학자들은 다양한 의견 차이가 있을 수 있다. 어떤 학자는 전통농업을 과거 역사 시기의 원시적인 경작방식으로 보고[14] 어떤 학자는 전통농업을 낙후된 것, 즉 새로운 것에 의해 대체된 생활방식으로 보는가 하면 전통농업을 현대 집약형 농업의 대립물로 이해하면서 일종의 경제가치가 없는 저효율 산업으로 보는 학자도 있다.[15] 전통농업에 대한 이상 3가지 정의는 여러 민족의 전통농업의 본질을 정확하게 보지 못했다. 왜냐하면 이들은 실은 전통농업을 일련의 서로 구별되는 문화형태로 각각의 생태체계에서의 종합적인 표현 형식으로 보면서 단일한 생계방식이나 경제산업이라는 점을 부인했기 때문이다. 전통은 비록 현대 공업문명과 비교하여 일컫는 상대적인 표현이긴 하지만 현대 공업민족의 집약형 농업도 일부 전통농업 요소들을 포함시킬 수 있다. 이러한 요소의 존재가 절대로 낙후와 저효율 등의 특징으로 나타나지 않는다.[16] 동일한 상황은 비공업국에서도 존재한다. 오늘날 적지 않은 농경민족은 자원이용의 효익과 노동력 투입, 생산품 효익 비례는 공업국의

14　張西華, 「傳統農業向現代農業轉變的硏究」, 『安徽農業科學』, 2006(5).
15　崔麗, 傅建輝, 「淺釋傳統農業經濟效率低下的原因」, 『廣西社會科學』, 2006(5).
16　許劍平, 徐涛, 謝宇峰等, 「國外少免耕法的發展硏究」, 『農机法硏究』, 2005(1).

집약형 농목축업 생산에 비해 낮지 않다. 예를 들면, 현대 선진국의 많은 공업국에서는 농업보조금을 보편적으로 지원하고 있는데, 이들 농업제품이 국제시장에서의 경쟁력을 확보하고자 한 데 그 목적을 둔다.[17] 반면 많은 농경민족에는 농업보조가 아예 없는 경우가 많다. 이러한 상황에서 이들의 농목축 생산품은 국제시장에서의 지위가 불리하지만 살아남을 수 있다.[18] 따라서 현대화나 저효율, 낙후한 농업을 '전통농업'으로 정의하는 것은 실제 사정에 분명히 부합되지 않는다. 그래서 전통농업을 계속 관습적으로 이해할 것이 아니라 새롭게 정의를 내리는 것이 필요하고 바람직하다.

2. '전통농업' 개념의 새로운 이해

이 책에서 다루는 '전통농업'은 일종의 종합적인 생계방식을 가리키며, 공업문명의 영향을 비교적 적게 받았다. 전통농업은 이동경작, 목축, 농경 등 생계방식을 포함하며 일정 정도의 복합성을 지닌다. 이러한 생계방식은 필연적으로 처해 있는 생태체계와 상호 결합하고, 나아가 민족문화 형식으로 확장되어 표현된다. 바꾸어 말하면, 전통농업에 대한 우리의 이해는 처한 생태환경에 고도로 적응하고 안정적이게 계속 이어가는 각 민족 생존방식의 총체이다.

물론 공업문명이 주도권을 장악하고 있고, 지구촌의 여론을 좌우하는 오늘날에 공시적 양상의 현장조사를 진행해 '전통농업'의 전형적인 사례를 찾으려 하는 것은 절대 쉬운 일이 아니다. 변경 지역이나 자연환경이 특히 열악한 소수민족의 지역에서만 문화인류학자들은 전형적인 전통농업의 사례를 접할 수 있을 것이다. 한편 이러한 개별사례에 근거한 연구는 보편적인 결론을 얻기가 어렵고, 학계의 인정은 물론 결론의 신뢰성도 지적을 받기 마련이다. 그러나 저자는 현장조사에서 일련의 보편적 의미를 지닌 사실들을

---

17 李超民, 「美國〈2007年農場法〉農業補貼及相關立法研究」, 『農業展望』, 2007(1).
18 周義紅, 「論發展中國家爲何要爲削減發達國家的農業補貼而奮斗」, 『商場現代化』, 2007(2).

발견할 수 있었다.

20세기 초 반세기 넘게 공업문명의 충격을 경험한 후 많은 농경민족의 관련 지성인, 나아가 일반 민중들도 자기민족 문화의 현대적 변화의 공적과 과실, 얻은 것과 잃은 것에 대해 성찰하기 시작하였다. 이러한 성찰은 아주 높은 통일성을 지녔다. 예컨대, 그들 모두 씨를 뿌린다는 의미에서 선조의 농경 부흥을 흠모했을 뿐만 아니라 21세기 초에는 차츰 일종의 붐을 형성하기까지 하였다. 한국의 문화인류학자는 '친환경 농업'을 주장[19]하고, 중국의 농학자는 '생태농업'[20]을 추앙하였다. 그리고 유경 생계방식에 대해 새롭게 인식[21]을 시도한 것은 이 붐이 점차 확산되는 징표들이다. 이 책에서는 이러한 징표들을 소개하거나 홍보하는 것을 과제로 하는 것이 아니라 전통농업의 부흥에 대해 합리적인 해석을 하고 문화적응의 시각에서 전통농업이 갖는 현대적 가치에 대해 체계적으로 논증함으로서 인간과 땅이 조화를 이루는 사회 구성과 생태 안전 보호에 목적을 둔다.

이 책에서 말하는 '전통농업'은 사실 포괄적인 의미에서의 복합농업으로, 문화인류학적 시각에서의 사냥과 채집, 유경, 목축, 농업 등 생계유형의 서로 다른 비례, 부동 단계의 유기적 복합체이다.[22] 생계방식 중의 생태환경과 수토자원의 순환 이용 형식과 관련된 내용이라면 이 책에서는 모두 '전통농업'의 범주에 포함시킨다.

한 세기 넘는 발전을 거쳐 문화인류학은 과거 역사시기에서 지금에 이르는 인류의 모든 생계방식에 대해 점차 이해를 갖게 되었다. 이해와 비교의 편의를 위해 학자들은 인류의 생계방식을 5가지 주요 유형으로 나누고, 서로 다른 생계방식에 의존하여 생존하는 민족문화도 다섯 유형의 문화로 나누었다.[23] 서로 다른 생계 유형에 의해 생겨난 순서를 배열하면 수렵, 채집, 유경, 농업문명, 공업문명 5가지 유형으로 구분할 수 있다. 위에서 기술한 연구 성과를 현대 연구의 '이원 대립'의 사유형식으로 살펴보면, 공업유형의 생계

---

19 조경만, 「유기농업의 생태 · 경제 과정을 통해서 본 사회자연체계의 이상과 현실」, 서울대 인류학과 박사학위논문, 1997.
20 嚴力蛟, 『中國生態農業』, 北京: 氣象出版社, 2003.
21 尹紹亭, 『人與森林 - 生態人類學視野中的刀耕火种』, 昆明: 云南教育出版社, 2000.
22 庄孔韶, 『人類學通論』, 太原: 山西教育出版社, 2005, p.165.
23 楊庭碩等, 『民族文化與生境』, 貴陽: 貴州人民出版社, 1992, p.91.

방식 외의 다른 문화유형 모두 일률적으로 '전통농업'으로 칭할 수 있음을 볼 수 있다. 문화인류학의 연구 결론은 모두 추상적 연역을 거친 이상적 모델이라 할 수 있다. 인류 역사상 어쩌면 상대적으로 전형적인 수렵채집의 생계방식, 전형인 유경의 생계방식을 찾을 수 있으나 순수한 채집생계와 축목생계는 사실 존재하지 않는다. 어떤 민족에서는 흔히 몇몇 생계방식이 동시에 존재한다. 따라서 상술한 방법에 의해 정의하는 '전통농업'은 필연적으로 일종의 복합적인 생계방식이다. 동족이 단일 민족으로 발전하는 과정을 예로 살펴보면, '전통농업'이 갖는 본질이 충분히 나타나는 것을 알 수 있다.

이 책에서는 '전통농업'의 개념에 대해 일률적으로 아래의 네 기준을 따르도록 한다. 첫째, 본문에서 말하는 '전통농업'은 특정한 생태체계에 고도로 적응한 지속적인 생계수단이어야 한다. 그 적응 수준을 식별하는 기준은 생계를 위한 수단을 집행하는 과정에서 생계 수단이 놓인 생태환경의 취약한 부분에 충격을 주지 않고, 사용한 생태체계로 하여금 장기간 안정적으로 지속 발전하며 생태체계 발전 과정에서 모든 생물이 생명체와 생물 에너지의 연평균 생산 수준을 유지하면서 인류의 사용으로 인해 크게 줄어지지 않아야 한다. 이 점은 그것과 '현대농업'이 분명하게 구별된다. 즉, 현대 서구의 선진국에서 실행 중인 '집약형 농목축업'은 객관적으로 존재하는 각종 생태계에 있어 비교적 보편성을 지닌다. 예를 들면, 미국에서 생산한 농기계가 브라질 열대우림 개발에서 정상적으로 운행되고, 네덜란드에서 생산한 양질의 우유가 백여 개 국가로 기술 도입이 되고[24] 기타 석유 화학제품과 농목축업 제품이 적응 기능은 더욱 뛰어나다. 그러나 전통농업은 이런 점에 있어 결코 보편성을 지니지 않는다. 예를 들면, 운남 원양 하니족의 고산 계단식 밭은 짙은 안개를 이용하여 논의 수원을 보충한다. 안개가 산등성이를 지나 비그늘 지대雨影帶에 진입하면 산비탈에는 짙은 안개가 다시 나타나지 않는데, 이것이 세계를 감탄케 하는 전통농업을 전혀 쓸모없게 했다. 귀주성 뇌산雷山현 묘족이 화전경작[25]을 통해 타이완산 삼

24　王慎强 等,「荷蘭農業發展的思考」,『農業現代化硏究』, 1997(5).
25　저자가 2003년 뇌산현雷山縣에서 빈곤 구제 일을 볼 때, 장비掌批촌 일대의 소수민족이 여전히 화전 경작 생계방식을 답습하고 있음을 발견한 바 있다.

나무속 교목杉杉 묘목을 기르던 전통적인 육림育林 방식은 중국 북부 지역의 방풍림 구축에 결코 적합하지 않았다. 또한 중국 황하 대지에 있는 동향東鄉족의 모래가 섞인 밭沙田 재배 기술은 관중關中평원[26] 농업 경작에 절대 응용될 수 없다. 바꾸어 말하면, 모든 전통 농업은 모두 처해 있는 생태환경에 고도로 적응하는 특성을 지닐 뿐만 아니라 이러한 생태환경에 반드시 잘 결합되어야 비로소 정상적으로 운영될 수 있으며, 이런 특성을 지니지 않으면 전통농업이라 할 수 없다.

둘째, 전통농업은 반드시 지속적으로 운영할 수 있는 생계수단인 동시에 일정한 범위 내에서 외부의 간섭에 저항할 수 있어야 한다. 여기에는 시장의 간섭도 포함된다. 바꾸어 말하면, 모든 전통농업은 모두 역사적 검증을 거치고 지속 능력이 있는 생계 수단이어야 한다는 것이다. 따라서 이 책에서 논의하는 동족의 전통농업이 이 조건에 부합되는지 여부는 마찬가지로 역사적 문헌을 통해 검증이 필요하다. 동족은 이미 안정적으로 3백여 년 동안 발전해온 것으로 나타나기 때문에 이 인증 기준에 부합된다. 반면 현대 서구의 선진국이 주도한 '집약형 농업'은 맹아 시기에서 정형화되기까지 3백 년 간 지속적으로 운영된 기록을 하나도 찾아볼 수 없다. 이를테면 근래 영국에서 기승을 부린 광우병, 네덜란드의 집약형 축목업의 사료 오염사건[27] 모두 이런 현대 '집약형 농목축업'의 지속가능한 발전성이 '전통농업' 방식과 현저하게 차별화됨을 보여준다. 특히 현대 서구의 선진국의 농목축업은 모두 국가로부터 재정보조금을 지원받고 있고, 그렇지 않고서는 시장 경쟁력을 확보할 수 없는데 보조금에 의지한 농목산업은 분명히 전통농업에 포함시킬 수 없다. 중국 위구르족의 카레즈坎兒井 관개농업[28], 내몽골 아라산阿拉善지역 몽골족의 쌍봉雙峰낙타 사양업[29]은 현재 거대한 시장 압력과 생태 압력을 받고 있기는 하지만 별도의 보조금 없이 이 두 생계방식은 여전히 생존력을 지니고 있다. 따라서 3백여

26　역주: 섬서陝西성 성도인 서안西安시, 동천銅川시, 보계寶鷄시, 함양咸陽시 및 위남渭南시를 포함하는 지역을 지칭한다.
27　「飼料汚染使比利時等國肉類工業內憂外患」, 『養殖魚飼料』, 2006(3), p. 51.
28　阿達萊提・塔伊爾, 「新疆坎兒井研究綜述」, 『西域研究』, 2007(1), p. 111.
29　楊蓮如等, 「駱駝 - 亟待保護的瀕危畜种」, 『畜牧飼料科學』, 2004(2).

년의 자연사회 변동 충격을 감당해내고, 여전히 생존력을 확보할 수 있었기에 이러한 생계 수단이야말로 '전통농업'이라 말할 수 있다.

셋째, 모든 '전통농업'은 어떤 의미에서 복합경영의 공통성이 있지만 현대농업은 직업의 분화, 엄격한 작업 분업을 경영 특징으로 한다. 관습적으로 몽골족은 유목민족이라 말하지만 설령 정통 유목민족이라도 축목업 경영을 하면서 다른 작물들을 조금씩 심는 것이 현장조사를 통해 드러났다. 예를 들면, 몽골족은 줄곧 산발적으로 메기장糜子[30]을 재배해 조식 양유차奶茶의 양념으로 사용해 왔다. 정통 유목민은 반드시 몽골 가젤黃羊 수렵, 늑대의 무리 쫓기, 야생토끼 수렵 등 사냥기술을 갖추어야 했는데, 이는 초원에서 생존하는 유목민이 반드시 지녀야 할 보조적인 생존 수단이기 때문이다. 몽골족 여성은 버섯을 채취하고 약재를 캐는 등 채집 기술과 기능을 장악해야 했다. 요컨대, 유목 위주의 생활을 하는 유목민족의 경우 개개인 모두 한 가지 전문 기술뿐만 아니라 다른 일에도 능한 기술에서의 만능인이라 할 수 있다. 따라서 이 책에서 지칭하는 '전통농업'은 일종의 독립적으로 운영이 가능한 복합 생계 수단이며, '현대 농목축업'은 곧 기술과 기능이 고도로 전문화되고 개인화된 생계 형식이다.

넷째, 모든 전통농업은 특정의 문화속성을 지녀야 한다. 따라서 특정 민족이나 민족 방계로 특정의 생존방식을 대신 지칭할 수도 있다. 예를 들면, 위에서 언급한 하니족의 고산지대 다랑이논의 벼는 분명하게 하니족의 전통농업이라고 할 수 있다. 귀주성 뇌산현 격두格頭촌의 육림방식도 묘족의 육림기술이라 칭할 수 있다. 그러나 서구 선진국의 현대 '집약형 농목축업'은 특정한 민족이 발전시킨 것일지라도 기본적으로 문화 보급이 가능하다. 왜냐하면 사용하는 기술과 기능이 특정의 문화제도가 뒷받침하지 않아도 되기 때문에 생산한 상품도 보편성을 지니고 있고 여러 민족들에 의해 대체적으로 받아들여질 수 있다. 따라서 특정 민족의 문화와 일체가 되어야 하고 동시에 그 문화의 외연으로 되는 것이 '전통농업'이 갖추어야 할 인증 기준이다.

총체적으로 보면, 동족을 제외하고도 중국 서남 지역 여러 민족의 '전통농업'도 그러

---

30 柴岩, 『糜子』, 北京: 中國農業出版社, 1992, pp. 20~24.

하다. 중국의 장족藏族, 이족彝族, 나시족納西族은 전형적인 농목겸영兼營민족[31]이고, 묘족, 요족瑤族, 기노족基諾族은 유경 위주[32]로, 사냥과 채집이 경제생활의 절반을 차지한다. 이와 유사한 예는 이외에도 수없이 많다. 그러나 이들의 전통농업도 고정된 농경지에서 경작하거나 유경을 한다고 간단하게 이해해서는 안 된다. 동족의 자료를 다루는 것과 마찬가지로 이들의 전통농업도 모두 일종의 혼합 산업으로 정의해야 한다. 단 공업 제품과 공업기계의 개입이 주도적인 위치를 차지하지 못했다는 점은 제외시켜야 한다. 이 책에서는 바로 이런 정의를 토대로 '전통농업' 분석을 할 것이다.

3. '전통생계'와 '전통농업'의 차이

제3장에서 이미 정리를 했음에도 불구하고 '전통농업'이라는 용어에 함축된 의미는 여전히 모호성과 불확정성이 존재한다. 왜냐하면 그것은 필연적으로 많은 농업경작과 무관한 생계 수단과 방법을 포함하고 있기 때문이다. 바꾸어 말하면, 인류 역사상 순수한 농경은 근본적으로 있을 수 없기에 순수하고 또 순수한 전통농업은 자연적으로 존재하지 않는다는 것이다. 농업경작은 철저히 직업화, 전문화되어 사실 공업국가에서만 있는 직업분화 현상이 생겨났다. 현재 서구의 선진국에서 실시하는 집약형 농업이 바로 이러하다. 그래서 이 책에서는 바로 비공업국의 생계 수단을 토론하려고 한다. 따라서 이 책의 논의 대상을 '전통농업'이라 칭하는 것은 결코 적합하지 않다. 왜냐하면 이 책에서 연구하는 동족의 생계는 경작 외에도 축목, 채집과 사냥도 포함하기 때문이다. 이를 위하여 이 책에서는 이러한 생계수단을 '전통생계'라 부르는 것이 더 적합하고, 기존 연구자들이 사용한 '전통농업'이라는 표현을 대신한다. 이 양자는, 연구 대상은 같지만 그

---

31 林向蕭, 「納西族族源新說再質疑 - 與諏訪哲郎先生進壹步商榷」, 『云南民族大學學報』, 1993(1), pp. 25~26; 李玉琴, 「藏族服飾崗劃新探」, 『民族研究』, 2007(1), p. 23; 張增祺, 「洱海崗域的古代民族文化」, 『云南民族大學學報』, 1987(4).
32 尹紹亭, 「云南刀耕火种 - 民族地理學的考察」, 『思想戰綫』, 1990(2), pp. 20~22.

렇다고 해서 '전통생계'가 '전통농업'이라는 관습적인 표현과 같다는 것은 의미하지 않는다. 단, 이 책에서 '전통생계'라 하는 것이 연구대상의 실정에 더 부합되기 때문에 이 책에서는 아래에서 '전통농업'이라는 표현을 사용하지 않을 것이다.

이 책의 연구목적은 전통생계 방식이 현대사회에서의 지속가능한 발전에 대해 검증하는 데 있다. 이 문제에 대해 학계에서는 전통생계를 곧 사라지게 되는 비과학적인 저급한 생계 수단 등 낙후한 것으로 보는 것이 관습이기에 글로벌 시대를 살아가는 오늘날 근본적으로 생존할 길이 없고 머지않아 언젠가는 역사박물관으로 옮겨진다는 학계의 도전에 주목할 필요가 있다. 그러나 이들 결론은 무시해서는 안 된다는 기본전제, 즉 모든 전통생계는 모두 구체적 생태체계를 조준한 것으로 문화적응 수단을 통하여 점차 구조가 완전해지는 생계 유형이라는 점을 근본적으로 무시했다. 따라서 전통생계의 존폐는 다른 요소가 아니라 서로 관련된 생태계의 존폐에 의해 결정된다. 자연환경과 생태체계의 변화 속도는 문화의 변화속도보다 더 느리고 피해를 입은 자연생태계는 자체 회복 능력을 가진다는 것이 이미 생태인류학에 의해 입증되었다. 따라서 현대화가 빨리 진행될수록 자연생태에 대한 피해도 그만큼 커지고, 관련 자연생태체계가 스스로 회복을 할 수 있기만 하면 생태체계와 관련된 여러 민족의 전통생계는 지속가능한 발전이 기본적으로 보장되어 있다고 할 수 있다.

이 연구는 바로 이를 전제로 동족 전통생계의 지속가능한 발전에 대해 논의하고자 한다. 연구의 필요성을 입증하기 위해 이스라엘의 보도를 인용하면 다음과 같다. 이스라엘의 고고학자들은 최근에 시내산西奈山(Mount Sinai)의 전통 집우集雨 농목축업 유적을 발굴하는 작업을 실시하고 있다. 이 연구를 담당한 고고학자는 고대 헤브루Hebrew인들의 전통기술이 낙후한 것처럼 보이지만 오늘날에도 이 기술을 통해 <성경>에서 언급한 모든 농작물[33]을 생산할 수 있다고 해석했다. 물론 이 기술은 오늘날 이스라엘에서 이미 사용가치와 보급가치를 상실했는데, 이는 이 기술이 좋지 않아서가 아니라 현재의 이스라엘이 요르단강Jordan River을 통제하고 있고, 석유자원도 가지고 있어서 물을 끌어올리는

33　侯仁之, 『歷史地理學的理論與實踐』, 上海: 上海人民出版社, 1979, p. 57.

동력 문제를 해결할 수 있기 때문이다. 일단 요르단강 물의 배분이 국제 분쟁을 야기하거나 혹은 석유자원의 가격이 계속 오른다면 낙후한 기술로 아마 이스라엘의 많은 인구를 구제할 수 있다고도 보았다. 이로부터 전통생계의 지속가능한 발전성을 엿볼 수 있다. 고고학자의 이 예언이 단기간에 실현되지 않기를 바랄 뿐이다. 왜냐하면 우리의 연구가 돌변하는 형세를 따라잡지도, 따라잡을 필요도 없기 때문이다.

황강 마을의 동족 주민은 현재도 여전히 진정한 의미에서의 정착형 농민에 속한다. 경제생활은 자체 재배, 자체 생산, 자체 소비를 위주로 하는 데 만족하고, 외부와의 상품 교류가 빈번하고 수량도 적은 편은 아니지만 총체적으로 총생산량에서 차지하는 비율은 여전히 크지 않다. 반 세기전만 해도 황강의 동족은 다른 동족 지역과 크게 차이가 없었다. 그러나 반세기 후인 오늘날 다른 동족 지역과는 크게 구별되는 획기적인 변화가 생겼지만 황강 동족 주민은 전통생계의 특징을 비교적 많이 가지고 있다. 따라서 현재 황강 동족의 생계방식을 통해 모든 동족의 전통생계 특징을 엿볼 수 있을 뿐만 아니라 다른 동족 지역과의 생계방식 차이에 근거해서 황강 동족문화가 놓인 생태환경의 생물 적응성에 대해서도 분석할 수 있다. 후자가 이 절에서 중점적으로 논증하고자 하는 내용이다.

동족의 전통생계는 정착형 찰벼 재배 위주를 주식으로 했지만 논에는 모두 인공 양식 물고기와 오리를 길렀다. 논에는 주로 잉어를 기르고, 양어장에는 산천어草魚를 길렀는데 물고기와 오리가 전통부식의 주체를 구성했기에 진정한 의미에서의 농, 목, 어업의 복합경제라 할 수 있다. 벼와 물고기 겸영 외에도 동족 주민은 인공 용재림材林에도 능해 대량의 원목을 외부에 팔고, 이를 팔아 현금과 기타 생필품을 해결하는 '벼 재배로 식량 문제, 나무 재배로 생활 문제를 해결하는' 농림겸영 체계를 구성했다. 이러한 생계방식은 현재에도 황강에서 여전히 안정적으로 이어오고 있는데, 이는 황강 동족의 전통생계 방식을 이해할 수 있는 살아있는 표본이 되었다. 따라서 황강이 놓인 자연생태 환경과 다른 동족 지역은 크게 차이가 나고, 이로 말미암아 황강의 전통생계는 동족 생계의 공통성 외에도 일련의 독특한 특성을 보여준다. 이러한 특성이 황강 동족 주민을 연구하고, 자신이 처한 자연과 생태계에 대해 재적응하는 가장 유력한 근거이다. 아울러 황강 동족 주민의 새로운 생물적 재적응 과정을 논의하기에 앞서 황강 동족 주민의 생계방식과 다른 동족 지역의 차이에 대해서 자연히 집중적으로 살펴볼 필요가 있었다.

4. 동족 전통생계의 특징

　지질과 지형 구조의 제약으로 황강의 동족 주민은 다른 지역의 동족처럼 이어진 논을 만들어 하천, 양어장, 마을과 논의 수로를 하나로 연결할 수 없다. 이렇게 인위적인 수상마을을 일부 연구자는 '동방의 베니스Venice'로 비유하였는데, 이는 동족의 인위적인 생태구조의 특징을 확실히 형상적으로 묘사했다. 반세기 넘게 외부 충격을 경험하면서 교통 연선 지역과 넓은 계곡 제방에 위치한 동족 마을 인문경관에 큰 변화가 일어났지만, 광서 삼강三江의 고수高秀, 귀주 여평 경내의 조조과 구룡九龍, 강현江縣의 증충增沖 등 극소수의 국경지역은 지금까지도 전통적인 동족의 인문경관을 가지고 있다. 반면 황강의 인문경관 변화는 다른 지역처럼 심하지 않아 1950년대의 인문경관 유적은 지금까지 전해져 오고 면모 역시 뚜렷하다. 요컨대, 황강의 전통생계와 어울리는 인문경관은 다른 동족 지역과 다른 특징들을 여전히 찾아볼 수 있었는데, 구체적으로 다음과 같다.

　지표가 울퉁불퉁하므로 연결된 논을 만들 수 없어 황강의 논은 마을에서 모두 멀리 떨어져 있고, 밀림에 여기 저기 널려 있다. 이는 마을을 관통하는 하천이 경작지가 수로를 통해 연결되지 못하고 논을 단위로 지은 작은 농경지까지 모두 별도로 급수, 배수 설비를 조성해야만 했다. 농경지의 경우 나름대로 구역을 형성해야 했는데 마을과 서로 연결되지도 않고 다른 구역 내 농경지와도 서로 연결해서도 안 되었다. 굳이 설명하지 않아도 황강 동족 주민의 이러한 농경지 조성은 다른 동족에 비해 몇 배의 노동력을 투입해야 할 뿐만 아니라 특수한 기술과 도구의 힘을 빌려야 했음을 알 수 있다.

　황강마을은 다른 동족마을처럼 가족을 단위로 지역을 나누어 땅을 배분하여 거주하지만 가족 간 거주 구역 획분은 다른 동족 마을처럼 분명하지 않았는데, 이것 역시 지형의 제약으로 인한 것이다. 양어장 조성의 경우 연결이 어렵고 주민들의 주택이 양어장과 논으로 조성된 포위망에 들어갈 수밖에 없었기에 주택과 양어장 간의 경계가 다른 동족 마을에 비해 훨씬 뚜렷하고, 평지에 양어장을 조성했기 때문에 주택은 어쩔 수 없이 높은 산등성이에 지어야 했다. 그래서 주민들이 거주하는 마을과 양어장의 공간 배치에서 다른 동족마을과 유사한 규칙성을 찾아볼 수 없다. 현재 대부분 전통 양어장은 매립되어 도로와 간란식 주택으로 개조되어 마을 구조가 더 복잡하고 무질서하다.

 황강의 마을, 양어장, 논은 모두 높은 산과 험준한 산봉우리, 울창한 숲에 가려져 있거나 그늘져 있고, 멀리서 황강 지역 전체를 내다보면 산림만 보이고 집이나 논은 보이지도 않는다. 인문경관의 특징은 황강 주민에게 이미 뚜렷한 역사적 기억으로 남아 있다. 청나라 옹정제 때 개토귀류(중앙에서 관리를 파견) 후 황강은 담계 장관사의 통할 구역에 포함되어 당시의 토사제도에 따라 관리되었다. 담계 장관사는 당시의 '수산소출隨産所出, 이공부세以供賦稅' 원칙에 근거해 황강 마을 주민을 상대로 땔감과 목탄을 요구하고, 담계 장관사는 이를 다시 농지세와 인두세로 환산해 국고에 납부하게 했다. 청나라 인종 황제시기에 이르러 주변지역에 용병이 빈번하게 있어 군량 공급이 어렵게 되었는데, 이때 귀주 포정사布政使[34]는 긴급 상황에 대처하기 위해 한동안 황강 주민으로 하여금 식량으로 농지세와

화창禾倉(곡식 창고), 생태화장실과 같이 있는 양어장

인두세 몫만큼 충당해서 낼 것을 요구하였다. 황강 주민들은 이에 불복하여 몇 차례 상소를 올리자 귀주 포정사는 관리를 파견해 이를 조사하게 하자 황강 주민은 이 관리를 황강 마을의 소령산 꼭대기에 지고 올라가 이곳에서 과연 논을 볼 수 있는지를 직접 확인하게 했다. 이에 관리는 돌아가서 직접 목격한 대로 황강에는 '산림만 보이고 농경지는 보이지 않으니', 장작으로 세금을 내겠다고 하는 황강 주민의 요구가 인지상정 도리상 모두 합리적이라고 보고하였다. 지금까지 황강에 다녀간 사람이라면 전해오는 역사 이

---

34 역주: 중국의 명明 시대 각 성省의 재정・행정 사무를 감독하던 장관.

야기의 진실 여부에 대해 의심을 하지 않는다. 왜냐하면 '산림만 보이고 논은 보이지 않는' 것이 오늘날까지도 황강 인문경관의 뚜렷한 특색이기 때문이다.

황강의 농경지 구성은 밭 당 면적이 작은 것이 특징이다. 밭과 밭 사이의 높이 격차가 크고, 밭과 밭 사이에는 나무가 촘촘히 경계를 이루고 있는데, 이는 다른 동족 지역에서는 보기 힘든 구조적 특색이다. 같은 조나 한 가정에서 도급을 맡은 밭이라 하더라도 수온, 기온, 토양, 수분의 수소이온농도(pH)가 모두 뚜렷하게 차이가 난다는 것도 실제 측량에서 나타났다. 논배미田塊는 흔히 나름대로 지역적으로 분포되어 서로 다른 경작 조치를 취해야 비로소 안정적인 수확량을 확보할 수 있다. 한 가정에서 도급 맡은 논배미가 서로 불과 50m도 안되게 떨어져 있지만 고저 차이로 인해 수로가 달라 '냉수답冷水田(paddy field irrigated with cold wat)', '녹물답', '향양답向陽田' 등으로 논배미가 각자 따로 분류되어 있다. 그래서 한 가정이 도급을 맡은 논에 동시에 서로 다른 여러 찹쌀 품종을 파종하는 점에 대해 쉽게 이해할 수 있다.

제방 지역에 위치한 동족 마을의 농수로 물공급은 모두 '합관'의 형식으로 집단적으로 유지를 하고, 그 이익도 집단 이익 형식으로 보장이 된다. 그러나 황강의 경우 강물이 논에 자동으로 흘러들어 관개용으로 사용할 수 없기 때문에 어쩔 수 없이 논배미마다 농수로와 배수로를 따로 두었다. 따라서 농경지는 주로 샘물 관개에 의존했고 농경지는 샘물이 있는 곳에 모두 저수지를 조성해 '배수구로 유입'하거나 '논에 유입'하는 형식을 통해 안정적인 수온을 유지하거나 수온을 올렸다. 계곡을 지나 강물의 자연 관개를 실현하기 위해 같은 해발 고도의 논 사이에 흔히 '배수로潤槽(Gully)'를 조성하여 농수로 자연 관개를 가능하게 했다. 논이 강바닥과 연결된 것이 아니라 저수지와 '인공 배수로過水潤槽'와 연결되는 것이 황강 지역 농경지의 또 하나의 특색이다. 이러한 특색을 통해 제방 지역에 거주하는 동족 마을의 상징적인 '보洑취수 설비'는 황강 지역에서 거의 찾아 볼 수 없음을 알 수 있다. 황강 지역에서 겨우 찾을 수 있었던 두 보洑취수댐分水坝은 우리의 눈길을 사로잡았으며, 이곳도 동족의 문화구역임을 알 수 있다. 전체 농경지의 규모에 비해 축조된 보취수댐이 너무 적어 특히 주의를 끌었다.

황강의 삼림대는 제방 지역 마을의 삼림대와 쉽게 구별할 수 있다. 제방 지역의 동족 마을은 인공림으로 수종이 비교적 단일하고, 산림이 하나로 이어져 있으며, 논의 분포가 복잡하고 마을에서 멀리 떨어진 곳에 있다. 황강 지역의 인공조림지는 수종이 다양하고, 변방 지역의 밀림은 국부적으로 원시식물 경관을 여전히 유지하고 있고 인위적으로 조림한 흔적을 찾아보기 힘들다. 따라서 황강에서의 숲의 특징적인 형상은 아주 불균형하고 가지런하지 않고 들쭉날쭉 모습이 각양각색이다. 산림 경관의 계절변화도 원시식물의 특색을 비교적 많이 유지하고 있다. 이렇게 반이 인공림인 지역에 위치한 농경지는 지표 온도, 습도, 일조, 수온이 매우 다양한데, 이는 이렇게 될 수밖에 없는 자연스러운 일이다.

황강 동족마을의 인문경관의 특색에 대한 묘사를 통하여 황강 동족의 전통생계가 사회에 적응하는 특징을 지니고 있음을 알 수 있다. 먼저 황강의 농사일은 계절성이 분명하지 않은데다가 제방 지역의 동족마을보다 한 달에서 두 달 반 정도 늦다. 찰벼의 파종 시간은 청명에 시작되고 마무리 시간은 소만에 이르는데, 극소수 밭은 망종이 지난 후에야 파종을 하기도 한다. 수확은 빠를 경우 입추 전에 시작하고 가장 늦은 수확의 경우 특히 저해발 논으로 소설 후에야 마무리한다. 즉, 황강 주민은 춘분부터 경작 준비를 하기 시작해 소설까지 농사일을 하는데, 큰 논배미의 농사활동은 전후하여 장장 8개월이나 지속된다. 일상적인 큰 논배미 농사활동도 다른 동족마을과 다른데, 황강 주민은 흔히 오전 10시에 일을 나가 점심과 저녁은 모두 논에서 해결하고, 저녁 8시쯤 귀가해 잡일을 처리하다가 저녁 식사를 하는데 늦은 시간인 밤 11시나 12시에야 식사를 한다. 따라서 황강 동족의 저녁 식사는 시간이 늦기로 전체 동족 지역에서도 유명하다.

큰 논배미를 편하게 관리하기 위해 황강의 동족 주민은 집집마다 각자 논 옆에 오두막을 지어서 농번기에는 중요한 노동력이 이 오두막에서 지내도록 한다. 마을에는 노인과 어린이만 남아 있는데, 이러한 '양분식兩分式'의 주민 거주 구조는 다른 동족 지역에서는 보기 드물다. 이런 오두막은 사람이 거주할 뿐만 아니라 가축우리와 화창禾倉(곡식 창고)까지 갖추어져 있고, 어떤 오두막에는 모든 생활도구까지 갖추어져 있는 경우도 있다. 또한 오두막 주변에 과수나무를 심기도 해 오두막은 엄연히 또 다른 주택 형식이라 할 수 있다. 놀랍게도 이러한 오두막은 사면으로 통풍이 되고 가리지도 않으며, 정교한 생

사람과 가축이 휴식용으로 사용하는 논에 있는 오두막

활도구를 편한 대로 많이 두어도 도둑맞을 염려가 전혀 없다는 것이다. 이로부터 황강 주민의 순박한 모습을 엿볼 수 있다.

황강 주민 전통생계의 또 다른 사회적 특색은 주민들 간에 서로 돕는 협력관계가 아주 밀접하고, 다른 사람에게 피해준 일을 득실로 사소하게 따지지 않으며, 흔히 감정 투입으로 경제 보상을 우선하도록 하는 것을 들 수 있다. 농사활동에서 누가 일이 있으면 이웃 친척이 일을 도우며, 일을 얼마 해도 보수를 따지지 않고, 술과 밥으로 대접해 주면 충분했다. 왜냐하면 주민 모두 집단노동에서 오는 희열과 감정의 조화를 매우 중요시하기 때문에 얼마나 많은 노동력을 투입했느냐를 따지지 않는다.

마찬가지로 농경지가 마을에서 아주 멀리 떨어져 있더라도 황강 주민은 일할 때 농기구를 지니고 가는 것 외에 돌보아야 할 가축도 모두 데리고 가 농사일을 하면서 가축을 돌본다. 길을 오래 못 걷는 닭, 오리, 거위는 주민들이 등에 짊어지거나 어깨에 메고 밭으로 이동한다. 이런 의미에서 황강 동족의 전통생계는 벼와 물고기, 오리를 겸하여 경영할 뿐만 아니라 벼와 목축업을 겸영한다고 볼 수 있다. 황강 주민들에 따르면, 이런 방법으로 오리와 거위를 기르면 작은 오리는 부화해서 60일만 지나면 잡아먹을 수 있고, 병아리는 부화되어 석 달이면 잡아먹을 수 있다. 왜냐하면 이렇게 기른 닭, 오리는 논에 있는 곤충과 물고기, 새우를 먹으면서 자라 성장 속도가 빨라 육질도 특별히 좋고 부드럽기 때문이다. 단지 노동력 투입만 많이 들 뿐이다. 소, 말, 양의 출하도 다른 지역에 비해 빠르다.

황강 주민의 농사일은 뚜렷한 유경적 특징을 지니고 있다. 써래질을 하고 볍씨를 뿌리면서 밭의 채소와 양어장의 물고기 및 기타 생산물도 동시에 수확한다. 이런 인공 재배와 자연 수확을 구분하지 않는 생활방식은 오두막 여러 곳에 걸려 있는 어구들로 입증을 할 수 있다. 조사 과정에 방문한 황강 주민의 오두막에는 어느 하나 할 것 없이 드렁허리를 잡는 통발과 미꾸라지를 잡는 그물, 수산물을 보관하는 대나무 바구니 등이 가득 걸려 있었다. 이와 유사한 현상은 논 경작을 하는 여러 과정에 모두 찾아 볼 수 있었는데 중경中耕을 할 때에는 메뚜기(蝗蟲)와 잎말이나방따卷虫(엽권충)을 잡아먹고, 산나물과 가축용 사료를 채집한다. 이렇게 재배와 채집, 수확과 식용을 병행하는 과정은 계속 추수가 끝날 때까지 이어진다. 제방 지역의 동족 마을도 이와 유사한 유경 특색을 지니긴 하지만 황강 마을의 유경 특색은 더욱 뚜렷한 것으로 나타난다.

  동족의 전통생계를 완전하게 전승하려면 황강에서 확실히 자연과 생태방면에서 오는 여러 어려움이 따른다. 동족의 전통생계 중에서 목재의 외부 판매는 중대한 역할을 하는데, 역사상 청수강清水江 유역 동족 지역의 놀라운 부는 바로 목재를 외부에 판매하여 축적한 것[35]으로 황강은 이 활동에 참여할 수 없었다. 왜냐하면 황강 지역은 강의 가장 상류에 위치하여 경내 시내가 많지만 수량이 극히 적어 원목 운반에 전혀 이용이 불가능했기 때문이다. 더군다나 낙차가 큰 편이라 모든 시냇물은 중도에 폭포와 험난한 여울이 있어 원목은 반드시 '컨테이너架箱'가 있어야 하고, 인력으로 50㎞ 이상을 운반해야 가까스로 물에 띄울 수 있는 강에 도착한다. 산림지역 '컨테이너'를 운반하는 노동력 투입의 생산비만 해도 목재 자체의 자본금을 초과한다. 따라서 건국 전까지만 해도 황강에서는 목재가 많이 나지만 마을이나 주변 마을 내에서만 사용하고, 외지로 대규모 판매는 불가능했다. 1950년대 강철을 대대적으로 제련할 시기 행정명령에 의해 황강의 목재를 강제로 조달하여 사용[36]했는데, 황강 주민은 운반비를 줄이기 위해 부득이하게 거대한 원목을 탄화시켜 목탄으로 만든 후에 대량의 인력을 다시 조직하여 황강에서 배송했다. 이렇게 운반된 목재량은 벌목량의 5분의 1로, 나머지는 5분의 4는 모두 벌목 현장과 운송 도중에서 모두 낭비되어 배송량은 많지 않지만 황강의 원시 식생에 치명적인 타격을 가져다주었다. 이런 원인으로 황강의 현금 수입은 다른 동족 지역에 비해 훨씬 낮은 수준에

---

35 貴州省編輯組編, 『侗族社會歷史調査』, 貴州民族出版社, 1988, pp. 28~30.
36 吳全新, 「侗族地崗立体林業經濟開發构想」, 『貴州民族研究』, 1996(2) 참조 바람. 『黎平縣志』에 의하면, 당시 여평현 서문西門 철공장은 재래식 방법으로 만든 용광로가 제철 생산에 들어갔고 대약진 운동이 절정에 달했을 때는 총 직원 수가 12,000명에 달하였으며, 1960년 9월에 생산을 중단할 때 저질의 생철을 2,991톤 생산했고 대량의 목재를 소비해 경제적 손실이 막대했다. 黎平縣志編撰委員會編, 『黎平縣志』, 巴蜀社出版社, 1989, p. 33 참조 바람.

있었다. 반세기 안 되는 시간 동안 다른 동족 지역의 경제는 크게 변하여 원목의 외부 판매에 대한 의존도는 이미 사라졌다. 그러나 다른 주변 동족 지역의 주민이 황강을 평가할 때는 여전히 부유하다고 하는데 그들이 말하는 부는 배에 있다는 것이다. 그것은 원목 저장량이 풍부하고 양식도 먹고 남지만 현금이 부족할 뿐이라는 것이다. 그러나 현금 부족은 실은 황강 주민이 결코 가난해서가 아니라 식량 판매에 적응되지 않았기 때문인데 현지인들의 양식 창고에 지어 3~5년 전의 묵은 쌀이 있는데 그럼에도 불구하고 외부 판매를 원하지 않았다.

    황강 주민은 동족의 전통생계를 유지해야 하고 수자원 보충의 어려움도 겪고 있다. 다른 동족 마을은 거의 상류의 물로 수자원 보충을 하고 마을 내의 수자원 체계와 관통시키면서 천연 하류와도 연결했다. 따라서 인공 양식은 양어장이나 논에서나 자본금 투자가 아주 적을 뿐만 아니라 기타 야생 수산물도 풍족하게 수확할 수 있다. 황강 마을의 경우 이와 달리 하류의 수원지에 위치하고 있어 수자원이 외부로 유실만 되고 보충은 전혀 받을 수 없는 실정이다. 천연 하류의 수량은 극히 제한적이어서 대량의 야생 물고기와 새우를 기를 수 없는데, 이런 이유로 논에서 물고기를 기르는 전통을 유지하는데 있어서는 그에 대응되는 고생을 해야 하는 대가를 치러야 했다. 논에서 양식하는 어종은 잉어에만 제한된 데다가 치어도 스스로 해결해야 하며 새끼고기를 어깨에 메거나 등에 지고 가야 논(이미 2백여 가구가 삼륜 자전거를 소지하고 있음)으로 옮겨갈 수 있었다. 벼를 수확한 후 잉어가 아직 필요한 만큼 크지 않을 경우에 '큰 물고기

포동전[37]에 있는 치어

---

37 역주: 겨울에 물에 잠겨 있는 해발 낮은 논을 뜻하는 포동전泡冬田은 산간지대의 일부 논이 겨울을 나는 방식으로 대부분 10월에서 시작해 이듬해 4월에 비생산 상태에 있는 논을 말하는데, 이는 논 자원이 충분히 이용되지 못하게 할뿐만 아니라 농민들의 겨울 수입도 줄게 한다.

양식'을 원한다면 논에 있는 치어를 마을 내의 양어장에서 잠시 기르다가 봄에 날이 따듯해지면 다시 인력으로 논에 운반해 간다. 고산지대의 논에서 양식하는 전통을 이어오고는 있지만 이를 위해 투입되는 노동력은 다른 동족 지역에 비해 훨씬 많다.

황강 지역은 가축 사육에 있어 자연조건이 다른 지역보다 우월하다. 황강 동족 주민이 산림환경을 인공적으로 개조한 후에 형성한 목

저녁 무렵 광동 오리를 회수해서 오는 여성

초지는 대형 초식동물들을 그나마 대규모로 기를 수 있도록 있게 했다. 현재 황강 주민은 거의 집집마다 말, 소, 양, 닭, 오리, 거위 6가지 가축과 가금을 모두 기를 수 있는 조건이 구비되어 있다. 가구당 대체적으로 말 1~2마리, 소 3~5마리, 양 3~5마리를 기르고 있는데, 이 비율을 보면 현재 황강 동족은 진정한 의미에서의 농목 복합경영을 하고 있고, 축산품 가치가 양식의 생산액과 맞먹는 수준에 달하고 있다는 것을 알 수 있다. 물론 지리적 환경의 제약으로 인해 황강 주민이 기르는 소는 다른 동족마을과 차이를 보이는데, 황강의 경우 물소를 기르지 않고 일률적으로 황소를 기른다.

황강의 자연 생태적 배경과 황강 동족 주민이 환경 차이에 대응하기 위한 자연적 적응은 황강의 전통생계 방식이 다른 동족 지역과는 구별되는 일련의 차이를 생겨나게 했다. 이런 차이를 통하여 동족 주민이 황강에 정착한 후 자연에 재적응하는 모든 내용과 과정을 드러내기에 충분했다. 이를 위해 저자는 다음의 여러 장에서 차례대로 다양성을 지닌 찰벼 품종, 농사일, 벼가 물고기나 오리와 공생하는 경영유형, 산림의 육성 등 네 방면에 대해 차례대로 분석하고자 한다. 따라서 황강 동족 전통생계의 농림목어업 복합경영의 특징과 이러한 전통생계가 자원 보충, 자연적 위험에 대한 저항, 생태계의 취약한 고리의 회피 등 세 방면의 자연적응의 가치를 전면적으로 검토하고, 위의 내용을 기초로 문화의 이중적 적응의 결합과 이완 그리고 적응하는 과정의 운영체계를 전체적으로 살펴보려고 한다.

제5장

다양한 황강 찰벼 품종

1. 동족 문화의 자연적 적응의 평가 기준
2. 내음랭·내비성 산림 찰벼 품종
3. 내한·조숙·완숙 외래 찰벼 품종
4. 선조로부터 물려받은 고유의 찰벼 품종

제5장

다양한 황강 찰벼 품종

1. 동족 문화의 자연적 적응의 평가 기준

앞 장에서 전통생계에 대해 명확하게 정의를 내렸다. 황강 동족의 전통생계도 일종의 고도로 복합적인 생계수단에 속한다. 현재 황강의 전통생계 방식을 구체적으로 보면, 대략적으로 이것을 훑어보는 것만으로도 농업, 임업, 목축업, 어업과 사냥, 채집 등이 고도로 융합되고 복합적인 것을 알 수 있는데, 이것을 농업, 임업, 목축업으로 정확하게 분류하기 어렵다는 것을 특징으로 한다는 것을 쉽게 발견할 수 있다. 이를테면 그들은 논에 물고기를 기를 뿐만 아니라 오리도 기르는데 논은 각종 수생 동식물을 사냥하고 채집하는 장소이기도 하다. 논은 포동전이 아닌 만큼 유채와 완두를 심는데 동일한 논에 심는 작물의 품종만 해도 6~7종에 달하고 농경지가 목장으로 사용되는 경우도 있다. 따라서 논이라고 하려 해도 정확하지 않고 양어장이라 하려고 해도 양어장이 아니며, 그렇다고 해서 목장도 아니기에 결국 논이 고도로 복합적인 속성을 지니고 있다고 할 수밖에 없다. 이러한 특징은 이 책의 논의에 아주 큰 어려움으로 작용하지만 전통적인 분류를 존중하는 관습을 고려하여 저자는 전통생계를 임의로 찹쌀 재배, 농사일, 가축 사육, 밭농사, 산림 육성 등 5가지 분류로 구분하고, 사냥과 채집에서는 집집마다 차이가 커서 구체적인 자료를 구하는 데 어려움이 큰 관계로 부득이 향후 작업으로 미루도록 한다. 이 책에서는 한정된 사냥 채집 관련 자료를 아래 여러 장의 내용 분석 때 분산하여 사용하도록 한다. 앞에서 서술한 5가지의 분류는 실행 때 실은 하나의 통일체로, 이러한 온전성은 관련 자연과 생태체계에 대한 종합적인 적응으로 나타난다. 이를 위해 내용 분석에서는 위의 5가지 분류를 결부시켜 분석하는데, 먼저 관련 내용의 생계작업 현황을 소개하고, 나아가 생계작업이 자연적응에 대한 결과로 나타난 성과에 대해 깊이 있게 분석을 진행한다. 이 장에서는 황강 동족의 다양한 찰벼 품종을 중점적으로 살펴보려고 한다.

줄리안 스튜어드가 '문화생태학'을 주창한 이래, 문화적응과 관련된 논저가 봇물처럼 대거 출판되었지만, 그럼에도 불구하고 문화적응의 효과와 문화적응이 달한 수준을 어떻게 인증하느냐를 둘러싸고 줄곧 통일된 계량적 분석 기준을 제시하지 못하고 있다. 또한 문화적응의 완성 여부는 전적으로 연구자의 감성적 판단에 의해 이루어지기 때문에 각자 자기 견해를 지니고 있어 의견이 통일되지 않는다. 다행스럽게도 최근 양정석楊庭碩 교수는 자신의 저서 『생태인류학 입문』[1]에서 문화의 자연적응의 수준(원문은 '문화의 생물적 적응'이라는 표현 사용)에 대해 자원 부족에 대한 보충 능력, 자연 위험에 대항하는 능력, 생태학적으로 취약한 부분을 회피하는 능력 3대 평가 기준을 제시했다. 이제 이 기준으로 위에서 언급한 5가지 분류의 자연적 적응 수준에 대해 평가하려고 한다.

황강 동족 주민은 일상생활에서 찹쌀을 먹기 좋아하는데, 하루 세끼 모두 찰밥이 있고 관습적으로 정한 방법에 따라 찹쌀이 이 지역 주민의 주식이라는 것에 의심할 바 없다. 더구나 황강의 찹쌀 생산량은 사람을 놀라게 할 만큼 엄청나서 농업세 징수만 해도 황강에서 납부하는 현물세와 여분의 총수량은 15~25만 kg이라는 높은 수치에 달하는데, 매년 균등하게 할당하여 판매하는 양식은 10~25만 kg으로 일인당 평균 외지에 팔수 있는 찰곡은 5백 kg이 넘고, 가구당 2~3년의 묵은 양식을 비축하고 있는 정도이다. 바꾸어 말하면, 황강 마을의 일인당 일 년 찰곡 생산으로 4명을 먹여 살릴 수 있으니 찰곡이 주식이라는 것은 당연히 근거가 있다. 그러나 황강사람들의 일상생활에서 찰곡의 소비량은 식

---

1 楊庭碩, 『生態人類學導論』, 北京: 民族出版社, 2007, p.80.

품 소비량의 3분의 1도 안 되는데 기타 식품으로는 직접 기른 가축, 가금류 각종 육류 외에도 사냥, 채집 생산물들이 있다. 이로 보아 찹쌀을 주식으로 보는 것은 실정에 부합하지 않는다. 그러나 반세기 이래 정부기관에서 황강 주민의 생산액을 흔히 벼 생산량으로만 계산하기에 상당 부분은 추측한 것일 가능성이 크다. 그럼에도 불구하고 황강 주민은 모두 찰곡을 보물처럼 중요시 하는 점을 고려하고, 주체 의식을 존중

저자와 연구원이 찰벼 품종의 재배상황에 대해 현지 주민과 인터뷰하는 모습

하는 점을 고려하여 저자는 여전히 찰곡을 현지 문화의 자연적 적응수준에 대한 분석을 진행하는 논의의 대상으로 삼았다. 아울러 현지 특유의 찰벼 품종의 자원 결핍에 대한 보충 능력을 분석하고 이 평가를 토대로 기준 범위 내에서 문화의 자연적 적응 수준을 평가하는 것을 중점적으로 분석하고자 한다.

황강에 도착하자마자 저자는 현지 다양한 찹쌀 품종에 매료되었다. 불과 이틀 만에 먹은 6끼 식사에 4종의 찹쌀과 함께했는데, 형태, 향, 색상 모두 다르고 경도硬度에도 차이가 나서 물어보았더니 이 네 가지 찰밥은 네 가지의 다른 품종의 찰벼로 지은 것이라고 했다. 찰밥을 만드는 찹쌀이 모두 몇 가지 있는지 모르는 상황에서 이번 조사의 취사를 담당한 고용 인력인 오귀상吳貴祥이 어떤 찹쌀로 만든 밥을 먹고 싶은지 하는 질문에 조사단은 난처해할 수밖에 없었다. 사흘 째 되던 날, 촌민 위원회에서 조사 좌담회를 가졌는데 촌장과 지부서기, 소조 조장 12명, 부조장까지 총 20여명이 참여해 각자 접했던 찰벼 품종을 기억에 의해 열거하였다. 오전만 해도 11종의 품종을 기록할 수 있었는데, 이 외에도 찰벼 품종을 더 찾을 수 있다는 것이 그들의 견해이다. 왜냐하면 일부 품종에 한해 소수의 몇몇 집에서만 재배되고 있어 그들도 잘 모르며 몇 년 째 재고로 보관하고 있어 출고 때 알 수 있다는 것이다. 그 후 가정조사를 하는 과정에서 현재 재배하고 있는

여러 찰벼 품종을 발견할 수 있었다. 조사시간이 절반 넘게 지났을 무렵 저자는 입수한 각종 찰벼의 품종 표본에 의해 다음의 <표 1> 황강의 찰벼 품종을 작성할 수 있었다. 후에 수집한 찰벼 품종은 관련 내용을 언급할 때 다시 구체적으로 설명하도록 한다.

<표 1> 황강의 찰벼 품종

중국어 명칭	동족어 명칭	특성	제보자
열주 (列株)	Lieec jul	적응력이 뛰어나 해발에 관계없이 각종 논에서 재배되고 토양에 대한 요구도가 낮아 오래 재배 가능하며, 해충해 방제 능력이 뛰어나기 때문에 동족 주민들이 광범위하게 재배한다.	오명보 (吳明保)
60일 찰벼 (六十天糯)	Kgoux Liogc xebc Maenl	적응력이 뛰어나 낮은 해발 지역의 물이 부족한 논에서 주로 재배되고, 내건성(抗旱能力)이 뛰어나 모내기할 물만 있으면 수확이 보장된다.	오련성 (吳連生)
왜경조 찰벼 (矮径朝糯)	Kgoux jiml taemk	수확이 간단하고 빠르고 시간을 적게 든다. 낫으로 수확해서 탈곡기로 타작한 후 낟알을 말리면 된다.	오옥신 (吳玉新)
고경조 찰벼 (高径朝糯)	Kgoux jiml saos pangp	적응력이 뛰어나 해발에 관계없이 재배되며, 산고개에서도 재배할 수 있다. 특히 고개 위의 논에서 재배하기 가장 적합하고, 비료를 부당하게 사용하면, 비나 바람에 잘 쓰러지거나 쭉정이가 쉽게 발생해 까끄라기는 자라지 않지만 탈곡통 또는 탈곡기 사용 시 몸에 간지럼증이 생겨 참기 힘들기 때문에 선호하는 재배 품종은 아니다. 해충해 방제 능력이 다른 교잡벼 보다 강하다.	오전유 (吳全有)
늙은소털 찰벼 (老牛毛糯)	Kgoux Bienl Guic Laox	저해발 지역의 고개 위의 논이나 시냇가의 논에서 재배하기 적합하다.	오전생 (吳全生)
산나무 껍질 찰벼 (衫樹皮糯)	Kgoux Bic Pagt	저해발 지역의 제방논이나 '고개 위의 논'에서 잘 자라며 열주(列株)보다 10~15일 늦게 여무는 만숙종으로 벼 줄기가 단단하고, 해충해 방제 능력이 강하다.	진수림 (陳壽林)
황망 찰벼 (黃芒糯)	Kgoux Bieengh Mant	저해발 지역의 '고개 위의 논'에서 잘 자라고, 수염뿌리는 쉽게 뽑히는데, 쉽게 뽑힌다는 것은 잘 자랄 수 있음을 뜻한다. 해충해 방제 능력은 강하지 않아서 피해를 잘 입는다. 뿌리가 단단해 쉽게 부식되지 않으며 써레질하기 불편하다.	오유귀 (吳有貴)
만년 찰벼 (萬年糯)	Kgoux Weenh	고해발 지역 녹물답과 냉수답에서 잘 자라며 볏모가 단단하고 성숙 후 논 오래 방치해도 잘 시들지 않는다. 그러나 까끄라기가 아주 길어 탈곡 시 껍질이 잘 안 벗겨지는데, 특히 탈곡기에 넣은 후 잘 걸리기에 재배하는 사람이 많지 않다.	오승림 (吳胜林)
금동 찰벼 (金洞糯)	Kgoux kgoux	고해발 지역의 '고개 위의 논'에서 잘 자라며 다른 품종 보다 10일 정도 일찍 여물기 때문에 마을에서 좀 떨어진 곳에 많이 심는다. 특히 다른 마을과의 접경 지대에 심어 빨리 수확해 다른 집의 소 방목 시에 뜯어먹지 않도록 한다.	오은안 (吳銀安)
홍화 찰벼 (紅禾糯)	KgouxYak	적응력이 뛰어나 해발에 관계없이 각종 논에서 재배되고 내비성이 높고, 낟가리대가 단단하며 비나 바람에 잘 쓰러지지 않는다. 단, 껍질이 너무 얇아서 장기간 비를 맞으면 안 되는데, 오랫동안 비에 젖어 있으면 논에서나 곡식 건조대에서 모두 쉽게 싹이 돋아난다.	오영방 (吳永幫)

중국어 명칭	동족어 명칭	특성	제보자
삼산 찰벼 (森山糯)	Kgoux yangc Longl	해발에 관계없이 산간의 평지논에 잘 적응하는데, 특히 일조가 부족한 곳에서 재배하기에 가장 적합한 품종이다. 성숙기는 9월로, 홍화(紅禾)와 같은 시기에 수확한다. 방아 찧을 때 다른 품종에 비해 겉 껍질이 쉽게 벗겨진다.	오성룡 (吳成龍)
송아지털 찰벼 (小牛毛糯)	Kgoux Gui Langx	저해발 지역에서 잘 자라는데, 그중에서도 제방논의 생산량이 가장 높다. 그리고 해충해 방제 능력이 강하다.	오로사 (吳老四)
용도 찰벼 (龍圖糯)	Kgoux Bieengh Longc douc	고·저해발 지역의 '고개 위의 논'에서 잘 자라며, 줄기가 단단하고 비나 바람에 잘 쓰러지지 않는다.	우광영 (吳光英)

이 <표 1>에서는 13개 찰벼 품종만을 정리했는데, 이들 찰벼 품종은 모두 볏모 표본을 수집해 증명용으로 준비했다. 조사가 끝날 무렵 계상을 한 결과 이미 23종의 찰벼 품종이 기록되어 있고, 그 외 8개 품종은 일정한 실마리를 찾을 수 있지만 2년이 지나야 종자를 바꾸어 농사지은 시험 벼 재배가 끝나 그때서야 표본을 수집할 수 있고 관찰을 기록할 수 있었다. 황강 동족 주민은 자신들이 찰벼 품종을 많이 보유하고 있는 것에 대해 스스로 자부심을 느끼고 있을 뿐만 아니라 찰벼 품종을 성공적으로 육성하고 농작물의 재배를 안정적으로 유지한 것에서 그들의 지혜를 엿볼 수 있다. 그리고 이러한 찰벼 품종의 생물적 적응능력을 통하여 황강 동족 주민의 자연자원 결핍을 보충하는 능력을 보여주었다.

황강 지역은 산이 높고 나무가 우거지며, 계곡이 깊고 지표면이 울퉁불퉁하다. 벼 전문가의 이론에 의하면, 이러한 지역은 사실 벼농사에 불리하고, 벼농사를 제약하는 자연과 생태자원의 결함을 여섯 가지 방면으로 열거할 수 있다. 첫째, 울창한 숲으로 덮여 있고 계곡이 깊숙하기 때문에 그 사이에 있는 논은 일조량이 부족하기 마련이다. 이번 조사에서도 논 현장 답사를 통해 이 점을 입증할 수 있었다. 하루 일조량이 4시간도 안 되는 논이 대부분이어서 일조량 부족은 벼농사에 가장 큰 폐해이다. 둘째, 울창한 숲이 밀집된 관계로 지표 수역은 일조시간이 아주 짧아서 수온이 보편적으로 낮았다. 현장조사 결과에 의하면, 황강의 논은 대부분 여름에 최고 기온이 25도도 안 되서 벼농사의 폐해가 아닐 수 없다.[2]

---

2 查光天, 鮑思祈, 「氣候因子對早稻產量構成的影響」, 『浙江農業科學』, 1986(4), p.177.

셋째, 황강 지역은 해발이 상대적으로 높고, 한랭전선과 온난전선이 만나는 '전선대鋒面帶'에 위치하여 흐린 날이 많고, 맑은 날이 적은데 일 년에 96일도 안 된다. 봄가을 두 계절은 안개비가 있고, 자욱한 안개가 낀 가운데 실비처럼 가늘게 비가 내리는데 가을에는 흔히 4~5일간 연속 안개가 걷히지 않아 벼 화분의 양화揚花에 치명적인 손해를 주므로 벼농사에 큰 폐해가 아닐 수 없다. 넷째, 황강 지역은 시냇물의 발원지로 산이 높고 가팔라 강우량이 풍부하긴 하지만 해발이 높은 편이라 논물이 쉽게 빠져나가는데 이 역시 벼농사에 큰 폐해이다.[3] 해발이 상대적으로 낮은 지역의 수자원 공급은 보장된다 하더라도 수온이 낮아서 논물이 쉽게 빠져나가 벼농사에 불리하다. 다섯째, 봄가을은 온도가 낮고, 변동 폭이 큰데 특히 이른 서리와 가을 서리는 벼 모종 기르기와 추수에 극히 불리해 벼 재배는 볏모가 흐물흐물해지는 것을 방지해야 할 뿐만 아니라 수확 시에 낟알에 싹이 나고 서리피해 입는 것을 방지해야 하기 때문에 이 또한 벼농사에 큰 폐해이다. 여섯째, 서로 다른 밭의 자연 자원 배치의 차이가 커서 황강의 모든 논에 보편적으로 적응하는 벼 품종이 절대 있을 수 없기에 이것도 벼농사의 큰 폐해이다.

이러한 6가지 자연 자원의 부족은 이론적으로 보면 모두 벼 생산량에 영향을 미치지만 조사의 결론은 이론적 추측과 달리 황강의 벼농사는 생산량이 안정적이고 높았으며, 심한 자연재해가 발생하더라도 벼 생산량은 크게 줄지 않았다. 이는 황강 주민들이 보유한 다양한 찰벼 품종이 확실히 자연 자원의 결핍을 보충하는 자연적 적응능력을 가지고 있음을 입증한다. 다음 절에서는 위에서 언급한 찰벼 품종의 자원결핍 보충 능력에 대해 구체적으로 분석하도록 한다.

2. 내음랭·내비성 산림 찰벼 품종

여기서 저자는 황강 동족 주민이 2006년에 가장 광범위하게 재배하고, 가장 중요하게

---

3   嚴偉群 等, 「水稻病虫綜合防治技術」, 『上海農業科技』, 2006(6), p.125.

생각하는 13개 품종을 예를 들어 설명하려고 한다.

1) '구양롱苟羊弄' 찰벼

황강 동족 주민이 보유한 많은 찰벼 품종 중 가장 음랭한 산림 날씨에 잘 적응하고, 일조량이 부족한 환경에 잘 적응하는 찰벼 품종은 뭐라 해도 '구양롱' 찰벼이다. '구양롱'은 동족어 발음을 음역한 것으로 '깊은 숲속'의 논벼를 뜻한다. 명칭만으로도 이 찰벼 품종의 독특한 성장 습성을 알 수 있다. 황강 마을 촌장인 오성룡吳成龍과 그의 형제, 친척이 도급을 맡은 밭에서 연속 구양롱을 재배한지 벌써 5년 넘었다. 오성룡의 기억에 의하면, 자손 3대가 모두 구양롱 재배에 정통한데 본인의 경우 조부와 아버지가 물려준 경험에 의하여 구양롱 재배를 이어왔다고 한다. 그의 논을 답사한 결과 그의 논은 모두 산림 속에 가려져 있었는데 해발고가 810m 정도이고 주위의 산림과 논두렁 간의 간격이 가장 좁게는 1m도 안 되고 제일 넓게는 4m를 넘기지 않는다. 논 물꼬는 모두 산골짜기를 마주하고 있지만 북쪽을 향하고 논의 남동서 삼면이 모두 산림에 둘러 싸여 있고 숲의 높이는 15미터를 초과하는데 일조 시간은 하루에 1시간도 안되어 많이 부족하다. 제보자의 기억에 의하면 최근 5년 동안 벼 생산량은 줄곧 안정적이어서 감량한 적이 없었다고 한다. 저자는 잔존한 벼 그루터기稻椿 밀도에 근거해 벼 포기당 평균 유효분얼分蘖수, 벼 이삭당 평균 낟알수와 완숙한 낟알 1,000개의 무게인 천립중千粒重(housand grain weight) 등 네 가지 측정결과를 통해서 그의 논 생산량이 묘당 400kg 정도인 것을 짐작할 수 있었다.[4]

오성룡 친척 집의 논은 더욱 특이하였다. 움푹한 지대에 있는 타원형에 가까운 논으로 사면이 산에 둘러싸여 있고, 주변에는 다른 논들이 없어서 완전히 산림에 고립되어 있었

---

4 황강 동족 주민은 볏단으로 생산량을 계산한다. 볏단 당 약 벼가 20~25.5kg되고 면적도 측량한 것이 없는데, 주민이 도급한 토지 중에 묘수는 모두 실제 측정한 면적보다 2~3배 많다. 이앙 밀도와 벼 포기당 유효 분얼수, 이삭당 낟알 수와 천립중에 근거하여 위의 산량을 도출해냈는데 그 편차는 ±3% 이하이다.

다. 또한 논 전체가 지하에서 나오는 샘물로 관개를 하고 있었다. 실제 측정한 결과 입수구의 수온과 논의 평균 수온은 마을에 있는 다른 논보다 2~3도 낮았다. 오성룡 친척의 기억에 의하면, 이 논에서 나는 찰벼 볏단은 안정적으로 35~40볏단(환산하면 실제 생산량은 대략 350~425kg) 사이를 유지해 왔는데 비료를 주지 않아도 생산량이 감소하지 않았다. 다른 특이한 점으로는 마을의 다른 논처럼 토양유실을 억제하기 위해 논 주변에 인공으로 논 격리대인 녹초벨트浅草帶를 설치하여 물살의 속도를 늦추어 땅을 견고하게 하고 물을 보존하는 작용을 하는 동시에 쥐, 참새 등 동물의 침해를 억제하도록 하지 않는 것을 들 수 있다. 그 원인으로는 논 주위가 산림이기에 녹초벨트를 설치하지 않아도 땅을 견고하게 하고 물을 보존할 수 있어 인력을 들여 녹초벨트를 조성할 필요가 없다는 것이다. 그의 해석대로라면 논의 일조량이 더 줄어드는 결과를 가져올 수밖에 없다. 즉, 논의 일조 시간이 줄어드는 것은 인터뷰에서 언급하지 않았다. 주변의 산림이 크고 높아서 한여름 정오에도 햇볕이 논 전체를 동시에 내리쬘 수 없었던 것이다.

　다행히 이 논의 생산량은 앞서 소개한 논보다 좀 떨어지지만 생산량이 계속 안정적이었던 것으로 보면 산림 생태환경에 대한 '구양롱' 품종의 적응력을 충분히 보여준다. 센서스 결과, 황강 마을에서 재배되는 '구양롱'의 면적은 5%도 안 되지만 이 품종을 재배하는 주민들에게 있어 안정적인 생산량을 보면 도급을 맡은 논 재배에 있어 이 품종만 한 것이 없다는 것이다. 현지 주민의 기억에 의하면, 1950년대까지만 해도 '구양롱'의 재배 면적이 지금보다 훨씬 컸는데 아마 당시 산림이 더 우거져 '구양롱' 재배에 적합했기에 '구양롱' 재배 면적도 지금보다 많이 컸었던 것으로 보인다. 그 시기만 해도 '구양롱' 재배 면적이 전체 논 면적의 15% 정도를 차지했을 것으로 짐작할 수 있다. 현재 '구열주苟列株(Lieec jul)'[5]로 품종을 바꾸어 심은 주민들은 논 주변의 산림을 모두 베어버린 후 이 품종을

5　'구열주는 일명 '열주列株'라고도 하는데 측정 결과 기본 데이터는 다음과 같다. 이삭은 장축長径이 29.5cm, 단축短径(minor axis)이 1.67cm, 횡경橫徑이 2.33cm로 황색 외관(색깔)은 모두 홍반紅斑을 갖고 있고 뿌리 부분의 까끄라기는 짧고 끝부분의 까끄라기는 긴 편(평균 217cm)이며 이삭 당 낟알이 12.3열 내외, 뿌리 부분의 첫 번째와 두 번째 마디에 모두 대응되는 가지들을 가지고 있고 두 번째 마디의 가지는 불규칙이며 평균 247.3알이 된다. 낟알은 장축이 0.769cm, 단축이 0.227cm, 횡경이 0.318cm이고 황색 외관에 홍반을 약간 띠며 양측 모두 모서리가 두개 씩 나 있고 줄기 부분이 좀 뾰족하고 등에 잔털이 있으며 많이는 끝부분

심으면 생산량을 10% 가량 늘릴 수 있었다고 한다. 그러나 주변 산림이 다시 무성해질 경우 계속 이 '구열주'를 심으면 생산량이 반으로 줄기 때문에 이들은 다시 '구양롱' 찰벼로 바꾸어 심는다고 했다.

2) '만년萬年' 찰벼

겹겹이 계속 이어지는 산림은 벼 성장에 꼭 필요한 직사광선을 차단했을 뿐만 아니라 산골짜기에 흐르는 시냇물과 샘물 온도도 떨어뜨렸다. 황강의 산림에는 논외에도 대량의 '냉수답'과 '녹물답'이 있는데 일반 벼들은 이러한 환경에서 생존할 수 있다 하더라도 생산량이 크게 준다. 왜냐하면 일반 품종들은 분얼分蘖이 어렵고 줄기가 가늘고 약해 비나 바람에 쉽게 쓰러진다. 자연자원의 자연적 부족에 대응하기 위하여 황강 주민의 선조들은 '구양롱'을 재배한 것과 동시에 산림에서 재배하기 적합한 품종을 재배해냈으니 이를 '구문苟問'이라고 불렀다.

'구문'이라는 이름은 선조로부터 물려받은 비장의 품종으로, '문問'은 '일만壹萬'을 의미하는데 '구문'이라는 품종은 '만년' 찰벼 또는 '고古(KgouxWeenh)'찰벼[6]라고도 뜻을 살려 번역할 수도 있는데, '냉수답'과 '녹물답'에서 잘 적응한다. 이처럼 좋지 않은 논에서도 '만년' 찰벼는 정상적으로 분얼하고, 벼가 결실하며 이삭 속이 꽉 찬다. '구양롱'과 비슷한 점이라면 줄기가 특히 단단하고 키가 크며 벼이삭도 아주 길다는 것이다. 벼 줄기는

에 분포되어 있고, 그 기부基部에는 뾰족한 모양(尖角形)의 악편萼片(sepal)이 두 개 나 있고, 중앙은 돌기가 나 있고 밤색의 까끄라기를 갖고 있다. 쌀알은 장축이 0.56cm, 단축이 0.188cm, 횡경이 0.268cm이고 백색 외관은 황색을 띤다. 양측 모두 모서리가 두개 씩 나 있고 배아谷眼(씨눈) 측이 약간 얇고 끝부분이 두리뭉실하며 배아眼部 쪽으로 약간 치우친다.

[6] 기본 데이터는 다음과 같다. 이삭은 장축이 27.83cm, 단축이 1.83cm, 횡경이 2.93cm로 황색 외관에 길고 촘촘한 까끄라기가 나 있는데 까끄라기의 길이는 6.33cm 되며, 이삭 당 낟알은 평균 9.67열에 166.67알이다. 낟알은 장축이 0.767cm, 단축이 0.221cm, 횡경이 0.331cm이고 황색 외관을 하고 있고 양측 모두 모서리가 두개 씩 나 있고 그 기부에는 뾰족한 모양의 황색 악편이 두 개 나 있으며 잔털은 짧고 이삭 등과 끝부분에 많이 분포되어 있다. 쌀알은 장축이 0.553cm, 단축이 0.199cm, 횡경이 0.274cm이고 백색 외관을 하고 있고, 양측 모두 모서리가 두개 씩 나 있지만 그리 뚜렷하지 않고 끝부분이 타원형이다.

50~60㎝까지 자라기 때문에 '미심초' 생산량도 특히 높다. '미심초'는 탈곡한 후 벼 이삭에 있는 낟알을 떨어낸 후 꽃대 부분이 달린 볏짚을 말하는데 현지 생필품[7]이고 섬유공업의 원료로도 사용된다. 벼가 성숙되어 키가 140㎝를 초과하면 '대가 긴' 품종에 속한다. 그러나 이 품종은 많은 직사광선을 필요로 하는데 이 점도 '구양롱'과도 잘 어울리기에 울창한 숲의 가장자리에 있는 논이나 차생림次生林에 있는 논에 심을 수 있다.

 황강 마을 7조의 오승림吳勝林은 해마다 '만년' 찰벼를 심는데 그의 경작지는 황강 마을로부터 2.5㎞ 가량 되는 산중턱의 차생림에 위치해 있다. 논 위로 70m 떨어진 완만한 산비탈에는 산림이 우거져 있고 마차가 다니는 길 밑에 논이 있는데, 길 주변에는 벌목 후 다시 자란 차생림으로 제일 오래된 나무라야 채 10년도 안 된다. 이 논은 산골짜기를 마주하고 물꼬가 남서 방향을 향해 있고, 정오가 지나서 해가 질 때까지 일조량이 풍부하다. 동족 언어를 구사할 줄 아는 오승림은 이번 조사의 담당 통역사일 뿐만 아니라 농사에도 능통했다. 그의 설명에 의하면, '만년' 찰벼와 '구열주'를 잘 조합해서 심으면 생산량이 안정적일 뿐만 아니라 병충해 걱정을 안 해도 되고, 곡식 건조대에서 벼를 말릴 때도 비에 젖지 않아서 곡식에 곰팡이가 잘 끼지 않는다고 한다. 왜냐하면 '만년' 찰벼의 까끄라기는 아주 길어 6~9㎝까지 자라고, 안개 물방울이 끼는 환경 속에서 긴 까끄라기가 보호해 주어 낟알이 비에 잘 젖지 않기 때문이다.

 반면 '구열주'는 까끄라기가 짧아 1㎝도 안 된다. 따라서 오승림은 '구열주' 재배 때 반드시 '만년' 찰벼과 조합하여 심는데, 이는 논에서 사용하는 관개수는 전적으로 샘물에 의지하기에 '구열주'만 심으면 생산량이 10% 감소되기 때문이다. 이 외에도 황강7조 외에 2조의 오은래吳銀来, 8조의 오선근 등 다른 조의 가구에서도 '만년' 찰벼를 심고 있었다. 그들은 2003년부터 '냉수답'과 '녹물답' 그리고 산림 변두리에 있는 논에는 거의 모두 '만년' 찰벼를 심었다고 한다.

---

[7] 현지 동족 주민들은 화장실에 갈 때 흔히 '미심초', 즉 볏짚 5대 내외로 화장지를 대신한다.

3) '구열주苟列株' 찰벼와 '노열주老列株' 찰벼

'구열주'는 황강 마을 주민들이 모두 인정하는 만능 찰벼 품종으로, 최근 2년 간 황강 마을에서 대대적으로 보급되었다. 2007년 재배 면적이 황강 마을 논 전체 면적의 65%를 넘어설 것으로 예측되는데, 80%의 농가에서 모두 '구열주'를 심는다고 한다. '구양롱'과 '만년' 찰벼와 달리 '구열주'는 최근에 성공적으로 재배한 우수한 신품종으로 황강 마을에서 많이 재배될 뿐만 아니라 주변의 동족 마을에까지 전파되었다. 주변 마을의 동족 주민들은 이 품종을 모두 '구황강苟黃崗' 찰벼라 불렀는데, 황강 주민들이 육종한 우량 품종이라는 뜻이다. 황강 사람들이 '구열주' 찰벼라고 부르는 것은 이 품종의 성숙기가 음력 9월이기 때문이다. '구열주' 찰벼의 한어 음역은 '9월' 찰벼이다. 황강 마을에서 우리는 '구열주' 찰벼의 종자를 찾아냈는데, 바로 현지 사람들이 말하는 '노열주'이다.

신구 노열주의 구별은 노열주 찰벼의 까끄라기는 아주 길어 '구양롱' 찰벼와 '만년' 찰벼와 비슷하며, '신열주' 찰벼보다 더 길어 전체 키가 140㎝ 넘게 자랄 수도 있지만 생산량은 '신열주'보다 낮아서 재배 범위는 '구양롱'과 비슷하다. 황강 지역의 산림의 변화로 '노열주'와 '구양롱' 찰벼, '만년' 찰벼 등의 재배 면적은 해마다 줄어들고 있다. 따라서 이 세 가지 품종의 재배 면적 크기는 황강 지역의 생태환경에서 산림 복구 수준을 평가하는 지표로 적용할 수 있다. '노열주', '구양롱', '만년' 세 찰벼의 재배 면적 축소는 황강 지역의 산림 생태계가 급속히 변화하는 단계에 있음을 간접적으로 보여주는데, 만약 긴급하게 조치를 취하지 않으면 아주 심각한 결과까지 갈 수 있음을 말해준다.

이번 조사에서 저자가 아주 유감스럽게 생각한 것은 '신열주' 찰벼의 육종을 성공한 구체적인 시간을 동족 주민으로부터 명확하게 알아내지 못한 것이다. 이는 황강 마을의 종자선택, 종자보존 등의 사회 메커니즘과 연관된 문제로, 황강에서 신품종을 도입하고 육성하려면 반드시 널리 보급된 후에야 이름이 정해지기 때문이다. 따라서 동족 주민들이 이러한 품종을 인식하고 알게 되는 시간은 품종을 육종하고 도입한 시간보다 흔히 몇 년 늦게 수 십 년이 늦어지기도 한다. 현장조사에서 품종의 육종 시간을 확정하는 보편적인 조사 방법으로는 도무지 적용을 할 수 없었다. 그러나 '신열주' 찰벼는 1980년대 말 황강 마을에 널리 알려졌고, 1980년대부터 90년대까지는 '신열주'와 '노열주' 찰벼가 비슷하게 병존하다가 21세기에 들어와서 '신열주' 찰벼가 '구열주' 찰벼를 점차 대체하기 시작해 2005년에 이르러 '신열주' 찰벼 재배면적이 황강 마을 논 면적의 60%에 달한 것은 모든 황강 주민들이 잘 알고 있었다.

4) '홍화紅禾' 찰벼

전반적으로 볼 때 황강 지역의 산림은 밀집되어 울창한 숲 속에 있는 밭은 비옥하여 거름을 주지 않아도 생산량이 줄지 않는다. 그러나 '개울가논寨脚田'과 '강가논河灘田'은 일반 찰벼가 오히려 비나 바람에 잘 쓰러져서 정상적으로 재배하지 못한다. 이러한 자연자원 배치의 결핍을 고려해서 황강 주민들은 성공적으로 '구아苟亞' 찰벼 품종을 육종해냈고, 의역을 하면 한어로 '홍화' 찰벼[8]이다. 왜냐하면 이 품종은 성숙되면 껍질이 붉은 색을 띤다고 해서 이런 이름이 붙여졌다고 한다. 이 품종은 왕겨가 얇고 까끄라기가 짧으며 낟알이 비교적 둥근 찰벼로, 내비성이 아주 뛰어나고 내음성은 '만년' 찰벼와 비슷하지만 볏대가 짧고 약해 찬 서리에 잘 이겨내지 못한다. 따라서 성숙기에 비가 자주 오거나 차가운 이슬을 맞으면 쉽게 싹이 터서 생산이 감소한다.

이런 원인으로 '홍화' 찰벼의 재배 범위는 마을 주위나 교통 연선으로만 제한하는 것이 좋다. 현재 '홍화' 찰벼의 재배 면적은 '구열주'에 버금가지만 향후 재배 면적은 줄면 줄지 확대되지는 않을 것이다. 황강 산림대의 나무들이 빠른 속도로 성장하고 있고 경작지의 산림화 정책이 계속 실시되기만 한다면 현재 재배 중에 있는 '홍화' 찰벼와 '열주'의 찰벼 재배 면적이 '만년' 찰벼, '심산' 찰벼, '노열주' 찰벼 등 오랜 품종 찰벼에 의해 대체되

---

8 기본 데이터는 다음과 같다. 이삭은 장축이 25㎝, 단축이 1.6㎝, 횡경이 2.73㎝로 밤색 외관에 껍질이 얇고 밤색 까끄라기가 나 있다. 까끄라기의 평균 길이는 3.83㎝이며, 이삭 당 낟알은 평균 10열에 165.67알 된다. 낟알은 장축이 0.697㎝, 단축이 0.233㎝, 횡경이 0.356㎝이고 외관은 연한 황색을 띠고 양측 모두 모서리가 두개 씩 나 있고 밤색 악편이 나 있으며 끝부분에 잔털이 많다. 쌀알은 장축이 0.508㎝, 단축이 0.204㎝, 횡경이 0.305㎝이고 유백색 외관을 하고 있고, 양측 모두 모서리가 두개 씩 나 있지만 뚜렷하지 않고 끝부분이 넓고 평평하다.

기 마련이다. 왜냐하면 문화의 자연적 적응 자체는 유연하게 동적으로 조절하는 능력을 갖추고 있어서 개별 품종의 재배 비례의 변화와 생태환경 변화로 인한 자연자원 배치 변화를 통해 자연자원의 부족을 역동적으로 보완하기 때문이다.

3. 내한·조숙·완숙 외래 찰벼 품종

1) '60일六十天' 찰벼와 '금동金洞' 찰벼

앞에서 언급한 네 품종 외에도 황강 주민은 생장기간이 가장 짧은 '구략서민苟略西悶'이란 찰벼를 가지고 있는데 한어로 번역하면 '육십일' 찰벼(侗文: Kgoux Liogcxebc Maenl)[9]이다. 이 품종은 모내기부터 수확까지 60일 소요된다. 한편 내한耐旱능력이 매우 강한 찰벼 품종은 광서 산장三江현 금동촌에서 들여온 품종인 '금동' 찰벼를 꼽을 수 있다. '금동' 찰벼는 모내기 후 가뭄이 발생하거나 논에 아예 물이 없는 경우에도 생산량이 감소되지 않는다. 이러한 생물적 특성은 운남云南의 라후족拉祜族, 지뉘족基諾族이 재배한 밭벼旱稻에서 볼 수 있고,[10] '금동' 찰벼의 수확기는 '구열주'보다 15일 정도 앞당길 수 있다.

황강 주민이 오랜 기간 '육십일' 찰벼와 '금동' 찰벼를 일정한 비례로 안정적으로 재배해 온 것은 현지 자연자원 배치의 결핍을 보완하기 위한 것이기도 하다. 황강에는 대략 2%의 논이 높은 산꼭대기에 위치해 있고, 주위는 나무와 풀로 된 산비탈에 둘러싸여 있어 수자원 보급이 아예 안 되서 관개용수는 완전히 강우에 의지한다. 황강의 우기는 주

---

9 이것의 기본 데이터는 다음과 같다. 이삭은 장축이 22.17㎝, 단축이 1.5㎝, 횡경이 2.83㎝로 황금색 외관에 홍반이 있으며 흑색 까끄라기가 나 있는데 까끄라기의 평균 길이는 1.87㎝이며, 이삭 당 낟알은 평균 9.67열에 151.67알 된다. 낟알은 장축이 0.753㎝, 단축이 0.242㎝, 횡경이 0.355㎝이고 외관은 황금색에 홍반을 띠고 양측 모두 모서리가 두개 씩 나 있고 황금색 악편이 나 있으며 끝부분에 잔털이 비교적 많다. 쌀알은 장축이 0.555㎝, 단축이 0.231㎝, 횡경이 0.313㎝이고 유백색 외관을 하고 있고 옹골지며, 양측 모두 모서리가 두개 씩 나 있지만 그리 뚜렷하지 않다.

10 陶利輝, 「論農業起源的地理環境」, 『農業考古』, 1994(1), pp. 37~38.

로 음력 4~5월에 시작되는데 우기 후에는 일반적으로 복중에 나타나는 가뭄이 오는데 대략 음력 5월 중순에 시작해 6월 중순에 끝난다. 이런 논은 복중에 가뭄이 끝나면 논이 말라버려서 물이 아예 없다. 만약 다른 찰벼 품종을 재배하면 등숙률(낟알이 영그는 비율)이 현저히 떨어지거나 생산량이 대폭으로 줄지만 '육십일' 찰벼와 '금동' 찰벼[11]를 재배하면 생산량이 안정적이다. 왜냐하면 우기에 모내기만 하면 복중에 가뭄이 발생해도 '육십일' 찰벼는 개화기가 되어 수분 수요량이 상대적으로 낮기에 벼 생산량에 영향을 주지

고산 지대 계단식 논에서 재배되고 있는 찰벼

---

11 기본 데이터는 다음과 같다. 이삭은 장축이 24.17㎝, 단축이 2.1㎝, 횡경이 3.17㎝로 황금색 외관에 홍반이 있으며 흑색 까끄라기가 나 있는데 까끄라기의 평균 길이는 3.77㎝이며, 이삭 당 낟알은 평균 11.33열에 154.67알 된다. 낟알은 장축이 0.727㎝, 단축이 0.232㎝, 횡경이 0.347㎝이고 외관은 둥글고 양측 모두 모서리가 두개 씩 나 있고 기부基部에 연한 황색의 악편이 두 개 있으며 끝부분에 잔털이 비교적 많다. 쌀알은 장축이 0.509㎝, 단축이 0.205㎝, 횡경이 0.285㎝이며, 유백색 외관을 하고 있고 양측 모두 모서리가 두개 씩 나 있지만 뚜렷하지 않으며 끝부분이 평평하다.

않는다. '금동' 찰벼는 워낙 가뭄에 견디는 품종이기 때문에 밭에 재배해도 잘 활착해 가뭄으로 인한 위협을 크게 받지 않는다. 요컨대, '육십일' 찰벼와 '금동' 찰벼 이 두 품종의 육종과 도입은 전적으로 고산 지대의 논의 물 부족에 대처하기 위한 것으로, 이는 자연자원의 결핍을 극복하기 위한 자연적 적응의 조치라 해야 할 것이다.

2) '황망黃芒' 찰벼

'황망' 찰벼(Kgoux Bieengh Mant)[12]는 원 동족어 이름을 의역한 것으로 동족어에서는 '구편만苟便漫(거우뻰만)' 찰벼라 불린다. 이 찰벼 품종은 대가 높고 단단하지만 분얼이 적어 성숙기에 접어들어 햇빛이 수면을 직사할 수 있기에 다른 찰벼 품종처럼 수생 잡초의 성장을 억제하지 못한다. 이런 원인으로 중경제초中耕除草 등 경지 관리가 반드시 필요한데, 이것이 벼, 물고기와 오리의 공생에는 오히려 유리하다. 따라서 '황망' 찰벼는 제방지역 동족 전통의 우세 품종임을 짐작할 수 있고, 황강 동족 주민이 자주적으로 육종한 품종이 분명 아닌 것을 알 수 있다. 동족 주민들이 이 찰벼 품종을 도입한 것은 자연자원상의 단점을 보충하기 위해서가 아니라 농번기를 피하고 병아리와 오리를 양식하는 장소를 조절하기 위한 것이다.

한편 또 다른 사회적 기능을 지니고 있는데, 이 품종의 성숙기가 '구열주'보다 15일 늦고, 동족의 청년 남녀가 연애할 때 '편미扁米'[13]를 먹는 습관이 있어, 누렇게 익은 황숙기蠟熟期의 벼 이삭을 꺾어서 말리고 볶아 뻥튀기로 만들어 마음에 둔 사람과 함께 먹는다.

---

12 기본 데이터는 다음과 같다. 낟알은 장축이 29.33㎝, 단축이 2.83㎝, 횡경이 3.13㎝이고 외관을 보면 흑색 까끄라기가 길고 촘촘히 나 있으며 껍질은 연한 황색이고 작은 갈색의 반점(일부)을 갖고 있다. 이삭 당 낟알은 평균 14.67열에 217.67알이며 포기 당 낟알이 상대적으로 적고 까끄라기는 6.97㎝ 된다. 쌀알은 장축이 0.515㎝, 단축이 0.194㎝, 횡경이 0.293㎝이고 외관은 연한 황색을 띠고 양측 모두 모서리가 두개씩 나 있으며 한 측의 모서리가 그다지 뚜렷하지 않고, 백색의 악편은 짧고 굵으며 각 측면에 두 개씩 모서리가 나 있다.
13 역주: 동족이 좋아하는 기호식품으로 가을에 80% 정도 익은 찹쌀을 수확하여 까부른 후 소량의 물을 넣고 불에 말리면서 주걱으로 계속 골고루 뒤집어 80% 정도 말랐을 때 식힌 후 방아에 가볍게 찧은 것이 편미이다.

'황망' 찰벼의 성숙기가 비교적 늦고, 다른 찰벼 품종이 수확을 하지 않는 시간에 편미의 원료로 사용할 수 있는 것이다. 따라서 미혼의 남녀가 있는 집에서는 소량의 '황망' 찰벼를 심어 청년 남성이 마음 속 여성을 초대해 '편미'를 먹도록 한다. 이런 의미에서 '황망' 찰벼는 우스개로 '연애' 찰벼로 불린다.

3) '용도龍圖' 찰벼

산림이 변화하면서 황강 지역에 원래 산림에 막혀 가려지거나 그늘이 졌던 논들이 햇볕에 노출되기 시작했다. 이러한 논에 재배하기 적합한 찰벼 품종은 황강 동족이 갖고 있지 않아서 '식상사'를 통하여 인근의 종강현 용도향에서 새 품종을 도입하였는데 이 품종이 바로 '구편용도苟便龍圖'이다. 동족어에서는 이 품종이 벼 이삭의 까끄라기가 길고 연하지만 낱알이 듬성한지라 바람이 불면 까끄라기가 하늘에서 흔들흔들하며 늘어지는 모습이 흡사 동족 여성의 치맛자락에 있는 술과 같다고 하여 동족어에서 '용도술' 찰벼龍圖流蘇糯라 이름 지어 불렀는데, 한어로는 '용도' 찰벼(Kgoux Bieengh Longc douc)[14]라는 약칭을 사용하는 것이 좋다. 황강 주민들이 이 품종을 도입한 목적은 오로지 환경 변화에 대응하기 위한 것이다. 따라서 산림 생태계가 전면적으로 회복되면 이 품종의 재배 면적도 대폭 줄어들 것이다.

4) '고경초高徑草' 찰벼와 '애경초矮徑草' 찰벼

동족어로는 '고경초' 찰벼(Kgoux jiml saos pangp)[15]와 '애경초' 찰벼(Kgoux jiml taemk, 일명

---

14 기본 데이터는 다음과 같다. 낱알은 장축이 31.17㎝, 단축이 2.33㎝, 횡경이 3.3㎝된다. 외관을 보면 황갈색 껍질을 하고 있고 갈색의 까끄라기는 굵은 편이며 4.5㎝된다. 장대禾秆(일명 낟가리대, 즉 볏짚禾草)은 굵은 편이고 이삭 당 낱알은 평균 18.33열에 333.67알이다. 쌀알은 장축이 0.741㎝, 단축이 0.218㎝, 횡경이 0.345㎝이고 외관은 황갈색을 띠고 양측 모두 모서리가 두개 씩 나 있으며 한 측의 등은 비교적 곧고 다른 한 측은 호형(아치형)으로 되어 있으며 악편은 황색을 띠고 잔털은 아주 가늘고 작다. 백색 외관은 끝부분이 상대적으로 평평하고 각 측면에 두 개씩 모서리가 나 있다.

kgoux Dios begx)¹⁶라고 하며, 한어로는 '고경초파高径草帊' 찰벼와 '왜경초타矮径草它' 찰벼라고 한다. 한족 지역에서 도입된 찰벼 품종으로 생물적 특성은 위에서 소개한 여러 품종들과 구별된다. 까끄라기는 짧아 낟알이 쉽게 떨어지며 조류 침식과 한로의 침습을 쉽게 받으며 수확 때에는 낟알을 떨어서 탈곡을 해야 한다. 그러나 낟알을 떨어서 탈곡하는 것이 너무 힘들고 황강에서 운송 자체가 아주 어렵기 때문에 원래 황강 지역에서의 재배가 적합하지 않았지만 1960년대 정부에서 '나미糯米에서 점미粘米로 변경糯改粘¹⁷'하는 정책이 강제로 보급되면서 점미를 재배하면 떨어서 탈곡을 해야 했기에 이 두 찰벼 품종도 뒤섞여서 황강에 유입되었다. 황강 사람들이 지금도 이 두 품종을 보류하는 것은 단지 노동력 사용에서 조절하기 위한 것으로 자연자원의 한계를 보충하는 것과 무관하다.

4. 선조로부터 물려받은 고유의 찰벼 품종

1) '늙은소털老牛毛' 찰벼, '송아지털小牛毛' 찰벼, '삼수피杉樹皮' 찰벼

황강 북부의 논은 모두 평천하, 황강하와 잠추하 세 하류가 합류하는 강가 모래톱에

---

15 기본 데이터는 다음과 같다. 낟알은 장축이 0.77㎝, 단축이 0.213㎝, 횡경이 0.326㎝이다. 외관을 보면 황금색 껍질을 하고 있고 평평하며 각 측면에 두 개씩 모서리가 나 있고 잔털은 적고 가늘다. 쌀알은 장축이 0.567㎝, 단축이 0.191㎝, 횡경이 0.285㎝이고, 외관은 백색을 띠고 반들반들하며 양측 모두 모서리가 두 개 씩 나 있으며 끝부분이 둥근 편이다.

16 기본 데이터는 다음과 같다. 낟알은 장축이 0.869㎝, 단축이 0.213㎝, 횡경이 0.326㎝이다. 외관을 보면 황갈색 껍질을 하고 있고 가늘고 길며 각 측면에 두 개씩 모서리가 나 있고 연한 황색의 뾰족하고 튼튼한 악편이 두 개 있으며 기부와 끝부분이 약간 뾰족하며 잔털이 가늘고 작으며 상대적으로 적다. 쌀알은 장축이 0.576㎝, 단축이 0.187㎝, 횡경이 0.261㎝이고 외관은 백색을 띠고 반투명하며 양측에 모서리가 두개 씩 나 있으며 기부와 끝부분이 약간 뾰족하다.

17 역주: 점도 높은 찰벼로 변경 재배, 즉 윤기 아닌 찰기 있는 찹쌀 생산으로 변경하여 재배하는 정책으로 중국에서는 윤기 있는 찹쌀을 나미(일명 강미江米)라 하고 찰기 있는 찹쌀을 점미粘米라 하는데 모두 찹쌀에 속한다. 龍宇曉·石開雄, 「車江: 壹个侗族社崗農業經濟變遷的實地調査」, 『六山六水調査』, 貴州民族研究所 編, 1986.

위치해 있는데, 이런 논들은 해발고가 400~500m 되는 큰 골짜기의 제방 지역에 있어 중상 등급에 속하는 좋은 논에 속한다. 그러나 황강의 논들은 사면이 산에 둘러싸여 있는데다가 산림이 우거지고 세 하류가 산림을 흘러 지나기에 수온이 비교적 낮을 뿐만 아니라 여름에는 일조시간이 평균 5시간을 초과하지 않는다. 이로 인해 지온, 수온, 기온이 봄과 여름으로 바뀔 때 기온이 올라가는 것이 같은 위도에 있는 다른 논보다 15일 내지 30일이 늦다. 따라서 가을과 겨울이 바뀔 때 '3온三溫'[18]이 내려가는 시간도 같은 위도의 다른 제방의 논보다 30일 내지 45일 정도 늦다. 한겨울이라 해도 지온은 10도 내외를 유지하고, 일 년 내내 서리와 눈이 오지 않는다.

논과 주변 지역의 토양 색깔을 측정한 결과 같은 위도, 같은 고도에 있는 제방 지역의 논처럼 벽돌색이 아닌 옅은 붉은 색을 띠고 있을 뿐이었다. 이로부터 이런 논의 합계 온도는 보편적으로 낮은데다가 더운 계절이 늦게 오기 때문에 일반적인 벼 품종은 정상적으로 튼튼하게 성장하기 어렵다는 것을 알 수 있다. 낮은 합계 온도라는 자연자원의 결핍에 대응하기 위하여 황강 주민은 이런 유형의 논에만 심을 수 있는 벼 품종을 선별해 성공적으로 육종하여 공급하였는데, 이것이 바로 '구병귀노苟幷貴勞', '구귀랑苟貴郎', '구병파苟幷帕'이다. '구병귀노'는 벼 이삭이 늙은 소의 털 같이 적고 드문드문하며 길다고 한데서 유래하였는데, 한어로 의역하면 '늙은소털(Kgoux Bienl Guic Laox)'[19] 찰벼이다. 대는 길고 단단하며 이삭은 짧고 굵으며 촘촘하지만 까끄라기가 곧고 단단하며 회갈색 색깔인 벼로 생산량이 높고 안정적이지만 추위에 잘 견디지 못하고 500m를 초과하는 지역의 논에 이 품종을 심으면 생산량이 뚜렷하게 줄어든다.

'구귀랑' 찰벼라는 이름은 벼 이삭이 길고 가는 까끄라기가 나 있고 낟알이 아주 빼곡

---

18 역주: 지온, 수온, 기온.

19 기본 데이터는 다음과 같다. 이삭은 장축이 28.17㎝, 단축이 1.833.67㎝이며 황갈색 외관을 하고 있고 까끄라기가 약간 굵고 갈색을 띠며 약간 구부러져 있으며 평균 길이가 4.1㎝, 이삭 당 낟알은 평균 15.33열에 290알이다. 낟알은 장축이 0.717㎝, 단축이 0.239㎝, 횡경이 0.362㎝되며 황갈색의 외관을 하고 있고 기부가 뾰족하고 끝부분이 둥글하며 악편 끝이 뾰족하고 약간 붉은 색을 띠며 각 측면에 두 개씩 나 있으며 낟알 전체에 잔털이 나 있지만 끝부분이 더 많다. 쌀알은 장축이 0.509㎝, 단축이 0.207㎝, 횡경이 0.301㎝이고 외관은 백색을 띠고 짧고 둥글하며 약간 반들반들하다.

하게 나 있는 외관상의 특성으로 인해 벼 이삭 전체가 마치 촘촘한 까끄라기만 보일 뿐 낟알이 보이지 않고 송아지 꼬리같이 생겼다 하여 유래한 것으로, 한어로 의역하면 위의 품종의 명명을 고려해서 나란히 '송아지털' 찰벼(Kgoux Gui Langx)[20]라 해야 할 것이다. 성장 습성은 '늙은소털' 찰벼와 비슷하지만 쌀알이 가늘고 질이 부드럽고 감칠맛이 나 현지 동족 주민들의 사랑을 받고 있다.

'구병파'라는 품종의 찰벼 이름은 벼 이삭이 성숙한 후 비교적 짙은 회갈색과 홍색을 띠는데 성장한 삼목의 껍질 색깔과 아주 비슷하다 하여 붙여진 이름으로, 한어로 의역하면 '삼수피' 찰벼이다. 이 품종의 생물적 특성은 '늙은소털' 찰벼와 비슷한데 '삼수피' 찰벼('구병파' 찰벼)는 해발 550m 이상인 논에서도 재배를 할 수 있다는 점에서 구별된다.

이 세 품종의 공통적인 특징은 벼 이삭에 낟알이 촘촘히 배열되어 있지만 까끄라기가 아주 길어 약 8~12㎝ 되며 색상이 짙다. 이런 형태 특징은 위에서 언급한 '구양롱苟羊弄' 찰벼, '노열주老列株' 찰벼, '만년萬年' 찰벼의 벼이삭 형태와 비슷하지만 '구양롱' 찰벼, '노열주' 찰벼, '만년' 찰벼는 색상이 옅은 편이고 낟알이 느슨하게 배열되며 벼 이삭이 비교적 길다. 그래서 저자는, '늙은소털' 찰벼 등 세 품종은 선조들이 황강에 정착하면서 제방 지역의 여러 찰벼 품종 중에서 선별한 후 가장 먼저 황강에 도입한 찰벼 품종으로 보고, 황강 북부의 하천 골짜기에 위치한 논도 황강 주민이 제일 먼저 개척한 논으로 추정을 한다. 왜냐하면 이 일대는 이들의 원래 거주지인 사채와 제일 가까우며, 이 일대의 자연 배경도 이들이 살던 사채와 많이 비슷할 뿐만 아니라 시자이에서 원래 재배되던 찰벼 품종에서 이 일대에 제일 적합한 찰벼 품종들을 선별하는 작업도 어려운 일이 아니었기 때문이다. '늙은소털' 찰벼 등 세 찰벼 품종을 황강에 도입한 것은 이 강가 모래톱 일대의

---

20 기본 데이터는 다음과 같다. 이삭은 장축이 26.33㎝, 단축이 1.67㎝이며 횡경이 2.83㎝이며 황색 위주에 약간 회색을 띠는 색상을 하고 있고 갈색 반점이 간혹 보이며 흑색 까끄라기가 짧은 편이고 평균 길이가 2.37㎝되며 이삭 당 낟알은 평균 12.33열에 243.67알이다. 낟알은 장축이 0.733㎝, 단축이 0.228㎝, 횡경이 0.358㎝이며 황색 위주에 약간 회색을 띠는 색상을 하고 있고 갈색 반점이 간혹 보이며 각 측면에 모서리가 두 개씩 나 있으며 황색 악편이 있고 낟알 전체에 비교적 길고 큰 잔털이 나 있다. 쌀알은 장축이 0.536㎝, 단축이 0.207㎝, 횡경이 0.296㎝이고 외관은 백색 위주인데 약간 녹색을 띠고 각 측면에 모서리가 두 개씩 나 있지만 아주 뚜렷한 것은 아니고 끝부분이 약간 둥그렇다.

자연자원의 부족을 보충하기 위한 것인데, 이는 황강 동족이 자연에 적응하는 데 성공한 첫 걸음으로 그 다음으로는 이 세 품종을 자연교잡해 '만년' 찰벼, '심산深山' 찰벼, '노열주' 찰벼 등 3대 품종을 차례로 선발하며 육종한 것이다. 이의 성공으로 황강 주민들은 비로소 깊은 산 속의 울창한 숲 지역에 논을 만들 수 있었고, 또 이로 인하여 깊은 산 속의 밀림 지역 자연자원의 결핍을 보충하는 적응능력도 획득하게 되었다. 위에서 소개한 황강 오씨 각 방족의 논 분포 상황을 결부시켜 보면 다른 하나의 유익한 증거를 얻을 수 있는데 바로 이런 저해발 지역 논에 재배하기 적합한 '늙은소털' 찰벼 등 세 품종을 재배하는 가구는 모두 '큰어머니' 방족들 세대가 사용하고 있는데, 이 방족의 선조는 시자이의 동족의 후손들이기 때문에 이 세 품종을 그들이 원래 살던 거주지에서 가져왔다는 것을 증명할 수 있다.

'구열주' 찰벼의 재배 선별, 육성이 성공하면서 '늙은소털' 찰벼 등 세 품종들이 황강 북부의 강가 모래톱 논에서의 독보적인 지위에 도전으로 나서는데, 이런 논의 주인들은 잇달아 '구열주' 찰벼로 바꾸어 재배해서 생산량을 조금 높일 수 있었다. 그러나 '늙은소털' 찰벼 등 세 오랜 품종의 계승은 고민할 필요도 없었다. 왜냐하면 '열주列株' 찰벼의 까끄라기가 1.5㎝ 정도 밖에 안 되어 너무 짧은데 갑작스러운 저온 날씨의 침습을 이겨내지 못하고, 까끄라기가 아주 짧은데다가 벼 이삭이 쉽게 떨어지기에 조류 침식을 이겨내지 못하며 '열주' 찰벼는 침수의 저항 능력이 비교적 약한데다가 이 일대의 논은 마침 계절성 수해지이기 때문이다. 이상 세 가지 상황 중 어느 하나에만 부합되어도 논의 주인은 당연히 '늙은소털' 찰벼 등 세 오랜 찰벼 품종 중에서 하나를 재배하는 것으로 자연재해에 대응하고 있다. 따라서 이 세 오랜 찰벼 품종의 재배 면적 감소는 일시적인 현상에 불과하다는 것을 알 수 있다.

요컨대, 황강 주민들은 매우 다양한 찰벼 품종을 가지고 있지만 자연자원의 기본적인 부족을 보충함으로써 벼 재배에 가장 불리한 지역에 있는 논에서 성공적으로 찰벼를 재배하여 동족의 전통문화가 황강에서

누렇게 잘 익은 찰벼

지속적으로 전승되도록 하였다. 그러한 자연적 적응의 수준을 평가함에 있어 느낌으로만 판단하면 설득력이 떨어진다. 마춘하麻春霞의 『생태인류학 연구방법生態人類學硏究辦法』은 저자가 적응수준을 직접 검증하는 돌파구가 되었다. 예컨대, 이것은 '단말 테스트법 終端驗證法(terminal empirical method)'으로 생태인류학의 연구 결과를 검증하라는 주장이었다.[21] 이 주장에 의하면, 생태학과 문화인류학의 학과 체계는 구별되므로 연구과정에서 서로 융합되지 못하는 어려움이 있지만 모두 생태적 안전으로 연구 결론을 귀결시킨다는 점에서 연구의 단말이 일치하기에 생태학의 결론으로 생태인류학의 결론을 검증할 수 있다. 저자는 이를 근거로 찰벼 품종 조사를 할 때 생태학자와 농학자의 연구 자료를 참조하였을 뿐만 아니라 주민과 연구조사원을 조직하여 논과 벼의 성장에 필요한 여러 자연 요소들을 전문적으로 실제로 측정하도록 하였다. 결국 문화인류학 방법을 사용하여 분석한 황강 찰벼 연구로 자연과학의 연구 결론을 검증할 수 있었다.

---

21 麻春霞, 「生態人類學研究方法」, 『貴州民族學院學報』, 2006(6), p.9.

제6장

황강 동족의 자연재해 대처 방법

1. 동족 전통벼 생계의 리스크 대처 능력
2. 전통생계의 자연재해 대책
3. 전통생계의 자연재해 예방책

제6장

황강 동족의 자연재해 대처 방법

1. 동족 전통벼 생계의 리스크 대처 능력

문화의 자연적 적응 수준을 측정하기 위해 양정석 교수는 두 번째 평가지표에서 리스크 대처 능력의 수준 측정을 제기했다. 이 측정 지표를 제기한 근거로는 민족문화는 생물종처럼 생존만 하면 지속되고, 중단되면 그것은 민족문화의 단절을 의미하며, 문화의 전승에 필요한 자연환경과 생물자원의 공급은 특정된 지리적 환경 속에서 일부 자연 자원의 부족으로 인한 구조적 문제가 안정적으로 보충될 것처럼 보이는 자연과 생물자원도 무규칙적인 파동으로 나타나기도 하는데, 이러한 파동은 모두 민족문화의 정상적인 존속을 위협한다는 데 있다.[1] 예를 들면, 강우량이 어떤 해에는 연 평균량을 크게 벗어나고, 강수가 많으면 수해를 일으키며 강수가 적으면 가뭄이 발생한다. 기온의 변화도 이와 비슷한데 일조량 차이도 연간 다르게 기록되는 것으로 나타난다. 이외에도 지진과 화산 등과 같이 완전히 우발적으로 발생하는 무규칙적인 자연적 변동도 포함된다. 생태체계의 시각에서 보면 인류의 생존과 관계가 밀접한 생물종이 크게 늘거나 줄면 재해를

---

1 楊庭碩, 『生態人類學導論』, 北京: 民族出版社, 2007, pp. 52~57.

일으켜 민족문화의 정상적인 발전에 위협을 준다. 위와 같은 각종 리스크는 어떤 민족문화에든 적용되어 통제할 수 없지만, 문화의 자연적 적응의 기능은 피해를 줄이고 리스크를 최소한으로 낮추어 민족문화가 정상적으로 유지되도록 한다. 특정지역에서 비교적 높은 자연적 적응 능력을 확보한 민족문화는 필연적으로 자연과 생태 리스크를 해결하는 능력을 갖고 있기 마련이며, 이런 능력의 수준을 측정하는 것으로 생태환경에 대한 민족문화의 적응 수준을 정확하게 평가할 수 있다.

동족 문화를 보면, 황강 지역에 우연히 발생하는 홍수, 가뭄, 한파, 이른 서리 피해와 냉해를 포함한 자연재해 외에도 벼 개화기에 안개가 끼고 비 오는 날도 연속되는데, 생태체계로 보면 이것은 벼 재해, 충해, 조류와 짐승의 피해로 주로 표현된다. 황강 동족 주민이 이런 재해들을 해결하는 대책은 이들의 농사 활동에서 집중적으로 표현된다. 또 다른 적응 대책은 이들의 경작 구조와 가금 사육, 산림 육성과도 관련이 있다. 이와 관련해서는 다음의 내용에서 살펴보기로 하고, 이 장에서는 황강 동족 주민의 농사활동과 농사일에 대해 중점적으로 다루기로 한다.

황강 지역의 농업생산을 보면, 현지의 자연 및 생태 구조에서 발생하는 종류가 아주 많아 자연재해와 생물재해 발생의 위험도 상당히 높다. 그러나 현장조사를 통해 1980년대 농가 생산청부제가 실행된 이래 전 지역에서 생산량이 감소하는 자연재해는 한 차례도 발생하지 않았음을 발견했다. 주민들이 기억하는 것은 모두 국부적인 재해로 피해 정도도 아주 낮아 황강 주민의 정상적인 일상생활에 전혀 영향을 주지 않은 것으로 보이며, 이는 황강 동족 문화의 자연적 적응이 아주 크게 성공한 결과라고 해야 할 것이다. 그러나 본격적으로 리스크 대처 관련 적응을 논의하기 전에 실질적인 문제를 분명히 할 필요가 있는데, 그렇게 하지 않으면 황강 사람들의 리스크 대처 능력을 과소평가할 수 있기 때문이다. 이는 모든 자연재해가 지니는 문화적 속성으로 재해를 인지하는 문제는 문화 가치관에 의해 결정되고 피해 정도의 판단도 문화 자체의 평가체계에 의해 판단을 해야 함을 의미한다.

재해 후의 복구 대책도 관련 문화에 의해 검토하고 실시해야 한다. 따라서 모든 민족에 보편적으로 적용되는 재해관은 존재하지 않는 법이다. 이러한 상황에 대해 양정석 교수는 자연재해와 관련된 기존의 많은 저서들이 대부분 각자 학과 내에서의 연구 결과로 연구자가 본인 자신도 특정 민족에 귀속된다는 점을 소홀히 해서 소속 민족문화의 재해관을 전 인류의 재해로 확대하기 마련이라고 지적했다. 따라서 문화인류학은 다문화의 시각으로 재해의 문화적 속성을 가장 자세히 들여다 볼 수 있을 것이다. 소떼를 몰면서 물과 목초를 따라 유목생활을 하는 북아프리카 누어족Nue에게 지역의 강수 변화는 그들의 일상생활의 일부로 생활화되어 있는데, 이에 대한 대응책으로는 강물이 불을 때는 소 무리를 몰고 고지로 이동해 있고, 강수량이 줄면 다시 방목해 강가로 돌아오고 빈 자리는 불태운 후 씨를 뿌려 재배를 하는 정도여서 그들은 홍수도 가뭄도 두려워하지 않는다.[2]

만약 다른 민족이었더라면 얕은 물에서만 벼를 재배하지 이렇게 수위가 급격히 변화하는 지역에서 벼 재배를 하면 분명히 해마다 재해로 피해를 입었다고 할 것이다. 한족은 역사적으로 메뚜기(蝗蟲) 피해가 끊이지 않았고, 이를 막아내기 위해 많은 곳에 절을 세우고 도를 닦아 해결하려 했지만, 귀주 마산麻山 지역의 묘족은 메뚜기 재해를 두려워하지 않는다. 왜냐하면 메뚜기는 그들의 맛있는 요리 재료이기 때문이다. 재해의 문화적 속성을 직시해야 하는데, 이러한 관점이 사람들에게 받아들여져야 황강 주민의 자연적 적응의 성과도 비로소 공정한 평가를 받을 수 있다. 다음은 황강 동족의 농사일을 대상으로 종합적인 재해의 감소, 재난 예방 직시, 특별 방지 기술, 재난 후의 대처 등 자연 재해의 감소와 재난에 대처하는 네 가지 방면의 상호 관련된 수단에 대해 분석하고자 한다.

2. 전통생계의 자연재해 대책

황강 동족의 논의 경작체계는 매우 풍부하고 다양하다. 그 가운데 혼종混种제도와 환종換种제도 그리고 재해경보시스템 세 문제에 대해서만 논의하고자 한다. 왜냐하면 그

---

2 (英)埃文斯 - 普里査德著, 楮建方等譯, 『努爾人』, 北京: 華夏出版社, 2002, pp. 112~113.

서로 다른 품종의 찰벼를 재배하는 혼종의 논

것들은 자연재해를 줄이고 재난을 대처하는 데 종합적으로 작용하기 때문이다.

혼종이라는 것은 같은 논에 두 가지 이상의 찰벼 품종을 재배하는 것을 말하는데, 구체적으로 무작위 혼종随机混种, 열 혼종分行混种, 구역 혼종分片混种, 중심가장자리 혼종中心周邊混种 등 네 가지로 분류할 수 있다. 소위 무작위혼종이란 모내기를 한 후와 성숙기에 가까워진 둘 또는 둘 이상의 찰벼 품종을 서로 다른 비율로 섞어서 파종 전에 한꺼번에 뿌린다. 모내기 때에도 품종을 나누지 않고 무작위로 심는다. 찰벼가 성숙하면 논에 있는 이삭들이 다채로운 모습을 드러낸다. 이런 재배에 대해 시각적으로 아주 보기 좋다고 하는 주민이 있는가 하면 이렇게 심으면 품종 간 서로 경쟁하여 햇볕과, 비료, 수분을 얻으려고 하기 때문에 어떤 주민은 이것을 성장이 왕성하고 비료 소모도 극히 균형적이라고 하고, 또 다른 어떤 주민은 이러한 재배가 병충해 예방, 관리에 유리해 병충해 재해를 예방하여 재해를 경감하는 방법이라고 했다.

객관적으로 보면 현지 주민들의 해석은 나름대로 합리성을 갖고 있는데, 이는 문제를 바라보는 시각에 차이가 있을 뿐 모두 재해를 없애려는데 공동적 가치를 두고 있다. 5조 주민 오생림吳生林은 최근 5년 '구열주' 찰벼와 '늙은소털老牛毛' 찰벼를 혼합 재배했다. 작년에 그는 인근의 딕오채得五寨에서 '구덕오苟得五' 찰벼 품종을 도입해서 올해부터는 '구열주'와 '구덕오' 두 찰벼 품종을 자신이 도급 맡아 짓는 중간 해발의 논에 혼종으로 심고 원래의 '늙은소털' 찰벼 품종 재배는 잠시 중단하려고 했다. 오성림이 도급 맡은 중간 해발 논에는 '삼수피' 찰벼만 심는다. 오성림은 황강에서 찰벼 재배의 고수로 그의 이러한 재배방식은 혼종의 실시가 계획적인 농작체계이지 문득 떠오르는 생각으로 인한 우발적인 행위가 아님을 뜻한다. 오성림은 자신 있게 올해 심은 '삼수피' 찰벼는 분명 풍작을 거둘 것이라고 예측하면서 수확 후 자기 집에 와서 맛보라고 초대하기도 했다. 2조의 주민 오로원吳老元은 논의 토질이 비옥하여 '홍화紅禾(Kgoux Yak)' 재배에 비교적 적합하지만 '홍화' 찰벼 품종이 병충해의 저항 능력이 떨어지고 음지에 약하며 흐린 날과 우기가 좀 길어지면 땅에서 새파란 모가 나서 생산량에 영향을 준다고 했다. 이런 원인으로 그는 '구열주' 찰벼와 '홍화' 찰벼를 혼종하여 재배하는데, 그중의 어느 한 품종이 재해를 입어 생산량이 감소하면[3] 다른 품종으로 대신 보충할 수 있기 때문이다. 따라서 황강 마을 주민들은 '삼수피' 찰벼와 '늙은소털' 찰벼 등 다른 품종과 혼종해 잘 심는다. 이들은 두 찰벼 품종이 같이 어우러질 경우 색깔이 다채롭다는 것을 이유로 꼽고 있지만 실은 병충해에 대한 저항성도 지닌다. 서로 다른 품종이 모두 병충해에 약하더라도 혼종 재배를 하면 병충해의 확대를 방지하는 작용을 한다. 조사 관찰을 통하여 저자는 주민들이 해석에 대해 다음과 같이 수정이 필요하다는 것을 지적한다.

'홍화' 찰벼의 대와 잎은 비교적 가늘고 약하며 신선해 병충해에 약하지만 비교적 냉해에 강하고 침수성이 좋아 도열병 등 병해에 저항하는 면역력이 있다. '구열주' 찰벼는 줄기와 잎이 단단하고 곧아 잎을 먹거나 식엽충과 마디충 등 충해가 쉽게 볏모를 공격하지 못한다. 그러나 미생물의 공격으로 쉽게 병해가 발생한다. 이 두 품종의 혼종은 해충의 공격을 방어하는 데 유리할 뿐만 아니라 병해를 방지하는데도 유리하고, 설령 병충해가 생기더라도 혼종한 품종 중의 하나만 피해를 입기 때문에 다른 한 품종은 유지할 수 있어 손실을 최소화할 수 있다. 현지 주민의 관념으로는 충해와 병해를 엄격하게 구분하지 않기에 병해와 충해를 모두 '병'이라는 표현으로 통칭해 잘못 사용하고 있었다. 이런 방법의 장점이라면 병해와 충해가 발생할 경우 퍼지지 않고 피해 면적을 효과적으로 억제할 수 있다는 것이다. 물론 한 품종이 재해를 입으면 다른 한 품종은 유지되므로 이러한 혼종 새해는 재해 방지 자원에서의 이성적인 판단이라 할 수 있다.

혼종에서 구역 혼종이란 동족 주민이 모내기철에 기후 변화의 추세와 자기 논의 특성

---

[3] 중원 지역의 선조들도 이와 유사한 전통적 경작 재배 기술로 여러 재해를 방지했다. 즉, 소위 '오곡 재배로 재해에 대비' 하는데 해충의 생태 예방 퇴치와 관련해 『여씨춘추呂氏春秋·임지任地』라는 문헌에는 "초목이 무성하면 옥토를 얻게 되어 큰 풀이 자라지 않고 벼멸구와 물여우도 없다其深殖之度, 阴土必得, 大草不生, 又无螟蚊"라고 기록되어 있다.

을 감안하고 경제적 이익을 고려하여 주민 간의 일부 볏모 교환을 통해 개인 논에 둘 또는 둘 이상 품종의 찰벼가 같이 자라게 하는 것을 말한다. 이런 혼종 방식은 성숙기에 한 논의 찰벼가 알록달록 구역을 나누어 무르익는 모습을 조성하는데, 이런 혼종은 재해 해결을 위한 일종의 이성적인 해결책이라 해야 할 것이다. 또한 혼종은 서로 다른 벼 종류가 병존함과 동시에 장점을 발휘하도록 할 뿐만 아니라 효과적으로 병충해의 확대를 억제하기에 자연재해가 발생해도 피해 규모를 효과적으로 줄일 수 있다. 그러나 그전에 기본적인 전제 조건이 마련되어야 하는데, 바로 황강 마을에 다른 생물적 특성의 찰벼 품종이 다양하게 병존해야 한다는 것이다.

그리고 분점 혼종이란 이앙 때 의식적으로 다른 품종의 찰벼를 그룹별과 열별로 심는 것을 말한다. 이런 혼종은 병충해의 확대에 분리대와 같은 역할을 함과 동시에 수확 시에도 아주 편리해 그룹별, 열별로 수확할 수 있다. 이런 혼종은 황강에서 결코 보편적이지 않지만 구역 혼종처럼 자연과 미생물의 리스크를 막아내는 효과를 갖고 있다. 황강 주민이 이 혼종을 잘 선택하지 않는 데 대해 달리 해석할 수도 있다. 예컨대, 원래 황강의 논은 대부분 인공적으로 흙을 쌓아 만들어진 높은 논두렁으로 되어 있다. 관수를 한 논은 표면은 평평하지만 지하 토양과는 구조 차이가 아주 커서 분점 혼종을 하면 지하 토양 차이를 감안하지 못한 것으로 되기에 이앙이 불가능하다. 이외에 경작지는 전적으로 우물을 관개수로 하고 있어서 하나의 논이라도 수온과 지온도 차이가 나기 때문에 분점 혼종을 하면 이러한 차이를 감안할 수 없어서 구역 혼종이 분점 혼종보다 효과가 훨씬 좋다. 황강 주민은 바로 이러한 실천 경험을 토대로 분점 혼종의 범위를 축소하는 대신 구역 혼종의 범위를 확대했다.

혼종에서 중심가장자리 혼종은 전통적인 방식이다. 현지 주민의 기억에 의하면, 초기에 나는 논 중앙과 논의 가장자리에 심는 두 찰벼 품종은 같은 역할을 하지만 구역 혼종만큼 시각적 효과가 좋지 않다. 그러나 저자의 조사에 의하면, 이러한 혼종 방법은 수족水族과 동족의 제방 지역의 논에서 현재 널리 재배되고 있다. 이러한 혼종 방식의 장점은 논이 하나의 독립적인 재배 단원을 구성하여 인접한 논의 병충해의 영향을 잘 받지 않고, 가장자리에는 병충해에 제일 강한 벼 품종들로 재배를 하지만 생산량은 따지지 않는다. 조사 결과 자연재해 예방 효과가 매우 현저함이 증명되었으나 이러한 경험이 황강에서 널리 보급할 만한 특수한 자연 생태적 배경이 주어지지는 않았다. 왜냐하면 앞에서 이미 분석한 것처럼 황강 지역의 논은 같은 논일지라도 토양 구조와 수온, 지온 분포가 모두 불균형적이고, 제방 지역의 논처럼 동질성이 아주 높지 못하므로 중심가장자리 혼종보다 구역 혼종이 황강 지역 논 실정에 더 적합하기 때문이다.

지금까지 소개한 혼종 재배방법은 일련의 제도적 보장을 토대로 했기 때문에 황강 지역의 효과적인 농경제도이다. 따라서 이는 우발적인 것이 아니라 자연재해와 생물재해를 피하려는 일종의 자연적응 대책이다. 이러한 적응 대책의 보편성은 우리가 수집한 찰벼 품종으로부터도 간접적으로 입증이 되었다. 이번 조사에서 찰벼 품종을 수집한 목적은 대표적인 순종 찰벼를 수집하는 것이었지만 실제 수집 과정에서 어려움을 겪었다. 그러나 적지 않는 현지 주민의 곡식 창고에 보관 중인 곡식 종자가 여러 품종을 섞어서 줄로 묶어 놓은 것으로 조사를 통해 확인할 수 있었고, 순종의 이삭을 찾으려면 많은 시간을 들여 하나하나 식별하는 작업을 거쳐야 했다. 이양할 때도 마찬가지인데 다행히 주민들은 개인 경험을 토대로 정확하게 여러 찰벼 종자와 볏모를 구별할 수 있었기에 우리의 품종 표본 수집도 순조롭게 진행할 수 있었다. 다양한 찰벼 품종의 혼종은 황강 주민들이 오래 전부터 재배를 해 왔기에 역사가 오래 되며, 이미 습관화된 자연적인 적응 체계임을 보여준다.

그리고 주기적 환종은 한 논에 3~5년 찰벼 품종을 연속 심은 후에 규칙적으로 다른 품종의 찰벼로 바꾸어 재배하는 것을 말한다. 이를테면 '구열주' 찰벼를 5년 넘게 연속 재배하고 나서는 흔히 '홍화' 찰벼나 '금동' 찰벼, '만년' 찰벼로 바꿔서 재배한다. 구양롱 찰벼의 경우 연속 5년 재배힌 후에는 일반적으로 '구변용도苟便龍圖' 찰벼나 '만년' 찰벼, '노열주老列株' 찰벼 등 품종 중에서 하나를 선택해서 재배한다. 이렇게 주기적으로 품종을 교체하는 장점에 대해 지력을 유지할 수 있고, 같은 찰벼를 연속 재배함으로 인해 발생하는 생산량 감소를 피할 수 있다는 것이 주민들의 해석이다.

그러나 이번 조사를 통해서 또 다른 하나의 잠재적인 장점을 발견할 수 있었는데, 바로 병충해 특히 병해의 발생을 방지할 수 있다는 것이다. 왜냐하면 서로 다른 찰벼 품종은 면역력이 서로 구별되므로 연속 같은 찰벼 품종을 심으면 병균이 전파되지만 품종을 교체하기만 하면 벼의 병충해를 미연에 제거할 수 있기 때문이다. 환종 시기의 적절성과 합리성을 확보하기 위해 황강 주민들은 일찍부터 동일 량의 찰벼 볏단을 서로 교환하는 일종의 대가를 따지지 않는 좋은 전통을 형성했다. 게다가 동족 주민들 창고에는 모두 3~5개에서 8~9개 정도 다른 찰벼 품종의 곡식 다발을 모두 저장하고 있는데, 이는 곡물 소비 때 기호에 따라 입맛을 위한 것도 있지만 더욱 중요한 의도는 환종 재배의 시기 적절성과 합리성을 보장하기 위한 것이다.

주기적으로 다른 품종을 환종하는 것 외에 또 첫해의 수확 정도에 따라서 다른 품종으로 교체할 것인지를 결정한다. 찰벼 재배가 여러 원인으로 생산이 줄어들면 동족 주민들은 그 이듬해에 다른 찰벼품종으로 환종을 한다. 이러한 방법은 겉으로는 피해를 두려워하는 것처럼 보이지만 사실 확실히 재해를 예방하는 작용을 한다. 이는 자연재해를 입은 후 어쨌든 농경지에 후유증이 남아있을 수 있기에 다시 원래 품종을 재배하는 것은 적합하지 않으므로 다른 품종으로 바꿔 심어 재해 재발의 리스크를 낮추기 때문에 환종 후의 효과가 이상적이지 못하면 다시 다른 품종으로 바꾼다. 이렇게 환종을 여러 번 반복하고면서 적합한 찰벼 품종을 찾게 되는데, 이 경작제도는 궁극적으로 동족 주민의 끊임없는 탐색과 실천을 통해 최적의 찰벼 품종을 선택하고, 나아가 안정적으로 재배를 계속 이어가다 또 다른 재난이 덮치면 그때 관련 품종 재배를 중단한다. 이런 의미에서 이곳 동족 주민은 모두 '실천가'와 '경험 탐색의 달인'이라 할 수 있다. 비록 이런 영예로운 칭호를 받지 못했어도 현대 과학연구를 통해 얻은 성과와 같은 효과를 얻을 수 있었다.

황강 주민들은 규칙적인 환종제도를 보유할 뿐만 아니라 주변 여러 마을과도 환종제도가 보증되어 있다. 황강의 동족은 '식상사', '대관인抬官人'4, '동족 경축일 '동년' 축제過"侗年"' '월지와月地瓦'5 4대 행사를 지역 내 다른 동족 마을 주민과 함께 한다. 이런 행사에

---

4 역주: 음력 새해에 동족들이 하는 민속놀이.
5 '월지와'는 동족어를 음역한 것으로 '공유지 농사짓기种公地'라는 뜻이다. 동족 청년 남녀들의 연애 방식으로 일종의 오락, 친구 사귀기를 위주로 하고 농사일을 보조로 하는 사교활동이다.

서 각 마을 노인들은 서로 생산 상황을 알아보고 하는데, 이 지역에 없는 찰벼 품종을 발견하기만 하면 상대방에게 증여할 것을 요구하고, 상대방도 대가를 생각하지 않고 무상으로 종자를 선물한다. 이는 마을의 성과를 널리 알리고 이웃 동네와 좋은 관계를 맺기 위한 데 있다. 위에서 소개한 '구열주' 찰벼는 바로 황강 마을에서 이러한 경로를 통하여 주변 여러 마을로 전파한 것이다. 현재 황강에 있는 '구득오苟得五' 찰벼와 '구금동苟金洞' 찰벼도 이러한 시스템 하에서 도입된 종자인데, 이 환종 방식은 줄곧 효과적으로 이어져 황강의 찰벼 품종이 계속해서 새롭게 변화하는 동시에 끊임없이 신진대사가 이루어지게 했으며, 이를 통해 자연과 생태 리스크에 저항하는 여러 형식의 적응 능력을 얻게 했다.

황강 마을의 '촌락노인'과 '활로두活路頭'의 또 다른 중요한 직책으로는 바로 본인의 경험을 빌어 이듬해에 발생할 수 있는 각종 자연재해를 예측하고 봄갈이 전에 주민들에게 제때에 소식을 전하는 것이 있다. 전달 수단은 북루鼓楼에 게시문을 붙이거나 '촌락노인'이나 '활로두'가 북루에서 대중에게 직접 전한다. 황강 마을에는 전직 점쟁이가 따로 있고, 점치는데 사용되는 책자는 한자로 동족어의 발음을 적은 것으로, 점치는 방식은 수족의 수서水書나 초기 한족에서 유행했던 황력皇歷書(黃歷)과 비슷하다. 예측의 정확도와 과학적 근거를 확인할 방법은 없지만 이를 통해 재난 예방과 경감에 대해 분명 주민들에게 주의를 줄 수 있는 객관적 효과가 있었다. 주민들은 자기가 도급 맡은 논의 속성에 근거하여 계획적으로 환종과 혼종, 재해 예방 대책을 실시할 수 있기에 운영 규칙이 과학이라 할 수 없지만 발생 가능한 재해를 미연에 방지한다는 작용이 분명하게 있다.

따라서 이것은 유익한 사회경고 체계이며, 동족 주민의 자연적 적응의 유기적인 구성 부분이다. 이러한 체제를 통하여 현지 주민의 사상의식은 제고되고, 모두 능동적으로 자연과 생태 변화를 주시하게 되며 전해진 농업 관련 속담과 고사, 전설들과 다시 결합하여 주민들이 어떠한 재해 앞에서도 여러 대책과 수단으로 대처할 수 있게 하기 때문에 독립적으로 재해를 예방하고 재해에 대항하며 재해를 경감하는 작용을 한다. 그들의 성공적인 적응은 북루로 되돌아와 온 황강 동족 주민의 공동재산이 된다. 조사 시간이 제한적이어서 저자는 이 사상보고를 자세히 살펴보지 못했지만 조사과정에서 접한 에피소드 만으로도 이 사상보고의 가치를 이해하는데 도움이 되었다.

저자가 7조 경작지를 현장 답사할 때의 일이다. 그날 논으로 갈 때만 해도 햇빛이 있었고 오후 4시까지 조사를 하고 있었는데, 갑자기 안내자가 우리에게 기존 경험과 북루에서 들은 노인들의 예측에 의하면 오늘 해질녘에 틀림없이 비가 온다고 귀띔을 했다. 그래서 저자에게 마차를 타고 마을로 돌아갈 것을 권했다. 유감스럽게도 말이 낯선 사람을 두려워했을 뿐만 아니라 워낙 산길도 굽고 가팔러 저자는 도무지 마차를 탈 수 없다고 판단해 7㎞의 거리를 마을까지 걸어서 왔는데, 결국 '소령'까지 왔을 때 큰비에 흠뻑 젖고 말았다.

3. 전통생계의 자연재해 예방책

황강 지역의 자연 및 생태특징 등으로 인해 발생하는 자연재해는 주로 가뭄, 수재, 냉해, 농작물을 해치는 해충과 쥐, 참새 등을 포함한 병충해 등이 있다. 다음에서는 황강 주민의 자연재해 예방과 재해 경감의 적응 수단에 대해 차례로 살펴보고자 한다.

황강 마을의 논은 대부분 수자원이 풍부하기 때문에 가뭄을 예방하고 대처하는 대책은 고려하지 않아도 된다. 정상적인 농경활동으로 우발적인 큰 가뭄을 막을 수 있기 때문이다. 그중 다음의 3가지 농경방법은 발생 가능한 가뭄에 효과적으로 대응할 수 있다. 첫째, 황강은 계절풍의 영향을 크게 받는데, 계절풍의 풍향과 세기의 변화는 종종 봄 가뭄과 복중 가뭄을 초래한다. 봄 가뭄의 대응 대책으로 황강 사람들은 대규모로 포동泡冬 작업을 한다. 찰벼를 수확하고 논에 있는 물고기를 잡은 후에 관수를 하여 논에 물을 가득 채우는데, 깊이는 보통 10~25㎝ 정도이다. 수심 깊이는 논이 위치한 지역의 해발과 급수 상황에 의해 결정되는데, 높은 해발 지역의 경우 봄 가뭄에 가장 약하지만 수심 깊게 물 저장이 되어 있는 낮은 해발 구역은 이미 물이 공급되어 있으므로 조금만 더 채우면 된다. 이렇게 물을 저장하는 수자원 농경제도는 어떤 봄 가뭄이 발생해도 리스크를 안전하게 해결할 수 있다.

둘째, 높은 논두렁으로 된 '깊은' 논을 구축한다. 황강의 논은 대부분 깊은 밀림 속에 있어 샘물로 충분히 관개를 할 수 있지만 복중에 나타나는 가뭄에 대처함과 동시에 수재로 인한 논 침수 문제를 완화하기 위한 것이기도 하기 때문에 그들의 논은 아주 특별하다. 즉, 밭 줄기가 높고 가파르며 견고하고 튼튼한데 밭 줄기가 밭 지면에서 50㎝ 정도 된다. 저자는 현지조사 과정에서 측정을 통해 밭 줄기가 밭 지면에서 최저 40㎝, 최고 70㎝ 떨어진 곳에 위치해 있는 것을 발견할 수 있었다. 봄과 여름이 교차하는 시기의 큰 폭우는 전부 논에 비축된다. 실측을 통해 각 논에 저장된 물의 깊이는 비 오기 전에 15~30㎝이고, 폭우 후에 저장된 물은 40㎝를 초과하며, 묘당 200톤에서 300톤 되는 물을 저장되는 것을 볼 수 있었다. 이렇게 물의 비축이 풍부하기 때문에 한여름 복중에 나타나는 가뭄은 논의할 필요도 없다. 물론 가능하면 많은 물을 비축할 수 있도록 하는 데는 전제 조건이 있는데, 바로 황강 주민이 재배하는 찰벼 품종이 대부분 침수에 강해야 한다는 것이다. 이와 관련해서 저자는 이미 실측을 통하여 위에서 언급한 품종 모두 물에 강한 특성을 가지고 있다고 언급했다. 이 문제와 관련해서 더 구체적인 것은 아래에 따로 분석을 할 것이다. 복중에 가뭄이 발생하는 해에는 흔히 일조량이 충분한데, 이러한 찰벼 품종은 재배 논과 잘 어우러져 실제로 크게 생산을 높일 수 있다. 이러한 논의 구조와 찰벼 품종의 특이성을 바탕으로 황강 동족 주민은 이 지역에서 나타나는 복중의 가뭄을 거의 완전히 해결할 수 있다.

 셋째, 일부 논의 물 빠짐을 방지하기 위해 황강의 논도 제방 지역의 동족 논처럼 여러 해 공익 형식으로 노동력을 투입하는데, 여러 세대의 축적된 경험을 바탕으로 엄밀한 수로망과 저수지, 논, 인공 수로, 계곡물을 끌어들이는 물길이 하나로 이어져 있지만 황강 지역의 지세가 가파르고 험해서 진정한 의미에서의 일체화는 이루지 못했다는 점에서 구별된다. 또한 급수에 리스크가 있는 논의 경우 논 바로 위에 물을 저장하는 저수지나 계곡물 끌어들이는 물길을 만들어 관개를 하는데, 골짜기에 흐르는 시내의 상류에는 모두 크고 깊은 작은 못을 파서 작은 물탱크 기능을 하게 한다는 것이 현장조사에서 확인되었다. 주민의 양어장도 하천이 논의 수문과 연결되어 있어 유량을 정확하게 통제할 수 있는데, 이런 농경방식은 제방 지역을 본 딴 것이 분명하지만 황강 지역의 구체적인 실정에 맞게 소화하고 흡수한 것이다.

황강 지역은 해발이 비교적 높아 기온은 낮은 편이고, 온난 전선이 만나는 전선면에 위치하고 있어 봄, 가을 두 계절은 기온의 변화 폭이 커서 심한 경우에 24시간 내에 10도에서 18도까지 내려간다. 따라서 꽃샘추위와 올서리의 발생이 상대적으로 높아 자연적 적응이 극복해야 할 리스크이다. 이른 봄의 저온과 꽃샘추의는 귀주의 광활한 논 재배지역에 치명적인 재해 현상으로 이러한 날씨는 볏모를 전면적으로 부패하게 해[6] 볏모의 손실과 노동력의 손해는 물론 농사일이 지연되게 한다. 황강은 꽃샘추위가 비교적 많고, 한파의 습격을 받는 정도도 제방 지역보다 크기 때문에 이론적으로 보면 이 지역의 볏모가 썩을 확률이 귀주 성내 다른 지역보다 높다. 그러나 황강 지역의 동족 주민은 꽃샘추의를 재해성 날씨로 여기지 않으며, 선조들에게도 볏모가 썩는 재해를 입은 적이 없다고 들은 것을 또렷하게 기억하고 있다. 이것은 동족 주민들이 재해성 날씨를 해결하기 위한 적응의 결과였다. 왜냐하면 황강 주민이 갖고 있는 벼 품종은 어느 하나 할 것 없이 깊은 물에 파종을 하고, 산소 부족도 잘 이겨내는 특성을 가지고 있었기 때문이다. 그러나 황강의 논은 대부분 샘물로 관개를 해서

마른 볏대를 논에 묻어 비료로 사용

봄에 논의 온도가 안정적으로 10도 이상을 유지하게 해 깊은 논물에서 모내기를 한 후 단시간 내 우박이 와도 논의 수온이 크게 내려가지 않는다. 논에 떨어진 우박은 수면에 떠 있기만 하고 발아기의 새파란 모에는 피해를 주지 않는다. 찰벼 품종의 특성과 경작방법의 기묘한 결합은 꽃샘추위의 리스크를 완전히 해결했다.

조사 기간 동안 저자는 황강에서 교잡벼의 밭벼 모종심기 기술을 보급하는 검동남자치주 농업과학연구소의 전문가를 마침 만났는데, 황강 주민은 전혀 아는 체하지 않았

---

[6] 池再香 等, 「黔東南州氣象災害對水稻生產影响的研究對策」, 『中國農業氣象』, 2004(4), p. 42.

다. 전문가가 시범을 보이자 현지 주민들은 고개를 숙이고 논에서 졸고 있어서 부득이 스스로 사람을 고용하여 씨를 뿌리는 작업을 시범해 보이고 개를 잡아 시범 작업을 관람한 황강 주민을 식사 초대하여 서로 간의 오해를 해소하고자 하였다. 전문가가 간 후 저자는 밭에 씨를 뿌리는 황강 주민을 따라 가 2조, 3조, 9조를 차례로 다녀왔는데 놀랍게도 현지 주민들이 써레질한 후에 바로 씨 뿌리는 것을 발견했다.[7] 파종한 즉시 저자는 측량을 했는데, 그 결과 씨를 뿌릴 때의 수심이 12㎝에서 20㎝에 달하고, 수온은 12도에서 17도인 것으로 나타났다.

이렇게 깊은 물속에서 볍씨가 질식되지 않을까 우려를 했는데 얼마 지나지 않아 그럴 필요가 없다는 것이 증명되었다. 파종12일 후 농민들이 뿌린 볍씨는 하나도 썩지 않았지만, 농업과학연구소 전문가가 보급한 밭벼 교잡벼 파종은 오히려 25%나 썩었다. 현지 주민들이 그 전문가를 냉대한 이유를 알 수 있을 것 같다. 사실 황강 지역은 기후 변화가 아주 심함에도 불구하고 샘물과 논의 수온은 극히 안정적이다. 밭벼 육성은 물이 깊게 고이지 않아 보온이 안 되므로 갑작스럽게 기온이 내려가면 필연적으로 모가 썩기 마련인데 이는 아주 자연스러운 현상이다. 이 전문가는 제방 지역에서 적용했던 벼 육성 기술을 황강 지역으로 옮겨와 강제로 시행하려 한 만큼 무의미해질 수밖에 없었으니 누구를 원망할 입장도 못 된다.

벼는 '꽃샘추위'에 약할 뿐만 아니라 올서리와 일찍 내리는 찬비에도 약하다. 이런 두 가지 재해성 날씨는 중국의 광범위한 벼 재배 지역의 벼 수확량을 대대적으로 감소시켰지만 황강에는 결코 그렇지 않았다. 황강은 지세가 비교적 높기에 가을에 짙은 안개와 가랑비가 내리는 날씨가 반 이상이고, 돌발적인 기온 격감은 해마다 여러 차례 발생하지만 황강 주민의 관념에는 찰벼 재배에 있어 재해라 할 수 있는 충해나 냉해의 개념은 없다. 그들의 찰벼 수확기는 두 달 반 정도로 상대적으로 길기는 하지만 그들이 재배한 찰벼 품종이 다음과 같은 특성을 가지고 있기 때문에 마지막 논 벼 수확까지 늘 차근차근

---

7 황강 주민의 밭가는 방식은 아주 독특한데 쟁기를 아예 사용하지 않고 겨울 내 방치해 두었던 포동전을 흙을 부수고 고르고 나서 씨를 뿌린다.

완성한다.

'훙화' 찰벼를 제외한 다른 찰벼 품종은 모두 볏대가 단단하며 키가 크고, 비와 바람에 잘 쓰러지지 않는다. 벼 이삭에는 낟알이 아주 촘촘히 달려있고 왕겨 끝부분에는 긴 까끄라기가 나 있다. 익은 벼는 털옷을 입은 것 같고 안개 물방울과 찬 이슬은 까끄라기 끝에서만 응고되고 어느 정도 축적되면 물방울로 되어 자연히 떨어지는데 낟알에 접촉하지 않는다. 설령 서리 피해를 입더라도 서리가 까끄라기에만 엉기고 낟알 표면에까지 닿지 못한다. 이는 긴 까끄라기의 보호 하에 낟알 주위의 공기가 유동하지 못하고 기온 하강에 대한 적응의 결과이다. 황강 주민은 바로 문화의 자연적 적응을 통하여 이런 가을 추위에 저항 능력이 강한 찰벼 품종을 선별함으로써 황강 지역에서 본래 피할 수 없는 돌발적 저온의 피해를 성공적으로 해결하고, 찰벼 재배의 안정적 생산과 높은 수확고를 올렸다.

황강 지역은 지표가 울퉁불퉁하고 하류 발원지에 위치하고 있어 어디든 폭우만 쏟아지면 수자원이 쉽게 유실된다. 농경지도 강바닥보다 높아 논에 홍수나 침수 재해가 발생하더라도 부분적이어서 오래된 논두렁을 휩쓸 뿐 재해 후에 조금 수리하면 회복된다. 홍수와 침수의 위협을 실질적으로 받는 지역은 낮은 해발 지역의 소수 논에 국한되어 홍수와 침수 재해의 피해가 적은 편이다. 황강 지역 벼의 정상적인 성장을 위협하는 자연재해는 크게 쥐, 참새 피해와 충해 두 가지로 나뉠 수 있다. 앞에서 논의한 것처럼 병해는 재해 예방 기술을 특별히 사용할 필요가 없기 때문에 여기서 구체적으로 전개하지 않겠다. 동족 주민이 쥐와 참새, 충해를 예방하고 퇴치하는 것은 특별한 기술을 통하여 해결하는데 구체적으로 소개하면 다음과 같다.

황강 지역에서 대책이 필요한 생물 재해로는 새, 쥐, 짐승이 미치는 나쁜 영향이 포함된다. 황강 지역 찰벼에 대한 기존 연구를 살펴보면, 황강 주민의 선종, 쥐와 참새가 육성한 찰벼 품종에 주는 나쁜 영향을 방비하는 적응 기능을 겸비하는 것에 크게 주목을 하지 않았다. 그들이 선종하여 육성해낸 찰벼 품종은 다음과 같은 두 가지의 생물학적 특성을 갖고 있다.

첫째, 찰벼 볏대가 굵고 단단하며 곧고 아주 질겨서 잘 쓰러지지 않고 미세 동물들이 수면에서 훔쳐 먹을 수 없을 뿐만 아니라 일 년 내내 논에 물이 깊게 저장되어 쥐가 볏대에 직접 다가가기 힘들며, 수면에서 볏대 꼭대기로 타고 올라가기는 더더욱 어렵기에 성장 중인 벼를 위협하지 않는다. 황강의 동족 주민은 논 주위에 논 격리대인 녹초벨트를 사전에 설치해 쥐가 녹초벨트를 지날 때 솔개, 부엉이, 뱀 등 천적의 공격을 쉽게 받기 때문에 벼 이삭을 훔쳐 먹기 더욱 어렵다. 둘째, 이

볏대가 긴 찰벼 품종

러한 찰벼 낟알은 아주 촘촘히 배열되어 있고 왕겨 위에 길고 딱딱한 까끄라기가 있어 벼 낟알이 쉽게 떨어지거나 볏대가 쉽게 부러지지 않도록 벼를 보호를 해준다. 따라서 공중을 나는 새나 이삭 위에 앉은 새 모두 낟알을 먹는 것은 어려운 일로 낟알을 물었다 해도 긴 까끄라기를 꺾을 수 없음은 물론 입에 넣어 삼킬 수 없고, 벼 전체를 물고 날아가는 것은 더욱 불가능하다. 황강 주민의 기억에 의하면, 그들은 새가 벼를 쪼아 먹는 것을 걱정한 적이 없다고 한다. 단, 낟알이 잘 떨어지는 '고경초' 찰벼와 '왜경초' 찰벼는 예외인데, 이 두 품종은 새들이 이삭에 충격을 주어 낟알이 떨어지게 한 다음 다시 그것을 쪼아 먹기 때문이다. 따라서 이 두 종류의 찰벼만 인위적으로 조류의 피해를 방비해야 할 필요가 있다. 주민들에 의하면, '늙은소털' 찰벼와 '구양롱' 찰벼와 같이 까끄라기가 긴 찰벼는 논에서는 물론 곡식 건조대 화량에 걸어 놓아도 새가 통째로 삼킬 수 없다고 한다. 따라서 곡식을 말리는 세워진 막대기 위에 삼나무 가지를 거꾸로 묶어 높으면 쥐의 피해를 막을 수 있다.

새의 공격을 방비하는 찰벼 품종의 생물학적 특성을 타고난 것 외에 황강의 동족 주민들 모두 수렵, 새 사냥과 쥐잡이의 고수이다. 현재 동족 주민들은 모두 사냥총과 그물을 가지고 있고 특수 식물을 끓여 새가 달라붙게 하여 잡아버리는 쫀득이를 만들 줄 안다. 벼에 나쁜 영향을 미치는 새와 쥐를 잡고, 잡히는 대로 먹기에 인력으로 해로운 것을 유익한 것으로 전환시켰다.

황강 동족 주민은 위에서 언급한 방법으로 벼의 성장에 해로운 새와 동물에 대응할 뿐만 아니라 비슷한 방법으로 벼의 충해에도 대처한다. 비교적 크고 채집과 식용이 편리한 벼 해충은 일률적으로 잡아서 맛있는 요리를 만들어 먹는다. 반면 크기가 아주 작아 식용하기 불편한 해충의 경우 황강 주민은 다음과 같이 세 가지 대책을 세운다. 첫째, 파초芭와 띠茅草로 만든 빗자루로 논에 있는 볏모를 긁어 해충을 논에 떨어트리면 바로 논에서 기르는 물고기가 삼켜 먹어버리고, 수집한 해충은 닭과 오리의 사료로도 사용된다. 둘째, 성장을 중단한 볏모는 제거가 쉽지 않기에 오리를 논에 풀어서 볏대에 충격을 주어 논에 떨어지게 하면 물고기와 오리의 먹이가 된다. 셋째, 그물을 사용하거나 대나무 막대기를 엇갈아 사용하여 메뚜기(蝗蟲)를 쫓거나 잡는다. 메뚜기는 잡는 즉시 먹거나 닭, 오리의 먹이로 사용된다. 이러한 병충해 퇴치는 곤충을 철저히 통제하지 못하고 피해 정도를 줄이는 역할만 한다.

그러나 이는 동족 주민들의 의도한 바인데, 동족의 전통문화에는 모든 야생동물에 대한 이로움과 해로움의 기준에 엄격한 구분이 없고 변증법적으로 문제를 대하기 때문이다. 따라서 그들은 절대로 어떤 한 종류의 생물이 철저히 소멸되는 것을 바라지 않고[8] 그 군체의 규모가 수용 가능한 범위로 한정되기를 원했다. 생물 다양성을 보호하는 원칙 하에 황강의 동족 주민은 한족 농민보다 훨씬 지혜롭다. 찰벼를 수확한 후 논마다 전부 수확하지 않고 약간의 벼를 남기고, 일부 노인들은 까끄라기를 불 태워 새들이 먹게 하는 등 하늘을 날던 굶주린 새들이 생명을 유지하도록 한다. 이러한 전통적 관념은 20년 전에는, 어리석은 짓이라고 쉽게 질책을 받았겠지만 오늘날의 생물 다양성 보호 입장에서 보면 동족 주민의 멀리 내다보는 탁월한 식견에 탄복하지 않을 수 없다.

황강 지역은 산이 높고 가파르고 강우량이 충분하다. 특히 일 년 중 강우량이 대폭 증

---

[8] 해충을 대하는 황강 동족 주민의 이런 관념은 벼 충해를 예방함에 있어 모든 해충을 모두 제거하는 것이 아니라 '섬멸 후 잔류종 보류剿滅后遺种'식의 한국 진도 주민의 전통적 관념과 흡사하다. 崔海洋, 「来自韓國的生態警示」, 『吉首大學學報』, 2006(2), p.87 참조.

가하는 시기가 되면 황강 지역의 논은 홍수나 침수 재해가 발생할 잠재적 위협이 아주 높다. 황강하, 잠추하, 평천하 하류 지역에 형성된 일정 규모의 토석류 퇴적지는 황강 주민이 이곳 정착 전에 이미 형성되었고 지금도 계속해서 황강 지역의 지형에 변화를 주고 있음을 볼 수 있다. 지질 관련 증거를 수집해 분석한 결과 이러한 토석류의 발생 시간은 아주 오래되었다. 그러나 황강 주민의 관념에는 20년에 한번 내리는 폭우가 와도 황강 마을의 일부 논만 논두렁이 훼손되는 정도이니, 이를 복원하면 되고 홍수나 침수 재해로 인한 벼 생산의 감소는 황강 주민들의 기억 속에 없다. 대신 현장 답사를 통해 황강 주민들이 정세에 따라 유리하게 이끌고, 부정적인 요소를 긍정적인 것으로 전환하는 사례들을 찾아볼 수 있다.

황강 마을의 3조, 4조, 11조의 '낮은 해발의 논'은 모두 황강하, 평천하가 만나는 곳에 위치해 있다. 이 지역의 논은 초기 토석류가 퇴적된 곳에 위치해 있어 '삼수피' 찰벼, '늙은소털' 찰벼와 '송아지털' 찰벼 등의 품종 재배에 적합하다. 이곳에 퇴적된 토석류는 경사도가 상대적으로 평탄해 흩어져 있는 작은 돌을 제거하면 토양층이 매우 깊고 비옥하여 논을 만드는데 작업량이 줄어들어 시간과 노동력을 많이 투입하지 않아도 된다. 이렇게 논이 만들어지면 관리를 잘 하는 것만으로도 시냇물의 침식을 막아 논의 관개수로 사용할 수 있을 뿐만 아니라 물살 속도를 줄여 홍수가 발생하더라도 논에 휩쓸려 파괴되는 일이 발생하지 않는다. 위에서 언급한 것처럼 황강 마을의 논은 산림에 산재해 있는데 이 구역의 논만 이어져 분포되어 있다. 이 사례를 보면 자연 재해는 효과적으로 이용될 뿐만 아니라 물과 흙의 비율을 안정시키는 생태적 기능도 하였다.

황강 주민이 자연적 적응에서 거둔 성과는 결코 개인의 지혜나 선진 기술 한두 개가 아니라 전 사회의 힘을 동원하고 대대로의 경험을 축적하고 보완하여 이루어 낸 것이다. 따라서 이러한 적응으로 진화한 과정은 오랜 역사 발전 속에서 끊임없이 이어 온 실천으로의 적응과정은 전통문화가 제공한 사회적 지지에 힘입어 지속될 수 있었던 것이다. 따라서 저자는 이러한 제도적 지지를 통하여 자연적 적응의 구체적인 체계가 완성되어 가는 과정을 뚜렷하게 살펴볼 수 있었다.

제7장

동족의 물고기·오리·벼 공생 농업방식

1. '온역론'과 '잡초론'
2. 물고기·오리·벼 공생의 자연재해 대처 효과
3. 물고기·오리·벼 공생 방식에서 '거시적인 조정·제어 역할'
4. 자원의 고효율 이용 및 특별 보호 방식

제7장

동족의 물고기·오리·벼 공생 농업방식

1. '온역론'과 '잡초론'

전통생계의 역사적 발전 과정에 관한 저술 중에서 『생태확장주의生態擴張主義』[1]는 사람들에게 깊은 깨달음을 주는 좋은 책이다. 이 책에서는 다음 두 문제에 대해 분석을 하였는데, 이는 동족의 물고기·오리·벼 공생 체계를 분석하는 데 아주 적합하다. 우선 '잡초'의 정의에 대한 정리와 검토이다. 결론적으로 '잡초'는 농경민족이 관용적으로 사용하는 혼용된 개념이라는 것이다. 농경민족이 잡초를 꺼리고 모든 수단을 써서 제거하려는 것은 '잡초'가 '나빠'서가 아니라 농경민족의 입장에서 자라는 위치(이 책에서 말하는 농경민족은 제초농경대除草農耕帶에 있는 농경문명으로 여러 양식을 띤 농경문화를 대표할 수 없음)가 잘못되었기 때문이다. 따라서 '잡초'가 위치를 달리 해 대초원에 자라고 있다면 모두 양질의 목초이고 유목민족의 환영을 받기 마련이다. 그래서 '잡초론'은 현대의 순환농업을 개척한 선구라 할 수 있다. 실제로 적지 않은 전통생계는 모두 자연 순환 이용의 특성을 갖고

---

[1] 艾爾弗雷德.W.克羅斯比著, 許友民, 許學征譯, 林紀濤審校, 『生態擴張主義 - 歐洲900~1900年的生態擴張』, 沈陽: 遼宁教育出版社, 2001.

있는데 물고기·오리·벼가 공생하는 황강 동족의 논[2]은 사실상 축소된 순환 농경 방식이다.

둘째, 이 책은 또한 상고 시기 동물에서만 유행하던 많은 질병들이 목축업이 발전하면서 가축과의 접촉을 통해 최종적으로 인간에게 전파되고, 야생동물에게만 발생하던 일부 질병도 인류가 정착해서 농경생활을 하게 되면서 야생동물과의 접촉을 통해 최종 인간에게 전파되었음을 지적했다. 중국 남부 지역의 논에서 한때 유행했던 '주혈흡충병血吸虫病'의 경우도 이러하다.[3] 이 저서에서는 이런 '온역론'이 현대 친환경농업을 이해하는 데 시사하는 바가 크다. 특히 생물성 위협에 저항하는 데 있어 소중한 경험과 시사점을 준다. 비료, 농약 등 현대인의 관점에서 불가피한 요소들은 사용 후 그 결과에 대해 새로운 인식을 가지게 될 것이다. 그러나 전통적 생계방식은 이러한 '온역론'을 통해 자연적 적응성 수준과 관련해 유력한 증거를 찾기도 한다. 이 두 가지로부터 황강의 물고기·오리·벼가 공생하는 구조를 보면 이곳의 전통적인 생계의 본질은 현지에서 접할 수 있는 모든 병충해를 거의 예방할 수 있고, 현대에 새로 나타난 생물의 오염으로 인한 질병도 억제할 수 있을 것이다.

논에 있어 물고기·오리·벼 공생의 농업방식은 동족 전통생계의 유기적인 구성부분으로 황강 동족 주민이 재적응한 독창적인 결과물이 아니므로 이 장에서 다루는 내용에 속하지 않는다. 또한 광범위한 동족 지역은 세계화의 물결 속에서 현대 환경 전문가가 적극 제안하는 순환경제 방식에 의해 급속히 사라지고 있다. 그러나 황강에서는 물고기·오리·벼 공생의 농업방식이 아직도 강한 생명력을 갖고 안정적으로 계속 이어지고 있기 때문에 이 장에서는 이에 대한 리스크 대처 적응력에 대해 자세히 알아보도록 한다.

---

2   동족 주민의 물고기·오리·벼 공생을 통해 양식한 물고기는 현지 주민의 주요 단백질 원이 되고 있다. 통계에 의하면, 1979년 여평현에서 생산한 805,550kg의 물고기 중 논에서 양식한 물고기가 804,200kg으로 99.9%를 차지한다. 『黎平縣志』, p. 249.
3   徐伏牛, 「1991年全國血吸虫病疫情分析」, 『中國血吸虫病防治雜志』, 1992(6).

2. 물고기 · 오리 · 벼 공생의 자연재해 대처 효과

물고기 · 오리 · 벼 공생 체계는 거시적 조절을 통해 논에서 고기를 기르는 동시에 오리를 키워 물고기, 오리, 벼가 같이 생장하면서 상호 의존하고 제약하도록 하는 농업방식을 말한다. 이런 복합적인 방식은 현재 황강에서 여전히 잘 보존되고 있으며 창조적인 면도 없지 않다. 물론 물고기 · 오리 · 벼 공생의 농업방식은 동족에게만 특유한 것이 아니라 광서의 장족壯族, 귀주의 묘족과 수족도 이와 유사한 전통 농업이 있고, 비교도 가능하지만 황강의 물고기 · 오리 · 벼 공생의 복합 경영은 벼의 병충해를 억제하는데 있어 아주 큰 리스크 대처 능력을 지니고 있기에 이를 구체적으로 다음의 네 가지 방면으로 나뉘어 분석할 수 있다.

1) 물고기 · 오리 · 벼 공생의 충해 예방 효과

벼의 병충해는 아주 많고, 그중에서도 잎을 해치는 해충이 절대 다수를 차지한다. 물고기, 오리가 공생하는 논에서 이 두 동물이 이리저리 옮겨 다니면서 볏대와 충돌하기 마련인데, 볏대에 붙어 있던 해충이 점착력이 약한데다가 해충 자체도 재해를 피하는 능력을 지니고 있어 볏대가 충격을 받으면 가는 실을 분비해 벼 잎이나 볏대에 들러붙게 하여 이 실을 타고 아래로 피했다가 충격이 가신 후에 다시 실을 타고 잎에 올라가 계속 잎을 갉아먹는다. 그러나 물고기, 오리가 공생하는 논에서는 이렇게 도망친 해충들이 결국 물고기와 오리의 먹이로 된다. 이에 대해 대부분의 농학자들은 모두 인정을 하고 있다. 물고기와 오리가 해충을 전부 제거하지 못하는 것에 대해서 다소 우려를 보이는 것은 사상과 방법에 있어 위에서 언급한 '잡초론'의 농경민족 의식과 유사하다고 해야 할 것이다. 오늘날 생물 다양성의 보호 원칙에 입각해서 보면 모든 해충을 철저히 제거하는 것은 불필요할 뿐만 아니라 해가 되고 이로운 것이 없다. 왜냐하면 이런 사상은 인간 중심주의의 성향을 재현하기 때문이다. 황강의 현지조사에서 저자는 2006년 황강의 농가에서 정책의 추진 하에 대규모로 농약을 사용한 결과 물고기와 오리가 거처할 곳을 잃은 것으로 나타났다. 2007년 생태 농업을 장려하면서 농약은 한 병도 팔리지 않았지만 이 해는 충해가 전혀 발생하지 않았다. 이 결과에 황강 주변의 마을들에 큰 충격을 주어서 '식상사' 기간에 마을 노인들은 2008년 마을에서 농약 사용을 전면적으로 배척할 데 대해 의견을 같이했다. 물고기·오리·벼 공생 체계는 벼 충해를 예방하는 데 효과가 있어서 많은 동족 주민들로부터 쉽게 인정 받을 수 있었던 것이다. 따라서 농학자들의 이 문제에 대한 입장은 완전히 불필요한 우려에 불과하다.

충해를 억제하는 것 외에 물고기와 오리가 논에서 공존하면 잡초의 성장을 억제하는 효과가 있는데, 많은 잡초들이 성장하기도 전에 논에 있는 물고기와 오리의 먹이가 되고 또한 배설물은 유기 비료로 사용되면서 벼의 생육 도중에 중경 시기에 작물 사이의 토양을 가볍게 긁어주는 효과도 있다. 동물과 식물 두 방면에서 오는 생태 리스크는 이렇게 모두 물고기와 오리에 의해 미리 해결된 셈이다.

2) 물고기·오리·벼 공생의 병해 예방 효과

물고기·오리·벼 공생의 체계가 병해를 방제하는 능력은 줄곧 농학자들의 질의의 대상이었다. 농학자들은 물고기와 오리가 미생물을 직접 삼킬 수 없으므로[4] 물고기·오리·벼 공생 체계가 병해 예방 효과를 지니지 못한다고 보았다. 이러한 질의는 선형적 사고에서 보면 그럴듯하지만 계통적 사고에서 보면 허점투성이다. 벼는 논에서 고립된 존재가 아니라 벼를 둘러싸고 식물 연쇄를 통하여 다양한 물종으로 커다란 체계를 구성하고 있다. 물고기, 오리와 마찬가지로 인간도 해충을 쫓아낼 수 있고 일정한 정도에서 해충을 제거할 수도 있다. 그러나 인간은 물고기, 오리와 구별된다. 인간은 논을 떠나 영향을 발휘할 수 없는데 물고기, 오리의 경우는 다르다. 즉, 장기간 논에서 먹이를 구하고 배설하며 벼와 마찬가지로 논과 오리 주변에도 여러 생물종으로 다양하게 공생하는 어마어마한 체계를 구성한다. 물고기, 오리, 벼를 둘러싸고 형성된 방대한 세 체계는 각

---

[4] 蔡典明,「中國農業的優良傳統與農業循環經濟的發展」,『安徽農學學報』, 2006(6).

자 서로 다른 미생물 군락을 부양한다. 미생물 모두 특유의 항생 물질[5]을 분비하는데, 그 결과 물고기와 오리를 둘러싸고 형성된 두 체계에 개입할 수밖에 없고 벼를 둘러싸고 형성된 방대한 다물종 체계 내에서 여러 미생물은 번식을 제약받게 된다. 따라서 벼를 위협하는 미생물은 멸종되지는 않지만 넘쳐서 재해를 일으키지도 않는다. 바꾸어 말하면, 논에 아주 순수하게 벼만 자랄 경우 병에 감염될 확률은 더 높아지는데 물고기와 오리를 끌어들인 후에는 이런 감염 확률이 뚜렷하게 줄어든다는 것이다.

저자가 황강에서 조사를 마친 후 황강 주민으로부터 올해 벼농사가 풍작을 거두었다는 연락을 받았다. 근래 자주 발생한 '도열병'이 개별 논에서만 간혹 발생했다는 것이다. 이상하게도 주요 인력이 외지로 노동자로 일하러 나간 농가의 논에서 '도열병'이 가장 심했다고 한다. 현지 주민들은 그들이 벼농사를 소홀히 한 데 원인이 있다고 해석을 했다. 이에 대해 저자는 오로지 외지에 노동자로 일하러 가는 데 서둘러 논에 치어를 기르지 않았고, 오리는 더더욱 키우지 않았기 때문에 '도열병'에 걸리게 되었다고 생각한다.

3) 물고기·오리·벼 공생의 '환경오염증후군' 저항 효과

벼는 병해와 충해 외에도 기능적, 기질적 병에도 감염될 수 있다. 이를테면 산소 결핍으로 뿌리가 썩고 유기물 분해의 불완전으로 인해 비료가 부족하며 통풍 불량으로 식물체가 시들어 오그라들고 일조량 부족으로 잎이 누렇게 되는 등[6] 벼의 병변을 통칭해서 '환경오염증후군環境汚染綜合症'이라 한다. 기존의 현대적인 집약형 농업 전문가들은 이와 같은 벼의 '환경오염증후군'에 대해 비료가 부족하면 비료를 주고, 통풍이 안 되면 환기 문제를 해결하며 일조량이 부족하면 주변의 나무를 잘라 햇빛을 비치게 하는 등 '머리가 아프면 머리만 치료하고, 발만 아프면 발을 치료하는' 식의 일의 근본적인 문제를 해결하지 않고 지엽적인 문제만을 해결하는 데 습관이 되었기 때문에 모든 것을 인위적인 간

---

5 熊宗貴, 白秀峰, 「抗生素生物合成控制的進展」, 『抗生素』, 1984(2), p. 111.
6 李紹清 等, 「水稻耐水高產栽培與減災策略」, 『上海農業學報』, 1999(3), pp. 40~51.

섭을 통해 해결하려 한 것으로 전형적인 선형적 사고에 속한다.

체계적 사고의 측면에서 보면 벼의 '환경오염증후군'에 대처하려면 생태 시스템에 의거해 체계적이고 복합적으로 해결해야 한다. 바꾸어 말하면, 순수 벼 군락에 가능한 다양한 생태구조의 하위 구조들을 끼워 넣어야 한다는 것이다. 이를테면 공생하는 다른 생물종을 이용해 벼의 통풍과 일조 문제를 해결하고, 토양 중 부식질의 분해를 도우며 수토 중 산소의 함량을 증가시키는 것 등이 있다. 그러나 이 모든 것은 논에 물고기와 오리를 투입하면 스스로 해결이 된다. 물고기는 논에서 움직이면서 논에 있는 물의 안정을 파괴하는데 물고기가 이리저리 옮겨 다니면서 생긴 에너지는 물이 유동하게 하기 때문에 수토의 산소 함량을 증가시킬 뿐만 아니라 미생물의 성장을 자극하기 때문에 부식질의 분해에 유리하다. 오리의 경우 볏대에 더 세게 충격을 주므로 효과도 더 높다. 총체적으로 물고기와 오리의 투입은 벼 군락에 최적의 두 생물 구조를 투입시킨 것으로 논의 생태구조를 다양하고 복잡해지게 하고 물질, 에너지의 유동과 순환을 가속화함으로써 벼의 성장 환경을 효과적으로 개선하고 바이오매스biomass를 분해해 벼의 성장 환경을 향상시켜 '환경오염증후군'도 미연에 예방할 수 있다.

4) 물고기·오리·벼 공생의 '인류조작증人類造作症' 저항 효과

사람은 벼 생태 시스템의 참여자로서 거시적인 조정과 제어를 통해 능동적인 역할을 한다. 어떤 형식의 전통 농경인이든 농사활동에서 능동적인 역할을 하기 마련인데 집약형 현대화 농업에서만 인간을 농경 현장으로부터 차단시키고 이들 간의 연결을 농작물 요구로만 귀결시킴으로써 결국 사람들은 거칠게 농경 현장에 대해 간섭을 할 수밖에 없다. 이런 배경 하에서 농작물은 전대미문의 다른 종류의 질병인 '인류조작증'에 감염되는데, 이 병증에 대한 농업 전문가들의 표현법도 일치하지 않는다. 대체적으로 보면, '머리가 아프면 머리만 치료하고, 발만 아프면 발을 치료하는' 식의 '화학 비료 잔류', '농약 오염', '성장 호르몬' 남용 등이 있다. 벼의 '인류조작증'은 중국의 남부 지역의 각 민족 전통 농업에서는 극히 적게 발생하고, 발생한다 하더라도 보편적이지 않다.

황강의 경우를 보면 물고기·오리·벼 공생의 전통 논 농업방식에서 물고기, 오리, 벼를 제외하고도 백여 종의 생물들이 있다. 동족 주민들이 먹는 생물은 미꾸라지, 드렁허리, 작은 붕어小鯽魚, 민물 게河蟹, 얼룩 새우靑蝦, 물개구리澤蛙, 우렁이田螺, 민물조개河蚌, 금개구리金綫蛙, 이화명충二化螟(이화명나방), 삼화명충三化螟, 잎말이나방(엽권충), 수오공 등 21가지가 있다.[7] 그러나 논에 메타미드호스甲胺磷(Methamidophos)를 살포하면 논에 기르는 잉어도 피해를 보는 것은 물론 각종 생물도 생존하기 힘들다. 또한 메타미드호스가 살포된 벼는 농약잔류증農藥殘留症도 해소할 길이 없다고 했듯이 물고기·오리·벼 공생 체계에서는 화학농약을 사용하지 않는 것이야말로 벼의 '인류조작증'을 근절하는 가장 믿음직한 방법이다. 지금까지 네 가지의 벼 병해 방제 분석에서는 물고기·오리·벼 공생의 체계가 지니는 특유의 자연 리스크에 대처하는 적응능력을 입증하였다.

5) 물고기·오리·벼 공생 방식에 대한 거시적 조정과 제어 작용

황강 동족의 물고기·오리·벼 공생 체계에서 사람은 거시적으로 조정하고 제어하는 능동적인 역할을 담당한다. 사람은 논에서 발생하는 변화를 수시로 살피고 물고기·오리·벼 공생 관계를 끊임없이 조정한다. 봄철 논에 치어를 투하하는 과정에 동족 주민은 일부 종교 행사도 하는데, 조사팀이 수집한 치어 투하 때 주문을 통해 물고기의 위상을 엿볼 수 있었다.

치어 투하 주문
낮에는 먹이 찾으러 헤엄치고

---

[7] 동족 지역은 여름에 날씨가 매우 무덥기 때문에 이화명충二化螟, 삼화명충三化螟 등 해충은 벼에 성장에 나쁜 영향을 준다. 그러나 동족 주민들을 농약을 사용해서 퇴치하는 것이 아니라 명충螟虫(마디충)만 볏대에서 떨어뜨려서 맛있는 요리를 해서 식용을 한다. 황강 주민들은 이런 해충도 논에서 나는 산물이기에 명충을 철저하게 제거하는 것이 아니라 일정한 범위로 통제를 하면 된다고 본다. 陳茂昌, 「論生態惡化之成因」, 『貴州民族研究』, 2005(4), p. 78.

밤에는 보금자리인 논에서 잠드는데

여기 논두렁에, 저기 논둑에도 좀

야수와 물꼬도 좀 내어주고

나머지 잘 자란 물고기는 내 몫이니라

- 반영영(潘永榮) 정리, 조사지: 황강 마을

그밖에 황강의 동족 주민은 같은 양어장의 울타리에 사용되는 목재도 아주 신경을 쓴다. '동서侗書'의 추산을 통해 서로 다른 재질로 된 다른 연대의 나무로 울타리를 만드는데 이렇게 하면 물고기가 물꼬를 통해 다른 집 논에 쉽게 빠져 나가지 못하고 계곡물에 흘러들지 못한다고 보기에 다음과 같은 대사念詞도 있다.

물고기 투하 대사

자술(子戌)년 모유(卯酉)에는 참식나무를

사진(巳辰)년 축미(丑未)에는 삼나무와 참식나무를

인오(寅午)년 자해(子亥)에는 참다래와 등나무 난간을 사용하고,

참다래와 등나무 난간으로 통일해 양어장 울 바자를 친다.

- 반영영 정리, 조사지: 황강 마을

주민들은 모내기를 한 후 일주일 내에 5㎝ 되는 치어를 벼가 아직 뿌리를 안 내렸을 때 논에 뿌리는데 벼에 피해가 가지 않고 치어도 안전하다. 일주일이 지나 벼가 뿌리를 내리면 갓 태어난 지 20일 이내 되는 새끼 오리를 논에 푸는데 벼, 물고기, 오리 모두 안전하다. 이렇게 논에 투하한 후 물고기·오리·벼는 성장하면서 상호 의존하고 제약하는 공생 관계를 지속적으로 구축하는데, 물고기가 많으면 몇 마리 잡아먹기도 하고 적을 경우 더 논에 풀든가 하면서 벼를 수확할 때까지의 전체 과정에서 사람은 거시적인 조정과 제어 역할을 한다.

오리가 너무 많으면 부근의 다른 논에 분산시키고 논에 잡초가 많으면 오리를 더 많이

풀면 되는 것이다. 거시적인 조정과 제어의 핵심적인 원칙은 벼를 제외한 논에 있는 식물을 '잡초'로 보지 않고 물고기와 오리 이외의 다른 동물들도 나쁜 영향을 미친다고 보지 않았다는 것과 인간은 거시적인 조정과 제어만 하지 정도를 넘어서는 과분한 행동을 하지 않는다는 두 가지가 있다. 물고기, 오리, 벼의 성장을 걱정할 필요가 없는데 지나친 보호야말로 오히려 이들의 독립적인 생존 능력을 잃게 하기 때문이다.

황강 동족 주민은 물고기, 오리, 벼의 복합적인 생계 방식을 수용한 후 오리가 도둑 맞거나 치어가 논에서 빠져 나올까봐 걱정할 뿐 벼의 병충해를 걱정하거나 물고기나 오리가 잘 자라지 않을까봐 걱정한 적이 없고 가을 수확에서 풍작을 거두는 것만 기다리면 된다. 거시적인 조정·제어의 전반 과정에서 사람은 물고기, 오리, 벼와 시종일관 적당한 거리를 유지한다. 물고기, 오리, 벼의 성장에 아주 적게 간섭할 뿐만 아니라 통상적인 벼농사에서 꼭 필요한 김매기마저 생략하고 물고기와 오리에게 아예 맡긴다. 물고기와 오리를 대하는 태도도 마찬가지인데 거의 사료를 따로 추가하지 않는다. 단, 오리의 경우는 예외인데 집에서 기를 때에는 소량의 먹이를 주어야 한다. 물고기, 오리, 벼에 대한 인간의 간섭을 최소한으로 낮추고 물고기, 오리, 벼에 대한 인간의 부정적인 영향도 최소화한다. 중국의 한족 지역에서 흔한 벼 전염병의 경우 황강에서 확실히 다년 간 전혀 발생하지 않았다.

3. 물고기 · 오리 · 벼 공생 방식에서 '거시적인 조정 · 제어 역할'

양정석 교수는 자원의 고효율 이용과 세심한 보호를 모두 충족시키는 것이 생태 안전의 최고 수준이라고 지적한 바 있다. 이를 통해 물고기 · 오리 · 벼 공생 체계와 생물 위협을 성공적으로 방비하는 자연적 적응능력으로만 판단하면 부족하고 이런 생계 방식에 있어 고효율적인 자원 이용 잠재력도 고려해야 한다는 것을 알 수 있다. 황강의 물고기 · 오리 · 벼 공생 논은 물고기와 오리 두 부분을 추가해 물질 에너지와 정보의 단절 고리를 보완해 논이 커다란 순환 고리로 구성된 복합체로 되게 했다. 부유생물은 잉어의 먹이이고, 이런 먹이를 섭취하고 배설한 배설물은 유기비료로 환원이 된다. 물고기의 배설물은 미생물의 분해를 거쳐 벼가 직접 이용할 수 있는 비료로 전화되는데, 이렇게 생물, 에너지의 순환 고리를 구축한다. 오리의 경우도 마찬가지로 논에 있는 물달개비鴨舌草, 부평, 판란근板蘭根, 부레옥잠水浮蓮 등 수생 초본식물을 뜯어 먹고 배설물을 배설하면 그 배설물은 미생물에 의해 분해가 되는데 이 또한 하나의 공생 구조의 물질, 에너지 순환 고리이다.

식물은 물론 동물도 오리의 먹이로 되기에 오리의 배설물은 새우, 민물 게, 수오공 등의 먹이로 제공되고, 이렇게 작은 생물의 배설물도 미생물에 의해 분해되어 벼의 비료로 사용되기 때문에 다른 물질로 에너지 순환 고리를 구축한다. 또한 벼도 나름대로 물질의 에너지 순환 고리를 구성한다. 벼는 사람들의 식용은 물론 많은 동물의 사료로도 제공되는데, 이 동물들은 나아가 다른 동물의 먹이로 되기에 또 새로운 물질, 에너지 순환 고리를 구축한다. 논에 있는 모든 동식물을 모두 합하면 이런 물질로의 에너지 순환 고리는 헤아릴 수도 없이 많다. 물질의 에너지 순환 고리가 증가하면 먹이 연쇄도 인위적으로 증가되기 때문에 단위 면적 당 무기적 자연자원이 변화하지 않는 것을 전제로 하면 유기품의 생산 수준은 벼만 심는 것보다 훨씬 높기 마련이다. 실제로 황강의 논은 양질의 찰벼를 생산해낼 뿐만 아니라 오리와 오리알, 잉어도 역시 양질의 유기 농산품이다. 논에서 수확할 수 있는 다른 것들은 저자의 연구대상에 포함시키지 않는다. 사실 낟알을 떨어낸 후의 '미심초'도 가공해 이윤을 낼 수 있어서 황강의 논은 진정으로 자원의 고효율 이용과 세심한 보호를 모두 만족시켰다고 할 수 있다.

물고기·오리·벼 공생 체계를 구축하는 것은 이윤을 추구하기 위한 것이 아니라는 것을 위에서 이미 설명했다. 그러나 이러한 농업방식은 안정적으로 지속될 것인지에 대해 농학자(전문가)들은 의심을 가지는데, 이러한 농업방식은 현대적 색채를 띠고 않고서는 규모화로 운영을 할 수 없기 때문에 오랫동안 지속되지 못한다고 단정 짓는다. 이러한 결론에 대해 저자는 다른 견해를 갖는다. 물론 이런 황강의 생계 방식은 육체노동을 상당 정도로 투입해야 하는 것은 사실이지만 황강 주민이 마치 어린 아이를 다루듯이 물고기, 오리, 벼에 신경을 써서 실제 노동력을 많이 들이는 것은 아니다 . 그렇지만 다른 민족의 농민보다 더 마음을 써야 하는 것은 사실이라는 것이다.

저자는 황강 주민과 함께 여러 차례 파종과 모내기를 했는데, 출발 전에 그들이 준비한 재료들을 보는 것만으로도 눈이 놀랄 정도이다. 마차 위에는 거름, 농기구, 종자는 물론 20, 30마리 되는 새끼 오리와 암 오리를 가둔 큰 오리장이나 병아리가 가득 한 닭장까지 있다. 일부 농가에서는 반쯤 자란 거위도 3,4마리 싣고 가고, 마차 맨 앞에 사냥개가 달리면서 길을 인도하고 마차 뒤에는 소와 양이 줄을 지어 가고, 야생 식물을 채집하는 주부와 아이도 뒤따라간다. 마차에 짐을 모두 실을 수 없을 경우 주부가 오리를 메고 가는데 새끼 양이 뒤처지면 양까지 안고 간다. 저자를 비롯한 조사팀은 이들을 '육해공삼 군사령관'이라 부르곤 했는데, 그럴 때마다 이들은 웃음으로 답하고 했다. 속으로는 아마 기뻐하며 만족해 하였을 것이다.[8]

농사일은 일하고 쉬고 하는 것을 반복하는데 게임을 하는 것과도 흡사하다. 남녀는 물론 아이까지 분업이 명확해서 남자들은 먼저 드렁허리를 잡으려고 전날 설치한 통발을 끌어올린다. 흔히 20개 내외의 통발을 놓는데 매일 1kg에서 1.5kg의 민물고기 드렁

---

8   2019년 조사에 의하면, 2014년부터 마을에서 삼륜 자동차를 잇달아 구입해 현재 모두 215대 보유하고 있는 것으로 나타났다. 주민들의 소개에 의하면, 도로가 거의 산간 지대의 오르막길과 내리막길로 되어 있어 전동 삼륜차는 동력이 부족하여 목재와 잡초 운송 등의 용도에 실용적으로 사용될 수 없기 때문에 주민들은 모두 휘발유를 사용하는 삼륜차를 구입했다. 삼륜차에 사용되는 휘발유는 쌍강진에서 주유를 하는데 4리터에 16위안으로 흔히 주민들은 큰 플라스틱 통으로 쌍강진에서 구입해 온다. 작은 통은 30리터로 130위안이고, 큰 통은 40리터로 170위안에 판매된다. 산에 다녀 올 경우 왕복 3리터 정도 휘발유가 드는데, 농번기에는 더 많이 쓴다. 마을에서 첫 삼륜차는 2010년에 오씨 성을 가진 주민이 여평현에서 8천 위안에 구입한 것으로 그때까지만 해도 아스팔트길이 놓이지 않아서 흙길을 사용할 수밖에 없었다. 현재 삼륜차는 주민의 생산 활동에서 아주 중요한 도구로 비오는 날을 제외하고 거의 매일 삼륜차로 논에 가서 일을 하고 풀을 베고 목재를 운반한다. 삼륜차의 수량이 날로 많아지면서 소, 말의 수량은 점차 줄어들어서 전에는 가구당 적어도 말과 소가 각기 한 마리씩 있어 써레질이나 운송용으로 사용했다. 지금도 3분의 1되는 가구에서 그대로 이어지고 있고, 비오는 날 삼륜차를 사용할 수 없을 경우에는 마차로 농기구나 마소의 먹이를 운송한다. 소의 수량이 감소된 또 다른 이유는 농기구의 기계화가 보편화된 데 있다. 2017년 이후 주민들은 써레질을 모두 기계화된 트랙터를 사용했지만 워낙 논이 산에 위치해 있어서 삼륜차는 큰길에서는 달릴 수 있으나 60kg이나 되는 기기를 혼자서 운반하기는 불가능한 일이기 때문에 삼륜차에서 내려 논까지의 거리가 멀 경우 주민들은 말과 소를 이용하거나 두 세 사람이 농기구를 논까지 운반해 써레질을 했다. 현재 마을에는 자동차가 총 42대 있는데, 마을의 첫 자동차는 2016년 오동파吳東波가 구입한 여섯 바퀴의 봉고차로 당시 십 몇 만 위안을 주고 산 것으로 이 차는 생활용품을 구입하는 것 외에 관광객 픽업용으로도 쓰였다.

허리를 잡을 수 있어 온 가족의 하루 식사용으로 충분하다. 주부들은 가두었던 오리와 닭을 풀어주고 소와 양도 마음대로 풀을 뜯어 먹게 산꼭대기의 목초지에 몰고 가서 방목한다. 말은 남겨서 써레질을 하는데 남편이 써레질을 시작하면 아내는 새우를 잡고, 새끼 붕어를 잡아 논두렁에서 야외 식사를 준비한다. 한 시간 반 정도의 써레질을 끝내면 아내도 남편과 같이 볍씨를 뿌리는데 파종 시간은 2시간 안 걸리는데 이를 끝내면 하루 농사일도 마무리된다. 남은 시간에 남편은 땔감을 준비하고 아내는 산나물을 채취하고 지렁이를 파는데 지렁이는 말려서 드렁허리의 미끼로 사용한다. 이렇게 두 시간 정도 일을 하고 나면 식사를 하는데 친절하게 우리도 초대를 하였다. 이렇게 식사를 하고 식사 후 마무리를 하는 데 두 시간 정도 걸리고 이 과정에 이들 부부는 동족어로 이야기를 나누었는데, 이야기가 길어 일행 중 통역은 이들 부부가 한 내용을 두서없이 한마디씩 띄엄띄엄 통역할 수밖에 없었다. 알고 보니 부부는 말, 소, 양, 개, 닭, 오리, 거위가 있는 위치와 행방에 대해 이야기하고 있었는데, 필요하면 사냥개를 불러 들여 말을 잘 듣지 않는 가축과 가금을 지키게 하려고 했던 것이다.

 논두렁에서 하는 야외 식사는 아주 풍성할 뿐만 아니라 듣도 보도 못한 것들이 많았다. 용기만 있으면 동족 주민과 같이 식사를 할 수 있었다. 그렇지만 동족어를 몰라서 그들이 노동 과정에 하는 내용과 생각들을 구체적으로 이해할 수 없었다는 점이 가장 유감으로 남는다. 그 후에 여러 차례 조사를 통해서 비로소 진면모를 이해할 수 있었다. 사실 그들은 하루의 노동 일과에서 가장 힘 드는 것은 육체노동이 아니라 신경을 써야 하는 것이라고 했다. 왜냐하면 그 많은 가축과 가금이 움직이기 때문에 달아나는 놈이 있는가 하면, 다른 논에 가서 폐를 끼치는 놈도 있고 야수에게 잡혀 먹히는 경우도 있어 이것을 잘 살펴야 하기 때문이다. 그러나 이들 부부는 아이 둘까지 힘을 보태도 어느 하나 잘 챙길 수 없다. 따라서 파종을 하면서 논과 귀, 마음은 이들 가축과 가금을 떠난 적이 없다. 저자는 사무실에서 보는 업무가 이들이 하는 일에 비해 신경 쓰이는 정도가 비교할 바가 못 된다는 것을 느꼈다. 그들이 사용하는 '위치추적시스템'은 저자를 더욱 놀라게 했는데, 이러한 시스템을 이용해 이야기를 나누면서 집의 가축과 가금의 정확한 위치와 행방을 파악했던 것이다.

사실 동족 문화의 지명과 지리적 지표는 사람을 놀라게 할 정도로 많다. 이를테면 위에서도 언급했듯이 대부분 선조들의 업적에 근거해 명명했다. 1㎢ 범위 내에 이러한 지명은 수만에 달하는데, 저자는 이를 구체적으로 추산하지는 못했지만 다음 두 사례를 통해 이를 충분히 입증할 수 있다. 저자가 GPRS 시스템을 갖고 안내자에게 지명이 있는 곳에 도착할 때마다 귀띔해 달라고 했는데, 이를 한어로 번역해 적기 위해서였다. 그 결과 정상적으로 길을 걷지 못할 정도였는데, 100m도 안가서 7,8개 지명이 측정되었기 때문이다. GPRS 실측을 통해 현지에서 같은 1초 차이로 경도는 28.7m, 위도는 31.4m 정도 떨어져 있었다. 이러한 직사각형 범위 내에 6개 내지 7개의 지명이 있다는 것이다. 가끔 돌로 쌓은 계단에 선조의 이름이 새겨져 있는데, 분수 수문이 있을 경우 관련 '합관' 사회자의 이름까지 연결시켜서 지어 소 한마리가 구덩이에 빠져 다리가 부러졌다는 것도 지명으로 되어 지리적 표시가 되었다. 이것은 이곳에서 방목할 경우 각별히 조심해야 한다는 것을 후세에게 경고하기 위해서이다. 만약 그들처럼 많은 지명을 기억했더라면 우리의 GPRS 시스템도 제대로 기능을 하지 못하고 무의미하게 될 것이다.

한편 주민들은 그 후에 이런 이야기를 들려주었다. 남편이 전날에 드렁허리를 잡으려고 통발을 26개 놓고, 이튿날 일 보러 나가면서 아내한테 부탁을 하여 그 아내가 통발을 하나도 빠짐없이 수거했다고 한다. 물론 지금까지 소개한 이런 경우는 흔히 볼 수 있는 것들이 아니어서 경험하려고 해도 결코 쉬운 일은 아니다. 그러나 그날 일을 마치려고 할 무렵 저자는 놀라운 한 장면을 목격했다. 오후 7시 반 쯤 되었을 때, 날이 저물어 부부는 귀가를 했는데, 아내가 저물기 전에 병아리 수를 먼저 확인하고 닭장에 병아리와 암탉을 가두려다 수가 적어진 것 같아 닭장 밖으로 다시 풀어 확인하는 동작을 세 번이나 한 후에야 닭장 문을 닫았다. 날이 저문 후에도 오리가 먹을 것을 찾아다니느라 말을 듣지 않자 아내가 강제적인 조치로 사냥개를 동원하여 똑같이 세 번 세고 나서 오리를 우리에 가두었다. 말, 소, 양은 기다리다 지치기라도 한 듯이 집이 있는 쪽을 향해 울부짖었다. 남편은 담배를 피우면서 우리와 이야기를 나누는데, 당연히 관련 화제는 찰벼 품종을 둘러싼 내용이었다.

돌아온 후 저자는 이러한 노동이 과연 고된 것인지 아니면 여유 있는 것인지 계속 생각했다. 솔직하게 그들의 하루 농사일이 걷기 외에 저자까지 아주 지치게 하는 그런 느낌을 못 받았기 때문이다. 그들의 농사일이 노동량이 많고 힘들며 인간답지 못한 삶을 산다고 하면 그들은 아마 달가워하지 않을 것이고, 저자도 이를 인정할 수 없다. 그러나 그들이 걱정하는 노동관을 보면 저자는 노동을 대하는 그들이 지나치게 신경을 쓰면서 일하는 것을 인정하지 않을 수 없다. 왜냐하면 큰 동물이 일곱 마리, 작은 동물이 작게 총 서른이 넘는 생명체를 모두 통제하고, 동시에 고분고분하지 않는 '놈'들의 경우 그의 활동 범위가 2㎡ 되는 만큼 담임교사를 하는 것보다 더하면 더했지 마음고생을 덜하지는 않는다고 저자는 보기 때문이다. 그러나 관습적으로 방관자들은 이들이 육체노동에 종사한다고 보는데, 이에 저자는 물론 이들이 '마음고생' 하는 일을 하는 노동자로 보아야 한다고 본다. 사실상 그들이 마음을 쓰는 정도는 저자에 못지 않는데 그 차이와 실정은 문화인류학 전공자가 아니면 도무지 이해하기 힘들 것이다.

이에 적지 않은 학자들은 현대화 수단으로 그들의 육체노동의 강도를 줄일 것을 주장한다. 여러 차례의 경험을 통해 저자는 이러한 주장이 실제 상황에 잘 부합되지 않는다는 것을 깊이 느꼈다. 어떠한 형식의 현대화 설비든 모두 이들이 돌봐야 할 '살아 있는 놈(생명체)'을 대신할 수 없고, 그들이 자신의 토지와 주변의 산림, 수역, 마음속의 손금 보듯 훤한 지식의 축적을 대신할 수 없다. 이러한 현대 설비의 발명을 기다리기에는 아마 인류는 이미 물종의 격이 떨어진 일반 생물이어야 할 것이다. 총체적으로 전통적인 생계 방식에서 절대 인간의 존재를 홀시해서는 안 되는데, 육체노동이든 노심초사든 인류가 없이는 전통생계를 논할 수 없다. 집약형 현대 농목축업이 아무리 잘 되어 있다고 해도 경영 정밀도와 정확도는 어디까지나 전통생계와 비교할 바가 못 된다. 자연과 생태 배경을 무모하게 곡해할 수밖에 없는데, 이렇게 되면 생물의 다양성 병존, 자연과 생태 리스크는 재해 발생 전에 미연에 방지할 수 없기 때문에 인간이 과도한 행동을 할 수밖에 없고 결과적으로 어떠한 현대화 집약형 농목축업이든 자연 적응능력이 전혀 없다고 보아야 할 것이다.

4. 자원의 고효율 이용 및 특별 보호 방식

위에서 물고기 · 오리 · 벼 공생 체계에서의 물질의 에너지 순환을 분석했는데, 이는 전체 순환에서 극히 제한적인 일부에 불과하다. 실제로 황강의 동족 논에서 물질, 에너지의 순환은 논에만 국한되는 것이 아니라 전체 지역에까지 확대되고, 지역사회 전체의 생태 리스크를 예방하는 역할을 한다. 따라서 황강의 논을 보면 인간은 참여자로서의 역할을 하는데, 즉 저자를 비롯한 조사팀은 황강마을의 외부 화장실 '생태 화장실'이나 '모어초대소母魚招待所'[9]에 대해 따로 설명할 필요가 있다고 생각한다. 왜냐하면 이들 화장실은 양어장 위에 조성되어 있어 사람의 대소변 모두 양어장에 배출되기 때문이다. 화장실을 이용할 때마다 아래를 보면 수십 마리가 조용히 배변을 기다리고 있다. 이렇게 자란 모어는 이듬해 온 마을 수천 묘의 논에 투입되는 치어로 공급된다. 이러한 똥오줌 이용은 그것을 유용하게 사용할 뿐만 아니라 사람이 악성 소화기관 전염병에 걸리는 것을 억제하는 작용도 한다.

이러한 화장실은 난간식 구조의 오두막으로 양어장 수면에서 30㎝ 위에 세워졌는데, 건축 방식은 가옥 축소판과 유사하다. 네 개의 홈이 있는 긴 기둥이 있고 이 기둥을 일정한 너비로 해서 목판과 연결해서 3면이 폐쇄된 공간을 이룬다. 상부는 흔히 두 사각형의

---

9   2019년 조사에 의하면 2014년 초 관광업의 발전과 중국의 화장실 위생 개선 계획인 '화장실 혁명'과 더불어 주민들은 화장실을 새로 건설했다. 이런 새 화장실은 주로 벽돌과 시멘트로 만든 4㎡ 면적의 화변기蹲坑式廁所로 6㎝ 직경의 수관에 의해 위로는 펌프식 물탱크와 연결되어 있고, 아래로는 11㎝ 직경의 도관에 의해 (박테리아를 이용한) 오수污水 정화조와 연결되어 있으며, 오수 정화조는 직경이 20㎝되는 도관에 의해 양어장과 연결된다. 화장실의 총 건설비는 5천 위안에서 8천 위안 사이에 있는데, 마을에 총 200가구가 이미 이러한 깨끗한 화장실을 사용하고 있다. 주민이 화장실을 건축하는 데 드는 비용이 5천 위안 내외 된다. 2019년 7월 황강촌의 23가구는 경제적 어려움으로 화장실 개조를 하지 않았다. 화장실은 건축에서 대소변 오수를 어떻게 배출해야 하는지 하는 새로운 문제에 부딪치게 되었는데 양어장이 없는 농가에서는 이러한 대소변을 주변의 하류로 배출할 수밖에 없었다. 정부에서는 이러한 오수 처리를 계획했는데, 2014년 진鎭정부의 도움 하에 마을의 공산당지부위원회와 촌민자치위원회에서 하채문下寨門에서 7㎞ 떨어진 곳에 오수처리 공장을 건축해서 도관으로 오수 처리를 하기로 했다. 사업 품질 불량이라 도관이 자주 파열해 오수처리 공장은 버려지게 되었다. 지금도 현지 주민들이 배출하는 대소변 등 생활오수는 집중적으로 처리되는 것이 아니라 가까이에 있는 하류에 직접 배출되기에 상류의 수자원 오염이 하류 지역의 수자원 사용에 영향 미쳐서 현지 생태에 일정한 영향을 가져다주었다.

목판에 의해 가려져 있어 비바람을 막는 작용을 한다. 상대적으로 보잘것없는 화장실은 밑바닥이 통나무 두 개에 의해 양어장 위에 가로로 걸쳐 있고, 그 위에 네 조각의 짧은 목판이 원목에 끼워 있다. 사람의 똥오줌이 양어장에 직접 배출되어 고기의 먹이로 일부 충당된다. 나머지 사료는 양어장의 다른 미생물이 충당하기에 화장실에 배출하는 똥오줌도 최대한으로 양어장에서 다음 급의 순환을 해 배출된 오수는 공해가 되지 않는다.

도로 옆의 생태 화장실

생태 화장실은 모어를 양식하는 곳이기도 하다. 치어를 번식하기 전에 주민들은 양어장에 잡초를 깔곤 했는데 모어가 산란하는 곳이기 때문에 3월부터 모어가 산란하고 나서 10여일이 지나면 치어를 논에 투하하는데, 이는 동족의 물고기·오리·벼 공생의 전통생계방식의 시작이기도 하다. 이 점은 인류학자 전경수의 저서 『인류, 환경, 친화』[10]에서 소개한 제주도의 화장실을 건축한 원리와 아주 흡사하다. 한국의 제주도 전통 가옥의 대체적인 구조는 주로 낮은 돌담으로 된 두 채의 건물('안거리'와 '밖거리')로 되어있다. '올레(길)'은 가옥의 입구로 외부에서 두 건물이 있는 마당에 이르기까지의 공간을 말하는데 일종의 시작 개념이 있다. 이 공간은 가옥의 외부이긴 하지만 가옥마다 모두 이런 독립적인 길과 같은 공간을 확보하고 있다. 올레를 걸으면 나무 세 개를 돌 끝 말단에 가로 놓고 물리적인 방법으로 가옥의 안과 밖을 분리한 곳인 정랑正廊이 보인다. 정랑에서 집 안에 외출한 사람이 있다든가 외출한 주인이 언제 돌아온다든가 등을 알린다. 안거리와 밖거리가 마주하고 있는 이 곳을 지나 안채의 뒤쪽에 화장실이 있다.

화장실을 가까이 하면 돌담 주위에서 꿀꿀 하는 소리가 들리는데, 누군가 화장실을 가까이 가면 돼지가 꿀꿀거리며 반응을 하기 때문이다. 화장실 한쪽에 비바람을 막는 작은

---

10 全京秀著, 崔海洋譯, 『環境, 人類, 親和』, 貴州人民出版社, 2007, pp. 141~143.

공간이 있는데, 이곳이 바로 돼지가 휴식을 취하는 곳이다. 사람이 화장실에 다가가면 돼지우리에 누워 있던 돼지가 일어나서 꿀꿀대며 사람 똥이 떨어지는 약 2m 정도 떨어진 공간으로 이동을 한다. 사람이 배변을 하는 곳은 지면에서 1m 이상 떨어진 곳에 있고, 돼지의 주요 생활공간과 똥이 떨어지는 곳 사이는 깊이의 차이가 난다. 똥이 떨어지는 곳은 주위보다 조금 꺼져 들어가 있고, 두 평면 간에는 약간 경사져 있다. 양변기 배수구와 같이 똥이 떨어지는 구멍은 주위보다 약간 꺼져 있고 경사도도 있는데, 돼지의 머리와 등을 볼 수 있다. 볼일을 보는 곳과 약간 떨어진 곳에는 단으로 묶은 잡초가 쌓여 있다. 단을 풀면 잡초가 자연적으로 흩어지는데 돼지 똥오줌으로 화장실 지면이 아주 질퍽거리기기 때문에 잡초를 떨구어 화장실 지면에 깐다. 아주 진창인 곳에는 잘라 놓은 잡초를 펴는데 돼지가 자신이 밟은 잡초를 가끔 먹기도 한다. 이렇게 좁은 화장실 공간은 돼지우리, 사람이 배변을 보는 곳과 잡초를 묶는 곳 세 부분으로 구분되어 있다.

돼지가 꿀꿀거리는 것은 인기척 소리를 듣고 먹이가 생겼음을 감지해서 보내는 신호이다. 사람은 화장실을 좀 높은 곳에서 이용해야 하는데, 이 과정에서 흔히 손으로 배변구 입구에 꽂은 긴 장대長杆를 잡는데 볼일을 볼 때 장대를 배변 구멍에 넣음으로써 돼지가 배변구 바로 아래에 접근하는 것을 방지하기 위해서이다. 돼지의 접근을 막지 못하면 돼지가 몸통을 부르르 떨 때 생기는 오물이 볼일을 보는 사람의 하반신을 더럽힐 수 있기 때문이다. 가끔씩 돼지가 남자의 생식기를 공격해 심한 상해를 입히기도 한다.

돼지는 배변구 아래에서 사람 똥을 기다린다. 사람이 배변을 본 후 돼지가 사람 똥을 먹어버리는 동시에 자기 똥오줌과 화장실 지면 뒤에 깔아 놓은 볏집과 잡초를 골고루 뒤섞어 발로 디딘다. 돼지의 이러한 행위는 농사에 양질의 퇴비로 제공된다. 사람들은 이런 퇴비를 직접 식용할 수 없지만 이런 퇴비를 '먹을 수 있는' 식물에게 퇴비를 주고 사람은 이런 퇴비를 사용한 식물을 생산해 먹는다. 결과적으로 사람은 식물을 통해 이런 돼지 똥오줌을 사용한 퇴비를 먹었으니 돼지의 똥오줌이 인간의 식물로 되고 인간의 똥오줌이 돼지의 먹이가 되는 셈이다. 이런 현상을 생태학적으로 보면 물질 순환과 에너지 순환에 속한다.

인간은 생태학적 순환 과정의 일부분으로 인위적인 방식으로만 운행되는 것이 아니다. 제주도 사람들이 농사를 통해 양식을 확보하는 농업방식에서 농사에 사용되는 시비 활동은 인간이 강제적인 자연의 힘을 어떻게 잘 사용해야 하는지를 보여주고 있다. 바람이 많이 불고 화산 지형이어서 토양과 화산재가 바람에 날리기 때문에 토양 표층에 대한 관리가 많이 필요한데, 이는 제주 농업의 기본 문제이기도 하다. 제주도 사람들은 제주도의 이런 자연환경에 적응한 행위에는 마탑지馬踏地풍속과 같은 문화가 있다. 조(좁쌀)의 씨앗을 뿌리고 나서 20~30마리 내외의 말을 몰아 금방 씨를 뿌린 땅을 말발굽으로 다지게 한다. 방목공들이 '마탑지가歌'를 부르면 말들은 선율에 따라 땅을 밟는다. 이는 금방 뿌린 종자들이 바람에 날리는 것을 방지하기 위한 발명이라 해야 할 것이다.

각종 채소 씨를 뿌릴 때 제주도 사람들은 씨앗을 직접 논밭에 뿌리는 것이 아니라 화장실의 '끈적끈적한 비료'와 섞어서 사용하는데 이렇게 하면 씨앗이 점성이 있는 '끈적끈적한 비료'에 붙게 마련이기 때문이다. 그리고 나면 농부가 논에 비료를 뿌리고는 흙으로 덮는다. 이런 파종 방법은 바로 제주도 사람들이 돼지 똥오줌, 잡초, 농작물의 줄기를 한데 섞어 화학반응을 하게 하는 과정에서 점성이 있는 비료가 찐득거리게 하는 물리적 특성이 생기는 것을 이용한 것이다.

제주도 화장실을 보면, 사람들이 똥오줌을 보는 곳일 뿐만 아니라 돼지사육에 필요한 장소와 사료를 제공하는 곳이기도 하다. 유기농업의 퇴비생산기지이자 똥오줌을 거름으로 사용하는 재배방법에 적응한 전략을 실천하는 것으로 강풍이 부는 자연 조건 하에서도 농업활동을 순조롭게 하기 위한 것이기도 하다. 이 외에 사람들은 화장실을 각종 음식물 쓰레기와 생활오수(설거지물)를 처리하는 곳으로 이용한다. 요컨대, 화장실은 똥오줌을 배출하고 오수를 처리하는 기능을 갖고 있다. 이로부터 화장실은 과학적인 방법으로 똥오줌, 오수를 처리하는 공장이라 해도 무방하다고 해야 할 것이다.

실제로 반세기 동안 황강에는 악성 이질과 콜레라가 유행한 적이 없다. 왜냐하면 이런 병균은 잉어에게 악영향을 미치지 못하는데, 잉어를 처리하기만 하면 병균이 양어장 외에 물에서 생존하지 못하기 때문에 콜레라에 감염될 우려도 없다. 이러한 순환권은 황강에서는 좀 예외적인데, 제방 지역의 동족 마을은 양어장과 논이 연결되어 있어 사람의 똥오줌이 최종 비료 형식으로 논에 귀환되어 물질, 에너지 순환의 필요한 부분으로 되기 때문이다. 그러나 황강에서는 지세가 평탄하지 않아 논과 마을의 양어장이 연결이 되어 있지 않아서 이 순환은 양어장에만 국한된다. 그래서 황강 주민은 이를 보완하는 방법이 따로 있다.

황강 마을의 양어장은 물고기를 양식하고 치어를 번식하는 것 외에 사료기지로 사용되는 기능도 있다. 황강 마을은 가구당 돼지를 평균 세 마리 넘게 키우는데, 최대 십여 마리까지도 길러 사료를 뜯는 것은 힘든 육체노동이어서 주민들은 물 위에 있는 부레옥잠, 부평, 물개구리밥 류의 부유 식물을 집 부근의 양어장에 가져다주는 방법으로 해결을 한다. 사람과 물고기의 배설물은 이런 식물의 영양 공급원이기 때문에 양어장의 식물은 아주 왕성하게 자란다. 아내가 사료를 뜯지 못한 경우에는 자연히 양어장에 가서 사료를 줍거나 이렇게 기른 부유식물을 바로 사용할 수 있기에 돼지와 오리는 지금까지 신선한 사료가 부족하지 않는다. 돼지 똥을 발효하면 논에 쓰이는 비료로 되기에 이를 통해 양어장과 논이 연결되지 못한데서 생긴 순환의 결함을 보완할 수 있었다. 특히, 부레옥잠은 중국 담수호에 재난적인 침입 생물종으로 태호太湖, 조호潮湖, 곤명지滇池 등에 해마다 이를 제거하는 비용이 매우 많이 들고[11] 완전한 퇴치도 어렵다. 그런데 이상하게도 황강에서는 부레옥잠을 보배처럼 소중히 여겨 절반 넘는 돼지와 오리가 부레옥잠을 신선한 사료로 사용하고 있다. 이로부터 생물 오염도 문화 속성의 영향에서 벗어날 수 없기에 모든 악의 근원인 부레옥잠은 황강 주민들에게는 온순하게 변화한 만큼 이렇게 생물 침입의 리스크를 해결하는 것은 참고할 만한 가치가 있고, 다른 관련 학과의 학자들도 이에 대해 깊이 있는 연구를 할 필요가 있다.

봄철에 중요한 돼지 사료인 부평

---

11 부레옥잠의 범람에 대해서는 國評, 「水浮蓮泛濫成災」, 『陽城晚報』 2004. 5. 23. 기사. 黃蔚山, 陳懌, 「百畝浮蓮堵死西陽船閘」, 『中國水運報』 2004. 3. 12. 기사 참조 바람.

황강 주민이 생물 침입을 해결하는 다른 중요한 사례로는 물고기와 간접적으로만 연관되지만 아주 생동한 전형적 사례라 할 수 있다. 야통호는 서구에서 전래한 것으로 서남지역의 넓은 지역에서는 생물종 침입으로 인한 재난 발생의 주요 원인에 속한다. 그러나 황강에서는 제멋대로 난무하지 못하고, 물고기를 구울 때 조미료로 사용되어서 조사 기간에 야외에서 물고기를 구워 먹을 때 번번이 이 신선한 '박래품'을 맛볼 수 있다. 현지의 동족 주민들은 물고기를 구울 때 논 주위의 논 격리대인 녹초벨트에서 손쉽게 야통호를 한줌 가득 뜯어서 시냇가에서 깨끗이 씻은 후 푸른 잎 야채에 구운 물고기를 싸서 먹는다. 이에 저자는 서남 지역에서의 야통호 '재해'가 황강에서는 문제되지 않는 것에 대해 놀랍고 의아해하지 않을 수 없었다. 주민들의 행위를 이해를 한 후에야 비로소 그들이 야통호의 생물 습성을 완전히 장악하고 있어 널리 퍼져 악성 영향을 미치지 않도록 통제하는 것을 이해할 수 있었다. 주민들의 설명에 의하면, 야통호의 씨앗은 아주 작아 논에 떨어지면 잠기고 논 격리대인 녹초벨트에 떨어지면 흙이 없어 말라 죽으며 산림에서는 일조 부족으로 질식해 죽는데, 그들이 논두렁 정리를 하거나 논 격리대인 녹초벨트를 통제하느라 불태운 곳에서만 드문드문 자라서 많지도 적지도 않게 먹기에 충분한 양이었던 것이다. 따라서 저자가 야통호야말로 바로 국내 절반 지역을 들었다 놓았다 한 장본이라고 하니 도무지 믿기지 않아했다.

야통호의 사례를 통해 저자는 이 외에도 외래종이 이런 생태 리스크를 침입하는 것은 문화적응으로 대처할 수 있는 문제임을 발견했다. 부레옥잠과 야통호가 황강에서 악성 영향을 미치지 않고 유익하게 변화한 것은 현대 기술이 아니라 동족의 전통생계방식에만 의지했던 것이다. 모든 외래 물종은 생명력과 적응력이 현지 물종보다 떨어지기 때문에 외래 물종이 악성 영향을 미칠 수 있었던 것은 관련 민족문화가 생태환경을 이용함과 동시에 무의식중에 관련 민족문화에 없는 생태적 지위(ecological niche)를 새로 구축했기에 외래종의 영향력에 터전을 마련했던 것이다. 이러한 원인으로 황강 주민은 전통생계에서 현지 생태체계를 고효율적으로 이용하고 세심히 보호를 할 수 있었다. 민족문화에 없는 생태적 지위를 스스로 장악을 했기에 다른 지역에서의 '악마'가 황강에서는 '순한 양'으로 되었다. 한편 무조건적인 외래 동식물 도입으로 인해 엄청난 손해를 본 사례도 있는데[12] 이러한 사례는 외래 환경과의 교류가 많아지면서 점차 증가하겠지만, 이 역시 자연적 적응으로 대처하기 어려운 부분이기도 하다.

---

12   1980년 하반기에 중조中朝, 수구水口, 쌍강 등지의 일부 생산대社隊에서는 호남에서 구입해 온 바이러스에 감염된 종돈으로 인해 차례로 종돈 역병이 크게 유행하였는데, 이때 1,100마리의 종돈 사망으로 2만 위안 넘게 피해를 보았다. 黎平縣志編撰委員會編, 『黎平縣志』, 巴蜀社出版社, 1989, p. 46.

제8장

황강 동족의 생태환경의 취약성에 대한 대응책

1. 경작지·못·수로망 구축
2. 유수침식의 방지
3. 생태 취약면 보완
4. 산림 생태계 보호

제8장

황강 동족의 생태환경의 취약성에 대한 대응책

1. 경작지 · 못 · 수로망 구축

　민족문화의 자연적 적응의 효과를 정확하게 평가하기 위해 양정석 교수는 생태환경의 취약한 측면을 피하고 적응하는 능력을 세 번째 평가 기준으로 제시했다. 아울러 생태환경의 취약성이란 한 민족이 생태체계를 이용함과 동시에 생태체계 중 안정적으로 유지가 어려운 부분이 있다면 이 부분이 바로 전체 생태적 체계에서 취약한 환경부분이라는 것이다. 이 정의를 보면 생태환경의 취약성은 생태계와 관련된 민족문화만의 특수한 속성을 지닌다. 이로 보아 생태의 취약한 측면은 단순히 자연과학적 개념이 아니라 문화적 속성을 지닌 개념이다. 같은 자연과 생태계 구조가 어떤 민족에게 취약성으로 드러난다고 해서 다른 민족에게도 반드시 같은 취약성을 드러내는 것은 아니다. 설령 취약성이 드러난다 해도 서로 다른 의미를 담고 있다.[1] 이러한 이해는 황강 동족 문화의 자연적 적응능력을 평가하는 데 신뢰성 있는 이론적 근거를 제공한다. 따라서 이를 근거로 동족 주민은 황강 지역의 원시 산림체계에 적응함에 있어 구체적으로 생태계의 취약

1　楊庭碩, 『生態人類學導論』, 北京: 民族出版社, 2007, pp.79~82.

성을 어떻게 계획적으로 피하는지와 이를 통해 동족의 주거 환경과 원시 생태계가 장기간 안정적으로 이어짐으로써 생물자원을 지속적으로 이용했는지 분석할 수 있다.

원시생태계는 상호 균형을 이루는 원칙에 의해 수천 년에 걸쳐 적응을 해온 산물로서 그것이 지닌 안정적인 지속성은 의심할 바 없다. 황강 지역의 원시생태계도 예외가 아닌데, 이러한 안정적인 지속성이 어디에서 왔는지는 이 책에서의 연구 대상이 아니므로 전문적 생태학자의 몫으로 남겨두기로 한다. 그러나 앞에서 설명한 것처럼 황강 지역은 산이 높고 계곡이 깊으며, 강의 낙차가 매우 커 1㎞ 당 낙차가 평균적으로 100m를 초과할 뿐만 아니라 강우량이 많아 연평균 1,300㎜ 이상 된다. 중력에 의한 침식과 유수에 의한 침식이 아주 심한데 경사도가 25도일 경우 농경지로 사용하는 것이 부적합하다는 자연지리학자의 의견대로라면 이 지역은 농경지로 개발하는 것이 분명히 적합하지 않다.[2] 예컨대, 농경지 개발은 반드시 드문드문 분포되어 있는 완만한 비탈이어야 한다.

마을을 건립할 경우에도 물에 수몰되지 않는 완만한 비탈을 선택해야 한다. 그러나 황강 지역의 경우를 종합하여 보면, 위에서 소개한 통상적 이념은 이미 무너졌는데 위아래의 낙차의 경사도가 30도 이상인 논이 있는가 하면 70도를 넘는 것도 찾아볼 수 있기 때문이다. 양어장과 관개구, 물수로와 논 사이의 낙차도 25도로 한계를 넘는다. 오늘날 황강 마을은 더욱이 가장 쉽게 수몰되는 산 계곡의 저지대에 위치해 있는데, 이 역시 상식에 어긋난다. 그러나 이곳의 논과 마을은 200여 년 동안 평안하게 잘 유지되어 왔는데, 이는 이들이 취약한 이곳의 생태환경에 성공적으로 극복하여 아주 높은 적응 수준에 이르렀음을 보여준다.

취약한 생태 고리는 원시생태계가 원래 지닌 내용이 아니고, 쌀과 생선을 주식으로 하고, 장작을 땔감으로 사용하는 전례를 따르려는 동족 주민들의 전통문화 또는 이로부터 파생된 민족문화의 산물이다. 왜냐하면 이러한 지역에 설립된 동족의 주거환경[3]에서 논을 양어장에, 마을은 하천과 가까이 있게 하려면 산비탈이나 산지, 밀림 등 농경지의 적

---

2 谷振賓·王立群, 「我國退耕還林生態影响及其評估研究進展」, 『生態經濟』, 2007(5), pp. 27~29.
3 주거환경과 관련된 더 자세한 내용은 王猛等編著, 『人的創世紀』, 成都: 四川人民出版社, 1987 참조.

지가 아닌 곳에 생산이 안정적이고, 생산량이 높은 산의 계단식 경작지를 개간해야 했다. 따라서 중력 침식이나 유수 침식으로 논과 양어장의 구조적 안정과 마을의 안전은 위협을 받게 되는데, 중력과 유수의 복합적인 침식으로 인한 유실과 산사태나 물사태 재해는 동족 문화의 취약한 생태환경의 고리로 작용하기 마련이므로 동족 문화의 자연적 대응능력도 이러한 취약한 부분에 대항하여야 하고, 취약한 환경에 적극적으로 대처해야만 동족 문화의 전승과 주거환경의 안전을 확보할 수 있다. 황강 마을의 주거환경은 역사적 고증에 의하면 200년 전으로 거슬러 올라가는데, 장기간 대대적으로 이어져 올 수 있었던 것은 바로 동족 주민들이 위에서 설명한 것처럼 취약한 생태환경을 잘 극복해 왔다는 것을 보여준다.

황강 지역의 자연과 생태의 기본 구조는 뇌공산의 저해발 지역과 아주 유사한데, 강수량이 많고 기온이 높은 편이어서 열대와 아열대 생물종이 아주 풍부하다. 그러나 뇌공산과 비슷한 지역, 특히 현대 설비가 집중된 읍내와 도로 주변의 경우 흙탕물 사태와 흙의 유실은 이미 피해가 상당한 자연재해로 작용하고 있다. 그러나 저자는 황강 마을의 조사를 통해 이와 상반되는 결론을 얻을 수 있었다. 즉, 황강 주민들이 이 지역 산림생태계의 토지를 이용하는 지수가 아주 높은 것으로 드러났는데, 위에서 지적했다시피 이 땅에서 수확한 양식은 이들이 3년을 먹을 수 있을 정도로 충족하고, 외부에 판매하는 목재 수량도 상당하며, 외부에 판매하는 가축 생산량도 여평, 종강 두 현의 농촌 재래시장에서 인기상품으로 손꼽힌다. 대신 황강 주민들의 기억에 의하면, 지난 반세기 넘도록 이곳에는 심한 물사태나 산사태가 발생하지 않았고 장마철에 황강을 지나가는 하천이 누른색을 약간 띨 뿐 수량 변화는 5배 안 되고, 토양 유실량은 거의 없었다. 따라서 황강 주민들이 이 지역 산림생태계에 대한 재적응이 효과적이었고, 생태계의 각종 취약한 환경을 잘 극복했음을 보여준다.

생태계의 취약성에 대한 대응책으로 황강 동족의 주거환경 구축은 아주 특징적인 면이 있다. 즉, 가능하면 생체 모방의 구조를 취하고 있는 점인데, 인위적 간섭이 불필요한 산림대에 한해서는 최소한 개량 원칙을 적용하는 것으로 지역사회 제도의 규범 하에 질서 있게 규칙적이며 균형적으로 이용을 하고, 생물의 상호 견제라는 법칙을 자체로 조직하는 기능에 의지해 중력과 유수에 의한 침식을 감소시키는 것으로 표현된다. 이에 대해서는 이 장의 2, 3절에서 구체적으로 소개하기로 한다. 이들의 경작지 구조만을 예로 이들이 생태계의 취약한 부분을 회피하는 기술과 기능적 측면을 제시하고자 한다. 황강의 경작지 구성도 독특한 생체공학적 특징을 가지고 있다. 이곳 주민들의 논은 거의 원시산림 생태계에서 인위적으로 개발해낸 차생림에 속한다. 경작지 구성 기술과 기능의 속성에 비추어 볼 때, 황강의 논은 샘물로 급수하는 논, 하천의 물길을 바꾸어 만든 간석지 계단식 논, 움푹한 저지를 메워 만든 높은 제방으로 견고하게 에워싸여진 논, 진흙과 돌이 퇴적되어 생긴 완만한 계단식 논 등의 네 가지로 크게 구분할 수 있다.

첫째는 샘물로 급수하는 논을 들 수 있다. 황강사람들이 밀림에서 구성하는 논의 구조는 독특하다. 황강 지역의 경작지 구조를 살펴보면, 특히 산림 가운데 가려져 그늘진 경작지 구조의 경우 대부분 샘물 분출구의 발단에 위치하고 있어서 샘물로 급수하는 논이라는 논 명칭이 자연히 붙여지게 되었다. 즉, 개울을 끼고 수직으로 등고선을 따라 조성한 높은 해발의 논으로 논두렁이 개울을 절단시켜 개울 수평면을 따라 좌우로 산의 형체를 따라 뻗어 나가 지표를 평평하게 함으로써 수평을 이룬 계단식 논을 형성했다. 그리고 나서 다시 한 단계 아래로 이동하여 두 번째 논을 조성하는데, 이런 방식으로 개울의 끝까지 이어진다. 샘구멍에서 물이 흘러나오는 곳에는 모두 물을 저장하는 둑과 물이 지나가게 하는 배수구를 만들었는데, 이는 수온을 높여 찰벼 재배에 필요한 최저 온도를 유지하기 위한 것이다. 또한 위 아래로 구분되는 논 사이에 있는 입수구와 출수구에 분류 장치가 모두 있는데, 이것은 유수 충격을 낮추어 홍수에 의한 하천 범람 때 논두렁이 파괴되는 것을 방지한다. 아울러 논의 위쪽과 아래쪽 모든 곳에 녹초벨트 구역을 사전에 보류했기에 유수의 충격을 감소할 수 있다. 이러한 조치들을 통해 홍수 범람 때 발생하는 충격을 최대로 낮출 수 있었다. 따라서 겉으로 보아 거칠게 보일 수도 있는 그들의 경작지는 집중호우를 이겨내고 논 사이에 하나같이 설치한 방호림 보호로 논에 물이 50㎝를 초과한다 하더라도 논두렁이 붕괴되지 않도록 견고한 논을 조성할 수 있었다.

둘째는 동족 마을에서 쉽게 찾아볼 수 있는 계단식 논이다. 이의 조성은 전통적인 논 조성에 대한 제방 지역 동족의 개발 연장선으로 이해할 수 있다. 기본 방법은 하류에 대해 인위적으로 물길을 바꾸는 방법으로 기존의 모래톱 위에 계단식 논을 만드는 것이다. 이런 논에 이용되는 모래톱은 면적이 작을 뿐만 아니라 계단식 논을 조성한 후에 홍수에 의한 하천 범람의 위험이 크기 때문에 인공수로를 통해 창의적으로 처리한 것이 창조적이다. 대체적으로 산길의 서쪽에 인공수로를 파서 수로가 조성된 후 하류가 기암에 부딪히고, 인공수로 하도가 깊기 때문에 홍수 때에도 경작지가 피해를 받지 않는다. 오늘날 과학적인 원리로 이를 해석하면 이들은 사실상 지구의 자전에 의한 원심력을 기묘하게 이용하여 강물이 급증하더라도 바위에 부딪히게 하고 경작지에 대한 위협을 줄였기 때문에 농경지의 대한 유수의 피해를 효과적으로 줄일 수 있었다.

셋째는 황강 지역에서 가장 특이한 방식으로 구성된 논이라 할 수 있는 계단식 논이다. 구체적으로 그것의 조성을 살펴보면 산비탈에 등고선을 따라 아주 높은 돌층계를 쌓아 두둑을 구축했다. 저자가 조사한 바에 의하면, 산비탈에 위치한 논 가운데 가장 높은 것은 15m를 넘겼는데, 논두렁이 산비탈 해발의 2분의 1되는 수평 위치에 있어서 인공으로 높은 논 두둑을 조성하고, 움푹한 저지대를 형성해서 그것을 메우는 수평식의 계단식 논을 조성했다. 이렇게 조성된 논은 토양 구조가 균일하지 않아서 동일한 논의 토양일지라도 크게 차이가 난다. 따라서 모내기 때 서로 다른 찰벼 품종을 심는 것으로 토양 차이로 인한 문제를 해결했다. 이런 원인으로 논은 샘물로 관수를 할 수 없고 반드시 계곡의 산간수를 끌어들이거나 인공수로를 이용해야만 했다. 이러한 논은 논 두둑에 의한 보호에 의해 주로 안정성을 유지하는 것 외에도 논의 상, 하측의 녹초벨트를 통해 개울물의 유속을 완화시켜야만 비로소 안전성을 보장할 수 있었다.

넷째는 하류의 물이 흘러나가는 저해발 지역에 집중적으로 분포되어있는 논이다. 이러한 구간은 물사태와 산사태, 토지유실로 인한 퇴적으로 형성된 2차 퇴적물이다. 이러한 퇴적물은 수천 년 동안 상당히 긴 시간을 거쳐 형성된 것으로 아주 안정적이어서 논을 조성할 때 암석만 파내고 수평선을 따라 논 두둑을 조성하기만 하면 되는데 이로써 유수의 침강과 논갈이에 의해 서로 이어진 일정한 면적의 논을 형성했다. 논을 만드는 데 기초로 작용하는 것은 오랜 세월 퇴적되어 형성된 2차 퇴적물이기 때문에 계단식 논을 만든 후에 안정성은 아주 좋다. 게다가 논이 강바닥보다 높아 홍수 범람으로 인한 피해는 전혀 생기지 않는다.

생체공학 구조의 원칙을 철저히 실행해야 하는 것이라 위의 네 가지 유형의 경작지 구조는 지질과 지형, 생태 배경의 제약을 받기 때문에 황강 지역에서의 분포는 결코 균형적이지 않다. 황강 주민들은 거의 특정한 배경의 전제 하에 적합한 방법을 선택하여 다양한 방식의 논을 개척했는데, 이로써 유수와 중력에 의한 침식을 피해 경작자들의 생태계 안전을 확보했다. 대체적으로 첫 번째 유형의 논은 모두 산계곡 저지대 내륙의 하천인 계절성 시내 하곡에 위치해 있어서 황강의 10개 소조(제6조 제외)가 거의 이런 논에 속하는데 5조, 7조, 2조, 8조에 가장 많다. 전반적으로 보면 이 유형의 논이 가장 분산적인 특징을 보인다. 두 번째 유형의 논은 황강 지역에 가장 적게 분포되어 있다. 그 중 황강 마을의 개울가 논이 이러한데 상대적으로 집중적으로 분포되어 있다. 이 외에도 1조와 9조에 일정한 수량의 이런 계단밭이 있다. 세 번째 유형의 논은 황강 지역에서의 분포도가 가장 높은데, 2조, 10조, 1조, 9조, 5조, 7조에 가장 많이 분포되어 있다. 특히 황강 하상류의 1조와 7조의 논에 가장 집중적으로 분포되어 일정한 면적의 집중 구역을 형성했다. 대신 4조와 8조는 경작지가 위치한 산비탈의 경사도가 가장 높아 논둑도 제일 높다. 황강 지역에서 유명한 다랑뱅이 밭도 이 두 조에 분포되어 있다. 이 외에 5조, 7조는 소령 서쪽에 있는 논도 포함한다. 네 번째 유형의 논은 평천하, 황강하, 잠추하의 하류에 집중적으로 분포되어 있다. 현재 3조, 10조, 8조의 경작지에 가장 많다.

동족의 전통적인 농경지 구조는 농경지, 양어장, 관개수로와 천연수역의 연결망을 최대한 보호함과 동시에 유수를 인공적으로 조절한다. 이런 조치는 스스로 생태계를 모방한 것으로 천연습지와 계절성 홍수를 인공적으로 개조한 것으로 볼 수 있다. 사회적 협력을 통해 기존의 습지 범위를 확장하여 집중적으로 이용할 수 있는 논과 양어장을 조성하였다. 왜냐하면 기존의 생태계의 어느 한 구성부분을 인위적으로 확대했기 때문에 자연적으로 아주 강하고 안정적인 지속력을 지니게 되었다. 중력과 유수의 복합적인 침식은 이러한 인공 수로망에서 더 줄었다. 즉, 산간지역 산림생태계의 취약한 고리를 피한 것으로 된다.

황강 지역의 특성은 지리적 제약으로 양어장, 논, 천연수역의 연결망 조성에 큰 어려움으로 작용했는데 바로 이런 원인으로 논과 양어장의 분포와 구성이 다른 동족 제방 지역에 비해 많이 복잡하다. 급수 같은 경우 황강 지역은 계곡의 도랑을 대량으로 배치함과 동시에 등고선을 따라 산비탈에 차례로 수로를 파서 물을 끌어들여야 했다. 주요 하천의 상류에는 댐을 건설해 물을 저장하고, 수위를 높임으로써 관개를 도왔다. 총체적으로 황강의 논과 양어장 구조는 질서 정연하게 배치되어 있는데, 이는 동족 문화의 자연적인 적응을 전승하고 발전시키면서 높은 산과 깊은 골짜기 산간지역에 대해 창조적으로 적응한 것으로 된다. 그러나 중력과 유수의 복합적 침식을 피하는 적응력은 전체 동족 문화의 공통적 특징으로 나타나고 있다.

2. 유수침식의 방지

황강 지역을 놓고 말하면, 유수 충격력이 가장 집중된 핵심적 구간은 황강 마을의 소재지이다. 마을의 남쪽 끝에는 두 산이 마주보고 있고, 그 사이에 불과 25m도 되지 않는 좁은 통로가 있다. 과거 황강 마을의 남문이 위치했던 곳이기도 하며, 현재 마을을 관통하는 도로도 이곳을 통과한다. 그러나 산 어귀의 남쪽에는 완만하게 비탈진 광활한 구역이 펼쳐져 있다. 산비탈의 최저 해발은 760m인데, 마을을 관통하는 도로가 평균 해발고도가 850m 되는 곳에 위치해 있고, 산비탈의 최고 해발은 1,000m 넘는다. 마을을 관통하는 도로의 동쪽은 완만한 비탈로 지세가 비교적 평탄하고, 남북 길이가 3㎞되며 동서 평균 폭은 1.5㎞, 전체 면적은 4.5㎢ 가까이 된다.

두 산비탈의 고인 물은 위에서 소개한 산 어귀를 통과하고 나서야 주 하천으로 흘러든다. 그러나 산 어귀 북쪽의 황강 마을은 큰 깔때기 모양을 하고 있어 홍수로 인한 수몰 위험이 크다. 산 어귀 남쪽에 위치한 두 큰 산의 수원 보존 능력이 불충분할 경우, 50㎜가량 되는 강우량만으로도 전체 황강 마을은 1.5~2m 깊이로 수몰되고 만다. 저자를 비롯한 조사단은 이 지역의 약도 형태의 지형도를 작성해서 1950년대의 군용지도와 대조한 결과, 산 어귀 남쪽의 두 산비탈 전부가 산림으로 가득하여 수원보존 작용을 발휘할

지라도 50㎜의 폭우가 쏟아질 경우 황강 마을이 수몰되지 않는다고 장담할 수 없다는 결론을 얻었다. 인터뷰를 통하여 저자는 일부 해답을 찾을 수 있었다. 바로 1980년대 전까지만 해도 황강 마을의 주민 가옥이 모두 높은 산등성이에 있었는데, 바로 오늘날 옛 마을 고루 근처였다. 이곳은 현재 황강 수면보다 3~5m 정도 높으며, 이는 분명히 수몰 방지를 위해 치밀하게 기획하여 설계한 것이다. 한편 황강 마을이 소재한 작은 댐은 전부 수심이 깊은 양어장으로 구축했다. 따라서 수심이 깊은 양어장은 자유롭게 배수할 수 있기 때문에 홍수 방지를 위해 상류에서 분류하는 것으로 된다. 하지만 그렇다하더라도 황강 마을의 지리적 위치로 보아 과거 홍수에 수몰되지 않은 원인으로 해석할 수 없다. 그 원인에 대한 다른 답을 찾아내지 못했다. 왜냐하면 당시 조림을 통한 수원보존 외에 더 효과적인 방법을 찾을 수 없었는데, 특히 홍수로 인한 논 침수 재해를 줄이는 동족의 인위적인 대책에 대해 인식이 깊지 못했기 때문이다.

　황강 마을의 남쪽 비탈과 도로 서쪽의 완만한 비탈은 산세가 아주 험준하여 논으로 개간할 수 없으며, 산비탈의 비탈면에는 수령이 20년이 안 되는 재생림이 많이 분포되어 있는 것으로 보아 농가 생산 청부제 이후 재생된 중유림中幼林에 속한다. 중유림에 대해 현지 조사를 한 결과, 아직 울창하지 않은 구역의 토색과 토양 시료의 특징으로 보아 중유림은 재생 전에 경작지와 목장으로 사용되었고, 비탈면은 비교적 평탄한 지역으로 일찍이 고정적으로 논으로 만들어졌을 것으로 판단된다. 또한 논의 토양으로 미루어 짐작해 보면 지속적으로 벼를 재배한 시간은 반세기 넘는다고 해야 할 것이다.

　도로 동쪽의 완만한 비탈은 모두 계단식 논으로 개척되어 있는데 연속 경작의 시간은 논의 토색으로 보아 한 세기 넘은 것으로 보인다. 현재 도로 양측의 논들은 각기 1조, 9조, 10조에 속하는데, 가장 특이한 것은 1조, 9조 논 중앙에 30묘 이상의 깊은 수심의 양어장이 아직 있다는 점이다. 이 양어장은 지금까지 개인에게 도급 준 적이 없는데, 1조와 9조에서 공동으로 소유하고 있다. 양어장에서 포획한 물고기는 연말 동족의 경축일인 동년個年 때 두 조의 성원들이 단체로 먹는데, 이는 오래 동안 이어져 온 하나의 전통이다. 이는 이곳에 논이 개척되어서부터 또는 1조, 9조가 소속의 방족이 '합관' 형식으로 정한 관약이라 해야 할 것이다. 그렇지 않고서는 절대 반세기 넘게 각종 정치운동을 겪으면서 이 전통만 지켜질 수 없었을 것이다. 사실을 종합적으로 분석하고 나서야 황강 마을의 성공적인 홍수 방지 대책을 전반적으로 해석할 수 있다.

마을 남쪽의 개활지는 토층이 비교적 척박하고 해발이 비교적 높다. 일행 중에 생물학을 전공하는 대학원생이 있었는데, 그는 자연적 상황에서 해발 850m 이상의 산지에서는 소림梳林지의 초본식물군락4만 성장할 수 있고, 수원 함양 기능이 아주 낮을 것으로 보았다. 부식질이 많을 경우라 하더라도 수원 함양 평균 깊이가 10㎜가 안 되고, 850m이하 구간의 경우 침엽·낙엽활엽수 혼합림 지대의 역할을 할 가능성이 존재하며, 부식질 층이 깊으면 수자원의 함양 토양 깊이가 20㎜에 달할 수 있다는 것이다. 그러나 봄과 여름이 교차하는 환절기가 되면 이곳에 하루 강우량이 50㎜가 넘는 집중 호우가 연평균 3~4회 쏟아지는데, 생태계의 대수층 함양능력(지하수함양법)에 의하면, 평당 0.35톤의 액체수가 지표면을 흐른다. 이럴 경우 두 산 사이에서 흘러내리는 협곡 급류로 인해 황강 마을은 150m 넘는 수위로 물이 차오르면서 수몰되고 만다. 따라서 황강 마을이 소재하는 저지대에 정체성 수역이 있거나 이곳이 기후변화에 취약한 얕은 습지일 것으로 보인다.

이 비탈지를 화전지로 개발하면 장마철에 흘러내리는 진흙과 모래가 황강 마을 소재 저지대에서 침전이 되고, 얕은 논으로 사용하면 오늘날의 황강 마을은 계절성 장마로 인해 피해가 크게 발생하는 홍수범람 지역으로 전락되어 폭우가 내리면 수몰되고 만다. 따라서 깊은 다랑이논 구조로 개간했을 때 하루 강수량이 50㎜ 이상 연속 집중 호우가 내릴 경우 3~5일을 간격 두기만 하면 황강 마을은 홍수와 침수의 위기를 모면할 수 있다. 예컨대, 소림지 초본식물군락을 깊은 논으로 개간하는 것은 수원함양기능을 거의 3배 제고시킨 것으로 되기 때문에 이는 실로 홍수에 대응하는 최적의 방안이 아닐 수 없다.

위에서 소개한 내용을 근거로 아직 여기저기 현지에 남아있는 비교적 큰 면적의 소림지 초본식물군락을 연관시켜 보았을 때, 이 논은 오래 전에 위에서 언급한 특정한 지리환경에 적응하여 개발을 했고, 의식적으로 취약한 생태부분을 계획적으로 다스렸는데 이는 황강 마을의 수몰을 면하게 한 성공적인 사례임을 지적할 필요가 있다. 위에서 소

---

4   중국 화남지역에서는 황산荒山의 초본식물군락을 '초파草坡'라고 한다.

개한 논에서 재배되고 있는 찰벼 품종으로는 60일 찰벼과 금동 찰벼, 홍화 찰벼 등 네 종류가 있다. 해발 가장 높은 곳의 천수답에는 해마다 60일 찰벼와 금동 찰벼를 나란히 심고, 포동전은 홍화 찰벼와 '구열주' 찰벼를 엇갈아서 심는다.

저자가 실제 측량한 자료에 의하면, 이러한 논은 수면 위로 나온 볍씨 길이는 15㎝ 좌우이고, 논둑은 23~30㎝ 깊이로 수원 함양의 기능을 유연하게 조절할 수 있다. 천수답의 경우 30㎝ 이상으로 수원을 높일 수 있다. 이로 보아 하루 강수량이 50㎝ 되는 폭우라 하더라도 여러 층에서 수원 함양을 하기 때문에 결국 평당 많아야 최고 0.5톤의 빗물이 지표수로 된다. 논의 수원 함양에 있어 인위적으로 조금 억제하기만 하면 황강 마을의 안전을 위협하지 않는다. 즉, 이렇게 깊은 논을 조성한 것은 기존의 생태체계의 수원함양 기능을 거의 3배 제고시킨 것으로 된다. 따라서 이곳에 일정한 규모로 널려 있는 깊은 논의 조성은 절대 우연한 것이 아니라 황강 마을이 홍수의 위협을 피하는 문화적응의 결과라 해야 할 것이다.

위에서 언급한 큰 양어장은 과거 계절적으로 개울이 합류하여 조성된 정체성 수역이라고 결론지을 수 있다. 그 자체가 원시생태계 중에서 홍수가 나지 않도록 분류하는 하나의 관리 경로이다. 그렇지 않고서는 장마철에 황강 마을 전체가 홍수로 인해 수몰되고 말 것이다. 황강 주민은 깊은 논을 만드는 과정에서 의식적으로 이 생태 고리를 통해서 계속 홍수 관리 기능을 하게 했다. 바로 이런 원인으로 이 양어장은 오랫동안 공유적 성격을 유지하고, 특정 가족이 소유하는 것을 허락하지 않았다. 왜냐하면 양어장의 수위를 집단의 명의로 능동적으로 조절하려고 했기 때문이다. 이처럼 홍수 관리 기능을 최대로 발휘하기 위한 데 그 목적을 두었는데, 생산된 물고기는 생태적 기능을 발하는 생산물에 불과하다.

위에서 소개한 생태환경의 취약한 부분을 피하는 성공 사례는 현재 우리에게 여러 가지로 시사하는 바가 크다. 첫째, 하천 상류의 수원함양 능력을 제고하고 복합적인 산림 생태계를 회복하는 방법을 널리 보급시킬 수 있어 좋은 방법이긴 하지만 유일한 방법은 아니라는 것이다. 황강 주민들이 소림지 초본식물군락을 깊은 다랑이 논으로 조성한 것은 단순히 산림 생태계를 회복시켜서 거둔 효과보다 훨씬 크다. 둘째, 취약한 생태부분에 대한 대응책으로는 논, 양어장, 배수구의 합리적인 배치뿐만 아니라 깊은 논의 경우에는 물에 잠겨도 견딜 수 있는 찰벼 품종과 경작제도, 논둑의 높이와 유속을 조절하는 녹초벨트 등의 합리적인 배치도 필요로 한다는 점이다. 논둑을 단단히 다지기 위한 방도로 경사도가 심한 지역에 교목 조림대를 조성하는데, 이렇게 해야만 취약한 생태부분을 전방위로 피하는 작업을 최종 완성할 수 있기 때문이다. 셋째, 위에서 언급한 서로 다른 조치를 모두 취했다고 해서 아예 신경 쓰지 않아도 된다는 것은 아니다. 왜냐하면 이렇게 조성된 양어장, 논둑, 녹초벨트, 배수구, 교목 방호림대 모두 끊임없이 관리를 해야 하기 때문이다.

따라서 사회제도가 성공의 관건이라 해도 과언이 아니다. 즉, 사회제도의 지지를 잃으면 취약한 부분을 피하는 일관된 조치 모두 이로 인해 효력을 잃게 된다. 현재 이러한 리스크가 현실화되어 이러한 상황과 맞닥뜨리고 있다. 위에서 언급한 논에 만약 교잡벼로 바꾸어 심었을 경우, 결과는 큰 면적의 벼가 수몰되어 생존이나 생장에 피해를 주어 소득이 없거나, 황강 마을은 홍수 범람지역으로 거듭나게 될 것이다. 이러한 자연적 적응의 성과에 있어 황강 주민은 말로만 한 것이 아니라 행동에 옮겼다. 예컨대, 논에 계속 교잡벼를 재배하지 않고, 포동전에 개량품종인 월동 작물을 재배하는 등의 노력을 아끼지 않았다. 왜냐하면 월동 작물을 심기만 하면 황강 마을에 있는 현재 양어장이 물 부족으로 말라버리기 때문이다. 봄철 수확 전에 호우를 만나면, 황강 마을도 영락없이 수몰된다. 결국 황강 마을의 수해 방지와 안정적인 수자원 공급 모두 깊은 다랑이논과 수몰에도 견디는 찰벼 품종에 의지함을 의미한다. 바로 이런 일련의 조치가 있었기 때문에 비로소 자연과 생태계의 취약한 부분을 극복할 수 있었다.

특히 고해발 비탈면은 절대 경작지를 산림으로 환원하면 안 되는데, 토지층이 아주 얇아 경작하지 않을지라도 빠른 시일 내에 산림으로 되지 않기 때문이다. 겨우 나무를 재배했다 해도 그 성장 속도가 아주 완만해 오랜 기간 동안 수원함양의 기능을 할 수 없다. 반면 이런 깊은 논 구조를 유지하고 여기에 전통적인 찰벼를 심으면, 오히려 높은 이용률과 철저한 관리라는 전형적인 조합이라 해도 무방하다. 따라서 이 지역에 한해 경작지를 산림으로 환원하면 결과를 상상조차 할 수 없다.

또 한 가지 짚고 넘어가야 할 것은 일부 행정단위에서 정책 규정을 피해 가면서 주민들의 논둑의 보호림대인 교목을 벌목하도록 도벌을 꾀한다는 것이다. 이 점에 한해 조사 중에서 저자는 일찍부터 보았다. 도벌의 실측 수단으로는 양치식물 풀고사리와 발풀고사리를 지표식물로 사용하는 것을 발견할 수 있었다. 전형적인 밀림의 하층식물인 풀고사리는 산림이 훼손되기만 하면 산림 속에서 자라는 풀고사리와 발풀고사리가 햇빛에 노출되어 3년 내에 죽지는 않지만 잎은 잎맥의 중축을 따라 위로 융기하고, 옆면은 가장자리가 아래로 말리면서 구부러진다. 농경지 주변에서 양치식물과 비슷한 모양을 한 식물이 발견되면 부근 지역에서 3년 내에 이미 성장을 한 교목나무 도벌이 발생했다는 것을 유추할 수 있다. 이러한 방법을 통해 실정이 드러나자 마을 주민들도 진상을 저자에게 알려주었다. 사실 저자가 우려한 것은 결코 일부 교목의 도벌이 아니라 황강 주민이 세대로 전승해 온 제도의 보증체계가 점차 와해된다는 점이다. 자연과 생태의 취약한 부분을 피하는 자연적 적응의 일련의 메커니즘이 점차 효력을 잃어가는 것을 눈 뜨고 보고만 있다는 것이야말로 유사 지역의 생태건설에 있어 잠재하고 있는 큰 위험요소라 해야 할 것이다.

3. 생태 취약성의 보완

황강 지역의 원시 자연생태구조는 위에서도 언급을 했는데, 그 취약성이 아열대 밀림의 그늘 아래 가려져 잘 드러나지 않고 있다. 그러나 인간은 자연 개발 과정에서 원시 산림과 부딪치기 마련인데, 이 과정에서 인위적으로 원시 산림의 성격을 변화시킨다. 황강 지역의 경우 인위적 환경의 개조는 밀림에 논을 조성한 데서 집중적으로 표현된다. 논 면적이 늘어나면서 자연과 생태계의 취약한 고리도 드러나기 마련이다. 따라서 생태환경에 대한 재적응도 작동되는데, 인간의 힘으로 이미 드러난 생태 취약성에 대해 구제를 한다. 밀림에 있는 논에 대한 관리 방법은 구체적으로 다음 네 가지가 있다.

첫째, 논을 조성하는 기술이 날로 완벽해지고 있다. 황강 지역의 대다수 논을 현지 조사한 결과에 의하면, 현지의 논 구조는 네 가지로 분류할 수 있는데 이에 대해 앞의 1절에서 구체적으로 소개를 했다. 첫 번째 논은 계곡을 따라 차례로 여러 층으로 조성되는데 논에 사용되는 토지자원은 원시상황 하에서는 계절성 습지에 속한다. 따라서 원시상황 하에서 경작지가 놓인 토지 관련 식물이 대부분 습생식물이나 반습생 관목 숲에 속하기 때문에 성숙림에 있어 경작지의 개발은 제한적이다. 따라서 개간 후의 경작지는 여전히 습지의 생물군락에 속하기 때문에 생태속성은 결코 변하지 않는다. 즉, 기존의 생태계에 대한 인위적인 성격 변화는 극히 제한적인데, 변화를 야기한 주요 표현으로는 습성생물 군락의 확대로 나타난다.

두 번째 유형의 논은 대개 원시산림에 있는 영구적 습지를 개조한 것으로 흔히 산기슭을 따라 다시 수로를 만드는데 습지 전체를 둘러싸고 습지 출수구에 높은 댐을 설치해 물과 흙을 가로막고 맨 나중에 공사를 실시해 흙과 돌로 습지를 되묻어 생긴 습지의 고저 차이에 근거해 서로 다른 면적의 논배미로 만든다. 이렇게 논을 만들면 고유의 생물군락의 변화정도가 가장 낮은데, 이런 경우 경작지 자체가 습지 생태계에 속하기 때문이다. 그래서 이런 유형의 논은 조성 후에 생태적 취약성을 가장 적게 불러일으키며, 경작지의 안정성도 아주 높다. 인위적인 토지 속성의 변화는 주로 기존에 성장하던 사초과莎草科, 택사과澤瀉科, 창포과菖蒲科, 백합과百合科가 찰벼에 의해 교체된 것이었다.

세 번째 유형의 논은 원시생태계 중 지세가 험준한 산비탈에 먼저 높은 논둑을 쌓고 난 후 토목공사를 하여 흙을 채워 논을 만든다. 이렇게 조성된 논은 같은 논이라 하더라도 토양 구조가 아주 달라서 모내기 때 찰벼의 품종과 습성에 근거하여 혼종 재배를 해야 할 뿐만 아니라 안정도 계수가 많이 낮아 인공으로 개척한 논두렁과 메꾸어 넣은 토목공사가 유수에 의해 쉽게 붕괴가 발생해 흔히 여러 번 반복적으로 복구를 하고 나서야 안정되는 등 농사짓는 데 어려움이 적지 않다. 네 번째 유형의 논은 과거 물사태로 생긴 퇴적층을 논으로 개간한 것으로, 작업 시간과 작업량을 줄일 뿐만 아니라 토양이 비옥하며 논 또한 아주 안정적이다. 상류의 산림이 온전하고, 토양유실의 통제를 잘 하기만 하면 아주 안전한 것으로 보아도 된다.

위에서 소개한 네 가지의 서로 다른 논은 모두 생태환경을 가장 적게 변화시키면서 조성한 것으로, 논 개간 전후의 생태구조를 되도록이면 유지하려고 했다. 이는 곧 원시생태계를 조성함에 있어 이에 대한 인간의 충격을 최소화하기 위한 것으로 생태계의 취약한 부분을 쉽게 피하는 데 목적을 둔다.

둘째, 논의 위쪽과 아래쪽에 인력으로 폭이 서로 다른 녹초벨트를 구축했다. 이를 조성하는 수단으로는 다음 세 가지가 있다. 우선 벌목을 하고, 교목과 관목숲의 성장을 선택적으로 억제한다. 다음으로는 적당히 태워서 식생을 새롭게 해 그것이 녹초벨트를 이루도록 한다. 마지막으로 큰 가축을 방목하여 베어 먹게 함으로써 '녹초벨트'를 형성한다. 여기서 짚고 넘어갈 것은 이 세 가지 방법 모두 토지를 개간하지 않고 사람이 심지 않아도 된다는 것이다. 따라서 수토유실의 발생을 크게 감소시킬 뿐만 아니라 생태계에 주는 충격도 매우 제한적이다. 이러한 과정이 한 해에 여러 번 중복되기 때문에 녹초벨트가 교목으로 못 자라는 원인이 된다. 이는 하나의 제도적 보장 하에서 진행되는 자연적응 조치임에 유의해야 한다. 동족의 합관이 제정한 관습법에서도 이에 대해 다음과 같이 구체적으로 기술하고 있다. 예컨대, 논 위쪽 다섯 폭[5]과 논 아래쪽 세 폭 범위의 논에 한해 논 주인은 교목을 심어야 하는 것이 아니라 토지 유실을 조절하는 '녹초벨트'를 조성할 수 있다.

이런 녹초대를 만들면 논의 일조량이 증가하고 농작물에 해를 입히는 야생 동물이 논에 침입하는 것을 막아주는 데 도움이 될 뿐만 아니라 큰 가축의 목장으로 사용하고 사료도 공급하며, 논 토양의 온도를 높여 주므로 벼의 안정적인 생산과 높은 생산고를 확보하는 등 다중적 기능이 있다. 그러나 무엇보다도 가장 중요한 기능은 이렇게 상대적으로 집중된 녹초벨트를 이용하여 산비탈을 따라 흘러내리는 유수 속도를 낮추고, 유수에 섞인 진흙과 모래를 막아 가라앉게 하므로 논이 진흙과 모래에 묻히는 것을 방지하는 점을 꼽아야 할 것이다. 저자의 조사에 의하면, 농업 생산청부제를 실시한 후 위에서 지적한 제도적 보장이 효과적으로 철저히 실행되어 황강 주민의 논은 모두 진흙과 모래에 묻히는 재해가 발생하지 않았고, 하류에 있는 규미 마을 강 부근의 논도 진흙과 모래에 묻힌 적이 없는데, 결론적으로 녹초벨트 조성은 논의 취약한 생태 부분을 보완하는 것으로 취약한 이런 생태 부분이 확대되는 것을 인위적으로 보완하기 위한 데 있었다. 이런 점에

---

5   현지에서 사용하는 길이를 나타내는 도량형 단위로, 성인이 두 팔을 벌렸을 때의 길이인데 한 폭은 대략 150㎝ 된다.

있어 녹초벨트라는 제도적 뒷받침은 분명히 뚜렷한 효과를 가져왔다.

셋째, 집중적으로 분포된 논은 모두 인위적으로 조성하고 관리하는 방호림대인데 등고선에 따라 산림 그늘에 가려지고, 작고 여기저기 널려 있는 논들을 연결시켜 논과 밀림이 서로 교차되어 분포된 구조를 형성했다. 이런 방호림대를 조성하는 나무 품종은 습지에 잘 견뎌내는 것으로 선별을 했다. 그 중에서 가장 흔한 종류는 '수수水樹'라는 동족어를 의역한 수종을 꼽을 수 있다. 그 외에 야생 다래, 포동泡桐 등도 방호림대를 조성하는데 사용되었다. 이러한 방호림대는 리스크를 대비하여 조성한 것으로 평소에는 중요성이 잘 드러나지 않지만 대부분 논이 35도 이상인 산비탈에 위치해 있는 것을 감안하면 상류에 위치한 논이 물에 의해 파괴되어 흘러내리는 물사태가 유속이 빨라지므로 하류에 있는 논도 피해를 입어 2차 재해가 발생하기 때문이다. 하물며 어떤 구역은 75도 가까이 되는 산비탈에 위치해 있으니 더욱 그러하다. 이런 방풍림대는 조성 후에 논둑이 파괴되는 것을 완전히 막지 못해도 연쇄 재해의 발생을 피할 수 있었다.

따라서 이것은 취약한 생태 고리에 대비하는 일종의 예방책이라 해야 할 것이다. 이런 방풍림대의 조성은 사회규범도 확보되어 있었다, 예컨대, 마을 공동체의 여러 방족 촌락노인 의사회에는 이미 일찍이 이러한 방풍림의 나무를 벌목하여 사용하는 것을 일률적으로 금했는데, 임업 부산물, 과실, 나무 손질을 위해 잘라낸 나뭇가지 등은 공공재산의 성격을 지니고 있기 때문에 주민들은 이용에 있어 절제해야 할 뿐만 아니라 방풍림대의 파괴로 인해 하류에 있는 논이 물사태로 모래와 흙에 덮이게 되면 당사자의 책임을 물어 벌금을 부과하는 등 관련 사항에 대해 명확히 규정을 했다. 바로 이러한 규정이 뒷받침되었기 때문에 농경지의 구조적 생태 취약성을 성공적으로 보완할 수 있었다. 그래서 '나무만 보이고 논은 보이지 않는' 황강 마을의 특이한 풍경은 안정적으로 유지되어 오늘까지 이어지고 있다.

넷째, 위험한 물길에 대해 인위적으로 유로를 변화시킨다. 이는 밀림 속의 논을 개간한 후에 강의 위험한 구간이 생기기 마련이기 때문이다. 이를테면 하류가 합류하는 산의 입구, 집중된 논 구역의 논 물꼬 등은 원래 수로를 변화시켜 기암을 직접 부딪치게 함으로써 새로운 유로를 형성하는데, 기암의 완충작용을 통해 유수 속도를 낮추고 하류 하상에 차단 밸브를 설치한다. 차단 밸브는 3각형의 구조를 하고 있는데, 첨각이 유수를 향해 있고 흙, 모래, 돌 따위가 퇴적되어 조성된 것이다. 평소에 들풀과 덤불로 뒤덮여 있는데 식물의 뿌리가 흙과 돌을 단단하게 묶어버려 장마철에 홍수가 이 차단 밸브를 통과하다 유속이 느려지고 홍수에 의해 씻겨 내려온 진흙과 모래도 차단 밸브의 아래 측에 가라앉게 된다. 이런 설치와 작동 원리는 도강언都江堰[6]과 흡사하지만 규모로 보면 비교가 안 될 정도로 아주 작다. 이와 유사한 기술로 토양침식을 효과적으로 억제할 수 있었다. 아주 가파른 일부 구간의 경우 동족 주민들은 아예 벼랑으로 유로를 변경시켜 인공 폭포를 만들어 논이 유수에 침식되는 것을 방지하였는데, 이는 이미 드러난 생태 취약성에 대한 인위적 보완 대책이다.

생태계의 취약한 부분에 대한 방지 대책과 이미 드러난 취약성에 대한 보완 조치는 기술적, 기능적인 조치로 이는 분명히 동족 주민들이 오랜 생산활동을 통해 쌓은 경험에서 나온 지혜이다. 그러나 원시 생태계와 민족 서식지는 질서 있는 조직체계로, 개인이 지닌 기술과 기능이 아주 높은 수준에 도달했다 하더라도 전체 사회의 효과적인 조직과 개체 간의 조화가 없으면 개인의 기술과 기능은 높은 효과와 이익을 낼 수 없을 뿐만 아니라 자연에 대한 대처는 물론 효력을 지속적으로 유지할 수도 없었을 것이다. 그러므로 문화 내부의 제도적 보장은 자연적 적응의 중요한 핵심이라 해야 할 것이다.

동족 문화의 합관 제도와 종족촌락 공동체의 방족 구조, 그리고 이로써 파생된 촌락노인 의사회는 전체 제도적 보장의 원천이다. 위에서 소개한 각종 기술과 기능에 관한 세부적인 내용은 어느 특수한 개체의 특허가 아니라 전체 사회 구성원이 공동으로 갖는 생태 지식에 관한 유기적 구성 부분이다. 이러한 기술과 기능은 황강에서 여러 의식과 명절 축제를 통해 홍보하고 보급하며, 청년들의 기술과 기능 교육은 방족과 가족 내에서 관철되도록 했다. 따라서 이러한 활동은 규범이나 규약을 근거로 하기 때문에 모든 기술과 기능을 어느 성인이든 숙련되게 장악을 하도록 확보할 수 있었다.

생태계가 내민 도전장을 이런 기술과 기능으로 대응함에 있어 필요로 하는 대인 협조

6　李可可, 黎沛虹, 「都江堰 - 我國傳統治水文化的璀璨明珠」, 『歷史與文化』, 2004(8), pp.75~76.

업무는 주로 기존에 있던 규범과 규약을 근거로 한다. 왜냐하면 새로운 경작지의 개간, 논의 피해복구, 논에 설치한 녹초벨트에 대한 관리는 특정 방족 내에서 실시해야 함과 동시에 모든 활동은 해당 방족 구성원의 감독을 받아야 할 뿐만 아니라 해당 방족의 촌락 노인의 승인을 받아야 하는데, 방족의 촌락노인도 반드시 규범과 규약을 지켜야 한다. 이는 해마다 열리는 촌락노인 의사회에 감찰 직책이 있기 때문이다. 따라서 비록 개인이 기술과 기능을 발휘하는 것처럼 보이지만 행위의 배후에는 개체 간, 방족 간에 조화를 본 결과임이 분명하다. 기술과 기능 등 세부만을 탐구하는 것은 과학적이고 합리적인 원칙에는 부합되지만 부차적인 것이라 해야 할 것이다. 왜냐하면 이 지역의 방죽·논·하천망의 구축, 산림 생태계의 보호는 이미 드러난 취약한 부분에 대한 보완으로 번갯불에 콩 볶아 먹듯 진행되는 것이 아니라 지속적인 자연적 적응의 누적 과정으로 보아야 하기 때문이다. 그러나 제도적 보장이 없으면 한 번에 적응을 아무리 잘했다고 해도 전체적 적응능력이 안정적으로 추진되도록 보장할 수 없다. 그러나 이는 바로 많은 기술지상주의자들이 원하지 않고 또 발견할 수도 없는 사회적 진면모이다.

4. 산림 생태계 보호

생태계의 취약 부분에 대처하려면 결국 황강 지역에 집중적으로 분포되어 있는 산림 생태계를 보호해야 하고, 이에 대한 보호라는 전제 하에서 이용을 해야 한다. 따라서 산림 생태계를 보호함에 있어 관념, 규제, 기술, 이용 등 내 문화적 측면으로 나누어 구체화할 수 있다.

황강 동족 주민의 산림관은 이들 중에서 전해져 내려오는 "오랜 나무가 마을을 지키고 노인이 마을을 관리한다"는 속담을 통해 입증을 할 수 있는데, 이는 산림 보호에 대한 이들의 행동과도 연결된다. 황강 동족 주민은 동족 마을에 백년지기 노목이 많이 없으면 마을이라 할 수 없고, 마을이 형성되었다 해도 오래가지 못하기에 백년지기 노목을 적극적으로 보호하고, 이런 노목들이 신령스러운 기운을 가지고 있다고 믿었기 때문에 평소에 깊은 경외심을 갖고 누구도 해치지 못하게 하면서 중요한 명절이 되면 몇몇 노목에 제사를 지내고 했다. 이렇게 보호한 고목은 좋은 경관 효과뿐만 아니라 번식의 역할도 담당했다. 고목나무의 우량종은 황강 지역에 노동력을 투입하지 않아도 자연 육림이 되어 산림 면적이 크게 확대되도록 할 수 있었다.

이 외에 '산이 없으면 나무가 없고, 나무가 없으면 물이 없으며, 물이 없으면 논을 가꾸지 못하고, 논이 없으면 사람이 생활하지 못한다'라는 동족의 속담도 있다. 동족 주민들은 산림, 수원, 논밭, 인간이 하나로 연결되어 있다고 보고, 산림이 인류에게 아주 중요한 존재라는 점에 대해서도 주목하였던 것이다. 이러한 생각이 동족 주민의 일상행위에 지침이 되었으며, 절대 필요 이상으로 나무를 함부로 파괴하지 않고, 자발적으로 산림을 보호하는 것이 모든 동족 주민의 공중도덕으로 되게 했다. 따라서 수십 년 간 산림 화재가 거의 발생하지 않고 임의벌채와 도벌 현상도 효과적으로 억제할 수 있었다.

산림 보호는 관념으로만 그칠 것이 아니라 나아가 제도적으로도 보장되어야 한다. 황강 동족 주민은 내부적으로 합관을 통하여 일련의 관습법을 형성하였는데 산림에 대한 관리와 보호에 있어 대체적으로 의거할 기본법이 있고 법집행도 엄격하고 철저했다. 이러한 관습법은 모두 마을의 자치규약으로 되었고, 국가 권리의 추진 하에 더욱 강력하게 실시되었다. 다음은 자치규약의 일부 내용을 사례로 들어 분석을 하고 설명을 한 것이다. 먼저, 풍수림風水林 범위와 이에 대한 보호이다. 동족의 전통풍속에 의하면, 사람이 죽으면 대부분 장례를 지내기 전에 주검을 관에 넣어 임시로 안치를 하는데, 문화인류학에서는 이런 장례식을 각치장權置葬이라 한다. 구체적으로는 사망자의 시신을 관에 넣어 고정된 장소로 둔다. 흔히 막을 쳐 비바람을 막도록 하는데, 사망자의 동년배들이 모두 죽은 후에 함께 집단 장례를 치른다. 이 풍속이 아주 보편적으로 존재한다는 사실이 석극정席克定의 1980년대 황강 주변지역의 현장조사에서 나타났다.[7] 황강의 방족은 모두 사망자를 안치하는 고정적인 장소를 두고 있었는데, 흔히 산림에 위치하는 경우가 많은

---

[7] 동족의 각치장과 관련된 풍속은 다음의 내용을 참조 바람. 席克定,「黎平, 從江等地的侗族喪習」,『月亮汕地崗民族調査』, 1983; 劉鋒,『百苗圖梳證』, 北京: 民族出版社, 2004, p.218.

데 이런 산은 분산이라 불렸다. 따라서 관련 산림도 방풍림 또는 신림神林이라 불렸다. 황강 지역 각 방족의 공공 분산은 앞에서 언급한 '소령'이다. 저자가 이번 조사에서 비석을 7점 발굴하였는데, 그중 두 비문에서 소령에 있는 공공 분산을 구체적으로 언급하고 있음을 발견했다. 비문 내용에 분산의 토지 장례권의 판매와 양도 행위는 물론 다른 성씨를 가진 자나 인근 마을의 다른 성씨 주민의 사용을 금한다는 내용이 적혀있다. 이런 비문은 분산이 각 방족에 전속되고, 방족 주민만 사용이 가능하다는 것을 잘 보여준다. 따라서 분산의 산림 관리권 역시 마을 공동체에 전속되며, 산림 내의 초목 모두 신성神性을 지닌다고 보았기 때문에 누구도 이를 사용하거나 파괴할 수 없다. 그 결과 분산의 풍수림이 사실 황강의 자연보호 구역으로 되었다. 산림 자체가 수백 년 동안 거의 원시 경관을 유지하고 있어서 생물 다양성과 유전자 다양성의 기능을 발휘하였던 것이다.

산림 관리와 보호에서 가장 중요한 것은 안정적인 산림 소유권에 있다. 위에서 언급한 황강 마을 12개 소조(금추 묘족 마을의 6조 제외)는 종족촌락 공동체의 5대 방족을 기초로 구분을 하고, 대체적으로 두 조로 하나의 방족을 구성했다. 1조, 9조, 2조, 10조, 5조, 7조가 대체로 이런 유형에 속하는 반면, 3조, 11조, 4조와 8조는 참여한 가구가 두 방족 내에 불균형적으로 분포되었기 때문에 불가피하게 한 조가 두 방족에 속하는 상황이 발생하게 되었다. 각 방족의 경작지는 소속 구역이 서로 다른 것을 앞에서 소개했기 때문에 여기에서는 간단하게 설명만 하도록 한다. 예컨대, 경작지 구역을 명확하게 나누었을 뿐만 아니라 경작지 주변의 산림의 소유권에 대해서도 명확히 하였다. 방족은 관련된 산림에 대해 육성, 관리와 보호, 이용의 권한을 전적으로 소유한다. 아울러 각 방족이 철저히 집행하는데 한번 인정을 하면 영구적이고 불변한다. 저자는 이를 획분한 구체적인 시간을 확정할 수 없었지만, 출토된 비문으로 보면 전체 황강의 경계석의 사용 역사가 2백년 이상 될 것으로 보인다. 그렇다면 각 방족 내의 지역 경계도 2백년을 넘을 것으로 보아도 무방할 것이다. 여러 방족의 구전 내용에서 나오는 지명과 지리적 표시, 나아가 이곳의 고목 수령에 비추어 보면, 방족의 지역 구분이 확정된 시기가 황강 마을 공동체의 경계석으로부터 확정할 수 있는 연대보다 분명히 훨씬 더 오래되었다는 것을 알 수 있다.

제도적 보장에 의해 소유권이 안정적으로 되면서 각 방족은 마을 공동체 소유의 산림에 대한 보호를 자연히 더욱 더 중시하게 되었다. 왜냐하면 이들 방족은 서로 간에 내부적 경쟁메커니즘이 형성되어 있었는데, 산림 관리를 잘하는 방족일수록 방족 내의 자기 수요를 충족시키는 데 이용할 수 있을 뿐만 아니라 다른 방족은 물론 더 나아가 부근의 촌락에도 서비스를 제공할 수 있기 때문이다. 이를 실현하게 되면 방족의 구성원들도 이것을 아주 영광스럽고 체면이 서는 일로 간주했고, 이와 동시에 전체 지역사회의 존중과 추앙을 받게 된다. 이러한 존중과 추앙은 언어로 정확하게 표현할 수 없다.

예를 들어 설명하면, 이런 방족의 노인일수록 타지에 여행을 가면 더 많은 사람들이 술을 권하고, 의견과 견해를 더 많이 발표하고 더 많은 사람들의 호응과 찬성을 얻어내며, 방족 구성원의 경우 이로 인해 정신적인 만족을 느끼고, 방족의 남녀청년들이 다른 방족의 청년들로부터 더 많이 사랑 고백을 받을 수 있어서 상대 선택의 여지도 크게 열려 있다. 따라서 방족의 산림에 대한 방족의 보호는 아주 중요하게 생각했는데, 구성원들 누구나 할 것 없이 산림 보호에 의무적으로 노동력을 투입해 참여해야 했다. 가구를 단위로 산림자원을 이용할 경우에도 방족 내의 다른 가구의 감독을 받아야 했기 때문에 자원을 절제 있고 계획적으로 이용할 수 있었다.

물론 누구나 할 것 없이 다른 방족의 산림을 함부로 벌목할 엄두도 내지 못한다. 이런 위법 행위가 발생하면 곧바로 황강 촌락노인 의사회가 열리고 당사자에게 엄격한 제재가 가해진다. 그 제재 조치로 '4개의 120'인 술 120근, 쌀 120근, 돈 120위안, 돼지고기 120근을 촌락노인 의사회에 내서 방족 구성원을 초대해 같이 식사하는 데 이용되게 했다[8]. 이러한 처벌이 가해지면 체면이 완전히 구겨지는 것은 당사자는 물론 방족 구성원의 몫이기도 했다. 이와 같은 처벌 규제와 비슷한 내용의 관약이 이번 조사에서 발굴된 비문에서 이미 언급되고 있음을 볼 수 있었는데, 시대에 따라 구체적인 계량치만 변화한다는 것이다. 예를 들면, 애초에는 은괴 12냥과 동전銅錢 12조[9]로 정했다. 이것을 현재 화폐로 환산하면, 당시 은괴 1냥은 인민폐 60위안에 해당되므로 실제 가치가 위에서 소개

---

8   2019년 1월 30일에 새로 제정한 규제에 의하면, 벌채, 방목 등을 금지하고 육성하는 산림을 파괴하는 주민은 돼지고기 400근, 쌀로 만든 증류주인 미주米酒 200근, 쌀 400근, 담배 400위안 어치를 배상해야 한다.
9   1조는 천 개의 동전에 해당.

한 벌금의 액수와 거의 맞먹는다. 이는 이러한 처벌 규제의 역사가 유구하고 장기간 잘 이어져 왔음을 잘 보여준다. 이는 촌락노인들이 법을 엄격히 집행하는 데서 잘 나타난다. 그래서 황강 지역에는 도벌사건이 거의 발생하지 않았고, 산림 보호의 효과는 귀주전 지역에서 상위권에 속한다 해야 할 것이다.

황강 조사 초기에 저자는 주민들과 함께 파종을 하고 모내기를 하는 과정에 여기저기 무명석无名石이 세워져 있는 것을 발견할 수 있었다. 아무런 글도 새기지 않은 비석은 윤이 날 정도로 잘 다듬어져 있었는데, 비석받침도 아주 견고하고 정교하게 만들어진 것으로 보아 이는 공을 들여 제작한 지리적 표시임에 틀림없었다. 그러나 비석에 글을 새기지 않은 점에 저자는 궁금해 하지 않을 수 없었다. 훗날 동족어 지명 조사를 하면서 비로소 이에 대한 답을 찾을 수 있었는데, 이 비석들은 각 방족들 간의 산림 경계를 뜻하는 경계비였던 것이다. 경계비가 있는 곳의 지명과 지리적 표시는 방족 구성원 모두가 반드시 알고 있어야 했다. 방족 구성원이면 틈틈이 자녀나 후배에게 가르쳐서 경계비와 지명을 외우게 하며, 심지어 자녀를 경계비에 데리고 가서 일일이 현장 답사를 하며 점검하기도 했다. 동족의 남녀가 성년이 되기 전에 반드시 받아야 하는 사회교육으로 경계비와 지명을 기억하지 못하면, 촌락 구성원으로서의 자격이 없다. 비석에 글을 새기지 않은 것은 동족어가 보급되지 않음을 우선 꼽을 수 있고, 또 다른 하나는 글을 아는 동족 주민들이 많지 않았기 때문일 것이다.

그러나 이는 어디까지나 표상에 불과할 뿐 사실상 동족 주민은 국가정책의 변화, 즉 행정구획이 자주 바뀌는 것에 대해 우려를 했기 때문이다. 과거 백 년 동안 큰 행정구획 변화만 해도 7, 8회나 있었는데, 이와 달리 산림의 성장 속도는 정책의 변화 속도에 못 미쳤던 것이다. 산림 소유권은 안정적으로 유지될 것을 요구하지만 '나무는 고요하게 있고 싶어 하지만, 바람이 그치지 않는다'고 정책 변화는 그렇지 않았다. 따라서 비석에 글을 새기기보다 가슴에 새기는 것이 더 믿음직하게 되었다. 비석에 새긴 글은 누구나 다 볼 수 있지만 정책이 바뀌면 새로 새길 수도 있기 때문이다. 새로 만든 돌비석은 사람들로부터 인정을 받기 어려웠는데, 자칫 잘못하면 오랫동안 이어온 기억을 방해할 수도 있어서 한 글자도 새기지 않는 것이 오히려 더 나은 선택이었기 때문이다. 머릿속의 지명과 지리적 표시의 기억은 외부인이 보거나 만질 수도 없거니와 지우려고 해도 지울 수 없는 법인만큼 산림 소유권에 대한 인정으로서 더욱 효과적이라 해야 할 것이다. 바로 이런 원인으로 촌락노인은 글이 새겨 있는 비석들을 땅에 묻고, 글자가 없는 비석들만 지표로 남겨두어 촌락 공동체 구성원들에게 표시로 사용하게 했다. 이로 보아 동족 주민의 멀리 내다보는 탁월한 식견은 공적비를 쓸 때 한 글자도 쓰지 말라고 한 무측천武則天에 절대 뒤지지 않는다.

황강 동족 주민은 산림을 돌보는 기술과 기능 자체가 곧 자연 적응의 성과를 구성하는 유기적 부분으로 보았기에 거주 생태환경에 맞게 자기들만의 나무를 가꾸고 보호하는 기술체계를 구축했다. 이러한 기술과 기능은 생태계의 취약한 부분을 피하는 동시에 산림자원을 절제적으로 이용하도록 보장해 산림 이용이 산림생태계의 안정적인 발전을 파괴하는 일이 절대 없도록 했는데, '이무대육以撫代育', 이벌대호以伐代護의 8자 방침으로 그들의 기술 기능을 요약할 수 있다. '이무대육'이란 동족 주민이 인공적인 육묘·식수를 상대적으로 적게 하는 대신 토지자원을 이용하면서 자연적으로 자란 교목 묘목은 아주 정성스레 관리하고 보호함으로써 숲을 이루도록 한 후 다시 환경보호를 위해 주동적으로 경작을 중단하게 해 그들의 산림은 주기적인 갱신, 재배가 밭 경작과 서로 보완하도록 하는 것을 말한다. 산림 조림 공간은 허가만 받으면 모두 이동경작을 통해 각종 농작물을 혼합재배할 수 있다. 이를테면 오이, 호박, 고추 등의 채소나 다수확 우량 마, 좁쌀, 옥수수 등의 작물 그리고 블루레이크Blue lake 등 경제작물이나 각종 약재도 섞어 심을 수 있다. 이런 작물을 혼합 재배하는 목적은 경제적인 측면에서 출발한 것으로 보일 수 있지만 사실상 조림이라는 중요한 작용을 하는데, 다음 네 가지의 장점을 가지고 있다.

첫째, 파종 전에 불태우는데, 목적은 산림의 충해와 유해 미생물의 번식을 억제하고 부실질의 분해를 가속하기 위한 데 있다. 둘째, 밭에 농작물을 재배할 때 토양을 깊게 갈아엎는데, 이는 토양이 빨리 숙성되고 푸석푸석해져 산림 성장에 유리하게 하기 위해서이다. 셋째, 임목 나무 종자의 발아에 조건을 마련하는데 정형화된 산림·초원생태계에서 물종 간에 경쟁이 심하기 때문에 성숙한 산림에서 생산된 종자는 자연히 땅에 떨어지거나 동물에 의해 땅에 운반되기에 흔히 스스로 움 트고 싹이 틔우지 못하는데 절대 다수는 동물의 먹이로 되고, 소수는 땅 속에서 곰팡이가 생겨 썩어버리며, 극소수만 운이 좋게 싹을 틔우는 종자로 거듭나게 된다.

그러나 뿌리를 내리지 못해 말라 죽거나 발아한 후 잡초나 산림의 그늘에 가려져 일조가 없어 죽거나, 싹이 튼 후에도 동물이 먹어버려서 교목으로 성장할 확률이 아주 낮다고 보아야 할 것이다. 그러나 동족 주민의 밭의 경우는 그렇지 않다. 토양을 갈아엎어 토양층이 땅 위에 드러나면서 땅에 떨어진 종자는 대부분 살아남는다. 따라서 동족 주민들이 밭에 농작물을 재배하는 것 역시 교목의 생존율을 높이는 것으로 된다. 넷째, 동족 주민이 밭에 농작물을 재배함과 동시에 훗날 수요에 근거하여 자연적으로 성장한 묘목을 중점으로 관리하고 보호한다. 필요로 하는 나무는 관리하고 보호하여 재목이 되게 하고, 필요하지 않은 것은 제거하는데, 필요한 교목이 자라서 경작을 중지하면 산림 기능도 회복이 된다. 따라서 황강 마을의 산림은 보호한 것이지 재배한 것이 아니다.

물론 이것이 절대적인 것은 아니다. 특별히 필요로 하는 수종은 심기도 한다. 예를 들면, 삼나무과와 참나무과 교목과 과일이 열리는 소귀나무가 그러하다. 이것들은 모종을 기르지 않고, 산림과 초지에서 자연적으로 자란 나무의 묘목 이나 밭에서 자연 성장한 묘목을 적당한 위치에 가져다 심어 점차 수풀이 되게 하는 것이다. 객관적으로 말하면, 이들이 선택한 방법은 묘목장을 조성하고 나무 묘목을 심을 곳을 정하여 조림하는 것보다 품이 훨씬 적게 들고 작업도 간편해질 뿐만 아니라 이렇게 육성한 묘목은 현지 적응능력도 뛰어나다. 더욱 중요한 것은 산림 재배에 있어 사람이 능동적이고 거시적으로 지배권을 장악하고 있다는 것이다. 이를 통해 산림의 취약한 부분이 보완됨과 동시에 교목에 대한 수요를 충족시키는 것이지 추상적으로 산림을 회복하기 위하여 심는 것이 아니다.

그리고 '이벌대호'는 동족 주민이 사용 가능한 규격에 도달한 교목에 한해 유용하게 쓰일 수 있으면 바로 벌목해서 다른 나무들이 순조롭게 성장하게 하는 것을 말한다. 따라서 황강의 산림 지역은 특별히 보호해야 하는 백년지기 고목 외에 대부분 교목은 중유림들로 이런 산림의 경우 이동경작을 실시하는 산림에 대한 관리방식과 비슷하게 '심은 대로 거두고, 거둔 대로 사용한다'는 관리 및 보호 방식을 취한다. 따라서 과정 중에 산림 면적은 줄어들지 않지만, 수종 구조가 끊임없이 변화를 한다. 어떤 곳에 어떤 나무가 자라고 있는지, 그 나무가 언제 성숙하는지, 어떤 용도로 사용할지 주민들은 이에 대한 구체적인 답을 모두 갖고 있다. 산림 갱신이 필요한 지역과 갱신을 해야 하는 시기를 각 방족 나름대로 구체화되어 있다. 관련된 기술과 기능도 이것을 강하게 지지하기 때문에 겉으로 보면 이곳의 산림 보호 면적은 장기적으로 변화하지 않고, 줄곧 이어져 왔지만 이에 대한 주민의 이용은 결코 중단된 적이 없다. 이는 많은 정책자들이 꿈에도 생각지 못했을 것이다.

황강 주민이 지닌 기술과 기능 중 손꼽을 만한 것으로는 산림재생 기술일 것이다. 삼나무의 실례를 들어 보도록 하자. 동족 주민의 소개에 의하면, '한로 후, 입춘 전에 반드시 사용 용도가 있는 삼나무를 벌목하더라도 나무 그루터기를 50㎝ 이상 남기고, 나무를 베고 난 자리에 쌀미음으로 벤 자리를 발라주어야 한다. 그러면 이듬해 그루터기에 둥그렇게 어린싹이 5~6장 돋아나는, 그 중 잘 자란 것을 묘목으로 남기고 남은 것은 제거하면 된다. 이러한 나무 움은 훗날 큰 나무로 성장하는데 그 성장속도도 아주 빨라 3년이면 5m 높이의 나무로 자란다.

이런 기술에 힘입어 그들은 '벌목은 하지만 숲은 훼손하지 않는다'고 한다. 이 외에 "삼나무 벌목 때 톱으로 켜지 않고 등반용 칼로 찍어서 베야 한다. 그렇지 않으면 나무가 재생하지 않는다"고 한다. 저자도 이는 아주 일리가 있는 과학적인 방법이라 생각한다. 톱을 사용하여 삼나무를 켜게 되면, 형성층의 세포조직이 찢겨져 그루터기가 다시 싹을 틔울 수 없게 되기 때문이다. 따라서 '이무대육, 이벌대호'로 집집마다 해마다 나무를 벌목을 해야 하기 때문에 사람마다 등반용 칼을 휴대해서 집을 나선다. 이런 전문 도구도 자연적 환경 적응의 결과라 해야 할 것이다. 그러나 그들의 산림면적은 위에서 소개한 기술과 기능이 보장되어 있기 때문에 결코 줄어들지 않았다.

오늘날 의미에서의 산림보호와 달리 황강 사람들은 줄곧 자신이 소유하는 산림에 대한 이용을 우선으로 꼽았다. 산림이란 존재 자체가 원래 사람들이 이용하기 위해 있는 것으로, 산림을 이용하지 않고 방치하면 무슨 의미가 있겠는가 하는 것이 보편적인 생각이다. 따라서 '소령'과 '풍수림'의 경우에도 숭배하고 존경하며 정성을 다해 관리하지만 그렇다고 해서 이용하지 않는다는 것은 절대 아니다. 단지 이용 규칙에 있어 차이가 있을 뿐이다. '소령', '분산림', '풍수림'은 시신을 안장하는 데만 사용된다. 산림 이용에 있어서도 황강 주민들은 목재를 파는 상인과 인식을 달리했다. 목재상인의 경우 높은 가격을 추구하기 때문에 이를 위해서라면 닭을 잡아 달걀을 얻는 등을 마다하지 않지만 황강 주민은 산림에 있는 나무를 목재로 이용함에 있어 절제적인 사용을 중요하게 생각했다. 매년 일정 규칙에 따라 이용 시기에 도달한 임목을 소량으로 벌채하는데, 그 이상은 허용하지 않는다.

따라서 동족 지역 산림의 경우 벌거숭이로 벌목하는 경우는 거의 없다. 다시 말하면, 임학 관련 학술용어인 '주벌主伐'은 동족 주민에게 전혀 의미가 없다. 왜냐하면 그들은 지금까지 '간벌間伐'을 해왔기 때문이다. 이는 주벌로 인해 산사태를 유발할 경우 임목이 아무리 좋은 가격을 받는다 해도, 붕괴된 산은 돈이 아무리 많아도 복구가 불가능하기 때문에 그들은 현지의 자연과 생태계의 취약한 부분을 정성들여 관리하고 보완했다. 현대 기업 경영의 시각에서 보면, 황강 주민들은 아주 어리석고 보수적인 것처럼 보일 수 있지만 황강 주민의 생각은 사뭇 다르다. 예컨대, 조상으로부터 물려받은 복 받은 땅인 만큼 자기들이 편하게 사용을 하면서 후세들도 마음 편하게 사용하도록 물려줘야 하는 책임이 있다고 생각하기 때문이다.

이들은 황강이라는 종족촌락 공동체는 영원하고, 황강의 자연자원은 영원히 그들에게 속한다고 여기고 있다. 이는 공장이나 기업처럼 돈을 벌기 위해 팔고, 돈이 있으면 사고하는 것이 아니기 때문이다. 황강 산림의 경우 그들에게 사고팔고 하는 권리가 없기 때문에 정성들여 황강의 생태안정을 보호하는 것이야말로 이들의 가장 중요한 직책으로 간주되어 돈은 적게 벌지언정 자연자원은 반드시 절제 있게 이용하는 것을 당연시했던 것이다. 따라서 자원에 대한 이들의 관념은 모든 황강 주민의 자원이용 행위 규약으로 이어졌는데, 산림자원을 이용함에 있어서도 영원히 절제적으로 이용하도록 했다.

평지坪岡에서 거주하는 동족이나 청수강, 도류강 일대의 동족 마을은 모두 큰 강이나 호수를 끼고 있어 수로를 이용해 한족 지역에 원목을 운송하기에 아주 유리한데 반해 황강의 경우 이와는 사뭇 달랐다. 왜냐하면 황강은 하천 발원지에 위치하고 있어 아무리 좋은 목재라도 짐꾼이 짊어지고 하천으로 운반해야 팔 수 있기 때문이다. 훌륭한 원목일수록 운수가 더 어렵다는 점은 더욱더 유감스럽다. 따라서 개토귀류 이후 황강의 산림이 아주 풍부한 데 반해 외부 운수 기록을 거의 찾아볼 수 없었다. 현지조사를 통해 현지인이 숯가마를 어떤 곳에서 만드는지, 목탄이나 땔감을 지고 다니는 좁은 길이 어디에 있는지를 충분하게 숙지함은 물론 손금 보듯 훤히 알고 있는 것으로 나타났다. 또한 좁은 길에 있는 쉼터로 제공되는 돌 걸상이나 의자 유적이 아직도 남아 있음을 짚고 넘어가야 할 것이다. 이 외에 목탄이나 땔감을 운반하는 이야기는 일일이 열거할 수 없을 만큼 많다. 이를 통해서 1949년 전까지만 해도 벌목하여 목탄을 이용하는 것이 산림자원 이용에 주요 경로였음을 알 수 있다. 특히 삼나무 등 재목은 황강 마을 건설에 주로 이용되었다.

저자가 황강 마을에서 가장 오래된 옛 가옥을 답사한 것에 의하면, 그 가옥은 전형적인 주상식 가옥으로 양어장 위에 세워져 있고, 가옥의 두 출구 중 하나는 양어장 주변으로 이어져 있어서 나무 사닥다리를 이용해 곧바로 2층을 드나들 수 있고, 다른 하나는 1층에 있고 가축만 이용을 하는데 나무다리를 통과하면 곧 돌판으로 덮인 옛길이 펼쳐진다. 건축 풍격은 가옥이 건축된 역사 시기를 말해 주는데, 1945년 이전에 세워진 70년의 역사를 가지고 있는 건축으로 보아야 할 것이다. 3층으로 되어 있는 이 가옥은 집주인이 맨 위층인 3층에 살고 있다. 놀랍게도 취사와 난방을 하는 부엌이 3층에 설치되어 있고, 2, 3층에 모두 비교적 널찍한 회랑이 설치되어 있어 틀림없이 고대 주상식 가옥 유적이었던 것이다. 따라서 저자는 촌장에게 이 옛 가옥을 잘 보호해 나중에 황강 박물관을 건축할 것을 제안을 했는데 이에 촌장과 서기가 모두 흔쾌히 이 제안을 받아들였다.

옛 가옥을 실제로 측량한 결과 저자의 판단이 사실임을 증명할 수 있었다. 주상식 가옥의 기둥은 양어장에 세워져 있는데, 60년이란 오랜 세월에도 끄떡없다. 측량 결과 기둥은 모두 품질이 좋은 삼나무를 사용했는데, 직경이 60~80㎝로 모두 일치하지 않는다. 자세히 들여다 본 결과, 모든 기둥으로 통나무의 겉 부분을 사용하지 않았음을 발견할 수 있었는데, 이는 기둥을 만드는데 사용된 삼나무의 경우 벌목할 당시 직경이 120㎝를 넘는 나무임을 두루 짐작할 수 있었다. 강한 내수성을 확보하기 위해 가옥을 지을 때 집주인은 일부러 통나무의 겉 부분을 제거하고, 단지 나무의 중심부만 사용했던 것이다. 그래서 나무 숲속에서 70년이란 세월을 훌쩍 넘겼어도 전해져 올 수 있었다. 1층 외양간에 사용된 목재는 더욱 놀랍다. 벽체 모두 7㎝ 넘는 두꺼운 각목을 합해서 조성했고, 가축이 드나드는 문의 경우 적어도 무게가 100kg이나 된다. 오늘날 이런 목재 사용을 평가하면 실로 일종의 천연 보물에 대한 낭비가 아닐 수 없다. 한편 과거 역사 시기에 목재사용의 역사를 그대로 전해주기도 한다. 도로가 개통되기 전 대형 목재를 운반하지 못하는 만큼 이렇게 사용하지 않으면 또 어디에 사용하겠는가?

황강 주민들 기억 속에 확실한 자연파괴는 1958년에 일어났다. 많은 사람들이 황강 지역의 산에 올라가서 벌목하고 숯을 굽고 다시 목탄을 사용하여 제강·제철을 했다. 수 개월째 지속된 결과 베고 남은 나무의 그루터기는 아직도 흔적이 있는데[10], 목타르제련 공장 다섯 곳에서 3~5년 동안 목타르를 건류·증류하는 데 충분히 사용될 수 있는 양이다. 동족 주민은 이렇게 남겨진 그루터기를 이용해 중국 절강浙江의 거래처와 거래해 돈을 좀 벌 수 있었는데, 이는 노인들이 과거 추억을 불러일으키기에 충분함과 동시에 자손들을 교육하는 역사적 교훈으로도 작용했다.

황강 주민은 산림자원에 대한 이용을 거부하는 것이 아니라 절제적인 사용을 주장한다. 현재도 황강 주민들은 여전히 목재를 주요 연료로 사용하는데, 그렇다고 해서 이를 낭비로 보지 않는다. 왜냐하면 이들에게 있어 목재 생산량은 이들의 사용을 충족시키기에 절대적으로 충분하기 때문이다. 목재의 외부 판매를 정부에서 제한하는 상황에서 자신들이 소비하는 것이 낫다고 판단한 것이다. 푸른 산이 함께하고, 산에 위치한 논과 흙 자원이 안정적이기만 하면 모든 절제적인 이용은 정당하다고 보아야 할 것이다.

---

10 여평현은 1953년에 '범 내쫓기 운동'을 벌이느라 산림을 불태웠는데, 이때 100만㎡ 되는 면적이 파괴되었고, 1958년에서 1959년까지의 제강·제철 운동(大煉鋼鐵, 1958년 중국 공산당 중앙 위원회에서 제출한 1,070만 톤의 철강과 1,840만 톤의 철을 생산하라는 지표를 완성하기 위하여 전국적으로 일으킨 운동)에서 대량으로 벌목한 목재를 운반할 수 없어 채벌장에서 부식된 면적이 130만㎡나 된다. 그 외에도 1959년에서 1961년까지 이어진 3년간의 경제곤란기("三年困難時期")에는 산림을 개간해 조를 재배해 50만㎡ 되는 산림이 파괴되었다. 黎平縣志編撰委員會編, 『黎平縣志』, 巴蜀社出版社, 1989, p. 280.

제9장

황강 동족의 벼문화 적응의 이중성

1. 기존 연구사 검토
2. 새로운 문화 정의와 문화적응의 이중성

제9장

황강 동족의 벼문화 적응의 이중성

1. 기존 연구사 검토

문화적응에 대한 연구는 줄리안 스튜어드가 학설을 주창한지 반세기 넘는 시간이 지났다. 문화적응의 이중성 결과에 대해 일찍이 40여 년 전에 마샬 살린스Marshall Sahlins가 제시한 데 이어 문화적응도 이중성을 지님을 서비스E·R·Servise와 네팅Netting, R. M에 의해 제시된 바 있지만, 21세기 초에 이르러서야 문화적응에 자연성과 사회성 두 측면이 반드시 포함되어야 한다는 것이 연구에 의해 밝혀졌다. 이것을 기초로 이 장에서는 황강 전통생계의 문화적 적응 사례에 문화적응의 이중성이 적용되는지 검토하고자 한다.

토머스 하딩Thomas Harding은 문화적응을 '창조성'과 '보수성'으로 양분했는데[1] 창조성이든 보수성이든 문화적응은 반드시 비적응에서 적응으로, 적응의 시작 단계에서 지속적 적응이라는 과정으로 나타난다고 지적했다. 하딩의 견해는 기존 연구의 기초에서 크게 발전했다고 해야 할 것이다. 그러나 문화적응의 과정을 구체적으로 해석하는데 있어서는 여러 어려움에 부딪쳤다. 그중 가장 큰 어려움으로는 문화적응의 과정이 자연적인

1　(美)托馬斯·哈蒂等, 韓建軍·商戈令譯, 『文化與進化』, 杭州: 浙江人民出版社, 1986, p. 2.

문화 작동의 결과로, 흔히 여러 세대를 통해 문화적응의 과정이 완성되므로 이 과정은 문화의 정상 작동을 통해 실현된다는 것이다. 따라서 비적응에서 적응의 과정 모두 문화의 정상적인 작동 하에서 진행된다는 것을 지적했다. 이 과정에 세상을 놀라게 할 만한 큰 사건은 거의 생기지 않으므로 연구자들이 이러한 과정을 쉽게 관찰할 수 없었다. 결국 역사적 기록이든 구술사든 어디에도 근거가 될 만한 실마리를 찾기 어렵게 된 것이다. 연구자가 같은 시기 현장조사를 통해 수집한 자료로는 기껏해야 문화적응의 결과만 조사할 수 있다. 따라서 문화적응의 구체적인 과정을 밝혀내기가 어렵게 되었다.

사실 문화적응 연구만이 아니라 생물학자가 생물적응의 과정을 연구함에 있어서도 거의 비슷한 어려움에 직면하게 되는데, 어떤 생물종의 적응과정과 관련해 화석을 통해 관련 물종의 원형만 찾아내고 현재 살아있는 종의 개체 중에서 적응 효과에 대해 평가내릴 수밖에 없다는 것이다. 따라서 구체적인 적응 과정은 독자의 상상력에 맡길 수밖에 없다. 다윈의 집비둘기 변이에 대한 연구, 태평양 열도에 있는 곤충이 날지 못하는 것에 관한 연구는 이러한 논증과 사고의 효시를 열었다.[2] 그 후에도 유사한 연구들이 있었지만 진화 과정에 대한 연구는 여전히 많이 부족해 이 한계성을 넘어선 연구는 거의 찾아볼 수 없다.

줄리안 스튜어드에서 네팅에 이르기까지 문화적응에 대한 연구는 방법론에서 생물학자의 영향을 크게 받았는데, 생물학자의 연구 한계성도 그대로 문화인류학에 옮겨졌다. 또한 연구 대상이 역사 기록이 잘 되어 있지 않은 민족들이어서 문화적응의 기원에서 결과에 이르기까지 그 도약은 아주 눈에 띈다. 문화적응과 관련된 기존 연구의 또 다른 한계성은 문화적응의 효과에 대한 평가에 있어 대부분 상황에서 확실한 증거의 뒷받침이 없이 주관적인 결론을 내릴 수밖에 없다는 점이다. 동족 전통생계의 자연적 적응과 관련된 토론은 양정석 교수의 세 평가 지표를 도입해서 상당 부분 기존 연구의 한계성을 보완할 수 있었다.

문화적응과 관련된 기존 연구의 세 번째 한계는 계량 분석의 결핍이다. 이 한계를 극

---

2   郭家聰, 「達爾文和達爾文學說」, 『生物學通報』, 1982(2), pp. 5~6.

복하기 위해 라파포트Roy A. Rappaport는 뉴기니에 대한 연구에서 에너지 흐름이라는 계량화 지표를 도입하여 적응과정에서 나타나는 에너지 흐름의 변화를 데이터를 통해 제시하려고 했다.[3] 그러나 저자가 황강의 전통생계에 대해 연구를 하면서 라파포트의 방법이 실제 조사에서 관철되기 어렵다는 것을 실감했다. 위에서 언급한 바와 같이 전통생계를 주장하는 민족의 경우 산업구조가 고도의 복합성을 지니고 노동력을 투입해야 하는 경우가 많다는 것에 입이 저절로 벌어진다. 따라서 일일이 에너지·물질 전환의 계량분석에 포함시킨다면, 1~2년에 걸쳐 현장조사를 해야만 가능하기에 사실상 지금까지 누구도 이를 실증하지 못했다.

황강 동족 여성의 오리 사육을 하나의 사례로 사람으로 통계수치를 환산하는 것이 어느 정도 복잡한 작업인지에 대해 설명을 덧붙이고자 한다. 황강 마을은 논과 거리가 상당히 떨어져 있는 곳에 위치해 있는데, 가장 먼 곳은 12㎞도 넘는다. 원칙적으로 오리를 논에 모두 풀어야 하는데, 이렇게 하면 오리 사료를 최대로 절약을 할 수 있고, 논의 병충해를 골고루 제거하며 벼 줄기와 충돌이 발생해 벼의 성장 활성도를 높이고 논에 잡초도 없앨 수 있기 때문이다. 황강 마을에는 400명 가까이 되는 여성 노동력이 있지만 논 분포 면적이 47㎢나 되서 오리를 풀어놓은 논들을 추계하려면 적어도 40명의 조사자를 동원하여 1년 동안 추적해야 하고, 데이터 또한 데이터처리 현대화 기술을 이용해야만 그나마 평균 수치에 가까운 데이터를 얻을 수 있을 정도로 복잡하다.

황강 동족의 청년남녀가 연애할 때 들판으로 가거나 하면 가장이나 이웃으로부터 오리나 닭이 있는 우리는 물론 소와 양까지 데리고 가서 놀면서 가축을 자유롭게 방목하는 부탁을 받게 된다. 이러한 연애생활에서 오리를 자연 방목하는 노동력 투입은 물론 에너지 투입 통계에 포함시켜야 할 것이다. 그러나 구체적으로 어떻게 계산해야 하는지는 합리적인 참고를 찾기 어렵다. 이 외에 경작지가 주거지로부터 아주 먼 곳에 위치해 있으면 부부 내외가 노인과 아이, 동네 이웃 친척을 멀리 떠나 논 주변에서 움막생활을 한다. 이럴 경우에 자기 집의 닭, 오리, 가축뿐만 아니라 이웃집의 닭, 오리, 가축까지 같이

3 　全京秀著, 崔海洋譯, 『環境, 人類, 親和』, 貴陽: 貴州人民出版社, 2007, pp. 17~20.

데리고 가달라는 요청을 받아들이는데, 논에 한 번 가면 2, 3일 내지 4, 5일 있다 돌아온다. 따라서 오리를 기르는 노동력을 과연 어떻게 계산해야 할지 누구도 정확하게 답할 수 없다.

오리와 거위는 저녁에도 먹이를 찾아다니는가 하면 먹는 양도 상당하기 때문에 오리와 거위의 고기와 알 생산에도 기여가 크다. 그러나 논에서 오리와 거위를 야간 방목을 하면 밤잠을 양보하고 밤새도록 가축을 지키는 전문 인력을 투입해야 하고, 전문적으로 훈련된 사냥개의 도움을 받아야 하기도 한다. 상황이 이렇게 복잡한 만큼 노동력의 투입량을 어떤 비율로 정할 것인지 주춤하게 되고 그것에 대해 누구도 장담하지 못한다.

노동력 투입 계산이 어려울 뿐만 아니라 상품 속에 포함된 바이오 에너지와 생체량도 정량화하기 어렵다. 황강 마을의 농가에서 기르는 오리와 거위의 양은 차이가 크게 난다. 정상적인 조건에서 오리가 부화해서 도살할 수 있는 상품화 수준에 이르기까지 일반적으로 50일이 걸린다. 어미 오리를 잡지 않고 그대로 두면 그해에 거위 알을 산란해 벼 재배 기간, 즉 봄에 논에 파종을 해서부터 가을 수확을 마칠 때까지 총 9개월이 걸리기에 최대 6회 오리를 부화할 수 있다. 오리 고기와 오리알 생산은 탄성이 크기 마련이다.

이번 조사 대상으로 응해준 동족 여성들의 경우 오리가 모두 부화를 몇 번 했는지 자세히 기억하지 못하고 대충 두리뭉실하게 3~5회라 답하는 경우가 대부분이었다. 게다가 황강 동족에게는 오리 고기와 오리 알의 소비가 다른 농산품·축산물처럼 뚜렷한 수확 계절이 없다. 새끼 오리를 30일 정도 기르면 선물로 주거나 행가좌월할 때 죽을 써서 먹거나 한다. 오리 알은 먹고 싶으면 먹을 수 있다. 이렇게 정해 놓고 하는 소비가 아닌 소비를 하고 나서 황강에서 생산되는 오리와 오리 알은 여평과 종강 현의 시장에 내다 팔거나 소금에 절인 오리 알이나 피단皮蛋[4]을 만들어서 심천深圳 등지에 멀리 판매하기도 한다. 상품의 유통 범위가 이렇게 넓고 광범위한 만큼 이를 추적 조사하는 것도 여간 쉬운 일이 아니다. 지금까지 소개한 사례에서 볼 수 있는 것처럼 라파포트의 파푸아 뉴기니

---

4 역주: 오리알을 석회가 함유된 진흙, 소금, 재, 왕겨 등을 한데 섞은 것에 밀봉해 수개월 삭힌 중국 음식으로 '송화단'이라고도 한다.

현지 조사에서 진행한 통계는 추측이 더해진 통계, 즉 대략적인 진술로 밖에 볼 수 없다고 보아야 할 것이다. 이는 구체적인 물자 에너지 투입과 생산 계산과는 아주 큰 차이가 있음을 보여준다.

마빈 해리스Marvin Harris는 토지 경작에서 노동력과 비료 투입 곡선과 생산량이 변화하는 곡선이 대조되는 정확한 데이터를 제공하였다. 반면 민족문화의 다양성에는 주의를 돌리지 않았기 때문에 그가 제공하는 데이터가 비농경 민족에게는 어느 정도 적용되는지 제시하지 않았다. 따라서 이러한 한계성을 생태인류학이 보편적으로 지니기 있어서 정량분석의 지표를 도입하지 않고 문화의 자연적 적응을 논의한다면 구체적인 적응의 과정만큼은 기대할 수 없으므로 설득력 있는 결론을 도출하기 어렵기 마련이라는 점도 나타난다.

이번 황강 조사에서 저자는 노동력 투입의 정량 데이터 수집에 어려움이 있었을 뿐만 아니라 비료 투입의 통계도 예외가 아님을 발견했다. 기계화 집약농업이라면 몰라도 전통생계에서는 화학비료의 투입양을 거의 계산할 수 없었다. 이는 퇴비나 두엄의 투입으로 인해 비료의 효과가 결코 화학비료에 포함된 질소, 인, 칼륨의 함량에만 국한된 것이 아니라 일종의 유기질 비료로서 그 속에 포함된 미생물과 여러 작은 생물들의 생존도 지지해야 하기 때문이다. 이런 작은 생물은 나름대로 생존함과 동시에 비료를 만들어 생물이 성장하도록 공급을 해야 한다. 따라서 거름을 주는 것과 거름의 효과는 시간성과 연속적, 오랜 효과성에 있다. 이 변화 과정의 복잡성은 토양 전문가가 평생 연구과제로 삼을 만하다. 그러나 단기간의 농경지 조사에서 수집된 제한적인 개별 데이터를 근거로 삼는다면 큰 오차가 발생할 것이다.

황강을 다시 예로 보면 저자는 현지 주민의 파종작업에 한 달 반 정도 참여한 적이 있지만, 이는 논갈이와 파종기를 모두 합친 시간의 고작 3분의 1밖에 안 되는 수준이다. 이 기간 현지 주민을 따라 논에 6회 다녀왔다. 매번 그들이 가지고 가는 거름은 흔히 40~80kg으로 대부분 건조 후 잔 알갱이 구조로 된 돼지똥을 재료로 만들어졌다. 결론적으로 단위 면적당 그들이 뿌리는 시비량은 극히 적었다. 나중에 새로 발견한 점으로는 그들이 논에 이어서 황단(Dalbergia assamica Benth)을 계속 뿌리고, 경작 시에 사용된 가축의 퇴비도 논에다 수시로 뿌린다는 것이다. 봄에 논갈이를 할 때면 가축의 우리도 깨끗이 정리하고, 장만한 퇴비를 뿌리는데 시비량은 임의성이 아주 커 모든 논에 골고루 시비하는 것이 아니라 마을과 가까운 한 논에 운반하는 것이었다. 시비라기보다 쓰레기를 내다 버린다고 표현해야 할 것이다. 이러한 상황을 감안할 때 단위 면적당 시비량을 계산한다는 것은 전혀 불가능한 일이다.

그 후 저자는 전력으로 논, 물고기, 오리의 공동 생활체계를 따라다녔다. 이 과정에서 벼·물고기·오리 공생 체계를 힘써 추적한 결과 이들 물고기와 오리가 모두 살아있는 '퇴비 공장'임을 확인할 수 있었다. 이러한 경우 퇴비의 시비량 또한 과연 계산이 가능할까? 그 외에 황강 마을 주변의 산림에 논들이 적지 않게 분포되어 있어 물고기를 기르고 오리를 방목할 수 있는 비율이 낮고, 퇴비를 운송하는 데도 어려움이 커서 통상 시비를 하지 않는다. 그렇다고 해서 찰벼 수확량이 눈에 띄게 낮아지지는 않는다. 왜냐하면 산림을 흘러 지나는 물이 산림 속의 부식층을 지나면서 물속에 유기질 성분을 많이 함유해서 벼의 성장에 충분한 만큼 시비는 필요가 없게 된 셈이다.

중국 남서부에 사는 여러 민족의 경작지 시비에 관한 자료를 참조한 결과 문제가 상상한 것보다 훨씬 복잡하다는 것을 발견할 수 있었다. 예를 들면, 이족彝族의 '농목축혼성제'[5] 전통생활 방식에서는 경작지에 시비를 하지 않는 대신 가축들이 경작지에서 남긴 배설물로 시비를 충당하는 방법에 의지한다.[6] 하니족의 경우 높은 계단식 논에도 아예 시비를 하지 않는데, 모든 생활쓰레기를 한 물웅덩이에 버린 후 이 물을 논에 줄 뿐이다.[7] 이러한 시비 과정으로 노동력 투입량을 따로 계산할 길이 없다. 총체적으로 말하자면 시비 과정 중의 물질과 노동력의 투입량 계산은 전통생계 중에서 정확히 계산을 하려면 현재의 연구수준으로는 실현하기 힘들다. 기존의 연구된 보고는 관점을 나타낼 뿐 흔히 실제 상황을 대표한다고 할 수 없다.

---

5 楊庭碩·李天元,「混成耕牧在彝語地名中的反映」,『吉首大學學報』, 2001(3), p. 63.
6 王慶,「探論傳統民族文化對畢節實驗崗生態建設的借鑒作用」,『烏蒙論壇論文集』, 2004(1), pp. 29~31.
7 王清華,『梯田文化論 - 哈尼族生態農業』, 昆明: 云南大學出版社, 1999, pp. 20~21.

기존 연구의 한계성을 검토한 후, 전통생계는 민족문화의 유기적 구성 부분으로 전통생계와 민족문화가 아주 밀접히 연결되어 있기 때문에 전통생계에서 인과관계가 있는 데이터를 따로 분석해내려 한다는 시도 자체가 큰 어려움을 지닌다는 것을 알 수 있다. 줄리안 스튜어드의 문화핵심이든 저자가 말하는 생계방식이든 모두 독자적으로 생존하는 능력을 지니지 못한다. 각 요소 간 연관성 사이에 여러 인과관계가 병존하기에 그 중 어느 하나를 추출해서는 꼭 필요한 설득력을 얻기 힘들다. 이런 점에서 보면, 과거 연구의 한계성은 모두 '계량화를 위한 계량화'로 귀결시킬 수 있는데, 이러한 데이터들을 따로 추출하는 즉시 문화 전체를 왜곡하는 것으로 된다. 따라서 저자는 문화에 대해 새롭게 정의를 내린 후에야 다음 연구를 할 수 있다고 본다.

2. 새로운 문화 정의와 문화적응의 이중성

저자는 문화에 대한 양정석 교수의 정의가 이 책에서 논의하는 전통생계에 비교적 적합하다고 생각한다. 어떤 민족의 문화든 모두 안정적으로 전승이 되는 인위적인 정보체계로 보는 것이다. 어떤 민족이든 이러한 정보체계 하에서 사람의 행동을 제어하는데, 나아가 물질과 에너지의 중합과 전환을 조절함과 동시에 같은 문화규약을 받는 사회성원이 하나의 공동체를 이루고 공동체가 끊임없이 성장하고 발전하게 하며, 선천적으로 자기 회복과 보완의 능력을 지니게 한다[8]는 것이다. 즉, 문화규약을 받는 사회 구성원은 스스로 조정능력을 지닌 공동체를 구성하는데, 이런 공동체가 존재하기에 사회 구성원은 여러 도전에 대응할 수 있고, 인류사회가 안정적으로 발전하도록 보장한다.

문화는 인위적인 정보체계이기 때문에 인간의 능동적인 창조력을 통하여 부단히 보완하고 건전해지게 한다. 이러한 창조적인 활동을 문화적응력이라 일컫는다. 굳이 설명하지 않아도 문화적 적응과 생물적 적응은 본질적으로 구별된다. 문화적응은 인간의 창

---

8   楊庭碩, 『生態人類學導論』, 北京: 民族出版社, 2007, p. 42.

조적 노동이 응집되어 있는데, 이러한 창조적 노동 또한 끊임없이 축적이 가능하므로 문화적응은 적절성, 정확성이나 효과성을 막론하고 모두 생물적 적응을 훨씬 능가한다. 생태계 중 어떤 종의 생물적 적응력이든 문화적응력과 비교를 하면 무색해질 수밖에 없다. 물론 문화적응도 나름대로 특색을 지니고 있다. 개체가 집합체를 통해 나타나지 생물의 적응처럼 개체를 통해 체현되지 않는다.

이런 점에서 문화적응은 문화가 공동체 지혜를 종합한 것이라는 데 본질을 둔다. 서로 다른 역사 시기, 서로 다른 공간의 구역 내에서 같은 민족 구성원이 도달할 수 있는 지역에 있다면 삶에 도움이 되는 모든 경험과 교훈은 질서 있게 조직되어 민족의 지속적인 문화로 녹아 들어간다. 이러한 경험의 기능과 지혜의 가치는 일정한 순서에 의해 하나의 정보 체계를 구성한다. 시간이 흐름에 따라 유용하지 않은 경험은 도태되고, 작용이 크지 않은 경험은 지위가 낮아지며 작용이 큰 경험은 지위가 상승되거나 확대된다. 문화의 지속적인 과정은 끊임없이 이어지는 창조적 과정이면서 인위적인 정보 체계가 대사를 거쳐 자아를 완성하고, 새로운 것을 지속적으로 창조하는 과정이다.

어떤 민족이 직면한 생존환경이든 모두 필연적으로 무기적 자연배경, 유기적 생태환경과 인위적 사회배경이라는 서로 다른 세 부분으로 구성된다. 생태학자의 일반적인 의견과 연결시킬 필요가 있기 때문에 첫 번째와 두 번째 배경을 자연배경이라 한다. 이로부터 문화가 안정적으로 이어지려면 반드시 문화가 직면한 자연환경과 문화가 놓인 사회배경에 동시에 적응해야 한다. 그러나 문화구조 가운데 이런 인위적인 정보체계의 완전성을 유지하기 위해서는 어떤 형식의 적응이든 질서 있게 전체 문화에 통합되어야 한다. 즉, 문화의 정상적인 발전에 귀속되어야 한다. 문화의 어떤 적응 조치든 이중적 적응의 효과를 지니고 있는데, 생태환경과 서로 충돌해서도 안 되고, 사회적 환경의 수요를 벗어나서도 안 된다.

이외에 문화가 정상적으로 작동하는 상태에서 문화의 사회적 적응과 자연적 적응이 늘 결합되어 있고, 일체화된 모습으로 각종 생존환경과 조화를 이루는데, 특수한 상황에서만 이런 결합관계가 느슨해진다. 예를 들면, 예측하기 어려운 자연재해나 다른 민족과 정면적 충돌이 크게 발생하는 경우에만 사회적 적응과 자연적 적응 간의 결합관계가 느슨해진다. 따라서 서로 다른 이 두 적응의 차이도 크게 드러난다. 물론 이런 경우는 자연 재해가 발생하거나 민족사회가 동요되는 시기이기도 하다. 따라서 이 단계에 놓인 민족문화를 살펴보고 분석하면 문화의 자연적 적응과 사회적 적응의 구체적인 내용을 아주 쉽게 알 수 있다.

현재 중국 여러 민족의 전통적 생계는 모두 격변기에 처해 있다. 한족이 거주하는 경제 발달 지역에서는 전통농업이 크게 충격을 받은 후에 사라진 전통농업 양식이 생태적 환경의 적응에 중요한 가치를 두고 있는 것을 발견했다. 중국의 생태학자들도 적극적으로 나서 전통농업 살리기를 힘써 제창하고 있다.[9] 이와 동시에 사람들은 중국의 전통농업이 생태환경과 조화를 이루지 않는 길을 걷게 된 데는 서구의 강세 지위에 놓인 민족의 교란 하에 선택한 일종의 사회적 적응이라는 것을 그때서야 깨닫게 되었다.

중국 남서부의 여러 민족은 한족이 사는 경제 발달 지역처럼 모두 경제 정책의 중심을 식량 증산에 둔 '이량위강'과 그 후에도 이루어진 여러 농업기술 보급운동을 경험했는데, 그리고 나서야 이들은 단순히 생산량 제고만 추구하는 것이 결코 좋은 일만은 아니라는 것을 터득하게 되었다. 생태환경이 변함에 따라 생태 안전 유지에 필요한 투자는 흔히 생산량 증가로 인해 증가한 이익보다 높다. 이러한 배경 하에서 여러 민족은 경제적 이익만 추구하는 것은 얻는 것보다 잃는 것이 많다는 것을 깨닫게 되었다. 왜냐하면 생태계의 안전을 유지하는 것은 경제적 보상에만 의지해 실현될 수 있는 것이 아니기 때문이다. 이러한 시점에서야 지성인들은 전통생계의 자연적 적응의 가치를 강조했다. 외부의 기술·방법, 외부 시장의 인도는 결코 자신이 놓인 생태계의 안전을 보호할 수 있는 것이 아니기 때문이다. 따라서 외부사회 환경에 대한 적응만 중시하면 결코 지속적으로 발전할 수 있는 능력을 얻을 수 없다.

위에서 소개한 여러 민족 전통생계의 급격한 변화를 요약하면, 모든 민족이 직면한 생태환경은 다양하지만 민족문화가 처한 생태적 환경의 적응 내용은 놀랍게도 아주 유사하다. 이러한 유사성은 다음의 세 가지로 귀결될 수 있다. 첫째, 어떤 민족의 자연적 적

9　胡火金, 「論中國傳統農業的生態化實踐」, 『南京農業大學學報』(社科版), 2005(3).

응을 막론하고 자원 이용방식의 변화에 따라 교묘하게 생태계의 취약한 부분을 피한다. 둘째, 모든 민족이 처한 생태계는 영원히 불변하는 것이 아니다. 규칙적인 변화이든 임의적인 변화이든 관련 민족에 커다란 재해를 가져다준다. 모든 민족의 문화는 발전 중에 불가피하게 가뭄, 홍수, 저온, 태풍 등의 자연재해가 발생하기 마련이며, 이러한 재해에 대처하기 위해 민족의 자연적 적응을 막론하고 모두 재해를 예방하고 재해에 대처하며 재난을 구제하는 수단과 방법들이 있다. 셋째, 생태 환경에서 생물종이 다양하게 병존하는 것은 객관적으로 존재하는 사실이다. 한 민족의 문화가 겨우 한 두 종의 생물자원에만 의지한다면 인간 사회의 존재는 그가 놓인 생태체계의 안전에 충격과 피해를 줄 것이다. 따라서 어떤 민족의 자연적 적응이든 다양한 유형의 생물적 자원을 균형적으로 이용하는 수단과 방법 그리고 한 생물자원을 여러 단계로, 여러 경로로 이용하는 방법을 반드시 포함하고 있다. 위의 세 가지 내용은 문화의 자연적 적응의 3대 주제로 볼 수 있다. 이 장에서 다루는 황강 동족 전통생계의 자연적 적응에 대한 내용은 바로 이 3대 주제를 중심으로 전개하고자 한다.

이러한 점에서 볼 때 한족이 사는 경제적으로 발달된 지역의 전통 농업과 남서부 여러 민족의 전통생계는 크게 차이가 없는데, 적응하는 과정에서 이 3대 주제의 비율이 서로 다르고, 구체적인 적응의 수단과 방법에 차이를 보일 뿐이다. 황강 동족의 전통생계는 기본적으로 문화의 자연적 적응에 입각하여 전개하였는데, 황강 동족의 현재 단계의 어려움은 민족 간 환경의 급변에서 유래했기 때문에 황강 동족 전통생계의 실질적 어려움을 제시하고 정확한 해결책을 찾기 위해서는 문화의 사회적 적응에 대해 더 잘 이해할 필요가 있다.

문화의 사회적 적응은 민족 내부의 사회적 적응과 민족 간의 사회적 적응이라는 두 가지 측면이 포함된다. 문화의 사회적 적응과 문화의 자연적 적응 간에는 필연적으로 명확한 구별이 존재한다. 따라서 사회적 적응은 자연적 적응의 효과를 약화시킨다. 어떤 민족이든 처한 생태계에 있어 반드시 일정한 정도의 붕괴가 있기 마련이며, 단지 관련 문화가 정상적으로 발전함에 있어 이러한 변화의 폭이 아주 제한적이라는 것이다. 인간 사회의 존재가 관련 생태계에 대한 파괴를 스스로 회복시킬 수 있어서 문화의 지속적인 발전에 영향을 주지 않는다. 다만 사회적 적응이 강화될 때만 인간 사회의 존재가 관련 생태계에 치명적인 피해를 가져와 회복될 수 없고, 생태계도 이로 인해 격변이 일어나며 최종적으로 문화의 생존 기초에 타격을 주고 최종적으로 민족사회의 탈바꿈을 대가로 인간과 자연 간의 모순을 해결해야 한다.

민족 내부로부터 보면, 사회적 적응은 3가지 주제를 포함하고 있다. 첫째, 가능한 민족사회의 응집력을 제고하는데, 이를 위해 민족 구성원의 물자의 수요와 공급을 되도록 이면 동일하게 한다. 황강 동족을 예로 들면, 그들의 선조들이 황강으로 이주한 후 줄곧 찰벼를 심고, 장기적으로 '쌀과 물고기를 주식'으로 삼은 생활습관을 이어오며 '주상식' 주거와 마을의 형식을 유지하며 그와 관련된 종족촌락 공동체를 형성하는 것 등은 모두 사회적 적응에 속한다. 이러한 적응의 요구는 분명히 생물자원의 균형적인 이용에 영향을 주고, 사회문화의 리스크 대처 능력에도 영향을 준다. 따라서 사회적 적응은 문화의 자연적 적응의 성과를 끊임없이 약화시킨다고 할 수 있는데, 이것 역시 필요한 것이다. 이러한 사회적 적응을 해야 인간이라는 군체의 잠재력이 발휘되고 인간도 비로소 생물계를 초월해 지구의 주인이 될 수 있다. 황강을 예로 들면, 그들의 선조가 그렇게 하지 않았더라면 먼저 이곳에 정착한 묘족이 조정에 나서주지 않았을 것이고, 제방에 사는 동족과도 친밀감을 유지할 수 없으며, 이를 통해 사회 실력을 강화하지 못하였음은 물론 개토귀류 이후 '칠백생묘족마을'의 첫 마을로도 되지 못했을 것이다. 총체적으로 보면, 이러한 사회적 적응은 황강 주민에게 있어 황강에서 확고하게 자리잡게 한 보물이다.

둘째, 사회적 적응은 문화 발전의 자본을 중요시하는데, 항상 최소 투자로 최대 수익을 가져오기를 원한다. 따라서 문화적응의 각종 수단은 절약의 원칙에 따라 이루어지는데, 응용 기회는 많지 않고 운영 원가가 지나치게 높은 적응 방법과 수단은 문화의 신진대사 과정에서 도태되거나 상징적 의미만 지닌 문화요소로 된다. 이 적응 주제는 문화가 생태적 위험에 맞서는 능력과 생물자원을 균형 있게 소비하는 능력에도 영향을 줄 수 있다. 개별적인 상황에서 생태계의 취약한 부분에까지 충격을 준다. 황강 동족의 선조가 황강에 이주해 온 후 원목을 외지에 팔아 돈을 버는 좋은 수단을 포기했는데, 이는 사회적 적응의 하나의 실례에 속한다. 이와 유사한 상황으로는 산천어의 사육이 약화되고 마을의 양어장과 논이 분리되는 사례도 있는데, 이것 역시 사회적 적응의 산물이다. 왜냐하면 마을과 논이 연결된 현황을 유지하려면 마을 규모가 소형화되어야 하는데 이럴 경우 주변의 묘족과 대항하는 능력을 잃고 만다. 생선과 곰발을 다 가질 수 없는, 즉 두 마리 토끼를 다 잡을 수 없는 상황에서 그들은 '생선을 버리고 곰발을 선택하였는데' 이러한 사회적 적응을 한 후 그들의 논에서 생산된 물고기의 원가는 자연히 제방 지역의 동족보다 높고, 환경 리스크도 제방의 동족보다 컸다.

셋째, 사회적 적응은 문화가 직면한 자연물을 사회적 관념의 가치 척도에 의해 인위적으로 배열해야 한다. 따라서 숭배를 받는 자연물이 있는가 하면 냉대를 받는 자연물도 있고 홀대를 받는 자연물도 있다.[10] 그 실질은 인간의 의지를 자연에 강요하는 것으로 특히 그가 놓인 생태계에 강요를 한다. 물론 이는 일종의의 간단한 자연물을 사회 등급화하는 과정이 아니라 당사자의 사회적 행위를 지배하는 적응수단으로, 자연계의 사물을 인류의 사회규범에 귀속시키는 데에 목적을 둔다. 이러한 방법은 강제성을 띠고 있어 자연적 적응을 하는 데 어느 정도 장애가 된다. 예를 들어, 황강 주민들이 삼나무의 사회적 가치를 아주 높이면서 주목나무의 사회적 가치를 떨어뜨린 것이 명백한 증거이다.

민족문화의 자연적 적응과 사회적 적응은 문화적응에서 변증법적으로 통일된 두 구성 내용이다. 이 두 적응 내용은 상호 의존하고 상호 제약하는 관계로 양자는 영원히 결속되고 병존하며 문화의 모든 적응 내용을 공동으로 형성한다. 또한 이러한 변증법적 통일의 구조는 문화의 모든 구성 부분을 관통한다. 각 민족의 전통생계도 자연히 그 속에 포함된다. 따라서 체계적으로 한 민족의 전통생계를 분석하면, 민족의 자연적 적응의 내용을 찾아 볼 수 있고, 사회적 적응의 내용이나 양자가 결속된 구체적인 연동방식도 찾아 볼 수 있다. 이 책에서는 이러한 인식을 기초로 황강 동족의 전통생계를 연구하고자 한다.

민족 간에 발생하는 사회적 적응에는 또 다른 특징이 있다. 이러한 적응은 필연적으로 귀속성, 조준성, 내성을 지니고 있다. 이는 민족문화 모두 스스로 체계화하는 인위적 정

---

10   (英)愛德華・泰勒原著, 連樹聲譯, 『原始文化』, 上海: 上海文藝出版社, 1992, p.619.

보체계이기 때문에 민족 간의 상호작용은 늘 의식적인 체계 간의 작용과 반응의 비대칭성으로 표현된다. 어떤 민족이든 지속적인 발전을 위해서 다른 민족으로부터 오는 영향과 충돌에 대해 반드시 적절하게 대응해야 한다. 그렇지 않을 경우에는 민족의 존재가 영향을 받게 된다. 더욱이 문화는 능동적으로 반응하는 능력을 갖고 있기 때문에 민족 간의 사회적 적응을 초래하고 명확한 의식성도 지니고 있다. 그것은 조준성을 갖고 다른 민족의 간섭과 도전에 목적성 있게 대응할 뿐만 아니라 아주 짧은 시간 내에 이런 대응이 완성되기에 한 민족의 성패와 성쇠가 결정된다.

이로 인해 민족 간의 사회적 조화는 늘 생태계의 안전을 고려할 사이도 없이 목숨을 걸고 한판 부딪쳐서 대적해 승리를 거둠으로써 민족 문화의 연속과 발전을 이루어낸다. 역사적으로 많은 생태적 재난이 바로 민족 간 충돌에서 일어났을 뿐만 아니라 그것도 민족이 분포한 지역의 교착지대에서 주로 발생했다. 정면적인 충돌 외에 민족 간의 상호작용이 존재하는데, 양측 모두 능동성을 가지고 있어서 모두 자신의 존재를 더 우선시한다. 이는 자연적 적응에 대한 노력을 늦추거나 심지어 방치하기에 민족 간의 상호작용에서도 자주 발생한다. 따라서 민족 간의 사회적 적응은 흔히 자연적 적응을 희생하는 것을 대가로 하기 때문에 생태계의 붕괴가 발생하도록 복선을 깔아 두었다. 현재 황강 동족의 전통생계의 변화와 황강 지역의 생태환경의 붕괴는 모두 이로 인해 발생했다. 본질적으로 이 모든 것은 각 민족 간의 사회적 적응이 자연적 적응을 초월한 나쁜 결과로 보아야 할 것이다.

제10장

황강 동족 전통생계의
발전과 변화의
문화적 원인

1. '사회문화적 통합모델'과 '문화변동' 이론
2. 동족 전통문화의 '문화접변' 과정

제10장

황강 동족 전통생계의 발전과 변화의 문화적 원인

1. '사회문화적 통합모델'과 '문화변동' 이론

현재 세계 각 민족의 전통생계 방식의 현대적 변화에 대하여 가장 영향력이 있는 견해로는 다음 두 가지가 있다. 첫째는 전통적 생계의 현대적 변화를 경제 세계화의 필연적 결과로 보는 것이다. 따라서 전통생계와 관련된 것들은 박물관에 소장될 수밖에 없다는 관점이다. 둘째는 전통적 생계가 급격하게 변화한다 하더라도 인류 사회가 창조한 문명화된 이래로 오랜 역사를 지니고 있어서 그대로 사라지게 한다면 안타깝기 그지없다는 관점이다. 왜냐하면 현대인들이 이것의 현재와 미래 가치를 단언하기란 여간 어려운 일이 아니기 때문이다. 이 두 관점은 서로 대립되기도 하지만 서로 영향을 주고 받기도 한다.

전통생계의 현대적 변화가 인류 사회의 새로운 사물이라는 점을 감안할 때 기존의 이론과 주장으로 위에서 소개한 두 관점의 옳고 그름을 판단하고 경솔하게 단언하려 한다면 아직 시기상조이다. 그러나 내적 연계를 포함한 이 두 관점의 공통점과 차이점을 잘 분석하면 시기적절하고 바르게 쓰일 수 있다. 따라서 이 연구는 황강 동족의 전통생계의 현대적 변화 사실만을 근거로 위에서 소개한 두 관점의 이론적 근거를 분석하고, 양자의 내적 연계를 연구하여 논쟁의 본질과 이로 인해 발생할 수 있는 영향에 대해 명확히 하게 함으로써 전통생계의 현대적 변화에 대해 전체적인 이해를 갖도록 하는데 의미를 둔다.

줄리안 스튜어드가 제기한 '사회문화적 통합모델'과 '문화변동'[1] 이론은 당대의 문화변화를 분석하는데 커다란 가치를 지니고 있고, 전통생계의 현대적 변화 분석에도 효과적으로 적용할 수 있다. 저자가 위에서 내린 전통생계에 정의에서 출발한다면 현지 조사를 통하여 관찰할 수 있는 어떤 전통생계 방식이든 모두 반드시 현대적 변화의 내용을 포함하고 있음을 쉽게 볼 수 있다. 바꾸어 말하면 어떤 형식의 전통생계이든 관련 민족이 역사적으로 이어져 내려오는 삶의 지혜와 기능을 포함하고 있을 뿐만 아니라 현대사회에서 있을 수 있는 생활과 생산 내용을 틀림없이 포함하고 있다. 이 문제에 있어 생물적 적응과 달리 하는 민족문화의 다른 측면을 볼 수 있다. 생물종은 유성생식에 의하여 번식하며 대를 잇기 때문에 자연계에서 특정 생물종은 순종을 찾을 수 있는가 하면 각양각색의 변이종도 찾을 수 있다. 그러나 병존하는 다문화 간에서 다른 민족의 문화요소는 전파를 통해 융합될 수 있고, 특정 민족은 다른 민족의 문화요소를 의식적으로 차용하여 민족의 문화가 다양하고 건전해지게 한다. 따라서 민족문화에는 절대적으로 '순종'의 개념이 있을 수 없다. 인간에 의해 관찰될 수 있는 모든 민족문화는 다른 민족문화에서 오는 문화내용을 불가피하게 포함하고 있는데, 민족문화의 유기적인 구성 부분인 전통생계는 더더욱 '순종'이 있을 수 없다.

위에서 살펴본 사실을 근거로 저자는 관찰할 수 있는 각 민족의 전통생계 중 현대사회에 포함시킬 수 있는 문화내용을 모두 전통생계의 현대적 변화라 부르기로 한다. 그러나 여기서 말하는 현대 생활은 20세기만 지칭하는데, 다시 말하면 문화의 한 유형인 공업문화가 번성하는 시기에 각종 사회생활과 생산내용이 생겨날 수 있었던 것이다. 전통생계의 현대적 변화 측면에서 보면, 다원 문화와 병존하는 문화 사이에 꼭 문화요소가 서로 전파되고 직접적으로 연관되기 마련이며, 필연적으로 외래문화 요소의 차용과 동화, 모방을 포함하기 때문에 전통생계의 현대적 변화를 논의하려면 반드시 기존 연구에서 다루었던 문화전파 이론에서부터 시작해야 한다.

---

1   王猛等編著, 『人的創世紀』, 成都: 四川人民出版社, 1987.

문화인류학에서 문화전파 연구를 시작한 대표적인 인물은 레오 프로베니우스Leo Frobenius(1873~1938)와 슈미트W. Schmidt(1868~1954)[2]가 있다. 이들의 연구는 특정 문화를 주시하고, 문화요소가 전파 과정에서 성격과 내용면에 있어 반드시 변화가 일어난다[3]는 것은 논쟁할 필요가 없는 사실이라는 점을 인정하고 받아들이지 않았기에 그들이 제기한 이론은 전통 생계의 현대적 변화에 대한 연구에 적용하기 어렵다. 전통생계의 현대적 변화에 대해 이루어진 본격적인 연구이고, 큰 의의를 지닌 성숙된 이론으로는 아무래도 스튜어드의 '사회문화적 통합모델'의 개념과 스튜어드가 멜빌 허스코비츠Melvill J. HersKovits 등에게 제기한 '문화접변acculturation' 이론을 꼽을 수 있다.

스튜어드는 자신의 저서『문화변동론 - 다선진화 방법론』의 제4장에서 이러한 개념에 대해 체계적으로 논의를 했다. 그의 견해에 의하면, 현대 국가의 상부구조는 정부의 권리, 법률, 금융기관 등이 전반적으로 국가에 속해 있거나 세계성을 띠기도 한다. 따라서 어떤 특정의 개별 문화를 대표하는 것이 아니라 현대 국가 범위 내에서 다른 하위문화, 다른 지역, 다른 부족과 공유하기 위한 것이므로 이러한 차원의 사회적, 문화적 사실을 합한 것으로 총칭해서 '사회문화적 통합모델'[4]이라 칭했다. 이 개념이 문화인류학 연구의 철학적 논리에 부합되는지를 평가하는 것은 이 연구의 몫이 아니지만 위에서 언급한 내용에 대한 이해를 통해 왜 전통적 생계가 현대적인 변화로 반드시 발전하는지를 분석할 수 있다.

현대적 의미의 국가뿐만 아니라 중국 고대의 중앙 왕조의 경우도 이와 유사한 속성을 가지고 있다. 중국 역사에서 고대의 여러 소수 민족은 모두 의미상 중국의 백성으로 인정되었고, 서로 다른 방식으로 중앙 왕조의 통제와 지배를 받는 동시에 중앙 왕조 정부로부터 반드시 지켜야 할 일부 신례臣禮 내용도 받아들여야 했다. 예를 들면 황제의 최고 권위와 유교 학설의 정통적 지위 인정 등이 그러하다. 이러한 상황에서 소수 민족의 전

2　黃淑娉, 龔佩華, 『文化人類學理論方法硏究』, 廣州: 廣東高等教育出版社, 2004(60,67).
3　黃淑娉, 龔佩華, 『文化人類學理論方法硏究』, 廣州: 廣東高等教育出版社, 2004(69).
4　Julian H. Steward, *Theory of Culture Change: The Methodology of Multilinear Evolution*, Chicago, University of Illinois Press, 1955, pp. 64~68.

통문화를 막론하고 일정한 정도에서 중앙 왕조의 영향을 크게 받은 것은 의심할 여지가 없는 객관적 사실이다. 중국의 각 민족문화의 '문화접변' 과정은 결코 저절로 생겨난 것이 아니라 역대 왕조에서 유교로 나라를 다스리는 이념에 의해 문화변화의 과정이 생겨난 것이다. 중앙 왕조에서 따르는 다민족 국가 치국 이념은 『예기禮記·왕지王制』에 나오는데, 이를 요약하면 '소수민족의 종교 신앙을 순응하고修其敎, 풍습을 바꾸지 않고不易其俗, 중앙정권의 일괄적인 정치를 받아들이고齊其政, 민족 전통에 적합한 정치제도를 바꾸지 않는다不變其宜"는 것이다. 이러한 주장은 스튜어드의 '사회문화적 통합모델' 이념을 내포하고 있고, 내용을 보완한 '문화접변' 이론도 포섭할 수 있음을 알 수 있다. 특히 오랜 역사 속에서 중국의 여러 민족 전통문화의 변화발전은 위에서 소개한 중국과 해외의 이론에 설득력 있는 증거 자료를 제공한다는 점은 아주 소중하다.

이러한 점을 고려하면 줄리안 스튜어드가 제기한 '사회문화적 통합모델'의 관점으로 중국 민족사의 기존의 연구 성과와 결부시켜 동족의 전통생계의 현대적 변화의 문화 형성에 대한 연구를 하면 분명히 소중한 신뢰도와 직접적인 현실적 의미가 있을 것이다. 실제로 동족의 전통문화가 받은 중앙왕조의 영향은 『예기·왕지』의 치국사상에 부합될 뿐만 아니라 '문화접변' 과정으로도 나타남과 동시에 '사회 문화적 통합 모델'이 지속적으로 개선되는 과정이기도 하다. 이를 기초로 하여 나아가 황강 동족 전통생계의 현대적 변화, 특히 국가권력의 작용 하에서의 계획적인 변화를 연구하는 것이 가능할 뿐만 아니라 이것을 통한 결론도 현대 학자들로부터도 더 쉽게 인정받을 수 있다.

이 책에서는 스튜어드가 말하는 '사회문화적 통합모델'이 민족문화 실체를 초월했다고 말하기 어렵다고 보기 때문에 그의 견해와 의견을 달리한다. 미국을 예로 들면, 국가헌법에 있어 서유럽 각 민족의 기존 법령과 제도만을 수용하지 인디언의 관습법은 절대로 받아들이지 않는다. 미국 역사상 연방헌법을 둘러싸고 벌어진 전쟁, 예컨대 미국 내전, 유타 전쟁 등을 보면 미국의 연방헌법은 절대로 다른 형식의 해석을 용납하지 않고, 문화의 귀속성이 아주 명확하면서 모든 민족문화가 무조건적으로 적응하는 것도 거의 불가능하다.[5]

중국 역사에서 역대 왕조의 법 집행과 정치는 대부분 한족의 전통문화를 기준으로 했다. 이런 점으로 볼 때, 만주족이 세운 청 왕조도 예외일 수 없다. 왜냐하면 청 왕조의 여러 황제도 유교사상을 정통 사상으로 삼는다고 말하기를 꺼리지 않았는데, 이는 정권의 문화적 속성에 대해 의심하는 사람이 없었기 때문이다. 따라서 중국 역대 왕조의 정치와 교육이든 스튜어드의 '사회문화적 통합모델'이든 구체적인 민족문화를 떠난 특수한 사회적 사실인 것이 아니라 강한 민족이 압박한 '문화접변'의 산물일 수밖에 없다. 다민족 국가의 문화 귀속만 강조하고, 무책임하게 문화의 변화를 과장하여 말하면 필연적으로 이론 분석으로 하여금 변화의 목적성, 공리성과 조준성을 잃게 한다. 이러한 내용을 상실한 문화의 변화는 필연적으로 따를 규정이 없기 때문에 문화변동에 대한 토론도 있는 그대로를 가지고 사물을 논하는 것 외에 이론적 기여는 결코 기대할 수 없을 것이다.

동족의 예를 들면, 남송 시대부터 동족은 줄곧 중앙 왕조에 충성을 다했다. 남송 시기에 동족 지역은 '계동溪峒'이란 조직에 편입되어 중앙왕조 직할의 말단 행정단위가 되었다.[6] 『계만총소溪蠻叢笑』와 『노학엄필기老學庵筆記』는 모두 동족의 선조들과 한족이 원소절元宵節과 단오절端午節을 함께 즐겁게 보내는 모습을 생동하게 묘사 하고[7] 동족 지역의 특산품과 목재, 황금, 귀중한 석재와 향료 등이 한족 지역에 판매되고 한족 주민들로부터 환영을 받는 것에 대해서도 자세하게 반영했다.[8] 원과 명나라 왕조의 정사正史와 『청사고淸史稿』에서 동족의 지방 세력의 수뇌들은 조정으로부터 각급 지방관인 토사로 임명받아 대대로 내려오면서 각자 범위 내 있는 여러 민족을 통괄했다. 중앙정부에서 직접 통할한 황강의 담계 장관사를 예로 들면, 석씨 종족의 관직은 원대 이후 세습되다가 중화민국시기에 와서야 비로소 폐지된다.[9] 황강 지역과 관련된 많은 민담과 전설에는 모두 중앙 왕조의 권위를 직접 언급하고 칭송도 한다. 동족이 중앙 왕조의 문화적 영향을

---

5 陳海宏,「北美印第安戰爭」,『山東師範大學學報』, 社會科學版, 1996(5), pp. 34~36.
6 『輿地廣記』卷二六, 卷二八.
7 『老學庵筆記』卷四.
8 符太號,『溪蠻叢笑研究』, 貴陽: 貴州民族出版社, 2003, pp. 89, 106, 137, 194.
9 田玉隆等著,『貴州土司史』(上), 貴陽: 貴州人民出版社, 2006, pp. 120~123.

대대로 크게 받은 것은 누구나 인정하는 역사적 사실이다.

멜빌 허스코비츠가 제기한 '문화접변' 이론은 스튜어드의 주장대로라면 한 민족이 일정한 정도와 범위에서 다른 민족의 간섭하에 피동적으로 문화 내용을 받아들이지만 이를 제외한 다른 문화현상에 있어서는 자신만의 전통을 유지하며 장기간 병행하면서 전승을 한다는 것을 의미한다. 그가 제시한 개념은 전통생계의 현대적 변화를 이해하는 데 시사하는 바가 크다. 왜냐하면 오늘날 관찰할 수 있는 전통생계는 대부분 역사적으로 전승되어온 문화적 내용을 많이 담고 있기 때문이다. 그러나 현대 사회, 특히 글로벌 경제라는 커다란 배경 하에서 현대 사회 특유의 생산과 생산 내용도 받아들여야 하는데, 이는 피할 수 없는 사실이면서 전통생계가 지속적으로 존재할 수 있는 필요한 조치이다. 따라서 우리는 전통적 생계의 현대적 변화를 민족문화에서의 '문화접변'의 특수한 경우로 이해해도 무방하다. 이는 물질생산과 직접 관련된 '문화접변'의 일부라는 것을 의미한다. 동족문화가 중앙왕조의 '문화접변'을 일찍이 받아들인 것은 공인하는 역사적 사실이다.

황강 지역에 대한 조사 기간에 저자는 농사활동을 기획하고, 기상을 예측하는 일련의 전문서적을 수집하였다. 이 저서는 총 8권으로 되어 있는데, 주로 한자로 기록되었지만 문자에 특수 기호도 많이 사용을 해서 동족어 발음을 기록했다. 이 저서를 소장한 동족 주민의 소개에 의하면, 이러한 기호는 날짜를 계산하는 기호를 뜻한다. 그러나 저자가 이 책 전체를 열람한 후 24절기와 천간십이지의 명칭만 분별할 수 있었지, 읽어도 전혀 이해할 수 없었다. 동료인 반영영이 번역을 해도 이 책이 한자로 되어있지만 한자를 빌어 동족의 음을 기록[10]한 것이어서 한자의 의미로는 이해할 수 없었다. 한편, 이 고서의 발견은 동족이 문자와 24절기·십간십이지 개념 범위 내에서 한漢문화의 '문화접변'을 받아들인 역사가 오래 되었고, 한자를 받아들이기는 했지만 결코 동족 문화의 존속에 영향을 주지 않았다는 것을 보여준다.

---

10 중앙정권이 직접 통제하고 있는 도시나 교통 요지 그리고 한문화의 영향을 많이 받은 동족과 한족이 서로 맞닿아 있는 동족 방언을 사용하는 방언 구역, 호남 회동會同, 정주靖州 등 지역에서는 한자나 한자로 동족어의 음을 직접 기록하는데 일부 중대한 역사 사건이나 문화 지식을 기록하거나 비석이나 돌에 새겨 보존을 했다. 廖君湘, 「侗族傳統社會沖突的主要層面」, 『經濟社會發展』, 2005(6), p.66.

20세기 이전에 인류는 현대적 교통수단을 가지고 있지 않았는데, 이로 인해 민족 간의 물질과 에너지 이동도 크게 제한을 받아서 민족 간의 문화적 상호작용이 대규모의 물질과 에너지 이동을 통해 실현될 수 없었다. 따라서 문화 전파는 대부분 무형문화에 집중되었고 유형문화의 대규모 이동은 별로 다루어지지 않았다. 이로 인해 각 민족의 전통생계는 자연과 생태환경의 적응으로 주로 나타났으며, 여기에 다른 민족의 문화요소와 연관된다 하더라도 주로 기술, 기능, 관념, 형태로 나타나고,[11] 이는 정신 영역의 문화요소로 분류할 수 있다. 총체적으로 현대에 관찰할 수 있는 각 민족의 전통생계의 주요한 부분은 거의 모든 민족에게 자연 및 생태환경의 산물이다. 이를 마샬 살린스Sahlins, M.D.가 제시한 개념 '특수 진화specific evolution'를 빌려 표현하면 '특수 진화'의 산물에 속한다 할 수 있다.

2. 동족 전통문화의 '문화접변' 과정

황강의 전통생계를 살펴보면, 물질 에너지와 직접 연관되는 내용은 찰벼 재배나 가축 사육을 막론하고 대규모 경작지와 수리시설 건설에 있어서도 모두 필연적으로 황강 지역의 자연 생태체계와 밀접하게 관련되어 있다. 그러나 정신영역에서의 활동의 경우 이것과 완전히 일치하지 않는다. 시간을 계산하는 제도 중에 24절기 개념과 음양오행의 개념은 황강 주민들이 처한 자연 및 생태환경과 반드시 연관되어 있는 것이 아니다. 예를 들면 황강 지역의 봄은 빨리 와서 입춘이 지나면 많은 곤충들이 이미 활발하게 활동하기 때문에 휴면에서 깨어나 활동을 시작하는 경칩까지 기다릴 필요가 없다. 또한 망종은 중원의 한족 지역에서는 겨울을 나는 식물이 성숙기가 되었음을 뜻하지만, 황강의 전통생계에서는 이런 식물을 재배하지 않는 대신 논에 포동작업을 실시한다. 결론적으로 24절기의 만물의 상태에 대한 표시는 황강 지역에서 적응되지 않았고 표시적 기호로 발전을 했지

---

11 王猛等編著, 『人的創世纪』, 成都: 四川人民出版社, 1987, p.253.

농업생산에 직접적인 가치를 제공하는 지도적 작용으로 발휘될 수 없었다.

음양오행의 경우도 마찬가지다. 한족의 이념으로 보면 금속이 나무를 극복하고, 나무가 불을 일으킨다고 보아야 한다. 그러나 위에서 이미 언급한 것처럼 황강 동족의 전통생계에서 그들은 반대로 불로 나무를 극복하고 임지를 불태운 후 흙 유실을 막기 위해 녹초벨트를 조성했는데, 이러한 작업은 본질적으로 불로 나무를 극복하는 것으로 표현해야 할 것이다. '음양오행'의 개념을 도입한 후 전통생계의 사고나 행위 이념과 처리 방식에 큰 차이가 발생해 생산을 지도하는 것으로 작용을 할 수 없게 되었다. 이러한 한족의 전통적 관념을 받아들이는 것은 동족 주민의 의지에 의해서가 아니라 중앙 왕조의 권력에 의해 변화하면서 동족이 처한 자연 생태계와도 직접적으로 관련되지 않게 했다.

실제로 동족 주민은 나름대로 전통적인 제사체계를 지니고 있는데, 저자가 황강에서 경험한 동족의 축제를 보면 지금도 옛 제사제도를 간접적으로 받아들여 한족의 음력과도 차이가 있다. 이는 동족의 전통생계를 이해하는데 유의해야 하는 객관적 사실이며, 절대로 위에서 설명한 내용이 그들의 전통생계에 포함되어 있다고 해서 동족의 농경방식을 한족에게서 배운 것이라고 잘못 판단해서는 안 된다. 이런 내용들은 흔히 상당히 큰 범위 내에서 다른 민족으로부터 받아들이고 흡수한 후에야 비로소 전통생계의 유기적인 부분으로 바뀌게 된다. 조사에서 황강 동족의 전통생계에 한족의 문화요소는 물론 묘족의 문화요소를 받아들인 것을 발견할 수 있었다. 예컨대, 황강 지역의 많은 야생 동식물의 명칭과 이용방식을 살펴보면, 묘족에서 온 것으로 단언할 수 있는데 사실상 이는 문화접변에 속한다. 이러한 문화접변을 일으킨 사회적 배경은 황강 동족의 선조들에 의해 결정되었다. 즉, 이들이 황강으로 이주할 당시 묘족은 이미 이곳에 오래전부터 거주한 민족으로 지역 주민의 구성비율도 동족보다 많았기 때문에 위에서 말한 문화요소의 전파가 발생했던 것이다. 이러한 점을 고려하여 저자는 전통생계에 대해 정의를 내릴 때, 문화의 자연적 적응을 중요한 위치에 두었다. 보통 자연과 생태계에 어긋난 전통생계의 요소라면 병존하는 문화와 '문화접변' 현상으로 관련되게 된다.

전통문화의 현대적 변화는 이와 다르다. 유사한 문화의 변화는 분명 다른 민족 문화의 영향을 받지만 영향을 받는 구체적인 방식과 내용은 20세기 전과는 약간 다르다. 20세기 전의 전통생계의 현대적 변화는 정신적인 영역을 포함할 뿐만 아니라 물질적인 측면도 아주 구체적으로 다루는데, 이는 더 나아가 대규모 물질과 인원의 공간적 이동의 결과일 수 있다. 따라서 전통생계의 현대적 변천은 주로 다문화 간의 물질과 에너지의 빈번한 이동으로 표현되기 때문에 문화의 접촉과 접촉의 정도는 전통생계의 근본적인 내용에 직접적으로 저촉되고, 전통생계를 유지하는 데 필요로 하는 생존 배경에 직접적인 피해를 줄 수 있다. 마샬 살린스의 문화 개념을 적용한다면 전통생계의 현대적 변천은 '일반 진화general evolutionism'의 산물로 이해할 수 있다. 왜냐하면 이러한 변천은 흔히 전통생계의 문화 유형을 변화시켜서 전통생계가 스스로 조직하는 능력을 잃게 하기 때문이다.

황강 전통생계의 현대적 변화를 예로 들면, 인디카 종과 교잡벼의 도입이나 화학비료와 농약의 대량 보급을 막론하고 외지로의 인력 유출은 대규모 물질과 에너지의 이동으로 나타났다. 이는 20세기 전에는 절대로 찾아볼 수 없는 사회적 현상이다. 더욱이 자연과 인문 경관에 있어서 황강이 겪은 급변은 물질과 에너지가 대규모로 이동한 증거이다. 수만 톤의 시멘트가 단기간에 황강에 운반되고, 수천 명의 노동자가 황강에 와서 작업을 하지 않았다면 황강 마을을 관통하는 도로의 개통과 대규모 양어장의 매입이 불가능해서 마을 전체의 큰 경관 변화를 가져오지 못했을 것이다. 황강 동족 주민들이 원하든 원하지 않든 다른 민족으로부터 받아들인 물질과 에너지는 모두 황강 주민의 생활에 스며들어 동족 문화를 구성하는 일부가 되었다. 이러한 내용은 20세기 후의 민족관계에서 찾아볼 수 있기 때문에 이는 황강 주민 전통생계 방식의 현대적 변화로 보아야 할 것이다. 따라서 이 책에서는 전통생계에 포함된 이러한 내용의 이해와 득실에 대한 논의를 하나의 과제로 삼는다.

실제로 전통생계의 현대적 변천은 결코 민족관계의 측면에만 머물러 있지 않다. 황강 주민들이 이러한 관계를 받아들이면 새로운 사물이 생태환경에 잘 어울리느냐 하는 문제도 고려해야 하므로 새로운 사물의 경우 모두 자연 생태적 적응을 해야 하는 것으로 재해석된다. 앞에서 살펴본 부레옥잠과 야동호野茼蒿는 모두 외국에서 들여왔는데 황강 사람들은 이것들의 성장을 황강의 가능한 공간 내에서 통제하고, 가능하면 가장 이상적인 사용방법을 따로 적용시켜야 했다. 생태학의 용어로 이를 표현하면, 외래 생물종을 '길들이기' 위한 것으로, 이것들이 '생물학적 오염'을 발생시키는 것을 방지하기 위한 데 있다. 플라스틱 제품의 도입도 이와 비슷하다. 현재 전통적인 도롱이는 이미 플라스틱 비옷에 의해 대체되었다. 황강 주민들은 전통적으로 삼나무 잎으로 지표면의 보온과 방수를 했지만 현재는 플라스틱 비닐이 널리 보급되면서 점차 삼나무 잎의 사용가치가 사라지고 있다. 그 결과가 어떠한지에 대해서는 황강 주민들이 더 많은 경험을 쌓기 전에 평가할 방법이 없다. 그러나 이러한 내용은 황강의 자연 및 생태 환경과 밀접한 연관을 갖고 있다는 것은 의심할 바 없는 분명한 사실이다. 마찬가지로 향후 황강 주민들이 이를 자연적응의 내용에 포함시키는 것도 토론할 필요도 없는 필연적 추세이다.

지리적 위치의 특수성으로 인해 황강 동족이 중앙 왕조에 '통합'된 시기는 다른 지역의 동족보다 훨씬 늦고 '문화접변'을 직접 받아들인 시기도 다른 동족 지역보다 늦다. 그 전까지만 해도 황강의 동족은 한족의 문화로부터 '문화접변'된 것이 아니라 묘족이 동족 문화로부터 '문화접변' 되었다. 이러한 원인으로 황강과 점리는 '칠백생묘족마을'의 첫 마을로 될 수 있었다. 마찬가지로 황강 동족의 전통생계의 현대적 변천도 다른 동족 마을보다 늦다. 거의 1940년대에 와서야 식별이 가능한 뚜렷한 특성이 나타났다. 이로부터 황강의 전통생계는 반폐쇄적인 상황에서 지속된 시간이 가장 길었고, 외래문화를 받아들이기 시작한 시간도 가장 늦었다고 요약할 수 있다.

청나라 왕조 건국 초기에 남명왕조南明王朝의 잔여 세력을 토벌하기 위해 귀주와 운남의 전 지역을 거의 15년 동안 내버려 두다시피 했다. 순치順治15년(1658)에 남명왕조의 잔여세력을 섬멸한 후 운남과 귀주의 장악권은 오삼계吳三桂의 수중에 들어갔다.[12] 그 후에도 20여 년 동안 계속되었는데, 청 왕조가 '삼번三藩의 난'을 평정하고 나서야 운귀고원雲貴高原지역은 중앙 왕조의 직접적인 통치를 받게 되었다. 그러나 청나라 통치자들은 이 지역의 복잡성을 잘 알고 있었으므로 회피하고 관망하는 태도를 취할 수밖에 없었다. 청 왕조는 오히려 '홍주洪州(현재 여평 경내)를 늘 도둑이 잘 드는 곳'으로 인정하고 이런 이

---

12 『淸實錄』"聖祖實錄" 卷114, pp.7~9.

유로 귀주 지방관에게 선불리 행동하지 말라고 경고를 했다. 이러한 배경에서 황강은 물론, 호남, 귀주, 광서 변경 지역의 동족까지도 사실상 내버려 두는 상태에 놓이게 되었다. 동족에 대한 중앙정권의 영향은 오랫동안 '사고가 발생하지 않도록' 최선을 다하는 수준에 놓여 있었다. 당시 자연 생태계에 놓인 황강은 청 왕조의 존재에 대해 상관하지 않았다. 따라서 이는 개토귀류 전의 공문서에서 황강이 전혀 언급되지 않는 하나의 원인으로도 볼 수 있다.

청나라 옹정황제가 실시한 대규모적인 '개토귀류'는 호남, 귀주, 광서 변경 지역의 동족을 직접 다스리는 통제 범위 내에 편입시켰을 뿐만 아니라 황강이 속한 자연 생태환경도 완전히 개척하였다. 이로써 황강 동족은 비로소 처음으로 중앙행정 권력을 접하게 되었다. 특히 청나라가 황강에서 통솔하는 '칠백생묘족마을'을 하위 토사인 담계 장관사가 관리하도록 정하여 지방 행정의 직접적인 관할 지역에 포함시키지 않았다. 이로 인해 '개토귀류'는 형식적으로 진행되어 사실상 황강은 반폐쇄 상태에 놓이게 되었다. 그 후 청나라가 '묘강금례'를 집행해서 반폐쇄 상태는 한세기 넘게 오래 지속되었다. 함풍, 동치 황제 시기는 국내 정세의 격변으로 대륙 지역의 한족 백성들이 대량으로 동족 지역에 유입되었는데[13] 황강도 포함되었다. 이 시기의 역사적 격변과 관련하여 저자는 이번 조사에서 중요한 물증을 발굴했는데, 바로 위에서 언급한 출토 비각 비문이다. 이 비문에는 외지인이 사망자를 황강에 안장하는 것을 금지하고 황강에서 직접 관할하는 경계를 거듭 천명하고, 황강이 담계 장관사의 관할 하에 있음을 여러 번 언급하는 등의 내용을 명확하게 기록하고 있다. 특히 이 비문은 황강 동족이 중앙 왕조의 규정으로 '문화접변'된 표지임을 잘 보여준다.

황강은 종강현 설치 때에 와서야 비로소 정부 행정체제에 정식으로 편입되어 관리를 받게 된다. 왜냐하면 원래 하나의 통일체를 이룬 '칠백생묘족마을'은 이 시기에 와서야 여평현과 종강현으로 나뉘어 따로 관리하도록 명확하게 구분이 이루어졌던 것이다. 황강 동족이 전국적 종합 모델을 완전히 받아들인 것도 사실상 이 시기부터 시작되는데,

---

13 光緒, 『黎平府志』 卷五上, pp. 25~26; 卷一, p. 26.

이는 이미 20세기 초의 일이다. 당시 중국 정부의 법령을 통일할 방법이 없고, 황강 지대가 각 군벌 세력으로 '일진일퇴'하는 곳인 것을 고려할 때, 당시 황강 동족이 받아들인 한족의 '문화접변'도 틀림없이 무질서하고 혼란스러운 상태에 놓여 있었을 것이다. 따라서 황강의 동족은 철저하게 자기 봉쇄를 할 수 있었고, 한 곳에서 할거하면서 '문화접변' 과정을 지연할 수도 있었다. 그 시대에 전통생계의 현대적 변천이 일어났다 하더라도 뚜렷하지 않았을 것이다.

1960년대만 해도 황강에는 한어를 할 줄 아는 사람이 아예 없었다는 것을 저자는 조사를 통해 발견할 수 있었다. 외부와의 소통을 위해 황강의 마을 노인들은 인재를 영입하고, 한어와 동족어를 하는 한족들에게 황강으로의 입적을 허락할 수밖에 없었다. 입적하는 한족에게는 토지를 분배하고 배우자를 정해 주었다. 이런 조치는 황강 동족이 정식으로 한족의 문화접변을 받아들인 대표적 조치라고 명확하게 정의 내릴 수 있고, 동족의 전통생계에 변화가 일어나기 시작한 현대적 변천의 발단임을 엿볼 수 있다.

황강 동족의 전통생계는 1950년대 이후에 커다란 현대적 변천이 일어났다. 왜냐하면 이 시기가 와서야 황강의 촌락노인은 비로소 촌락노인과 국가행정 간부라는 이중적 신분을 갖게 되면서 중앙 법령이 황강의 일상에 실제로 침투되고, 발달된 한족 지역의 물질과 장비가 황강에 직접 들어와 일상생활에서 작동될 수 있었기 때문이다. 황강의 전통생계의 현대적 변천이 시작된 시기가 가장 늦은 것을 설명하기 위해서 이러한 역사적 상황을 두루 살펴보았다. 또한 이런 이유로 황강 동족의 전통 사회체제가 지금도 여전히 조용하게 효과를 발하고 이익을 내는 것에 대해 이상해할 것 없다. 위에서 언급한 역사적 사실이 곧 황강의 전통생계 변천을 연구하는 이상적 요소에 속하는 역사적 및 현실적 원인이라 해야 할 것이다. 다음 장에서는 황강의 전통생계 중에서 대표적인 문화적 사항들인 찰벼 품종 보호, 산림 파괴, 외래기술의 충격, 외부의 사회경제적 유혹 등 네 가지 측면에서 황강 동족 전통생계의 현대적 변천의 대표적인 내용에 대해 알아보고자 한다.

제11장

황강 동족 전통도작문화의 자기 보호

―

1. 전통 찰벼 품종의 보호
2. 전통 찰벼 품종의 도입 메커니즘
3. 전통 찰벼 품종의 육성 메커니즘
4. 전통 찰벼 품종의 번식 메커니즘

제11장

황강 동족 전통도작문화의 자기 보호

1. 전통 찰벼 품종의 보호

거센 현대화 물결 속에서 물결이 파급되는 곳의 각 민족 전통생계는 큰 위협을 받으면서 역사적 변화를 점차 일으켰다. 그러나 황강 동족의 전통생계는 오히려 잘 보존되어 왔다. 찰벼 품종을 놓고 보면 훌륭한 품종이 많아 황홀할 지경인데, 많은 사람들은 이에 대해 습관적으로 황강이 아주 외진 곳에 위치해 있기 때문에 운 좋게 살아남은 '문물'이라고 여겼다. 그러나 이것은 정태적 분석임에 틀림없다. 사실상 저자가 여파荔波현 수경촌水慶村 수족 지역을 조사할 때, 현지에 48개의 찰벼 품종이 아직 남아 있는 것을 발견했다. 그렇다고 수경은 황강에 비해 폐쇄적이지도 않고 변두리도 있는 것도 아니며 여파현 소재지는 현대적 교통수단이 모두 갖추어져 있고, 수경촌이 위치하는 무란茂蘭 지역은 세계적으로 유명한 관광 명소였던 것이다. 이로 보아 황강 찰벼의 보호 효과에 있어서 변방이라는 이유를 들면 분명 통하지 않는다. 따라서 저자는 현대적 조류는 모호한 개념으로 아주 복잡한 내용을 내포하고 있다고 생각한다. 여러 내용의 작용 정도, 지속시간과 작용체제 모두 천차만별이지만 각 민족의 전통생계의 내용이 전통생계 조직능력에 혼란을 가져다주지 않는다면, 그 작용이 미친 후 전통생계는 스스로 회복하고 자기완성을 할 수 있다. 즉, 민족문화가 일체성을 지닌 것처럼 전통생계도 자신의 일체성을 확보해야 한다. 어떤 현대화 조류의 충격이든 일체성을 파괴하지 않는다면 전통생계는 현대화 조류와 서로 융합하면서 공존할 수 있다. 이 과정에서 역량의 증감은 표상일 뿐 관건은 통합체의 형식으로 존재하느냐에 달려있다. 황강의 찰벼 품종의 보호, 도입, 육성은 오늘날 통합체를 유지해 오고 있기에 현대화 조류 속에서 자신을 지켜내는 잠재력을 가지고 있다.

동족 외에도 중국에 사는 대부분 백월족 계통의 민족, 장족壯族, 수족, 포의족 등은 전통적으로 모두 찰벼를 주식으로 한다.[1] 이런 식생활 습관은 분명히 민족이 처한 자연 및 생태환경에 적응한 결과이다. 왜냐하면 이러한 민족들은 모두 덥고 습한 지역에서 생활하기 때문에 식품 보관에 어려움이 있기 때문이다. 찰벼는 익히면 표면에 막이 생겨 쉽게 부패하지 않고, 원상회복이 쉽게 되지 않고 차지며, 차게도 먹을 수 있어서 이들은 찰벼를 주식으로 사용했던 것이다. 그러나 이러한 문화의 자연적 적응의 결과는 한족들의 생활습관과 달랐기 때문에 이것은 동족이 한족의 '문화접변'을 받아들이는 과정에서 찰벼의 품종 개량에 집중하게 했다. 중국의 역대 봉건왕조는 조건만 허락되면 갖은 방법을 다해서 이런 민족들의 인디카 종 재배 확대를 요구하고[2] 대신 찰벼 재배를 줄이도록 했다. 이런 요구에 대해 동족 민중은 온갖 방법을 다해 찰벼 재배를 유지했기에 관념상 문화적 충돌로 발전하였다.

저자가 황강에 도착해서 먹은 첫 식사에서 이런 문화충격을 체험할 수 있었다. 우리가 고용한 취사원이

산 위 논으로 가서 노동 중에 먹을 '연잎밥'

---

1   王文光, 姜丹傛, 「傣族的飮食文化及其功能」, 『民族藝術硏究』, 2006(3).
2   梁蕲善, 「貴州土地利用」, 『貴州經濟建設』, 1947年 第2卷(3,4).

우리에게 한 첫마디가 "당신들은 사람 밥을 먹을 것인가 돼지 밥을 먹을 것인가?"라고 묻는 것이었다. 통역이 이를 해석하고서야 우리는 그가 말하는 사람 밥은 찹쌀밥이고, 돼지 밥은 메밥을 가리킨다는 것을 알 수 있었다. 저자는 평소 메밥을 먹었기에 일종의 모욕감을 느끼며 큰 충격을 받았다. 결국 나 자신이 지금까지 돼지 밥을 먹고 자란 꼴이 된 셈이다. 다행히 저자는 문화인류학을 전공한지라 취사원의 말이 결코 악의적인 내용을 담고 있는 것이 아니라는 점에 대해 잘 알고 있었다. 그러나 한편 관념상의 충돌이 황강의 전통생계의 현대화 변천에서 보이는 큰 작용을 깊이 느낄 수 있었고, 이로 인해 야기되는 격렬한 문화충격도 크게 느낄 수 있었다.

한족의 문화접변을 받아들임에 있어 동족은 재배 농작물의 구조 조절이라는 큰 어려움에 부딪쳤는데, 이는 훗날 동족 전통생계의 현대적 변천의 주요한 방면으로 발전하였다. 실제로 초기 청조 여평부 지방관으로 임명된 한족 관리는 동족 주민에게 찰벼 대신 인디카 종을 재배할 것을 요구하는 법령을 제정해 서면으로 제시했다.[3] 당시 여평에 거주한 한족의 인구수는 제한적이어서 이러한 법령은 공문서로만 끝나고 실천에 옮기는 데 어려움이 있었다. 중화민국 시기에도 이러한 법령이 또다시 의사일정으로 제기됨과 동시에 행정력을 집중하여 강제적으로 추진하려고 했다. 다행히 당시 군벌의 혼전 시기여서 이러한 행정조치는 실시와 중단을 반복했다. 따라서 중화인민공화국 설립 초기에 많은 동족 지역에서는 여전히 찰벼를 주식으로 하였다.

그러나 인민공사 시기에 와서는 상황이 크게 달라졌다. 전국적으로 식량난으로 많이 어려워지자 귀주 검동남 주정부와 여평, 종강 두 현의 현장을 역임한 관리는 모두 찰벼 대신 인디카 종 재배를 가장 중요한 정책으로 삼아 강하게 추진하였다.[4] 이 과정에서 가장 강력하고 효과적으로 추진한 사람은 모두 포상을 받고 승진했다. 이러한 배경 하에서 제방 지역의 동족 마을은 찰벼 재배에서 점차 인디카 종으로 바꾸어 재배했다. '쌍계1호

---

3   楊偉兵, 「由糯到籼: 對黔東南粮食作物种植與民族生境适應問題的歷史考察」, 『中國農史』, 2004(4); 梁蕺善, 「貴州土地利用」, 『貴州經濟建設』, 1947年 第2卷(3,4).
4   黎平縣志編撰委員會編, 『黎平縣志』, 巴蜀出版社, 1989.

雙桂一號'와 '계조桂朝' 등 생산량이 높은 품종[5]은 이렇게 동족 지역으로 도입되어 동족 전통 생계의 현대적 변천의 주요 내용이 되었다. 그러나 추진 과정의 속도가 너무 빨리 진행되어서 찰벼를 인디카 종으로 모두 바꾸기도 전에 교잡벼가 이미 세상에 나오고, '찰벼 대신 인디카 종 재배'라는 구호도 '인디카 종 대신 교잡벼'로 변해 버렸다. 이러한 정책을 추진한 후기에 와서 인민공사는 이미 농가생산청부제로 넘어갔지만 전통 찰벼를 도태시키는 시정 행정 임무는 줄곧 지속되었다.

황강이 위치한 곳이 오지의 변경 지역이어서 정책의 추진이 비교적 완만했고, 추진력도 제방 지역에 비길 바가 못되었다. 따라서 황강의 동족 주민은 천신만고를 겪으면서 조상들이 물려준 대부분 찰벼 품종을 지금까지 보존했다. 아울러 어느 정도 여러 찰벼와 교잡벼 품종을 받아들였는데, 이로써 전통생계의 현대적 변천에 굵직하게 한 획을 그었다. 분명한 것은 전통생계의 현대적 변천이 '문화접변'이라는 방식으로 '사회문화적 통합모델'에 포함되는 만큼 변천과정은 필연적으로 장기적이고 지속적인 과정일 수밖에 없었다. 현대적 변화의 정도와 비례를 적용하면 지역적 차이와 시간 변화가 들쑥날쑥한 그래프로 나타낼 수 있다. 이를 구체적으로 살펴보면, 오늘날 제방 지역 대부분의 동족은 인디카 종과 교잡벼 재배 면적이 이미 90%를 훌쩍 넘겼다. 동향侗鄉[6]의 인문경관 상징인 '곡식 건조대 화량'은 사라진지 오래되어 찾아보기 힘들다. 그리고 황강에서 만큼은 이러한 현대적 변천의 내용이 극히 적어 거의 찾아보기 힘들다. 최근 5년 황강의 찰벼와 교잡벼 재배면적은 경작 면적의 10%를 초과하지 못했다. 곡식 건조대 화량은 여전히 황강마을에서 우뚝 솟아 동향에서 드물게 보는 인문경관을 이루었다. 황강의 동족 주민이 이 모든 것을 이루어낼 수 있은 것은 틀림없이 고난의 찰벼 보종 과정을 겪었음을 시사하는데, 이는 현대적 변천의 투쟁 과정이기도 하다. 이 투쟁에서 성공할 수 있은 원인에 대해 학자들의 의견은 아직 일치하지 않는다. 황강 지역이 외지고, 먼 산에 위치해 있어 운 좋게 성공을 할 수 있었다고 보는 학자도 없지 않다. 그러나 저자는 황강 동족

---

5 黎平縣志編撰委員會編, 『黎平縣志』, 巴蜀出版社, 1989.
6 역주: 삼강三江, 여평, 통도 등 동족들이 상대적으로 집중해서 사는 현을 통칭하는 말이다.

문화가 주로 작용한 것으로 본다. 이를 구체적으로 보면, 전통적 사회제도의 자연적 적응의 문화적 특색이 종자의 성공적인 보존에 더욱 직접적으로 작용을 했다.

동족 주민들은 예전부터 노인을 존중하고 공경하여 왔는데, 동족의 이러한 전통사회 체재는 찰벼 품종 보존과정에서 제도적 보장을 뒷받침했다. 이번 현장조사에서 예전의 품종 보존의 어려움을 복원하지는 못했지만, 이 과정에서 제도적 보장이 발휘한 작용을 재현할 수 있었다. 동족 노인과 찰벼 품종의 보존이 직접적으로 연관된다는 증거를 찾아낸 것이다. 외부의 충격이 끊임없이 가해지면서 황강 지역의 생태환경은 계속 변화하고 황강 사람이 직면한 사회 환경도 끊임없이 바뀌고 있는데, 전 세대들이 빈번하게 재배했던 일부 찰벼 품종은 개별 농가에서만 보존되고 있다. 오로사吳老四와 오구대吳口帶가 바로 이러한 농가의 노인들이다. 두 노인 농가의 자손들은 다른 촌민들처럼 '송아지털'과 '늙은 소털' 두 품종 재배를 중단한지 오래 된다. 그러나 두 노인은 한 묘도 안 되는 논에 계속 이 두 품종을 재배해 오고 있다. 추정에 의한 해석을 한다면, 두 노인의 인격이 고상하다고 볼 수도 있겠지만 황강의 동족 노인들은 모두 자각적으로 종자 보존을 위해 묵묵히 기여를 하고 있었다.

'송아지털'과 '늙은 소털' 두 찰벼 품종은 현재 황강 지역에서 재배범위가 아주 제한적이어서 어느 한 두 노인에 의지하거나 선견지명이 있는 지혜로운 사람에 의해 종자를 보존하는 것은 이미 아주 어려운 일이 되었다. 왜냐하면 이런 노인들의 활동은 4중의 사회적 압력에 직면하고 있기 때문이다. 첫째는 자손들로부터 오는 압력이다. 이런 품종은 투자가 크고 이익이 높기 때문에 자손들의 지지와 도움을 받지 않으면 노인들은 이 활동을 유지할 수 없다. 둘째는 행정적 압력을 반드시 이겨내야 한다. 정부는 교잡벼 보급을 추진해 왔으며, 사채에서 황강으로 통하는 도로가에 이 두 품종을 심은 논을 지날 때 마다 행정 공무원의 눈에 띄기 때문에 노인들의 활동은 사회의 지지가 없이는 이 몇몇 품종을 보존할 수 없었을 것이다. 셋째는 노인들은 스스로 엄청난 대가를 치러야 했다. 왜냐하면 이 두 품종의 생산량이 아주 낮고, 다른 주민들의 농사활동과도 어울리지 않았다. 특히 재배와 수확기가 다르고, 종자 보전에서 쥐나 참새의 위협이나 외지인들로부터 도둑을 당할 수 있는 위험도 컸다. 또한 농사기술이 다른 벼 품종과 달리 저장과 정화도 어렵고 추가 노동을 필요로 한다. 넷째는 이 두 품종의 종자 보존은 미래를 예측할 수 없다. 그렇다면 노인들 스스로 엄청난 정신적 압력을 이겨내고, 많은 정력을 들여 종자를 보존하는 목적과 결과는 과연 무엇일까? 사회적 역량의 지지가 없었다면 노인들은 물질적 수확을 거두지 못했을 뿐만 아니라 정신적으로도 압력에 이겨내기 힘들었을 것이다.

현장조사의 자료가 종자를 보존하려는 노인들의 실상을 충분히 증명하고 있다. 황강에는 이런 노인들이 한 두 명이 아니라 아주 많다. 과장된 표현이 아니라 거의 집집마다 노인들은 이런 생각을 하고 행동으로 옮겼다. 이러한 행위 동기는 경제적 이익과 대중에 따르는 심리적 행위로만 해석할 수 있는 것이 아니다. 이것은 황강 동족의 사회문화로만 정확히 해석할 수 있을 것이다. 저자가 진행한 인터뷰를 통해 황강 지역의 어떤 찰벼 품종이든 모두 종자 보존에 힘을 다하고 있는 것을 볼 수 있었다. 이는 전체 황강 사회에서는 극히 보편적인 일로서 구체적인 행위로 옮겨졌다. 그러나 주민들은 모두 이런 행위에 대해 체계적으로 해석을 못하고 있었다. 젊은이들은 "노인들이 하고 싶은 것을 하게 하는 것이고, 그들의 뜻을 존중하여야 한다"고 말했다. 노인들은 "조상들로부터 내려온 전통 품종이기에 버리는 것은 도리가 아니어서 계속 재배하였다"고 밝혔다. 촌의 간부들은 "논을 많이 차지하는 것도 아니어서 마을 전체의 경제 지표 임무 완성에 큰 영향을 끼치지 않아서 노인들이 하고 싶은 대로 그냥 내버려두었다"고 한다. 이러한 여러 가지 해석들은 사실상 모두 문제의 본질을 보지 못했다. 다행히 이번 조사에서는 동족 전통문화가 노인들의 종자 보존활동과 직접적으로 연관되어 있다는 것을 발견할 수 있었다.

황강에서 연속으로 동시에 재배된 20여개 벼 품종 명칭에 대해 깊이 살펴볼 필요가 있다. 예를 들면, '구금리苟金利'라는 찰벼 품종 명칭은 이 찰벼가 금리라는 한 노인이 육종한 후 자손에게 물려 준 것이라 하여 그의 이름을 따서 지은 것이다. 이는 그에 대한 사회적 인정과 존중을 의미할 뿐만 아니라 일종의 사회 격려 체제를 유발하여 동족 주민들 모두 자각적으로 공익사업을 하고 좋은 일을 하여 후세에 이름을 널리 알리게 하도록 하였다. 인명에서 직접 따온 것 이외에도 많은 찰벼 품종은 품종을 도입한 마을의 이름을 따서 명명했는데, 이에 대해서는 앞에서 소개를 했기 때문에 여기서 더 언급하지 않겠다. 단, 이렇게 지명을 따서 붙인 찰벼 품종일지라도 황강 지역의 동족 주민들은 구체적으로 어느 노인이 이 품종을 들여왔는지를 기억하고 있다. 이 품종을 이용할 때 모두 품종을 도입한 노인에 대하여 숭배와 존경의 마음으로 가득 차 있다. 따라서 노인들이 종자를 보호하는 행위를 사회 격려체제의 결과로 볼 수 있다. 노인들은 필생의 명예를 추구하기 위하여 고생스러운 노동을 하였던 것이다.

따라서 명명 방식으로 공익사업에 기여한 사람들을 장려하는 것은 동족 전통문화가 가지고 있는 보편적인 사회체제임을 알 수 있다. 이러한 사회체제는 실제로 다른 민족들이 봉작하고 관작을 얻는 것과 다를 것이 없다. 이러한 사회체제에 힘입어 황강 사람들은 찰벼 품종을 계속 도입하고, 새 품종을 육종하며 낡은 품종을 전승하도록 장려했기 때문에 황강은 20여 종의 품종을 확보하고 이어올 수 있었다. 언뜻 보면 누군가가 이를 위하여 기여를 한 것처럼 보이지만 사실상 황강 주민들이 문화 발전 속에서 특정의 역할을 하면서 당연히 해야 하는 일을 수행한 것뿐이다.

이것을 좀 더 속되게 표현을 하면 노인들이 물론 명예를 위하여 종자를 보호하기는 했지만 단지 이러한 해석으로는 노인들이 종자를 보호하는 모든 동기를 제시할 수 없다. 왜냐하면 노인들의 이런 활동은 반드시 자손들의 지지를 받아야 하고 자손들도 이를 위하여 별도의 노동을 해야 했기 때문이다. 적어도 노인들을 도와서 써레질을 하고 모내기를 하는 등 힘든 노동을 해야 할 뿐만 아니라 외부에서 오는 압력을 받아야 하고 노인의 행동을 감싸주어야 했다. 만약 자손들이 이를 통해 실제적으로 이익을 얻지 못하였다면 이런 기한이 없는 봉사도 계속 유지하기 어려웠을 것이다. 동족 주민들 문화에는 환종 메커니즘이 있었는데, 이는 위에서 다품종 혼종 재배에 대한 소개에서 이미 언급을 했었다. 구체적 과정은 다음과 같다. 주민 간의 환종은 같은 량의 곡식을 서로 교환하는 것이다. 교환 과정에서 정확하게 양을 측정하지 않고, 다른 보상도 요구하지 않는다. 그 속성은 마치 마르셀 모스Marcel Mauss가 묘사한 '증여론'[7]과 아주 유사한데, 그것은 바로 상호 간의 융합과 사람들 간의 연계를 증진하는 데 목적을 둔다. 좀 더 자세히 관찰을 하면 환종은 거의 해마다 동족의 농가 간에서 이루어지며 일종의 순환적이고

---

7 馬塞爾·莫斯著, 汲哲譯, 『禮物』, 上海: 上海人民出版社, 2002.

질서 있는 곡물 상호 교환임을 발견할 수 있는데, 이런 규칙적이고 순환하는 체계는 말리노프스키B.K. Malinowski의 '쿨라 링Kula Ring'과 비슷하다.[8]

곡물 종자의 교환은 겉으로는 대가가 없는 것으로 보이지만 훗날 재배에서 일련의 보답 체제가 이루어진다. 예를 들면, 노인이 장악한 희소 곡물 종자를 10 가구와 교환한 후 이 노인은 10 가구로부터 존중을 얻고 일종의 책임감을 갖는다. 그 후 노인이 크고 작은 일에 처할 때마다 10 가구 주민들은 어떻게든 방법을 모색해 도움을 주고자 한다. 물이 부족하면 물을 가져다주고, 땔감이 떨어지면 땔감을 가져다주며 집이 낡으면 수리해주는 사람도 있다. 결론적으로 곡물 종자의 교환은 한 번으로 끝나지만 그 뒤로 이어지는 보답은 지속적으로 이어진다. 노인의 종자 보존이 이런 기회를 얻기만 하면 잠재적인 보상을 장기간 받을 수 있는 티켓을 얻은 것과 다를 바 없다. 마찬가지로 그들의 자손도 이 가운데에서 계산을 할 수 없는 실질적인 혜택을 받는다. 이러한 점을 근거로 하면, 왜 자손들이 전력을 다하여 노인을 지지하는지를 합리적으로 해석할 수 있다. 품종의 도입, 육종과 종자 보존은 사실상 온 사회가 지지하는 사회적 활동으로, 육종과 종자 보존의 제도적 지지가 있었기에 황강 주민들이 일찍이 정형화시키고 지속적으로 역할을 하도록 할 수 있었다. 따라서 현대화의 조류 속에서 정부의 행정 명령과 농업기술 인원의 강제적인 추진 등이 모두 이처럼 뿌리 깊은 제도적 보장에 맞설 수 없었고, 그에 따라 황강 주민들은 비로소 이렇게 소중한 찰벼 품종을 보존하고 현대화 조류의 난을 면할 수 있었던 것이다.

2. 전통 찰벼 품종의 도입 메커니즘

소중한 찰벼 품종들이 황강에서 현재까지 보존되어 온 것은 결코 황강 사람들의 기여에만 의지한 것이 아니라 황강이 소재한 전체 동족 지역, 종족촌락 공동체 간의 전통적

---

8 (英)馬凌諾夫斯基著, 梁永佳, 李紹明譯, 『西太平洋的航海者』, 北京: 華夏出版社, 2002.

관습도 찰벼 품종을 보호하는 데 큰 기여를 하였다. 육종과 종자 보존은 순수 의미상의 개인적 행위가 아니며, 이러한 일을 완성하려면 반드시 하나의 더 큰 범위의 사회적 배경 하에서 전개시켜야 한다. 이를테면 찰벼 종자의 도입은 반드시 황강이라는 범위를 초월해야 한다. 따라서 황강에서 현재 보유하고 있는 찰벼 품종은 가장 멀리로는 광서의 삼강현에서, 제일 가까이로는 부근의 용도향에서 왔다. 이는 품종 도입과 종자 보존이 더 큰 범위의 사회적 활동과 상응되는 배경과 관련된다는 것을 의미한다. 동족의 전통 습관에는 '식상사', '월지와', '동족의 전통 명절 윤번으로 보내기' 등 종족촌락 공동체를 넘어선 명절 행사도 포함된다.

'식상사'란 서로 다른 종족촌락 공동체 간에 서로 집단 방문을 하여 손님 대접을 받고 접대를 하는 것을 말하는데, 흔히 농한기인 겨울에 거의 온 식구가 모두 인근 마을에 가서 먹고 자고 놀면서 며칠을 보내며 마음껏 즐기다 집으로 오는 것을 가리킨다. 마을을 돌아다니며 방문해 손님 대접을 받는 '식상사'의 윤환 형식은 말리노프스키의 '쿨라 링'과 비슷한데, 그 순환의 주기는 아주 길다. 방문 과정도 예물 등 가치 의미로 표현되는 것이 아니라 사람 간 접촉이나 감정 교류를 중요시했다. 이러한 행사 진행에서 찰벼 종자는 자연히 서로 주고받는 대상이 되었는데, 이는 말리노프스키가 묘사한 조개팔찌와 목걸이[9]와 유사하다. 조개팔찌와 목걸이는 오랫동안 보관할 수 있는 반면 찰벼 품종을 전달하는 것은 찰벼 품종의 존속과 관련된 마을의 명칭이다. 따라서 조개껍질 구슬보다 사용가치와 상징적 의미가 더 크다.

'식상사'에서 황강의 노인들은 인근의 마을에 그들이 재배한 찰벼 품종과 다른 품종이 있다는 것을 발견하기만 하면 상대방에게 이 품종을 얻어서 마을로 가져가 시험 파종을 함과 동시에 시험 파종에 성공한 찰벼 품종을 도입한 마을의 이름을 따다 명명을 한다. 다른 마을에서 황강 방문을 한 후에 이 품종을 도입하였다면 마찬가지로 황강마을의 이름을 따다 명명한다. 이렇게 찰벼 명칭은 시간이 흐름에 따라 전체 동족 구역으로 전파되기 마련이다. 이렇게 계속 전달이 된 후에 가장 먼저 이 품종을 육성한 마을은 이로 인

9　苑國華, 「論 "庫拉圈" 理論及其人類學意義」, 『新疆師范大學學報』, 2006(4), pp. 4~5.

해 전체 동족 구역에서 더욱 큰 명성과 덕망을 얻게 된다. 그 결과는 많은 경제학자들이 크게 놀랄 정도이다. 품종의 전파 자체는 아무런 경제적 가치가 없지만 품종이 몇 십 년 전파되고 나면 가장 먼저 이 품종을 육성한 마을에는 그 마을의 청년들이 배우자를 선택하는데 있어서도 우선권이 주어진다. 다시 말하면 찰벼 품종의 전파 과정은 이윤에 대한 추구와 직접적으로 체현되지는 않지만 결과적으로는 '이익을 얻게' 된다. 찰벼 품종의 전파 과정은 품종의 적응력이 모두 전속성을 지니고 있지만 이런 전속성에 고저 차이가 있기 때문에 구체적인 마을에 있어 '사용가치'도 안정적이지 않아 경제적 득실을 따지는 것은 전혀 불가능하다. 따라서 그냥 서로의 정감적인 교류만 가능한데, 이는 경제학의 연구 내용에 포함되지 않는다. 품종 육성도 마찬가지이다. 위에서도 지적한 것처럼 품종 육성은 흔히 정력과 시간을 대량으로 투자해야 하는 '과학적 연구'의 과정이다. 그러나 품종 육성에 성공한 찰벼 품종은 상표권을 신청할 수도, 저작권도 신청할 수도 없다. 경제학자들이 봤을 때 이는 경제법칙에 어긋나는 일을 하는 것이다. 그러나 긴 잣대로 보면 이러한 활동은 결과적으로 최대의 사회적 효과와 경제적 효과, 생태적 효과는 가져올 수 있지만 어떤 이윤도 창출되지 않는다.

이런 오랜 기다림을 필요로 하는 보상이기에 전체 동족 지역을 지속적으로 발전시킬 수 있고, 모두 새로운 품종을 끊임없이 육성하고 낡은 품종을 계속 전승해나갈 수 있었다. 찰벼 품종을 둘러싸고 모든 동족 지역은 흐르는 물처럼 거대한 강을 이루어 새로운 찰벼 품종을 부단히 이루어냈는데, 바꾸어 말하면 자연적 적응의 효과를 지속적으로 높였던 것이다.

'월지와'는 서로 다른 종족촌락 공동체의 청년남녀가 구체적인 해를 공동으로 정하고 단체로 산에 올라 황무지를 개간하는 것을 말한다. 초기에는 주로 면화를 심고, 후에는 각종 밭작물도 겸하여 재배한다. 집단 노동과 생활을 어느 정도 하다 추수 후인 8월 보름이 되면 친목을 더하는 연회 형식으로 마무리를 한다. 이 활동은 청년남녀가 서로 짝을 찾는데 목적을 두는 '집단 연애'와 비슷하다. 이 활동은 양측의 촌락노인이 토론해서 정하고 촌락노인의 지지 하에 완성된다. 이러한 집단 활동도 찰벼 품종의 보존에 절대적으로 유리한 조건을 만들었다. 청년남녀는 자기 집에서 양식을 갖고 행사에 참여하기 때문에 찰벼 품종의 차이는 아주 빨리 다른 마을 청년의 관심을 사고, 동시에 촌락노인의 참여 하에 종자 교환을 하고 최종적으로 다른 종자가 각 동족의 종족촌락 공동체에 확산되고 교류되게 했다. 운영의 본질은 '식상사'와 같기 때문에 여기서 구체적인 소개는 생략하기로 한다.

'동족의 전통 명절 윤번으로 보내기'는 황강 지역의 여러 동족 종족촌락 공동체에서 오래된 전통으로 위에서 언급한 바가 있다. 황강 마을을 예로 들면 관례에 따라 매년 음력 유월 보름이면 명절을 보낸다. 이 날이 되면 여러 종족촌락 공동체에 사는 동족 주민들은 황강 마을의 제천 행사에 집단적으로 참여하고, 친척과 친구를 방문한다. 황강 마을에서 육종에 성공한 신 '열주' 품종은 바로 이런 형식을 통하여 인근 마을에 전파되고, '구열주'와 '구황강' 두 명칭이 병존하는 국면을 초래했다. 황강에 위치한 동족 마을의 여러 명절과 제사 모두 종족촌락 공동체를 초월한 성격을 띠고 있는데, 이러한 활동에서 종자를 교환하는 것은 이미 아주 일찍부터 규범화되고 제도화되어 각 급 행정 부문에서 찰벼 품종을 거두어 상납하는 행정적 조치가 온갖 수단 하에 이루어졌지만 소중한 품종은 전통적인 관습에 의하여 다른 마을에 분산되어 성공적으로 보존되었기 때문에 충분히 '마작전麻雀戰'[10]을 전개할 수 있어 찰벼 품종의 전승이 최종적으로 성공을 거두게 되었다.

3. 전통 찰벼 품종의 육성 메커니즘

'찰벼 대신 인디카 종 재배', '인디카 종 대신 교잡벼 재배'의 정치운동에서 황강 사람들은 소중한 찰벼 품종을 전승하는 측면에서 성과가 가장 뛰어났다. 이는 제도와 풍습 외에도 황강 사람들의 특수한 기질과 연관된다. 황강의 조상들이 이 지역에 이사하여 정착함에 있어 일찍이 "우환에 살고生于憂患, 안락에 죽는다死于安樂"는 시련을 겪었는데, 이러한 시련과 찰벼 재배에 극히 불리한 자연생태는 황강 사람들에게 특수한 기질을 갖게 했

---

10 역주: 항일전쟁 시기 일종의 유격 작전 형식.

다. 그들은 자연생태에 적응하는 소중한 찰벼 품종을 보물로 여겼을 뿐만 아니라 스스로 부단히 새로운 품종을 추구하고 탐색하면서 새 품종을 끊임없이 육성하였다. 황강 사람들의 이러한 추구는 희귀한 찰벼 품종을 보존하고 전체 동족 지역의 공동 재산이 되게 했다. 새 찰벼 품종의 육종 성공은 황강 주민들의 생물학적 재적응의 표지로 황강에는 전문적인 농학자는 없지만 동족 주민 모두 농학자의 사명을 짊어지고 있기에 새로운 품종의 육종도 순수한 개인 활동의 결과가 아니다. 한 생물종이 타지에서 재배된 후 그 생물 습성은 일정한 변이가 일어나기는 하지만 이러한 변이는 유전적 특성을 구비하지 않는다. 왜냐하면 유전적 특성을 획득하려면 유성번식도 같이 이루어져야 하기 때문이다.

따라서 새 품종의 전체 육종 과정은 다른 찰벼 품종의 타화 수분을 위해 조건을 창조하는 것으로 나타나기 마련이다. 이러한 조건을 창조한 사회적 배경은 동족 지역에서 아주 불균형적으로 나타났다. 제방 지역에서 생활하는 동족 주민들은 처해 있는 생태적 배경의 동질성이 비교적 높기 때문에 동일한 품종에 적합한 범위가 아주 크다. 유명한 차강車江 큰 제방과 여평 홍주 제방의 동족 주민들에게도 사용하는 찰벼 품종이 아주 단일해 수천 묘의 토지에 재배하는 찰벼 품종이 흔히 3~4종을 넘지 않아서 서로 다른 품종과의 타화 수분 기회는 당연히 확률이 높지 않다.

황강 및 주변 지역의 경우는 이와 달리 1묘도 안 되는 극히 좁은 범위 내의 논일지라도 동시에 재배하는 품종이 2~3종 된다. 따라서 타화 수분의 확률도 훨씬 커서 새로운 품종 육종의 가능성도 어느새 확대된다. 이로 보아 황강 및 주변 지역은 새로운 찰벼 품종을 선택해 육성하는 요람이다. 이와 같은 요람의 형성은 문화적 요소도 일정하게 작용한 것으로 보아야 한다. 즉, 어느 개인의 기호나 선천적 특성에 의한 것이 아니라 특수한 문화 배경 하에서의 문화 재적응의 기제 효과라 해야 할 것이다.

위에서도 설명을 했지만 황강 동족 주민의 조상은 '외래인'으로 동족 문화의 '주체자'로 이들이 황강에 유입한 동족 문화요소가 황강이라는 새로운 생태적 배경에서 안정적으로 연장되게 하기 위해 동족 조상이 처한 새로운 생태환경에 대해 끊임없이 탐구하고 적응하도록 촉구하기 마련이다. 새로운 찰벼 품종 재배의 결과에 대해 파악을 할 수 없었기 때문에 황강 동족 주민은 여러 품종으로 찰벼 혼종을 하고, 열심히 찰벼 품종을 수집하며 전승할 수밖에 없었는데, 이러한 활동은 서로 다른 품종의 찰벼 교배에 기회를 제공했다. 교배할 기회가 있다고 해서 모든 문제가 해결되는 것은 아니다. 왜냐하면 교배에 성공한 새로운 품종은 황강 지역에서 적응능력을 지니고 있지 않으면 자연 선택에 있어 도태되는 품종으로 되기 때문이다. 게다가 자연 선택에서 도태되지 않더라도 황강 주민은 생명력이 있는 이런 어린 모종을 제때에 발견하기 어렵기에 새로운 품종도 육성할 수 없다. 따라서 새로운 품종의 육성 과정에서 자연 선택은 소리없이 잠재적인 역할을 발휘할 뿐 품종의 선택 육성에 성공한 동력은 황강 주민의 사회문화에서 왔다. 이로부터 볼 때 황강의 동족 조상은 다른 제방 지역과 서로 다른 문화적 기질을 지니고 있다.

이러한 문화적 기질은 다음과 같은 내용을 포함하고 있다. 첫째, 주의 깊게 관찰을 해서 자연 교배를 통해 성공한 새로운 품종을 발견한다. 동족 주민은 이런 면에서 아주 민감한데 해마다 재배한 곡물에 관심을 갖고 외관에 미세한 차이가 있는지를 살피고, 차이가 있는 종자를 이듬 해 종자로 사용한다. 둘째는 동족 사회는 새로운 찰벼 품종을 끊임없이 추구하는 사회적 동력으로 새로운 것과 다른 것을 추구하는 관념을 반드시 지닌다. 이는 황강 지역에서 아주 두드러지게 나타나는데 그렇지 않고서는 새 품종을 발견하고서도 이를 새로운 찰벼 품종으로 정형할 수 없다. 셋째는 새로운 품종을 확대 재배하는 사회적 기제를 더 건전하게 발전시키는데, 이는 모든 동족 주민이 서로 다른 품종의 확산에 주의를 갖고 의식적으로 이런 품종을 육성한다는 것을 뜻한다. 이 세 가지의 사회적 기제는 위에서 언급한 종자 보존과 도입 기제와 비슷한데, 그 작용이 미치는 대상이 다를 뿐이다. 즉, 이러한 사회 기제의 작용 대상은 재배하는 벼 품종의 차이에 대해 관심을 갖고 식별 가능한 특이한 품종을 전승한다는 것이다. 문화의 정상적 운영의 측면에서 보면 이는 분명히 쉽게 발견이 안 되는 과정으로 확실한 물증을 확보하는 데 어려움이 크다.

다행스럽게도 이번 찰벼 품종 수집을 하면서 4조의 촌민인 오은안이 제공한 '대동大同' 찰벼로부터 확실한 물증을 확보할 수 있었다. 이 품종은 현재 전해져 오는 품종과 식물체에 있어 미세한 차이를 보이지만 종자의 특징에 있어서는 크게 차이 나지 않아 '금동' 찰벼와 쉽게 혼동할 수 있다. 이러한 식별 오류를 피해서 벼 종자를 유지하기 위해 이 품종을 재배하는 농민은 벼 껍질이 갈색인 벼와 혼종 재배를 해야 하는데, 벼 껍질 색으로 품종을 판단한다. 이렇게 특이한 종자 씨받이를 하는 관습은 많은 농가를 인터뷰하면서도 확실한 답을 듣지 못했다. 다시 말해서 모두 이 품종은 혼종을 해야 하는지에 대해서만 확실했지 어떤 품종과 같이 재배를 하는지, 같이 재배하는 혼종 품종이 하나인지 둘인지에 대해서는 구체적으로 설명을 하지 못했던 것이다.

위의 논의와 황강에 대한 지역적 특성을 모두 종합하여 보면, 현재 선택하여 육성 중에 있는 것이 새로운 품종이라는 것이다. 황강 주민은 이러한 수단으로 벼 품종을 자연교배를 하고, 이러한 품종이 다음 세대에 가서 벼 껍질이 비교적 짙은 색깔을 띠게 해 식별력을 지니게 하는데, 이를 통해 보급 가능한 새로운 품종으로 고착되게 했던 것이다. 이 사례를 통해 저자는 마침내 황강 주민들의 찰벼 선별과 육성의 운영체제와 운영방법을 찾을 수 있었다. 엄밀하게 말하면 그들이 하는 일은 전문적인 농학자와 비길 수 없지만 끈질긴 노력 끝에 가져올 수 있는 효과는 전문 농학자와 다를 바 없다.

황강 동족 주민의 이러한 자연적응 과정을 돌이켜 보면, 세부 과정에 대해서 자세히 알 수는 없지만 위의 내용 분석을 통해서 이것이 시작은 있지만 결말이 있을 수 없는 과정임을 볼 수 있다. 시작은 황강 동족의 조상들이 이곳에 정착하여 새로운 환경에 대한 도전에 바로 직면하게 되면서 당시 그들이 황강에 갖고 온 찰벼 품종은 분명 제방 지역에만 적합한 종류인 '늙은 소털'과 '송아지털'류의 찰벼 품종으로 황강의 저해발 지역인 가장자리에서만 재배를 하는 것이다. 따라서 황강과 같은 고해발 산지에서 이런 찰벼 품종을 재배하면 수확량이 극히 불안정하기 때문에 황강의 조상들은 끊임없이 새로운 품종을 도입하고, 묘족 등의 민족들로부터 찰벼 품종을 도입하기도 하면서 새로운 품종을 끊임없이 선별하여 육성해 새로운 품종을 계승하고 기존의 품종을 보존했다. 이것은 지속적으로 적응하고 조화하는 과정으로 예전에 행했을 뿐만 아니라 현재도 계속 유지되고 있어 영원히 끝나지 않는 과정이다.

황강 마을의 4조 촌민인 오은안이 제출한 새로운 품종이 바로 이러한 경우에 속한다. 황강 동족의 이러한 생물학적 재적응 과정은 '창신성'과 '보수성'이 끊임없이 교차하고 문화의 자연적 적응도 사회적 적응처럼 문화 변화 과정에서 서로 조화가 필요하다. 토머스 하딩은 '창신성'과 '보수성'을 시간적으로 완전히 두 부분으로 확연히 획분한 것은 비현실적일 뿐만 아니라 무의미하다고 했다. 왜냐하면 '창신성'과 '보수성'은 특정의 민족문화에서 항상 서로 결합상태를 애써 유지하려고 하기 때문이다. 황강 주민의 찰벼 육종은 바로 이러한 과정을 보여주는 대표적인 개별 사례라 할 수 있다.

4. 전통 찰벼 품종의 번식 메커니즘

황강이 전통생계의 현대적 변천 과정에서 소중한 찰벼 품종을 보존할 수 있었던 것은 사람의 노력뿐만 아니라 찰벼 품종 자체의 생물적 특성 때문이기도 하다. 저자의 조사에 의하면, 찰벼 품종의 생물적 특성은 보통 찰벼와 크게 차이가 나고 생명력도 상상을 초월할 정도로 강하다. 같은 논에서 여러 찰벼 품종을 동시에 볼 수 있는 것에 대해 저자는 경탄을 금치 못하였다. 눈에 잘 띄지도 않는 황강의 고정 수역 지어는 산림에 있는 황지에서도 찰벼 품종이 잡초 속에 섞여 있는 것을 보고 저자는 실로 눈이 휘둥그레지지 않을 수 없었다.

실제로 찰벼 품종은 밀림에서 생명력이 강하여 사람의 보살핌이 없이도 멸종하지 않는다. 이러한 찰벼 품종은 자체의 생물적 특성을 이용하여 논을 제외한 산림 공간에서 재난을 모면한다. 이에 저자는 당시 행정 부문에서 '찰벼 대신 인디카 종 재배' 품종을 추진하는 정책 실시를 가장 엄격하게 실시할 시기에도 황강의 동족 노인들은 이런 찰벼 품종을 남몰래 산림에 있는 논에서 재배하여 품종을 보존해 왔을 것이라 짐작된다. 물론 예외도 있다. '구양탕苟楊蕩'이라 불리는 희귀한 찰벼 품종은 현재 황강에서 이미 자취를 감추었다. 그러나 동족 주민은 이 찰벼 품종을 갖고 싶어 눈에서 꿀이 뚝뚝 흐른다. 황강에서 이 찰벼로 밥을 짓은 집이 있기만 하면 온 마을에 그 향기가 퍼진다고 한다.

이 외에도 '구양탕' 찰벼는 독특한 생물적 속성도 지닌다. 이 찰벼 품종은 기온과 수온이 아주 낮은 '냉수답'과 '녹물답'에서도 잘 자라는데, 산림 습지에서도 스스로 자라고 번식을 한다. 야생 벼 품종으로 비유할 수 있을 뿐만 아니라 성장에 불리한 환경일수록 성장기가 연장되고 생산되는 벼의 향기도 진해진다. 상대적으로 좋은 논에 재배할 경우 생산량은 뚜렷이 제고되기는 하지만 맛은 크게 떨어진다. 생산량 저하에 대한 우려 때문에 정상적인 재배 조건일지라도 황강 주민들은 이런 종류의 찹쌀을 대량으로 재배하는 것이 아니라 흔히 휴식기의 열악한 논에 이런 품종을 심거나 개울이나 물이 흘러 지나는 논에 심는다. 그러나 수확기에 그것의 벼 이삭을 잘 보존하다 성대한 명절이나 귀한 손님을 초대할 때 가끔 사용한다. 이 품종은 동족 주민들이 전에 해마다 심기는 했지만 재배 규모는 극히 제한적이다. 따라서 이 품종의 벼를 농촌 시장에 내다 판 적이 없다.

이 품종의 또 다른 생물적 속성은 '구양롱' 찰벼나 '노열주' 찰벼', '용도' 찰벼와 유사하다. 첫째, 볏대가 높고 단단하며, 포기 높이가 흔히 150㎝ 넘는다. 둘째, 곡식알 배열이 촘촘하고, 까끄라기가 엄청 길며, 7㎝까지도 자라기에 쥐와 참새의 피해를 피할 수 있다. 셋째, 물에 잘 견딘다. 산림 환경에서의 논 침수에도 잘 견딘다. 항온과 항습의 산림 환경에서 순조롭게 잘 성장할 수 있는데, 주민들이 수확하기를 참을성 있게 기다린다. 따라서 이는 모든 찰벼 품종에서 수확을 가장 늦게 하는 품종이다. 넷째, 이러한 품종은 냉해에 강하고 추위에 잘 잘 견디며 서리 피해를 이겨낼 수 있다. 일조량이 아주 짧은 깊은 산림에서도 결실할 수 있고 품종의 특성이 훌륭해 산림에서 자라는 음지식물과도 같이 심을 수 있다. 이는 밀림 환경을 전문 대상으로 해서 선별하고 육성한 특이한 품종이다. 유감스럽게도 이 품종은 이미 소실되어 전해지지 않는다. 소실된 원인은 품종 자체의 결점에 있는 것이 아니라 오히려 너무 탁월하기 때문이다.

이 찰벼 품종이 너무 향기롭고 맛있기 때문에 당시 행정 부문에서 교잡벼 보급을 할 때 이 찰벼 품종이 아주 눈에 잘 띄었다고 한다. 주민들이 이 찰벼로 밥을 지을 때 향기가 퍼진 원인으로 재앙을 불러 오게 되어 결국 황강에서 소실되었다. 사람들은 흔히 강자 생존의 법칙을 인정하지만 '구양탕' 찰벼의 소실은 반대로 강자 도태에 속해서 이 사례는 여러 가지 측면에서 더 연구할 만한 가치가 있다. 이러한 난제의 해결을 위해서는 자기 조정능력이라는 일체성에서부터 출발해야 할 것이다. 민족문화와 마찬가지로 자기 조정능력을 지닌 모든 복잡한 체계는 큰 생태계에서 작은 '구양탕' 찰벼 품종에 이르기까지 그 자체 구조는 복잡하기 마련이다. 여러 특이한 속성은 겉으로는 서로 독립적인 것처럼 보이지만 사실상 하나의 통일체이다. 도전에 직면할 경우 자기 조정 능력의 범위에서 벗어나면 여러 특이한 생물적 속성은 재앙을 불러올 수 있다. 그러나 도대체 어떤 특이한 생물학 속성이 재앙을 불러 왔는지는 그 자체에 의해 결정되는 것이 아니라 우연이다. 이러한 상황에서 '구양탕' 찰벼 소실의 직접적인 원인은 아무런 의미가 없다. 왜냐하면 이런 상황에서 관련된 복잡한 체계는 이미 적용 가능한 범위를 벗어났기 때문이다. 이러한 원인으로 더 큰 범위에서 기회가 서로 다름으로 인해 '구양탕' 찰벼와 같이 소중한 찰벼 품종은 사실상 소실되지도 않았다고 보아야 한다. 얼마 전에 저자의 이러한 추측은 좋은 증거를 찾아냈다. 조사를 통해 이 품종은 소실된 것이 아니라 황강에서 20km 정도 떨어진 묘족 마을의 몇몇 농가에서 여전히 이 찰벼 품종을 재배하고 있는 것을 발견할 수 있었다.

이번 조사에서 저자는 소중한 찰벼 품종과 관련된 전설을 수집할 수 있었다. 이 찰벼 품종은 동족 이름을 당시 기록하지 않았지만 통역이 이를 '어혈홍鵝血紅'으로 의역하였다. 이 품종의 뚜렷한 특징은 벼 껍질이 선홍색을 띠는데, 거위가 흘리는 선혈 모양을 닮았다는 것이다. 그러나 생물적 특징은 아주 특이해 다른 벼들은 벼이삭이 성숙되면 식물체 전체가 금방 시들어 노랗게 되지만, 이 품종만은 벼이삭이 성숙한 후에도 전체가 푸른색을 유지해 잎과 대가 모두 푸르다. 벼이삭을 제거한 후에도 뿌리만 건드리지 않으면 식물체 전체는 시들지 않는데, 한 달 반에서 두 달 동안 시들지 않고 그대로 논에서 푸른색을 유지할 수 있다. 동족 주민들이 이 찰벼 품종을 재배하는 것은 소와 양 등의 큰 가축들이 겨울을 나는 데 필요한 신선한 사료로 사용하기 위해서이다. 이는 농업과 목축을 겸한 특유의 찰벼 품종이라 할 수 있다. 과거 찰벼 품종을 추적 조사할 때 황강 동족 주민은 이런 찰벼 품종을 수생 잡초와 같이 재배하는 것을 볼 수 있었다. 종자 보존을 할 때 벼이삭을 제거해도 볏짚이 잡초처럼 보이기 때문에 겨우 행정 부문의 조사를 피해 이 품종만 살아남을 수 있었던 것이다.

'아혈홍' 찰벼 품종은 생물적 특성으로 인해 쉽게 전해져 내려왔다고 할 수 있지만, 이는 생물적 속성의 극히 한정된 측면이다. 왜냐하면 논 지역에서 경작과 목축을 겸한다는 것은 어려운 과제였기 때문에 한족의 논 구역은 줄곧 이 난제에 시달려 왔는데, 초기에는 사회규범으로 충돌을 완화했다. 최근에는 기계화 작업으로 목축업의 증가를 억제했는데, 이는 많은 생물 에너지와 생명 물질의 낭비를 초래했다. 그러나 특이한 품종인 '아혈홍'의 가치는 바로 농업과 목축을 함께 경영할 수 있게 보장하는 것에 있다. 이로써 특수한 과학적 연구 가치와 응용 가치를 지닌다. 이것은 중국 남부 지역의 고기와 우유 제품의 공급 부족을 완화시키는 데 기여하기를 기대한다는 바람이다. 이 개별 사례는 자발적인 조직체계의 여러 속성에서 어떤 속성이 어떤 시기에 어떠한 장소에서 어떤 목적을 위해 응용 가치를 얻는지 보여주는데, 이는 흔히 그것의 속성 자체에 의존하는 것이 아니라 기회에 의존하고 당사자의 지혜에 달려 있다. 따라서 황강 주민이 어렵게 보존한 이러한 찰벼 품종은 대체할 수 없는 가치가 있고, 현재는 물론 향후에도 이러할 것으로 보아야 한다. 왜냐하면 이는 민족문화의 특성에서 야기된 것이기 때문이다.

전통생계의 현대적 변천이 문화의 사회적 적응으로 주로 표현되기 때문에 사회적 적응의 고유한 특징은 반드시 현대적 변천의 구체적인 과정을 규정하게 된다. 일반적으로 사회적 변천의 대상은 지속 능력으로 보아 자연적 적응의 대상보다 훨씬 떨어지는데, 이는 '세상은 돌고 돈다三十年河西, 三十年河東'로 비유할 수 있다. 사회적 적응의 대상은 사라질 수 있지만, 사회적 적응의 결과는 문화를 통해 전승된다. 단지 흔히 허위화, 상징화, 예의화의 과정을 통해 변형된 형식으로 문화 속에 잔재할 뿐이다.

황강 사람들의 찰벼 품종의 종자 보존도 마찬가지다. 일정한 기간 동안 모험을 무릅쓰고 온갖 방법을 다하여 몰래 전통 찰벼를 조합해서 심었다. 이렇게 역사적으로 힘든 고비가 지나면 교잡벼 재배를 보급하던 사람들이 다시 메벼를 심는데, 전통생계의 현대적 변천이 늘 이렇게 불안정하게 흔들리기 때문에 잘 견지하기만 하면 물론 최종에는 극복할 수 있다. 문화인류학을 전공하지 않은 학자들은 인간의 행위를 늘 무차별적인 공통된 반응으로 이해하는 데 익숙해서 문화적 차이를 인정하려 하지 않고 이러한 지도사상으로 전통생계와 전통생계의 현대적 변천을 대하려고 한다. 그러나 보아스Franz Boas에서 멜빌 허스코비츠에 이르기까지 문화인류학자들은 자민족 중심의 편견을 비판하고[11] 문

---

11   博厄斯著, 項龍·王星譯, 『原始人的心智』, 北京: 國際文化出版社, 1989, p.1,5,9.

화상대주의를 주장하며[12] 인류학계에 깊이 자리매김해 왔다. 따라서 생태인류학이 민족과 민족 간의 사회적 적응을 분석하는데 있어 줄곧 문화상대주의적 입장을 주장해 왔다. 이렇게 입장을 견지하는 표현형식은 곧 다원문화 공존의 상황에서 문화 제약과 균형적 운영이 필연적으로 비대칭성을 띤다는 점에 제일 먼저 주목했다. 민족 간의 사회적 적응을 이해함에 있어서도 마땅히 비대칭이 사실을 반영한다는 데에서 출발해야 한다. 소위 비대칭 피드백이란 두 가지의 병존하는 문화 간에 상호작용과 상대방으로부터 오는 피드백을 말한다. 이 과정은 작용점, 작용력, 작용 내용과 작용 강도로 표현되게 마련이며 수량과 성격에 있어서도 서로 대응되지 않거나 대등되거나를 막론하고 모두 여러 인과관계의 복합적 병존으로 표현된다.

교잡벼 보급을 예로 들면, 아래의 문화적 내용은 비대칭 피드백의 범주에 포함시킬 수 있다. 첫째, 동족 주민들은 교잡벼 보급을 사람의 음식을 먹지 못하게 하는 대신 돼지 먹이를 먹게 하는 것으로 해석한다. 둘째, 교잡벼의 보급은 황강에서 오히려 엄청난 농작물을 해치는 병충해를 불러일으키고 농사 경작체제의 교란과 산림 환경 파괴의 가속화를 유발하였다. 셋째, 황강에서의 교잡벼 보급은 비용과 교잡벼로 바꾸어 재배하는 주민들의 생산비가 다른 지역보다 훨씬 높고, 농약과 화학비료의 투입이 현지 주민들에게 엄청난 부담으로 작용했는데 교잡벼 재배를 통해 제고된 생산량은 주민들의 손실을 막기에 역부족했다. 대신 농약과 화학비료의 오염은 다른 동족 지역에 비해 훨씬 많았다.[13] 이와 반대되는 사례도 있다. 동족 주민의 찰벼 재배에 대한 적극적인 보호는 애초부터 줄곧 행정 부문의 비판을 받았고, 매우 심한 처벌까지 받았다. 시간이 흐름에 따라 찹쌀이 부족해짐과 더불어 시장에서 찹쌀 가격이 상승함에 따라 과거 찰벼 재배를 막았던 기관 간부와 농업기술 인원들은 오히려 황강에 모여 들어 찰벼와 '미심초'를 부정으로 일괄 구입하고, 황강의 목축 제품도 대량으로 구입하였다.

12　黃淑娉, 龔佩華, 『文化人類學理論方法硏究』, 廣州: 廣東高等敎育出版社, 2004, p. 209.
13　중국은 세계적으로 농약을 가장 많이 사용하는 나라로 전 세계 농약 총량의 35%를 차지하고, 사용량은 30여만 톤이나 된다. 대략 30~40%의 농약이 식물에 잔류하고, 그중 90%는 여러 방식으로 토양과 대기 중에 잔존한다. 何學松, 「我國農村生態環境惡化的原因分析及改善對策」, 『安徽農業科學』, 2007(12), p. 3632.

요컨대 소중하고 희귀한 황강의 찰벼 품종은 전통생계의 현대적 변화 과정에서 하나의 전형적인 사례라 할 수 있는데, 전통생계에서 다른 내용은 흔히 저도 모르게 계속 대체되지만 찰벼 품종은 오히려 완강히 전승되어 왔다. 이와 동시에 아주 작은 부분의 공간을 양보해 교잡벼와 인디카 종을 계속 재배하여 가축의 사료로 제공했다. 따라서 전통생계의 현대적 변천은 결코 전통생계를 소멸하는 과정이 아니라 다양한 민족문화 간에 존재하는 문화접변으로 '사회문화적 통합모델'이 풍부해지고 완성되는 과정이다. 이 과정은 현재 끝나지 않았고 또 앞으로도 영원히 끝나지 않을 것이다. 동족의 전통생계는 이 과정에서 분명히 뚜렷하게 변화하겠지만 일부 내용은 수정할 필요도 없고 또 바뀌지도 않을 것이다. 변화와 불변 그리고 변화 중에 있는 발전 추세는 사회적 배경과 관계되지만 최종 결과는 필연적으로 자연과 생태환경의 영향을 받을 것이다. 이러한 발전과 변화는 소실되거나 도태되기보다 완강하게 생존을 꾀하고 생존 과정에서 새로운 것을 창조함으로써 새로운 사회적 적응과 자연적 적응의 결합을 달성했다고 보아야 할 것이다.

제12장

황강 전통생계가 산림 파괴로 입는 충격

1. 산림 파괴의 역사적 과정
2. 산림 파괴의 문화적 원인
3. 전통생계가 산림 파괴로 입는 충격

제12장

황강 전통생계가 산림 파괴로 입는 충격

1. 산림 파괴의 역사적 과정

중력과 유수에 의한 침식의 폐해는 황강 지역의 자연 및 생태계 구조에서 가장 두드러진 두 가지 취약 고리이다. 황강 주민은 대대로 경험을 축적하는 과정에서 이 두 취약 고리에 대해 일찍부터 잘 알고 있었다. 따라서 농경지를 구축함에 있어 집중된 산림 구역을 늘 적극적으로 보호하고, 논의 개발 위치도 가능한 가파른 비탈길을 피하며 논두렁도 아주 견고하고 단단하게 조성하고 경작지의 위쪽과 아래쪽에 있는 녹색벨트는 최대한 관리를 잘해서 흐르는 물의 속도를 줄여 물 사태 발생의 취약지역을 피하도록 했다. 이는 자연적응의 결과로 황강 지역의 생태계 안전을 보호하는 작용을 한다.

현대 생태학적 연구에 의하면, 경사도가 25도 이상인 비탈지역은 지표 식생이 자라는 표면의 비율이 85%보다 낮으면 안 되는데, 이는 심각한 흙의 유실을 야기할 수 있기 때문이다. 중국 정부도 25도 이상의 비탈에 있는 경작지는 일률적으로 산림으로 환원할 것을 호소했다.[1] 그러나 이를 구체적으로 황강 지역에 적용하면 상황은 더욱 복잡해진

1　趙新泉,「退耕還林的生態作用及實施措施」,『林業資源管理』, 1999(3), pp. 36~37.

다. 왜냐하면 황강 지역의 대부분은 경사도가 35도를 넘을 뿐만 아니라 어떤 지역은 70도를 웃돌기도 하기 때문이다. 또한 황강 지역은 강우량이 많을 뿐만 아니라 폭우도 잦아 일일 강우량이 50㎜를 초과하는 폭우가 1년에 적어도 10번은 되기 때문에 지표 식생이 자라는 표면의 비율이 85%를 초과한다 하더라도 흙의 유실을 효과적으로 방지할 수 있다고 말하기 어렵다. 또한 경사도가 35도 이상인 사암과 혈암을 초석으로 하는 비탈면은 다단계 복합적인 산림 관초 식생만이 확보되어야 함과 동시에 식생의 표면 비율이 90%를 초과해야 수토 유실의 발생을 막을 수 있다. 한편 대면적의 이석류의 발생을 막아야 했다. 이러한 요구를 충족시켜야 해서 황강 주민들은 일찍이 이를 해냈다. 오늘날 황강의 산림이 여러 차례 파괴되기는 했어도 여전히 2만여 묘의 산림지역을 보유하고 있는데, 이를 잘 보여주고 있다. 황강의 고산 밀림에 위치한 계단식 밭은 최근 60년 동안 대형 물 사태가 발생하지 않은 것 역시 황강 동족 지역의 자연적 적응이 큰 성과를 거두었다는 것을 충분히 입증한다.

황강에는 2만 묘 넘는 산림이 있는데, 이는 황강 사람들이 잘 보호한 것 외에 특수한 지역적 특성과도 연관된다. 다시 말하면 하천의 발원지에 위치한 황강의 지리적 특성으로 인해 목재 판매의 외부 운송이 수운으로는 별 도움이 안 되기 때문에 현지의 훌륭한 목재가 도로 개통 전에는 아예 외부로의 운송이 불가능해 거의 원목을 쪼개서 장작이나 태워서 목탄을 만드는 데 사용하고, 극소량만 일정 규모로 주변의 도시로 보내 연료로 사용되었다. 게다가 현지의 목재 성장이 빠르고 집재량集材量도 커서 수백 년 소비를 한 후에도 큰 면적의 산림을 보존할 수 있었다.

황강은 1990년대가 되어서야 정식으로 도로 개통이 되었지만, 이 도로마저도 차가 겨우 통과할 수 있는 임시도로여서 마을로 진입하는 도로도 다리가 없는 하류를 여러 번 건너야 하고, 장마철에는 아예 차가 다니지 못했기 때문에 원목의 대량 운수는 전혀 불가능했다. 따라서 일정 규모로 집중된 산림이 잘 보존될 수 있었던 것은 당연한 일이라 해야 할 것이다. 그러나 황강 전통생계의 역사적 변천을 보면 산림 파괴가 여러 차례 발생을 했는데 매 번 파괴의 내용과 방식도 달랐다. 1958년 대규모 강철 제련을 하던 시기에 황강의 산림은 벌목되거나 목탄으로 사용 되었다.[2] 이는 아무런 의미도 없는 자원낭

비로 불과 한 차례밖에 발생하지 않았지만 다른 여러 차례 파괴상황과는 크게 다르다.

황강 주민의 기억에 의하면, 1958년 벌목을 제외하고 가장 격심한 벌목은 1980년대 초에 발생했는데, 거의 통제가 안 되다시피 했다. 당시 황강은 전국의 다른 지역과 마찬가지로 전면적인 청부제를 실시하고 있었고, 1983년 귀주성의 임업 부문에서 정식으로 하달한 문서에서 집단 소속인 모든 산림을 토지와 함께 가족 단위로 도급 맡을 것을 지시하였다. 이 문서는 여러 차례 성명을 통해 가족 단위 도급이 30년 동안 불변할 것임을 강조했다. 주지하다시피 숲의 나무 성장에 필요한 시간은 수종에 따라 차이가 나기 때문에 삼나무의 경우 30년까지 기다리지 않아도 되지만 황강의 적지 않는 수종은 50년이 지나도 목재로 쓸 수 없었는데, 상록활엽 교목들이 바로 그러하다. 게다가 황강 지역의 산림 면적은 넓은 반면 인력은 한정적이어서 산림을 보호하는 중책을 스스로 전부 짊어질 수 없었다. 1950년대 전까지만 해도 주변지역의 여러 동족 마을에 '동관侗款'이라는 제도가 있어 산림을 도벌 당하지 않을 수 있었다.

그러나 산림 소유권이 가구 단위로 도급 받은 후의 상황은 크게 달라졌다. 동관은 이미 효력을 잃었고, 정부의 관리 부문 역시 인력과 물자의 난으로 효과적으로 감독을 실시하지 못한데다가 사람의 이동이 빈번해짐에 따라 외래인이 임목을 도벌하여도 황강인 스스로 관리를 하지 못하게 되었다. 따라서 애초 산림 보호에 취지를 둔 산림 소유권의 법령은 황강에서 오히려 남벌령으로 변해버렸다. 쉽게 벌목할 수 있는 도로변의 산림의 수목은 불과 반년도 안 되는 사이에 모두 벌목되어 벌거숭이로 되었다. 실제로 베기 힘든 산림의 경우 황강 주민들은 부득이 같이 이어진 산림과 함께 주변의 용도 동족 마을에 임대를 주어 육림과 산림 보호를 대신하기를 바랐다. 이번 조사에서 1980년대 중반에 기록한 비석을 1점 발견했는데, 바로 용도에서 책임진 육림·보호림에서였다. 이로부터 당시 동족 주민은 거액의 재산이 있더라도 산림을 지킬 수 없었던 괴로움과 슬픔을 잘 엿볼 수 있다.

---

2   1958년 전국적으로 진행된 대규모 강철 제련이 야기한 환경문제는 다음을 참고 바람. 王玉德, 「中國環境保護的歷史和現存的十大問題」, 『華中師范大學學報』(社科版), 1996(1), pp.63~64.

동족 주민은 1980년대의 산림 파괴를 오늘날까지 또렷하게 기억하고 있다. 여러 산림의 벌목 광경이 아직도 기억에 생생하고, 다행히 당시 파괴 이후 산림 소유권이 그나마 고정되어 새로운 대규모 산림 파괴는 대체로 종지부를 찍게 되었다. 그러나 저자는 1980년대의 산림 파괴의 교훈을 받아들여야 한다고 본다. 왜냐하면 중국은 국토면적이 넓고 각 지역의 자연생태 배경의 차이가 아주 커서 각 지역의 민족문화에도 많은 차이가 있기 때문이다. 그래서 어떠한 정책 집행이든 면밀한 조사 연구를 거치지 않고 법령을 내리고 일률적으로 집행했다가는 동기의 단순 여부를 떠나 비극을 모면할 수 없다. 지난번 산림 훼손은 20여 년이란 시간이 지났음에도 불구하고 정책 결정에서 교훈을 받아들이지 못하면 비슷한 실수를 다시 또 반복하기 마련이다.

황강의 산림에 있어 최대의 파괴는 완전히 정책의 실수로 초래한 것이 아니라 좋은 취지로 시작했다 나쁜 결과로 끝나기 일쑤였다. 특히 상황을 제대로 이해하지 못해서 비과학적으로 개발을 했다가 무의식중에 심한 손해를 보게 된다. 이번 조사에서 저자는 황강 마을에서 대대로 내려오면서 남긴 문헌 기록을 찾아 보다 뜻밖에 여평현 정부에서 하달한 여러 문서의 내용이 대체로 비슷함을 발견할 수 있었다. 즉, 대면적의 산림이 햇빛을 가려 식량 감산의 원인으로 작용한다고 전 주민에게 경작지 주변의 산림을 모두 제거해 식량 증산을 하도록 요구했다. 현 정부 문서의 발표 시기를 찾아보니 대부분 1950년대 말과 1980년대 초에 집중되어 있다. 바꾸어 말하면 황강 산림의 파괴를 초래한 정책적 원인은 결코 1958년 강철 제련운동으로 그친 것이 아니라 황강의 산림을 훼손하고 황무지를 개간하는 일이 그 후에도 장기간 추진된 데 있다. 지속 시간이 길어짐에 따라 산림에 대한 파괴는 1958년의 강철 제련 운동보다 심각했는데, 이런 면으로 보아 이것은 중국의 생태사를 연구하는 연구자들이 소홀히 하기 일쑤인 중요한 역사적 사실이 아닐 수 없다.

현재 실시 중인 생태건설과 완전히 상반되는 법령이 당시 추진될 수 있었던 것은 특정한 사회적 배경을 제외하고 더 중요한 것은 그것이 문화적 편견에서 왔다는 것을 알아야 한다. 1960년대에서 1970년대까지 중국은 전국적으로 식량이 극도로 부족한 시기였고, 식량 증산에 중점을 둔 경제 시책은 바로 이런 극도로 심각한 식량난에 근거하여 내린 대책이었다. 이 정책의 실행이 대면적의 산림 파괴를 야기한다는 것은 사실상 애초부터 예상되었던 일이다. 그럼에도 불구하고 왜 여평마저 대규모 벌목을 지시하였는지를 해석하기에는 한계가 있다. 사실상 황강 지역이 과거 정부에 상납한 공출미와 판매미는 해마다 정액량을 12만~25만 kg을 초과해 여평현은 물론 전체 귀주 동남지역에서도 앞자리를 차지한다. 그러고도 황강의 이 시기 식량은 아직 여분이 있었는데, 이는 당시 도로가 개통되지 않아 식량이 남아도 운송하지 못한 것과 연관이 있다. 당시 주민들은 식량을 더 내는 것보다 운반하는 것을 더 두려워 한 것을 뚜렷이 기억하고 있다. 건장한 청년이 하루 종일 걸어서도 식량 매입소까지 나르지 못하니, 수목을 자르고 식량을 수확한 후 어떻게 다른 지역으로 운반할 것인가? 이와 관련해 정책은 답을 주지 않았다. 이는 벌목해서 식량 증산을 하려고 한 당시 결정이 황강 내지 여러 동족 마을에 있어 이를 중앙정책을 실시한 것으로 일률적으로 단순하게 해석할 수 없다는 것을 잘 보여준다.

여기에는 문화적 편견이 은연히 원인으로 작용을 한다. 정책 집행자는 동족의 문화적 특징을 진정으로 이해하지 못했는데, 이는 황강 동족 주민이 육성한 찹쌀 품종이 산림과 상호 적응을 했다는 것에 주의를 두지 못한 것과 연관된다. 벌목하지 않아도 식량은 감산되지 않는다. 벌목 후에 황강 찰벼의 생산 효과는 크게 변화하지 않았다. 왜냐하면 성숙된 한족 농업지역의 관습적인 견해에 따라 벌목을 행하게 했기 때문이다. 한족의 경우 광활한 제방 지역에 위치해 있고, 농업 구역은 지세가 평탄하고 수온 차이가 없으며, 나무가 햇볕에 가려 식량의 감산을 초래한다. 식량 증산을 위해 일부 나무를 베는 것도 이치에 맞는 일이다. 중요한 것은, 황강 지역은 결코 그렇지 않다는 것이다. 이곳의 산림은 생태의 취약한 고리를 피하고, 수원 보존에 중요한 생태적 작용을 하고 있기 때문이다. 산림의 벌목이 식량 증산이라는 효과로 나타나는 것이 아니라 오히려 흙의 유실 등 자연재해를 유발한다. 따라서 기존 농경지의 냉수 공급에도 크게 문제로 작용하는데, 특히 한여름 가뭄을 이겨내지 못하고 쉽게 탈수가 발생해 식량 감산을 야기한다. 이러한 상황에서 벌목령까지 내려지면 그것은 한족의 문화적 관습에 의한 것으로 동족 문화를 무시한 것으로 이해할 수밖에 없다. 이러한 정책의 제정 자체가 민족에 대한 편견을 보여주는 생생한 사례라고 해야 할 것이다.

2. 산림 파괴의 문화적 원인

　벌목령 제정의 문화적 원인을 돌이켜 볼 때, 이는 문화인류학이 오랫동안 비판해 온 자민족중심적 편견이라는 것을 인정하지 않을 수 없다. 철저하게 없애는 것은 결코 간단한 일이 아니다. 실제로 황강처럼 잘 알려지지 않은 곳은 정책 결정 과정에서 근본적으로 거의 고려할 대상이 아니다. 황강 지역의 특성과 황강 주민의 자연적 적응에서 생태인류학자의 면밀한 조사 없이는 그 원인을 쉽게 찾아내지 못하기 때문에 정책 결정 과정에서 소외되는 것은 일반적이다. 그러나 이러한 소외는 절대로 가볍게 넘어가면 안 된다. 왜냐하면 근본적으로 정책 제정자의 인식 속에 깊이 뿌리박고 있어서 이와 연관된 복잡한 형성 원인을 분석하지 않고서는 이런 유형의 실수를 반복하기 일쑤이기 때문이다. 따라서 문화 간에 나타나는 관념의 차이를 분명히 이해하는 것이 매우 중요하다.

　문화인류학의 초기에서 대표적인 학자인 보아스와 멜빌 허스코비츠는 문화상대주의를 주장했는데, 문화적 가치는 상대성을 가지고 있고, 이는 회피할 수 없는 객관적 사실이라는 점을 강조하였다. 민족문화의 가치를 철저히 파악하려면 민족문화 자체에서 답을 찾아야 하지 다른 문화의 가치관은 관련 문화의 객관적 가치를 반영할 수 없다. 훗날 이러한 관점은 점차 문화인류학의 중요한 원칙이 되었지만, 모든 사람이 이를 받아들이기에는 아직도 '갈 길이 멀'다. 왜냐하면 다른 민족의 문화는 모두 하나의 조직체계를 이루기 때문이다. 문화처럼 인위적인 정보체계의 핵심내용, 이를테면 가치관, 사고방식 등은 정보체계에 깊숙이 은폐해 있고, 민족 구성원의 머리 속에 뿌리내려 민족의 구성원이 사고방식이나 행위가 민족문화의 규칙이나 관례의 제한을 받고, 병존하는 다른 문화와 차별화된다. 어떤 민족문화이든 병존하는 다른 민족문화를 자기 문화가 운영하는 사회적 배경으로 보면서 자기의 관념을 다른 민족에게 강요하는 것은 자연히 피할 수 없는 문화적 사실이다. 이는 곧 문화인류학에서 말하는 '자민족중심주의'의 편견이다. 편견이라는 것은 극복해야 함을 의미한다. 관건은 병존하는 다른 민족의 경우도 민족문화의 '문화 편견'을 지니고 있다. 따라서 문화라는 개념으로 보면, 병존하는 문화의 가치관, 사고방식은 교류하기 어려우므로 관련 민족이 오랫동안 서로 어울리거나 평등하게 교류를 하지 않으면 자민족 중심의 편견은 극복하기 어렵고 문화상대주의의 원칙도 시행되기 어렵다.

실제로 생물계의 종이 보여준 적응이라 할지라도 특정 종에서만 나타난다. 이러한 적응의 특징은 관련 종에만 효과적인 것이지 병존하는 다른 종들에는 희미하게 드러난다. 예를 들면 산짐승이 특정한 울음소리로 배우자를 구하는 것은 같은 종의 번식에 있어 일종의 적응이라 해야 할 것이다. 그러나 큰 울음소리가 천적에게 이용될 경우 주의해야 한다. 왜냐하면 이러한 경우 원래의 적응은 곧 '반적응'으로 바뀌기 때문이다.

이러한 사례는 민족문화로 확대해도 같은 상황이 나타난다. 즉, 특정한 민족문화의 적응은 자연적 적응이나 사회적 적응을 막론하고 이성적인 논리로 설명해야 하지만 이러한 민족문화 적응의 성과를 다른 한 민족의 시각에서 판단을 해보면, 곧 반적응의 생태행위로 이해된다. 예를 들면, 에스키모인은 원시적 도구의 도움으로 고래를 잡아 식량으로 삼는다. 도구와 인구 규모로만 봤을 때 그들이 어떤 고래를 멸종시키려 한다면 거의 실패하게 된다.[3] 문제는 현재 지구의 환경악화로 많은 고래의 종이 사라질 위기에 놓였다는 것이다. 그래서 에스키모인을 제외한 다른 민족, 특히 현대 공업화가 발달한 민족일수록 고래를 잡는 행위를 모두 일괄적으로 반생태적 행위로 보기 마련이다. 에스키모인을 연구하는 민족학자의 경우도 이런 조류의 압력 하에 개인의 연구대상을 완곡하게 소개를 한다. 이를테면 이러한 수렵 민족은 큰 것은 잡고 작은 것은 놓아준다든가 하는데, 이는 식량으로만 사용되지 이를 제외한 남획이나 함부로 죽이는 행위는 하지 않는다고 해석한다. 이 사례에서 반생태관의 발생이나 나아가 반생태 행위 정형화의 온상은 분명히 어느 민족의 내부에서가 아니라 여러 민족이 공존하는 접촉면에서 비롯된 것이다.

여평현에서 시행한 벌목으로 식량 증산을 대신하는 전략적 결정은 사실상 문화 접촉면에서의 비극이다. 한족 문화에서 보면 무성한 산림은 분명 농경지에 큰 적으로 작용하지만, 황강의 동족의 문화에서 본다면 무성한 산림은 식량 생산의 보호신으로 간주된다. 이렇듯 양자의 가치관과 사고방식이 효과적으로 교류되지 못했기 때문에 위의 결정

---

3   張火生, 「愛斯基摩人捕鯨習俗」, 『海洋漁業』, 1990(6), p.246.

은 쉽게 내려지고 집행되었던 것이다. 그러나 집행 중에서 황강 동족의 주민은 타당하지 않다고 느끼고, 파괴되었다는 것을 발견했어도 곤란해 하고 어찌할 바를 몰라 했다. 왜냐하면 그들은 이유에 대해 분명하게 설명을 할 수 없었기 때문이다. 황강 노인들의 기억에 의하면, 비슷한 정책 하에 베어낸 큰 나무는 1958년의 산림 파괴에 못지않았다고 한다. 이 시기 남겨진 나무 그루터기는 아직도 있어 목타르를 건조하는데 사용되고 있다. 이런 목타르 공장은 황강에 현재 8개 있는데, 운영된 지 3년 된다. 공장 당 매일 3~5톤의 그루터기를 소비하는 것으로 비추어 보면 당시 벌목한 목재의 양을 짐작하기 어렵지 않다.

3. 전통생계가 산림 파괴로 입는 충격

최근에 황강의 산림이 받은 파괴는 또 다르다. 그러나 발생의 원인을 보면 놀랍게도 1960~1970년대 정부의 벌목령과 비슷한 것을 발견할 수 있다. 다른 점은 나무를 베라고 명령을 내리지 않았지만 황강 주민들이 나무를 베도록 간접적으로 위협했던 것이다. 농업생산청부제를 실시한 후 각급 정부에서 인디카 종과 교잡벼 보급을 널리 시행해 왔다. 구체적인 방법은 이미 앞에서 소개를 했기 때문에 여기서는 교잡벼의 보급과 무의식중에 유발한 산림 파괴 사실에 대해서만 논의하려고 한다. 객관적으로 보면, 원륭평袁隆平이 발명한 교잡벼는 중국의 과학 연구에서 전례 없는 위대한 연구 사업이다. 그러나 어떤 의미에서 보면 어떤 과학적 연구 성과이든 최적의 적용범위와 근본적으로 적응할 수 없는 범위가 있기 마련이다. 예를 들면 아무리 어리석은 사람일지라도 청장青藏고원의 눈밭에 가서 교잡벼 재배를 보급하지 않을 것이다. 그러나 실제 문제로 작용하는 것은 겉으로 봤을 때 교잡벼를 보급할 수 있는 지역이라 할지라도 자연 및 생태환경에 대해 깊이 이해를 하고나면 이러한 지역에 교잡벼를 보급함에 있어 교잡벼를 재배할 수 없는 것이 아니라 재배 후에 원가와 경제적 이익을 따져 봤을 때 득보다 실이 많고 생태적 격변을 유발할 수도 있다는 것을 발견할 수 있다. 황강이 바로 이러한 지역에 속한다.

황강 전통생계의 특징 중 하나는 벼, 물고기, 오리가 공생하는 방식을 실시한다는 것이다. 그러나 현재 교잡벼 품종의 식물체는 키가 작아 벼가 익으면 오리가 낟알을 먹을 수 있기 때문에 벼, 물고기, 오리의 공생 방식으로 경작하기 어렵다. 또한 교잡벼는 성장기가 짧은 편이라 논에 치어를 놓아 주면 물고기의 성장기도 짧아지고 곡식을 수확할 때가 되면 물고기는 어획기가 안 되었기 때문에 벼, 물고기, 오리 공생의 경제적 효과는 뚜렷하지 않다. 이외에도 황강의 기후는 늦게 따뜻해지고, 가을에는 온도가 일찍 내려가는 편이라 교잡벼 이모작을 할 수 없다. 따라서 벼, 물고기, 오리 공생의 방식을 일 년 내에 실시하는 기간이 아주 짧다. 다시 말해 교잡벼를 보급하려면 벼, 물고기, 오리라는 공생 방식을 희생할 수밖에 없다. 그러나 구체적으로 황강의 경우를 보면, 자연 기후 특징으로 인해 교잡벼 재배의 증가 수준이 제방 지역보다 훨씬 낮다. 종합적으로 비교를 한 결과, 황강에서 보급 및 재배를 한 교잡벼는 벼 생산량이 아주 조금 증가할 수 있지만 전체 산출의 수준은 벼, 물고기, 오리의 공생 방식에 비해 훨씬 낮다. 왜냐하면 벼, 물고기, 오리의 공생 방식에서의 벼 생산량은 황강의 경우 묘당 350~400kg에 달하고, 동일한 무게의 볏짚을 얻기 때문이다. 볏짚 가격은 최근 5년 오르락내리락 변동이 심한데, 가장 높을 때에는 2.5위안에 팔렸는가 하며, 2007년에는 가격이 급격하게 떨어져 1kg에 0.6~0.8위안까지 떨어지기도 했다.

  이외에도 묘당 벼, 물고기, 오리의 공생 방식을 통해 논에서 약 25~30kg 되는 물고기를 수확할 수 있는데, 1킬로그램 당 가격이 6~10위안으로 이것 역시 적지 않은 수입이 된다. 여하튼 논의 묘당 평균을 환산하면 해마다 성숙한 오리를 4마리 방목하여 기를 수 있는데, 한 마리 무게가 1.25~1.5kg이 되고, 마리 당 10위안 정도의 가격에 팔 수 있다. 이와 동시에 논의 묘당에서 소, 양, 말 등 큰 가축을 먹일 수 있는 사료를 약 250kg 정도 생산할 수 있다. 논에서 생산되는 다른 생산품을 계산하지 않아도 종합적인 경제적 이익이 교잡벼 보다 훨씬 높다. 따라서 원가를 산출하는 측면에서 보면, 황강에서 보급을 강행한 교잡배 재배는 이득보다 손실이 많은데, 실제로 지난 몇 년 동안 황강에서 보급된 교잡벼 재배는 동족 주민이 보편적으로 벼종자를 교배한 결과 증산한 것처럼 보일지라도 기뻐할 수 없었다고 하는데, 이는 종자와 비료를 사는 데 든 비용이 찰벼를 심는 것만 못하기 때문이다.

이 책에서 저자는 나아가 교잡벼 재배를 보급하는 것이 경제적 이익이 있느냐 없느냐를 깊이 따지려고 하는 것이 아니라 교잡벼 재배를 보급하는 과정에 무의식적으로 산림의 파괴를 초래한 것에 대해 깊이 분석하고자 한다. 황강에서 전통 찰벼를 재배하는데 있어 햇빛의 부족을 느끼지 않지만, 보급 재배하는 교잡벼, 인디카 종의 경우 크게 다르다. 제방 지역에서 잘 자라는 이런 품종은 일반적으로 황강에 잘 적응할 수 없는데, 일조량이 짧고 기온이 낮은 산지의 산림환경에서 교잡벼와 일반 인디카 종이 순조롭게 자라게 하려면 아주 자연스럽고 가장 간단한 방법으로 농경지 주변의 수목을 베어버림으로써 직사광선의 시간을 늘리고 수온을 올려야 하기 때문이다.

이번 조사에서 저자와 조사팀은 산림에 있는 양치류 식물의 '표시조사법標示調査法'을 사용하여 경작지 주변의 3~5년 되는 숲의 나무가 변동한 실제 상황을 발견하였다. 조사 결과 최근 5년 교잡벼를 재배한 논 주위에 모두 성숙한 수목이 있었지만, 최근 베어진 명백한 증거를 찾아볼 수 있었다. 밭에서 자란 양치식물이 잎이 말려서 구부러진 모습을 하고 있는데 이는 일조량이 늘어났음을 나타낸다. 더욱이 거대한 나무가 베어진 그루터기를 찾을 수 있었다. 이러한 상황을 저자는 가는 곳마다 발견할 수 있었다. 인력과 물자의 한계로 저자는 벌목된 수목의 총수량을 전체적으로 추계하지 못했지만 이런 현상이 아주 보편적인 것을 발견할 수 있었다. 교잡벼 보급이 황강 산림의 또 다른 하나의 유해요소인 것을 충분히 입증하고 있다. 벼 종자를 교배한 후 적지 않은 황강의 주민들은 논 주변의 수목을 베어낼 수밖에 없었는데, 이는 현재 중국의 생태건설 정책과 정면으로 충돌된다. 그러나 이 책임은 황강 주민에게 있는 것이 아니라 정부의 문화적 편견에서 비롯된 것으로 황강 주민이 전통 찰벼를 재배하는 문화적 사실을 인정하지 않으려고 한 데 있다. 황강 주민이 전승하여 온 전통 찰벼 품종과 산림 생태 자체는 아주 높은 적응 능력을 지니고 있고, 전통 찰벼 재배는 산림 생태계에 해를 끼치지 않지만 교잡벼로 바꾸어 재배한 결과 필연적으로 산림의 안전을 위협하게 될 것이다. 그 원인은 다음 네 가지가 있다.

첫째, 황강 지역은 날씨가 늦게 따뜻해지고, 빨리 추워져서 아침 서리와 서리 피해가 찰벼의 높은 생산성과 안정적인 생산량을 위협하기에는 한계가 있다. 그러나 교잡벼의 안정적인 생산량과 높은 생산성은 크게 위협한다. 주민들이 대체적으로 교잡벼를 심으면 볏모가 쉽게 썩어 볏모의 낭비가 크고, 생산된 벼는 알이 꽉 안 차는 비율이 높으며, 생산량도 찰벼만 못하다. 주변의 산림을 베어야 교잡벼의 생산량이 비로소 안정된다고 했다.

둘째, 교잡벼 재배는 반드시 얕은 물에서 해야 하는데, 황강 지역은 해마다 약한 복중의 가뭄이 발생하기 때문에 천성적으로 수몰되는 것을 두려워하지 않는 속성이 있는 황강의 전통 찰벼는 장마철에 물에 잠긴다 하더라도 50㎝ 깊이의 수심에서도 벼 이삭은 끄떡하지 않는다. 따라서 장마철을 이용해 논에 물을 가득 저장하면 복날에 가뭄이 발생해도 결코 곡식 생산량을 위협하지 못한다. 그러나 복날에 가뭄이 발생하면, 교잡벼에 가져다주는 리스크는 상당히 치명적이다. 교잡벼를 재배한 논은 흔히 수심이 10㎝를 초과하지 않는다. 즉, 폭우가 내리는 봄, 여름이 교차하는 시기에 접어들면 반드시 여분의 물을 배수해야 하는데, 복날에는 가뭄으로 논에 탈수가 발생해 교잡벼의 안정적인 생산량을 위해 큰 면적의 산림을 훼손해야 하고, 보수 작업을 해야 했다. 이것 또한 교잡벼의 면적이 넓어짐에 따라 산림도 새롭게 파괴당함을 의미한다.

셋째, 황강의 토양, 특히 포동전은 공기가 잘 안통하고 부식질을 분해하는 속도가 느리다. 이는 전통 찰벼에는 위협으로 작용하지 않는다. 그러나 교잡벼의 재배에서는 사실상 정상적인 성장을 크게 위협한다. 따라서 토양 온도와 수온을 높이기 위해서는 일조량을 높여야 하는데, 이는 또한 논 주변의 수목을 잘라내는 것 외에 다른 좋은 방법이 없다는 것을 의미한다. 이와 동시에 논을 물에 잠기게 하는 포동 작업을 중지하고, 겨울에 논물이 마르도록 배수를 완전히 하여 부식질의 분해 속도를 높여야

포동전을 정리하는 여성

한다. 그러나 이렇게 하면 결과적으로 진퇴양난으로, 모내기 때 물이 부족하면 써 볼 만한 대책이 하나도 없기 때문이다. 설령 물이 있다 하더라도 논갈이에 투입되는 노동력은 증가하여 현재처럼 써레질만 하고 담장을 쌓지 않고 모내기를 할 수 있는 상황이 절대 아니다. 한편 노동력 투입의 증가는 농사일을 지체시킨 결과 절기에 따라 농사를 짓는 것이 아니라 이를 엉망으로 만든다.

넷째, 교잡벼의 성장주기는 전통 찰벼보다 짧지만, 황강 지역의 수온은 저마다 달라 샘물로 논에 물을 댄다. 여름에는 수온이 섭씨 15도를 훨씬 넘기지만, 기온은 수시로 10도 이하로 내려가기 때문에 교잡벼의 벼 모종을 곡우 이후로 미룰 수밖에 없다. 그러나 황강은 아침 서리와 찬 이슬이 제방 지역보다 일찍 찾아오는데, 전통 찰벼에는 아무런 영향이 없지만 일부 찰벼 품종은 큰 눈이 오는 날에도 수확을 할 수 있다. 그러나 교잡벼에는 절대 적용이 안 된다. 따라서 황강 교잡벼의 최적의 재배범위는 황강의 저해발 지대에 집중적으로 분포될 수밖에 없고, 황강의 저해발 지역은 사면이 산으로 둘러싸인 계곡 가운데 위치하고 있어서 논이 봄, 여름에 온도가 낮을지라도 수온을 빨리 높이기 위해서는 논 주변의 수목을 베어내야 할 뿐만 아니라 산비탈의 식물도 베어야 한다는 것을 의미한다. 그러나 이 지역의 산비탈에 있는 산림은 황강 지역의 아열대 잔류 원시 식생이 가장 밀집되어 있는 지대이고, 토양유실을 막기 위한 빗장지대에 위치해 있어 큰 면적으로 보급된 교잡벼가 유발한 산림 파괴는 황강의 자연과 생태계의 취약한 고리에 직접 충격을 주었다. 요컨대, 황강에 보급된 교잡벼는 수익이 없을 뿐 아니라 생태계에 심각한 재난을 가져다주었다. 따라서 황강 주민은 교잡벼를 전부 재배한 것이 아니라 적합한 지역에 일부분만 재배했는데, 면적이 전체 촌 경작지 면적의 5%도 안 되며, 생산한 쌀은 주로 돼지와 오리의 사료로 쓰이기 때문에 이러한 비율은 황강으로 말하면 적당하다고 해야 할 것이다.

황강에 보급 재배된 교잡벼가 황강의 자연적 적응의 효과를 떨어뜨린다는 것을 알 수 있는데, 생태 건설의 수요로부터 보면 황강에서는 교잡벼의 보급 문제를 아예 제기하지 않았어야 했다. 그러나 교잡벼를 보급하느냐 마느냐는 사실상 최근 행정 부문과 황강 주민 사이에 일어난 충돌의 초점이면서 농업기술 부문과 황강 주민 간에 마찰과 다툼이 많이 일어난 도화선이기도 하다. 언뜻 보면 이해가 잘 안 되는 이런 현상들은 황강 주민의 입장이나 한족 문화의 입장을 막론하고 합리적으로 해석을 할 수 없다. 오직 한족 문화가 공존하는 다른 문화 간에 상호 작용과 반결합이라는 비대칭을 지니고 있다는 사실에 주목을 해야 이를 합리적으로 해석할 수 있다. 물론 양측의 입장과 관점이 상대방에게 전반적으로 수용되어야 이것으로 야기된 오해와 분쟁이 비로소 해결을 볼 수 있고, 강제로 재배한 교잡벼로 야기된 산림 파괴 문제도 근본적으로 해결될 수 있다.

지금까지 논의한 내용은 모두 정책적 측면에서 살펴본 전통생계의 현대적 변화와 관련된 내용들이다. 문제에 대한 이해를 보다 폭넓게 하기 위해서는 개인의 측면에서 발생한 현대적 변화에 주목하지 않을 수 없다. 사실상 도로가 개통됨에 따라 황강 주민과 외부 사람들의 교류는 날로 빈번해지고, 황강을 찾는 외래인도 점차 늘고 있다. 위에서 언급한 삼나무 뿌리로 목타르를 제조하는 작은 공장의 경우도 절강, 강서 일대에서 사장과 노동자를 불러들여 황강에 오랫동안 머물게 했다. 이들은 공장을 세우고 공장을 위해 일할 뿐만 아니라 황강에 익숙해진 후에는 자연히 외지인들이 황강의 산림자원을 도벌, 채굴하는 일에 협조하는 앞잡이 역할을 하게 되었다. 황강으로 들어오는 도로변에는 운반 원목들이 쌓여있는 것을 볼 수 있었다.

조사를 통해 황강의 많은 진귀한 식물들이 지금 바로 도굴과 도벌의 위협에 처해 있음을 알 수 있었다. 이를테면 주목과 참오동나무, 녹나무香樟樹(장목나무), 진귀한 난초 품종 등이 전매 품목에 올라가 있다. 황강 동족 문화의 인식으로 보면 이러한 식물의 가치는 아주 낮다. 황강 동족 주민은 전통문화에 따라 흔히 이런 식물들을 적극적으로 보호하지 않는다. 그러나 이는 중국 정부의 법령에 의해 보호를 받는 진귀한 식물이다. 이처럼 가치 인식에 대한 완전히 다른 판단은 보호정책과 보호조치의 실시가 부실하고, 이런 진귀한 식물의 운명이 아주 위험한 처지에 놓이게 했다. 이는 곧 생태인류학 연구자들이 크게 외치는 심각한 사회문제로, 관련 부문에서 긴급하게 조치를 취하지 않으면 결과는 상상조차 할 수 없다. 이는 황강의 산림이 곧 직면하게 될 또 한 차례의 파괴이다.

교잡벼 보급과 산림의 도벌, 도매를 제외하고 사회경제 발전의 목표에 근거한 새로운 개발사업을 가동함에 있어 동족 문화와 현지의 자연, 생태계의 실정을 이해하지 못하고

행하면 황강 생태계에 심각한 파괴를 불러올 수 있다. 저자가 황강을 떠나기 전에 관련 부분에서 황강의 경제 사회 발전을 추진하기 위하여 외국 상인을 유치하여 차밭 건설을 위한 사업안을 검토 중에 있다고 들었다. 그 결과는 알 수 없지만 황강의 산림에 우려되는 바가 없지 않다. 개발은 경제적 이익을 위하고, 정부 부문은 치적을 위해 움직인다. 이러한 행동 목표는 오직 눈앞의 이익만 강조하고 미래를 생각할 필요가 없는 것으로, 생태적 폐해는 오히려 황강 주민 스스로 담당해야 하는 몫으로 남겨진다. 관건은 이러한 개발 사업은 하나가 끝나면 또 새로운 것이 시작된다는 것이다. 따라서 황강의 동족 주민은 이에 대응하기 어려운 곤경에 빠지고 주민들의 어쩔 수 없이 결국 대응책을 산림 파괴에서 찾게 된다.

차밭 개발을 실례로 든다면, 황강의 산림은 반드시 재앙을 초래할 수밖에 없다. 이미 있는 숲의 나무를 베어 내고 그 자리에 차나무를 심으면 황강 부근에 탄광이 없기 때문에 찻잎을 가공하기 위해 산림의 목재를 연료로 사용해 산림에 2차적으로 피해를 입히게 된다. 이로 인해서 황강의 산림은 분명히 재난을 피하지 못할 것이다. 요컨대, 황강의 산림과 황강의 전통생계는 동일 체계의 유기적인 구성 부분으로 산림을 떠나서 벼, 물고기, 오리의 공생 방식은 유지하기 힘들고 실시하기도 어려울 것이다. 보전이 잘 유지된 산림이라 하더라도 보호와 관리는 어렵게 이루어지고, 이를 전반적으로 다루어야 동족 문화와 황강의 자연 생태적 배경에 잘 어울리게 해야 그에 적절한 결과를 얻을 수 있다.

제13장

황강 전통생계에 외래 기술이 미친 영향

―

1. 외래 영농기술이 황강 마을에 가져다 준 충격
2. 비료와 농약 보급이 황강에 가져다 준 충격
3. 황강 주민의 외부 영농 기술 도입과 응용
4. 유연한 제도적 보장이 황강 전통생계에 미친 영향

제13장

황강 전통생계에 외래 기술이 미친 영향

1. 외래 영농기술이 황강 마을에 가져다 준 충격

　외부 기술의 도입은 황강 전통생계의 현대적 변화 중에서 가장 뚜렷한 요인에 속한다. 반세기 넘는 시간 동안 행정명령과 민간 경로, 영농 기술인원의 보급, 홍보를 막론하고 황강에서 여러 외래 농업기술을 도입했고, 농업과 목축 경영이념까지 받아들였다. 지금까지 이와 관련된 구체적인 통계를 정리한 것은 없다. 사실상 범위가 넓어 모두 통계할 방법이 없으므로 여기서는 몇몇 사례를 통해 요약하여 분석하고자 한다. 물론 이러한 사례는 모두 영향이 크고, 성공과 실패 여부가 비교적 분명한 사례들이다. 그 목적은 문화적 시각에서 외부에서 도입한 기술의 일반적 원칙을 살펴보고, 성공과 실패의 원인에 대해 분석하는 데 있다. 여러 인디카 종과 교잡벼 품종이 황강에 도입되어 일으킨 부작용은 위에서 이미 살펴보았기 때문에 여기서 다시 중복하지 않는다. 도로 건설이 불러일으킨 황강 인문경관의 급변과 그로 인한 생태적 영향은 위에서 이미 설명하였기 때문에 관련 생태 문제는 다음의 자원 공급의 지속성을 설명할 때 구체적으로 검토 하도록 한다. 여기서는 저자가 직접 방문조사를 하여 이해한 정미기 도입과 비료 농약 남용만을 실례로 현대적 변화가 유발시킨 사회와 자연의 연쇄적 시스템을 제시하고자 한다.

어떤 형태의 외래기술 도입이든 사회 적응의 범위에 속하기 때문에 특정한 형식의 기술은 특정한 사회적 배경을 기반으로 한다. 기술 자체는 중성적 도구로 사람마다 사용할 수 있어도 서로 다른 민족 간에 분명한 문화적 차이가 존재하기 때문에 동일한 기술이라도 다른 민족 사회에서 사용될 때는 난이도, 사용 원가, 효율에서 반드시 차이를 보인다. 또한 보급이 되어 사용을 한 후에는 어떤 사회, 자연생태 문제를 일으킬지도 크게 다르다. 그러나 기술 도입의 동력은 언제나 민족문화 사상 형태의 지배를 받는데, 각각의 가치관, 윤리관에 차이가 있어서 도입 과정에서 해당 각 방면의 목적과 의도는 일치하지 않기 마련이다. 문화적 시각에서 보면, 이 모든 것은 절대 소홀히 해서는 안 되는 객관적 사실이다.

현대 정미기 제조사는 기업의 이익을 추구하기 위해 제품 설계에 결점이 있다 하더라도 분명히 재배 면적이 가장 넓은 벼를 기준으로 해야 하는데, 현재 전국의 벼 재배 범위를 보면, 교잡벼와 인디카 종의 면적이 가장 넓다. 따라서 시장에서 구입할 수 있는 정미기는 당연히 이 두 종류의 벼를 가공하기 위해 설계된 것이다. 이러한 정미기가 재배한 벼에 적용되지 않으면 일반 상식이나 시장의 대칭성 반응에 의해 특별한 품종의 벼를 재배하는 단체와 개인이 제조사와 교섭해 설계를 수정하도록 당당하게 교섭할 수 있다. 이런 상황은 선진국과 중국의 한족 지역에서는 결코 문제가 되지 않는다. 그러나 만약 이런 정미기를 현대 과학기술이라는 이름으로 행정 부문에서 황강 동족 지역에 도입을 할 경우, 민족 간의 상호 문화 작용 하에 비대칭성 반응은 바로 나타난다. 그리고 이로부터 야기된 사회적 분란은 황강 동족의 전통생계가 안정적으로 유지되지 못하도록 직접적으로 방해하고, 동족 전통적 생계의 자연적 적응 성과까지 훼손할 수 있다.

황강에서 지속적으로 재배한 찰벼 품종은 이미 아주 높은 자연적 적응의 수준에 도달했다. 이는 위에서 이미 자세하게 살펴보았다. 예컨대, 동족 주민이 전승한 찰벼 품종의 생물적 속성은 키가 크고 줄기가 굵고 단단하며 분얼력分蘖力이 높고, 장시간 일조량이 적은 음랭한 저온 환경에서 잘 견딘다. 그러나 이러한 생물적 속성은 찰벼 품종의 이삭이 다음과 같은 특징을 지니고 때문이다. 즉, 벼 이삭을 보면 알곡의 배열이 매우 치밀할 뿐만 아니라 알곡 껍질이 두껍고 표면이 세밀하게 배열되어 있으며, 단단한 솜털로 덮여 있고, 알곡 껍질 꼭대기에 길고도 단단한 까끄라기가 나 있는데, 최장 13㎝도 되는 것도 있지만 7~9㎝가 보편적이다. 까끄라기가 가장 짧은 '구열주' 찰벼의 경우도 까끄라기가 1.5~2㎝ 된다.

   이러한 찰벼는 저장고에 넣을 때 바로 탈곡하지 않았기 때문에 도입한 탈곡기로 탈곡할 경우 긴 까끄라기가 탈곡 효과에 영향을 줄 뿐만 아니라 찰벼의 다른 생물적 속성도 탈곡기와 잘 어울리지 않는다. 이는 낟알이 볏대에 너무 치밀하게 붙어 있어 깨끗하게 낟알을 걷어내지 못하기 때문이다. 외부에서 들여온 정미기를 사용하여 쌀을 찧을 때는 긴 까끄라기가 작은 불편을 가져다주기도 했다. 긴 까끄라기는 흔히 정미기 실린더의 작동을 중지하게 해서 정미기가 돌다가 멈추기를 반복해 기기 작동 효과를 크게 떨어뜨린다. 단단한 낟알은 대처하기 더 힘든데, 정미기의 실린더 간격을 좁혀 쌀알을 부서지게 해 정미 질을 떨어뜨린다. 간격을 넓히면 낟알이 벗겨지지 않아 정미 질을 떨어뜨리기는 마찬가지다. 각종 찰벼 품종의 낟알 형태가 모두 다르기 때문에 더 문제로 작용한다. 예컨대, 황강의 찰벼 품종에는 낟알이 긴 것도 있고, 둥근 것도 있고, 기둥 모양으로 된 것도 있고, 단면이 삼릉형의 벼도 있기 때문이다.

   따라서 정미기의 동일한 체 구멍은 이처럼 다양한 쌀알에 대응할 수 없다. 그 결과 일부 품종의 찰벼는 체 구멍에서 싸라기만 걸러 내고, 부서지지 않은 쌀알은 오히려 쌀겨로 분리를 했다. 또한 일부 찰벼 품종은 정미기가 쌀알과 싸라기를 아예 걸러내지도 못했다. 그런가 하면 일부 찰벼 품종은 아예 싸라기로 걸러내는 경우도 있었다. 결국 가장 우수한 품질의 벼가 가장 질이 나쁜 찰벼로 가공되는 셈이다. 이러한 찰벼는 국내외시장 진출을 아예 할 수 없고, 농촌의 재래시장에서도 관심을 갖는 사람이 없다. 선진 설비를 들여왔음에도 불구하고 황강 주민들은 날마다 왕겨만 벗기고 속겨를 벗기지 않은 쌀을 먹는 신세를 면치 못하게 했다. 따라서 규범에 부합하지 않는 비대칭적 반응은 즉시 황강의 주민 모두가 감당해야 하는 몫으로 되어버렸다.

   이렇게 긴 까끄라기가 있는 찰벼가 정미기에 쉽게 껴서 작동을 멈추게 하기 때문에 황강 주민은 어쩔 수 없이 사전에 이에 대비해 조치를 취해야 했다. 즉, 긴 까끄라기를 손으로 짧게 자른다든가 불로 태우고 손으로 비벼서야 겨우 탈곡기에 사용할 수 있었다. 그러나 이것은 번거로운 작업일 뿐만이 아니라 이렇게 사전 처리한 정미 쌀의 품질을 여전히 보장할 수 없었다. 그래서 정미기를 사용하여 하기에는 무리여서 예전의 방법을 다시 사용하게 되었다. 즉, 발로 밟는 방법을 사용하여 곡식을 빻고 찧는 디딜방아를 사용했다. 그러나 문제는 여기서 끝나지 않았다, 정미기는 사회적 분란을 가져와 이에 대한 의견이 일치하지 않았던 것이다.

전통 찰벼 가운데 '구열주'는 까끄라기가 상대적으로 짧아 정미기로 겨우 가공이 가능한 수준이어서 구열주 찰벼를 재배하는 주민들은 정미기를 사용하면 번거로움을 덜고 품도 절약할 수 있기 때문에 이를 다행으로 생각했다. 반면에 긴 까끄라기 전통 찰벼를 재배하는 주민은 실망을 해서 적지 않는 사람들이 2007년에는 반드시 구열주 찰벼를 재배하려고 다짐하게 했던 것이다. 이것이 바로 2007년 황강 마을에 구열주 찰벼 재배면적이 전체 경작지 면적의 65%를 초과하게 한 중요한 원인이기도 하다.

이 일련의 반응은 분명히 시장 규범에 부합되지 않는다는 것을 드러냈다. 주지하다시피 모든 사용자는 제조업체에서 가장 중요시하는 대상이기에 그들이 생산한 정미기가 사용 효과와 이익 모두 수준 이하라면 마땅히 방문 조사를 통해 현장조사를 하고 설계를 보완해 황강 주민을 상대로 더 나은 서비스를 제공하도록 해야 할 것이다. 그러나 제조업체와 기술 인원은 연합해 시장 규범에 반응을 하면서 오히려 황강 주민이 왜 교잡벼와 인디카종 벼를 심지 않고, 기어이 찰벼를 심어서 그들이 생산한 정미기가 팔리지 않게 하냐고 오히려 불만을 표했다. 극소수의 행정 공무원들은 심지어 남의 재앙을 보고 기뻐하면서 "애초 교잡벼를 재배하라 할 때는 들은 체도 하지 않다가 이제 잘 됐네. 현대 과학기술을 두고 원시적인 설비만 사용하다니."라고 황강 주민을 비웃었다. 이런 언론은 어떤 입장과 심리상태에서 나온 것인지 또는 황강 주민을 얼마나 잘 이해하는지를 떠나 분명히 시장규범에 부합되지 않는다.

이에 대한 황강 주민의 반응도 비대칭적으로 나타났다. 그들은 결코 당당하게 제조업체와 논의하고 농업 기술 인원과 시비를 따지지도 못했을 뿐만 아니라 법적인 보호에 따라 행정 부문에 전통 찰벼의 재배에 관한 정당한 이유를 설명하지 못하고 외부 압력에 굴복하였다. 마지못해 현존의 정미기를 사용하거나 전통적인 방식인 발로 디뎌 곡식을 빻거나 찧는 디딜방아를 사용해 쌀을 가공했다. 이 두 가지 모두 시장 규범에 부합되지 않고, 동족 문화의 규범에도 부합되지 않는다. 왜냐하면 그들은 24절기처럼 이를 도입해 자기 실정에 맞게 발전시킨 것이 아니라 굴종 또는 저항을 선택했기 때문이다. 이것 또한 동족문화의 올바른 도리가 아니며, 위에서 이들이 보인 반응도 비대칭성으로 나타났다.

  민족을 넘나들면서 작용하는 반응의 비대칭적 분란과 관련해 한 쪽의 의견이나 요구만 일방적으로 들을 경우 문제의 해결에 아무런 도움이 안 되고 감정적으로 대해서는 더욱더 안 된다. 따라서 반드시 사회적 적응의 문화적 범주 내로 귀결시켜 살펴보아야 비로소 합리적인 해결책을 볼 수 있다. "사람은 먼 걱정거리가 없으면, 반드시 가까운 걱정거리가 있다"라는 속담도 있듯이 황강의 선조들이 천신만고를 겪으며 이렇게 까끄라기가 긴 많은 찰벼 품종을 육성한 것은 황강 지역의 변덕스러운 저온 날씨에 대처하기 위한 것인데, 까끄라기가 긴 찰벼 품종을 포기하는 것은 사실상 자연적응의 소중한 유산이 사라지는 것을 의미하기 때문에 황강 지역의 경우 반드시 기온이 뚝 떨어지게 되어 있어서 이로 인해 양식이 크게 줄기 마련이다.

  사소한 정미기에서 비롯된 문제이지만 결국 이것으로 끝나지 않는다. 일시적인 문제의 해결을 위해 정미기를 보급을 강행할 경우 겉으로는 행정 부문과 황강 주민이 쉽게 의견 일치를 볼 수 있다. 왜냐하면 황강 주민은 현재 빈곤하지 않아서 정미기를 도입하는 데 어려움이 없어 정미기의 전면적 보급은 문제가 아니기 때문이다. 그러나 이는 사실상 심각한 생태적 위기로 작용해서 기온이 뚝 떨어지는 해에 식량이 감산되어 황강 사람들은 피해를 볼 수밖에 없다. 따라서 문화적 측면에서 출발하여 사회성이 자연적 적응과 상호 겸용이 안 될 수 있다는 점에 주의를 돌릴 필요가 있다. 이를 통해 우리는 비로소 문제의 복잡성을 볼 수 있고, 표면적인 성공에 숨겨진 잠재적 위험을 찾아낼 수 있다. 정미기의 도입은 이 문제와 관련해 아주 설득력이 있는 사례이다.

  위의 사례는 마땅히 서로 다른 민족 간의 사회적 적응이 자연적 적응을 방해한 것으로 보아야 한다. 왜냐하면 황강 동족 주민의 자연성이 이성에 적응하는 논리적인 측면에서 판단하면 경솔하게 이런 종류의 정미기를 도입하는 것이 아니기 때문이다. 그들의 이성적 선택은 다음 세 가지 선택 중에서 하나 또는 둘을 임의적으로 선택할 수 있다. 첫째,

기업에 자기의 기술 설계 요구를 제출하여 기업이 동족 주민들을 위해 까끄라기가 긴 찰벼에 적당한 전문 탈곡기를 생산해 줄 것을 요구해야 한다. 둘째, 생산 업체에 긴 까끄라기를 자를 수 있는 전용 기계를 설계해 줄 것을 제안할 수 있다. 셋째, 저자 생각에 가장 좋은 방법인데, 바로 황강 마을에서 대대로 전승되어 사용한 돌로 된 물레방아를 수리하고, 동시에 전동기를 구입해서 감속장치를 설치해 수동 방식의 전통적인 물레방아를 대체하는 것이다. 여기에는 다음과 같은 다섯 가지의 좋은 점이 있다고 저자는 본다.

첫째, 이 방법은 원가가 가장 적게 들고, 기계 수리도 쉽다. 둘째, 전반적인 관리와 수리를 황강 주민 스스로 모두 할 수 있고, 이것에 대응하는 사회제도의 측면에서 제도적 지지와 서비스를 제공할 수 있다. 셋째, 귀향한 중학생들의 총명과 지혜는 전통과 현대를 접목시키는 과정에서 이들의 장점을 발휘하여 배운 것을 실제로 활용하게 하고, 황강 마을의 청년들이 할 일이 없이 빈둥거리는 것에 대한 우려를 해소할 수 있다. 넷째, 이러한 전통 도구의 개조는 동족 주민의 문화적 자각을 향상시키고, 자존감과 자신감을 높이는데, 이는 훗날 다른 기술을 능동적으로 도입하기 위해 길을 탄탄히 닦은 것으로도 된다. 마지막으로 생태인류학은 모든 민족이 외래에서 오는 기술과 공예의 도입을 반드시 수용과 동화라는 과정을 모두 경험해야 한다고 주장한다. 수용과 동화의 자각성은 빨리 시작될수록 관련 문화가 우위를 점하기 쉽고, 훗날 민족 간의 상호작용에서 확고히 기초를 다질 수 있다. 황강 주민이 저자의 이런 고충을 이해해 주기를 바랄 뿐이다. 그렇지 않고서는 현대화 조류의 충격 하에서 수동적인 지위에 놓이기 마련인데, 이로 인한 모든 사회적 적응은 커다란 생태적 대가와 사회적 대가를 치르지 않아도 되기 때문이다.

2. 비료와 농약 보급이 황강에 가져다 준 충격

위에서 황강의 벼 품종에 대해서 살펴보았는데, 비료를 줄 필요가 없을 뿐만 아니라 거름을 사용한다 하더라도 극히 한정적이라는 것을 지적했다. 동족 주민은 그러한 상황에 대해 잘 알고 있다. 이를테면 그들은 '홍화'라는 찰벼 품종을 주로 마을 주변과 산길

아래에 있는 논에 심었는데, 이는 이 품종이 비료에 견디는 능력이 뛰어나기 때문이다. 다른 찰벼 품종은 각기 비료를 얼마 사용하고, 어떤 종류의 비료를 사용해야 하는지에 대해 아주 잘 알고 있으며, 이에 대해 외부인이 걱정 할 필요가 없다. 현대화의 물결이 가져 온 충격에서 그들은 조용히 있지 않았다. 행정 부문은 관습적으로 정형화된 이유로 세상에 비료를 주지 않아도 되는 논이 있다는 것에 절대적으로 의문을 표하고, 최근 7년 동안 공급판매 협력사를 통해 수차례 황강에 여러 비료를 판매했는데, 이것이 일련의 파동을 불러일으켰다.

 동족 주민들은 애초에 비료를 전혀 받아들이지 않았고, 비료를 주지 않아도 논의 토양이 충분히 비옥함에도 불구하고 사서 고생한다고 생각하는 주민이 있고, 화학비료가 백색분말로 된 것을 보고 거름과 크게 차이가 나서 이런 '백색분말'이 과연 작물에 얼마나 효과를 줄 것인가에 대한 의문을 표하는 주민도 있었고, 또한 이러한 화학비료의 가격이 아주 높아 돈을 주고 살 수 없을 정도라고 전해들은 주민이 있는 등 생각도 모두 달랐다. 이에 생산업체는 황강 주민이 어리석어 과학을 믿지 않는다고 불평하면서도 농민들에게 어떻게 비료를 사용하는지를 직접 가르쳤다. 농민들의 구매 욕구가 낮아서 상당히 긴 시간 동안 정부 보조와 무료 배포를 병행했었다. 이러한 상황에 동족 주민은 깊이 감동을 받았고, 또 촌의 간부가 비료 사용을 일일이 감독했기 때문에 일부 사람들은 화학비료를 사용하기 시작했다.

 황강 주민은 화학비료를 논에 직접 사용한 것이 아니라 애초에 몇 년 간 채소밭과 곡물을 재배하는 밭에 사용하였다. 그 결과, 화학비료를 사용했더니 시간과 인력을 절약하고, 비료의 효과도 아주 좋아서 논에 화학비료를 사용하기 시작했다. 한편 외지에 나가 일하는 황강 주민의 숫자가 얼마 되지 않기 때문에 농촌 노동력은 결코 부족하지 않았다. 그러나 더욱 중요한 원인으로는 현지 주민이 화학비료를 사용하는 것과 상관없이 가축우리의 똥을 치워야 했고, 집집마다 많은 가축을 키우는 만큼 많은 가축의 똥을 논에 거름으로 사용하지 않고 집이나 마을에 방치하면 비위생적일 뿐만 아니라 냄새도 나니 어떻게 하면 좋으냐고 조사한 결과, 대부분은 비료를 논에 사용한다 하더라도 거름은 계속 사용을 했다고 답했다. 따라서 지난 몇 년 간 화학비료의 사용을 권장한 이래 황강의 묘당 화학비료 사용량은 줄곧 전체 여평현에서 가장 낮은 수준을 유지했다.

사실상 동족 주민은 습관적으로 화학비료를 사용했지 비료의 효과에 관심을 그다지 갖지 않았다. 그러나 저자는 이번 조사에서 뜻밖에 황강 지역의 밭과 논에 잡초가 많이 자라는 현상이 아주 뚜렷함을 발견할 수 있었다. 찰벼를 파종하기 전에 논에 동족어로 '옹롱翁弄'으로 불리는 잡초가 가득했다. 주민들에게 물어 봤더니, 애초 보기 드문 이 잡초는 무슨 원인인지 몰라도 최근 몇 년에 갈수록 많아져 써레질할 때 품과 시간이 많이 들 뿐만 아니라 볏모의 성장에도 영향을 준다는 것이다. 황강의 논도 마찬가지였다. 밀크시슬 Milk Thistle(엉겅퀴), 물쑥(Artemisia selengensis), 물고기눈 풀(Herb of Bentham Dichrocephala) 등 국화과 악성 잡초가 지표를 전부 뒤덮었던 것이다. 이것 또한 최근 2, 3년 사이에 발생한 일들이었다. 심도 있는 이해 끝에 비로소 잡초로 우거진 지역과 논은 최근 2, 3년에 모두 연속적으로 대량의 화학비료를 사용했다는 것을 기억해 냈다.

저자는 이 문제를 토양 전문가에게 문의했더니, 전문가는 "이러한 상황은 연속 재배를 하는 고정적인 농경지에서는 보기 드문 현상이지만 지나친 화학비료를 연속 사용했을 경우 일부 잡초들이 우거질 수 있는데, 이런 현상이 발생하면 화학비료 사용을 중지해야 한다."고 대답했다. 황강에서 이런 상황이 발생한 데는 비옥한 토지에 화학비료를 사용한 후 토양의 비료 성분의 비율이 파괴되어 발생한 특이한 현상이다. 화학비료를 주기 전에는 작물과 잡초가 비료를 두고 경쟁을 한 결과 잡초의 성장은 억제를 받고, 비료의 비율도 파괴되지 않아 잡초가 작물보다 무성하게 자랄 수 없었다. 그러나 비료의 성분비율이 균형을 잃은 후에는 잡초가 무성하게 되는데, 황강 마을도 이러한 경우에 속한다. 조사를 마칠 무렵 전문가는 황강에서 발생한 이런 상황이 과도한 인산 비료의 사용으로 발생했을 수 있지만 구체적인 상황은 아주 복잡해서 좀 더 진전된 연구를 한 후에야 정확한 판단을 할 수 있다고 거듭 제시했다.

저자가 전문가의 원인 분석을 주민들에게 전달했더니, 적지 않은 주민들이 이를 인정하였다. 그들의 기억에 의하면 잡초가 무성한 농경지는 확실히 연속적으로 인산비료를 사용하였다는 것이다. 그리고 화학비료를 사용한 논은 특히 요소와 탄산암모늄(ammonium carbonate)을 사용한 후에 원래 그 많던 야생동물들은 자취를 감추고, 논에서 키우던 잉어도 잘 자라지 못했다고 덧붙여 설명했다. 이런 원인으로 포드재단의 대외연락 담당 공무원은 마을에 있는 '향화찰벼협회'[1]를 통해 농민들을 상대로 생태농업을 홍보하고 화학비료와 농약 사용을 줄일 것을 제창했는데, 이는 전체 동족 주민의 이해와 지지를 얻었다. 그 결과 2007년 한 해 동안 황강 마을의 화학비료가 아예 팔리지 않자 공급판매협력사 판매원들은 큰 소리로 욕을 했지만 주민들은 전혀 무관심하며 화학비료 구매를 단호히 거절했다. 다행히 생태농업 이념 관련 현과 향 양급 기관의 공무원도 전해들은 바가 없지 않았다. 따라서 이들이 나서서 조정을 해서 이번 분란은 비로소 평정될 수 있었다.

위의 개별 사례는 겉으로 봤을 때, 간단한 현대 기술의 도입 문제인 것처럼 보일 수 있다. 그러나 당사자가 꼭 기억해야 할 것은 어떤 새로운 기술의 도입이든 모두 전통생계의 변화를 초래한다는 것이다. 변화의 결과는 부작용을 위주로 할 수 있기에 뜻밖의 효과를 가져올 가능성도 없지 않다. 따라서 전통적 생계방식의 변화가 다른 길로 접어들지 않고 순탄하게 발전하면, 문화의 자연적 적응과 사회적 적응에 대한 생태인류학적 인식과 이해가 후에 도입하는 사업의 선택에서 자연과 사회의 실정에 더 잘 부합되도록 유익한 작용을 발휘하게 할 수 있다.

사회적 적응과 자연적 적응의 중요한 구별로는 적응의 방향과 목표, 안정 능력에서 큰 차이를 보인다는 것이다. 한 지역의 군체群體가 직면한 생태적 환경은 극히 안정적이어서 수 십대를 거쳐서도 안정적으로 유지될 수 있다. 반면 한 민족이 직면한 사회적 배경은 매우 다르기 때문에 수 십대가 아니라 동 세대 간에서도 커다란 변화가 있을 수 있다. 이로 보아 같은 시기의 현장조사 자료에 의하여 진행된 자연적 적응의 성과는 지속적으로 효과를 지니는 지도적 작용을 발할 수 있다. 그러나 사회적 적응의 성과는 이러한 작용을 모두 갖추지 않는다. 왜냐하면 사회적 적응의 대상은 이미 사라져 흔적조차 찾을 수 없기 때문이다.

황강의 경우에 주민들이 직면한 것은 여전히 고산의 밀림환경으로 전통생계 방식 중

---

1   이 촌에 있는 '향화찰벼협회'는 2007년 귀주대학교 포드재단 담당자인 용우효龍宇曉 교수의 도움으로 설립되었는데, 주로 현지 촌장, 촌 지부서기와 12명 소조의 조장 등으로 구성되었다.

비료를 어떻게 사용하는가 하는 것은 현재 유효할 뿐만 아니라 향후에도 유효하다. 이러한 실제 상황을 묻지 않고 화학비료 보급을 강행한 것은 귀찮은 일을 스스로 사서 하는 것과 다를 바 없다. 실제로 황강 마을은 삼림 면적이 2만 7천 묘 넘지만, 논 면적은 겨우 천묘를 조금 넘기는 수준인데, 그것도 대부분 밀림에 분포되어 있다. 삼림 부식질로 구성된 천연 비료를 환산하면 30묘 가까이 되는 임지에서 1묘 논에 비료를 공급 할 수 있어서 토양의 비옥 정도는 미루어 짐작할 수 있다. 전통생계 방식의 시비 방법으로 보면, 일부의 논은 지나치게 비옥할 수도 있는데, 맹목적으로 화학비료를 보급한 결과 상황은 더욱 심각할 수밖에 없다. 이로 보아 황강 전통생계의 현대적 변화는 아주 많은 부작용을 초래했고, 그에 대한 책임은 현대 기술 자체에 있는 것이 아니라 민족문화와 현지 주민의 염원을 존중하지 않은 관련된 부문 탓으로 돌려야 할 것이다. 이들은 황강의 자연과 인문에 대한 최소한의 이해도 없었는데, 이로 인해 좋은 의도로 한 일이 오히려 나쁜 결과를 초래하게 된 것이다. 따라서 이것은 민족 간 작용과 반작용이 비대칭성을 지니는 생생한 사례를 보여준다.

적절하지 않은 화학비료의 보급이 황강 주민의 금전적 낭비를 불러왔다면, 농약의 보급은 주민들을 곤란하게 했다고 할 수 있다. 앞에서 분석한 것처럼 황강 지역의 생태환경은 아주 안전해서 병충해는 물론 쥐 피해, 새 피해를 효과적으로 조절할 수 있다. 더욱 중요한 것은 아직 황강의 전통생계가 성숙된 '식물보호' 기술과 기능을 갖추고 있다는 것이다. 농약과 화학비료의 보급 대상은 주로 현대화된 집약형 농업과 목축업이다. 노동력이 부족한 중국의 발달한 농경 지역에서 이는 어느 정도 보급할 가치가 있다. 그러나 황강과 같은 동족 지역은 화학 농약, 특히 강한 독성을 지닌 메타미도포스Methamidophos 및 디클로르보스(DDVP) 등 살충제 사용은 전혀 필요하지 않다.

2004년부터 2006년까지 적지 않은 생산업체가 황강 지역에서 화학 농약을 널리 보급하였는데, 심지어 법집행기관의 감독을 피해가며 유통 기한이 지났거나 법으로 금지된 농약을 덤핑으로 판매하였다. 황강의 동족 주민은 어떤 것이 이롭고 해로운 것인지를 몰라 아주 쉽게 속임수에 빠져들고 말았다. 저자가 황강에서 조사를 할 때, 현장답사를 한 청부받은 농경지 모두 논 주변에 많이 버려진 농약병을 발견할 수 있었다. 그 중에 디클로르보스와 메타미도포스 살충제 병이 3분의 1 가까이 되었다. 이는 중국 정부에서 법으로 사용을 금지한 것들로, 황강 주민은 내막도 모르고 이러한 농약을 구입해서 사용했다. 금전적 낭비를 떠나 해충 천적과 논에서 기르던 고기와 오리마저 죽음을 당했고, 현지 주민에게 적은 손실이 아닐 수 없었다. 한편 농약을 남용한 후 논에 있던 동식물도 죽었고, 살아남은 동식물의 성장에도 영향을 미쳤을 뿐만 아니라 이를 식용한 주민들의 건강도 직접적으로 피해를 입게 했다. 이외에도 논에 남겨진 독성은 주민의 건강을 위협하는 요소로 잔존했다.

저자의 연구팀이 황강에 도착한 후 현지의 '향화찰벼협회'의 홍보를 통해 화학 농약과 생장호르몬의 사용을 중단했다. 그제야 주민들은 농약 사용의 위해성에 대해 알게 되었다. 2007년 황강 현지 농약과 생장호르몬은 순조롭게 전면적 사용을 금지 당했다.

초기의 문화인류학자들은 민족문화는 유기적인 통일체[2]이고, 문화요소의 도입은 문화 구조 및 기능을 새롭게 조정되도록 한다[3]고 일찍이 명확하게 지적했다. 문화요소의 도입은 행복을 가져올 수 있지만 화근으로 작용할 수도 있다. 공교롭게도 전통생계의 현대적 변화는 모두 문화의 사회적 적응의 범위에 속한다. 따라서 현대적 변화를 다룸에 있어 신중을 기해야 하고, 오랜 시간 시용을 한 후에 널리 보급을 하도록 허락해야 한다. 불행히도 황강 마을에 도입된 화학 농약은 확실히 아주 경솔하고 무책임하였다. 당연히 쓰라린 교훈으로 삼아 황강 주민은 물론 행정 부문과 생산업체는 더욱 깊이 반성을 해야 한다. 황강 전통생계의 현대적 변화는 교훈도 적지 않지만 성공적인 사례도 적지 않다. 다음은 말의 도입을 실례로 들어 성공한 경험을 살펴보려고 한다.

2　馬林諾夫斯基著, 黃建波等譯, 『科學的文化論』, 英文序言, 北京: 中央民族大學出版社, 1999, p. 26.
3　王猛等編著, 『人的創世紀』, 成都: 四川人民出版社, 1987, p. 270.

3. 황강 주민의 외부 영농 기술 도입과 응용

황강은 아열대 밀림에 위치하고 있어 산발적으로 분포된 고산지대의 초원에서 말이 달릴 수 없을 뿐만 아니라 산이 높고 나무가 빽빽해서 도로가 험난하여 말이 지나가기에도 매우 곤란하다. 그래서 오랫동안 황강 주민들은 말을 기르지 않았다. 청나라 정부가 말 사육을 장려하던 시기에도 황강에서는 말을 기르지 않았다. 그러나 1990년대 황강의 도로가 개통됨에 따라 정부에서 더 나아가 주민의 경작지 임시도로 건설을 격려했는데, 이를 통해 주민의 체력 노동 부담을 줄이려고 했다. 이는 황강의 실정에 완전히 부합되는 정책으로 황강 주민의 적극성도 아주 높았고, 11조의 경우 논과 인접한 지대에 시골길이 관통되었다. 변두리에 있는 금추 묘족 마을에도 비포장 길을 놓았다. 이런 비포장 길은 자동차는 다니지 못하지만 비료와 양식을 운반하고 가축을 방목하는 용도로 활용하면 예전보다 훨씬 편리했다. 그러나 당시에는 다음에 어떤 현대적 변화가 발생할 지 예상한 사람은 거의 없었다.

4조 주민 오일본은 우연히 시내에 들렀다가 다른 사람이 말을 기르는 것을 보았다. 가축 시장에서 물어보니 주변 지역에 대규모의 도로가 들어서서 자동차가 보급되었는데, 원래 말을 기르던 제방의 마을 주민들이 자동차를 구입한 후에 말이 소용없게 되었다고 했다. 그래서 재래시장에서 말은 아주 싼값으로 팔렸다. 오일본은 이때가 기회다 싶어 바로 한 마리를 사서 황강으로 내려왔다. 그러나 후에 이로 인해 불미스러운 일들이 불거질 줄은 생각지도 못했다. 말을 기를 때에는 말과 관련된 많은 정보들을 익히고 시작해야 하는데, 황강의 자연환경에 말이 잘 적응하지 못해 가만히 있지를 않고, 걸핏하면 마구간을 뛰쳐나가 돌아다니거나 다른 주민의 작물을 뜯어먹기도 해 난처하게 했다. 이에 모든 황강 주민들이 사서 고생한다고 비웃었다. 또한 "황강의 선조들은 대대로 말을 기르지 않았는데, 남달리 새로운 것에 도전하고, 아무리 말의 값이 싸도 이렇게 번거로운 고생을 사서 하니 아예 말을 잡아서 같이 고기를 한 끼 잘 먹는 것만도 못하다"고 하는 주민도 없지 않았다.

그럼에도 불구하고 오일본은 단념하지 않고 말을 기르는 기술과 기능을 직접 방문하여 배우고, 작물 피해를 입은 주민에게는 찾아가서 잘못을 인정하고 배상하여 주민의 양해를 구했다. 반년 간 꾸준한 노력 끝에 말 사육 기술을 기본적으로 파악할 수 있었고 마차까지 한 대 구입했다. 그랬더니 일 하러 나갈 때 마차로 닭, 오리 분뇨를 실어 나르고 아내와 어린 자식도 마차를 타고 다녀 길을 적게 걸었다. 마을의 어린이와 여성들은 모두 그의 마치를 타기를 원했다. 그래서 경제적으로 여유가 있는 집이면 그처럼 말을 사고 마차를 장만했는데, 일 년 만에 황강 마을의 말 보유량이 백 마리를 웃돌았다.

오일본은 이에 만족하지 않고 말을 이용한 써레질에 도전했다. 처음에는 물이 무서워 말이 논에 들어가려 하지 않았으나 강제로 말을 이틀 굶겨 채찍으로 위협하면서 물에 들어가게 했다. 그 결과 주민들이 전혀 생각지도 못한 일이 발생했다. 훈련 결과 말은 써레질은 물론 논갈이도 했다. 그전까지만 해도 산이 높고 길도 가팔라서 물소가 두둑을 올라가지 못하고, 잘 걷지도 못하기에 황강 주민들은 부득이 황소를 길러 농사일에 이용하고, 물소는 제사용으로만 사용했다. 이는 황강 주민과 제방의 동족이 가축 사육하는데 있어 가장 큰 차이점이다. 오늘날 황강 사람들이 말을 잘 기르는 것으로 유명해질 줄은 생각지도 못했고, 인근의 동족 사람들은 황강 사람들이 말을 농사일에 투입시켜 힘을 덜 들이는 것을 흠모했으며, 황강사람들 또한 이를 자랑스럽게 생각했다[4].

황강 사람의 성공적인 말 사육 경험은 황강 사람들 스스로도 잘 설명하지 못한다. 그에 대한 저자의 생각은 다음과 같다. 이 사례를 보면, 말을 도입하는 초기에는 거의 아무런 기초도 없이 진행된 것처럼 보인다. 그러나 사실상 황강의 선조들이 다른 가축을 사육한 기술과 경험은 늘 잠재적으로 추진 작용을 발휘하였다. 이를테면 말을 사육하는 마구간, 목장 등 일련의 시설들이 이미 갖추어져 있어 말의 생활습성만 잘 이해하면 되었다. 그러나 더 중요한 요인으로는 황강의 찰벼 재배 농사활동에 적응이 가능한 거대한 공간이 일찍부터 마련되어 있었던 것이다. 이런 공간에서 말은 특수한 효과를 발휘할 수 있었다.

---

4   현재는 이러한 상황이 이미 크게 바뀌었다. 삼륜차, 오토바이가 이미 아주 보편화되었고, 조건이 허락되는 집은 자동차를 구입했다. 현재 마을에는 자동차가 총 42대 있는데, 첫 자동차는 2016년 이 마을의 오동파가 구입한 여섯 바퀴 봉고차이다. 구입 가격은 십여만 위안인데 주로 거리에 나가 생활용품을 구입하거나 관광객 픽업용으로 사용된다.

힘든 논밭 운수 일을 짊어졌는데, 이는 다른 가축들이 엄두도 못내는 일이었다. 이는 황강 주민의 전통 농사일에서부터 설명을 해야 한다. 황강의 농사일은 농사철 특징에 있어 땅을 갈고 파종하는 시기와 수확하는 시기 모두 시간이 아주 길기 때문에 다시 갈고 심을 수 있고, '밭갈이하면서 파종하고亦耕亦种, 수확하면서 먹는隨收隨食' 특징을 지닌다. 위에서 소개한 황강 주민의 전통생계는 바로 규범적인 정주 농경과 차별화된다.

황강 동족 주민의 거주지와 논은 이미 완전히 안정적이어서 근본적으로 휴경할 필요가 없다는 것만으로 황강 동족의 농경체제를 정주 농경에 귀속시킬 수 있다. 이러한 특색은 말을 도입해 노동 강도를 줄이는 것을 필요로 했다. 전에는 길이 아주 울퉁불퉁해 말이 지나갈 수 없어서 말의 도입을 억제했었다. 논두둑에도 비포장도로가 개통되면서 말 도입의 제약이 이미 무너졌기 때문에 말의 도입은 단지 늦고 빠르고 하는 시간 문제였다. 그러나 우리는 이러한 농사일에서 비교적 많은 유경 특색을 지닌다는 것을 인정하지 않을 수 없다. 유경 생계는 바로 농업, 임업, 목축업, 어업의 복합경영을 할 수 있는데, 말의 도입은 단지 가축 종류를 추가하는 것에 불과했다. 따라서 문화 구조의 본질에서 고려하면 어려움은 크지 않는데, 말의 도입은 가장 작은 변동이기 때문에 성공의 가능성이 크다. 그와 관련된 어려움은 표상에 불과하다.

황강 주민의 찰벼 품종 분류 기준으로는 찰벼 품종을 '조생종'과 '만생종' 두 가지로 분류하는 것 외에 '60일' 찰벼라는 특별한 조생종 품종도 있다. 이렇게 구분하는 것은 주민들이 파종할 때 계획적으로 재배 품종을 배합시키고, 찰벼의 성숙기를 서로 엇갈리게 해 노동력을 균형적으로 분배하면서 성숙한 찰벼를 적기에 수확할 수 있도록 보장하기 위해서이다. 언뜻 보면 이러한 분류는 사회 노동력 조직에서 반드시 필요한 것처럼 보이지만 해발의 차이와 생태적 배경의 차이가 크며 운송 거리가 더욱 긴 황강 논의 특점에서 출발해 찰벼 품종을 '조생종'과 '만생종' 두 가지로 분류한 데는 토지자원을 효율적으로 이용하고 생태배경에 불리한 요소를 피하기 위한 것으로 그 자체가 바로 자연적 적응의 결과이다. 그러나 이러한 분류는 운수 노동력 투입이 번잡하고 무거운 수확 시의 압력을 여전히 경감할 수 없다.

정착생활을 하는 농경민족은 재배의 주종을 이루는 작물을 두드러지게 내세웠고, 농사활동도 재배의 주종을 이루는 작물의 성장 계절에 맞추어 배분을 했다. 이 점에 있어서는 황강 동족 주민은 제방 지역의 주민과 거의 일치했는데, 논에서 재배하는 찰벼와 친환경 양식을 하는 인공 양식 물고기는 그들의 주요 수확물들이다. 그렇다고 해서 황강 사람들이 논에서 자연적으로 성장하는 각종 자원의 효율적인 이용을 배척하지도 않는다. 써레질과 모내기철에는 치어를 풀기 전이라 논에 있는 수산물이나 동식물은 땅을 갈고 파종을 할 시기의 부산물들이다. 벼의 성장기에도 이런 분산적인 수산물 수확은 여전히 계속될 뿐만 아니라 모든 논은 개방되어 있어 다른 주민의 논에 있는 물고기만 잡지 않으면 다른 수산물은 각자가 거두어 가져도 된다. 찰벼 이삭이 길고 높게 자란 후에 오리가 찰벼 이삭의 성장을 방해하지만 않으면 논에 계속 다른 집의 오리를 기르게도 할 수 있다. 결과적으로 황강 동족의 파종기와 모내기철에는 품종에 따라 다를 뿐만 아니라 농경지의 거리에 따라 총괄적으로 배정을 해야 하고, 또한 재배와 수확을 같이 하다 보니 파종과 모내기에 소요되는 시간과 전체 완성 시간은 제방 지역 동족보다 훨씬 길다. 춘분 전부터 하지까지 쭉 이어지는데, 이 기나긴 농사철 기간에 재배를 명목으로 하지만 사실상 재배와 동시에 치어, 오리와 기타 가축을 논에 풀어 길러야 하고, 논에서 나는 각종 동식물을 수확해야 했기 때문에 걷기와 운반은 노동력을 가장 많이 소모하는 항목이었다.

다른 가축들은 사람의 걷기를 대신하는 교통수단이 아니어서 말만 사람들에게 도움을 줄 수 있었다. 예전에는 완전한 길이 없어 마차를 사용할 수 없었기 때문에 말을 기르지 않았다고 했다. 그러나 길이 놓인 지금 말을 들여오는 것은 빠르게 하느냐 늦게 하느냐 하는 시간적인 문제에 불과하다.

또 다른 하나의 중요한 수확에서의 특징은 동족 주민이 왕왕 찰벼가 익을 때를 기다리지 않고 반 정도 익은 찰벼를 수확해 가공하여 '편미'를 만들어서 나누어 먹는 것이다. 한편 가축과 오리를 방목으로 사육하는 것도 매일 해야 하는 농사일로, 수확이 끝날 때까지 지속된다. '60일' 찰벼 수확 철부터 황강 사람들은 거의 '편미'를 먹으면서 품종이나 논의 성숙 정도에 따라 차례로 수확을 마무리한다. 황강에서 여러 품종의 성숙기는 조생종과 만생종이 2개월 정도 차이가 나서 수확기도 2개월 정도 지속되는데 그래야 수확을 모두 마감할 수 있다.

말을 들여오기 전에 황강 주민은 매일 수확한 찰벼와 물고기를 당일에 전부 두 마을로 운반할 수 없기 때문에 부득이 매번 벼를 수확할 때 되도록 이면 주민들을 많이 초대하여 동행했는데, 잡은 물고기는 큰 것을 남기고 작은 것은 모두 논두렁에서 일행과 함께 구워 먹었다. 논주인은 큰 물고기만 집으로 가져와서 절인 고기를 만들었다. 운반해 오지 못한 찰벼는 부득이 논두렁에 세워져 있는 화량에 말렸다가 뒤에 틈틈이 조금씩 집으로 옮겨 왔다. 그러나 말과 마차가 생긴 후에는 상황이 크게 달라졌다. 당일 수확한 찰벼 이삭과 물고기는 당일에 집으로 모두 운반 가능할 뿐만 아니라 노동력도 크게 절약하였다. 이에 황강 주민들은 당연히 크게 기뻐했다. 수확과 운송 속도가 제고된 후 소, 양, 말, 오리를 방목하는 공간도 확대되었다. 이는 곧 현재 황강 주민들의 큰 가축 점유율이 사상 최고 수준을 기록한 하나의 주요 원인으로, 말의 다른 장점에 대해서는 구태여 더 설명하지 않겠다. 요컨대, 황강 사람과 말은 이로써 친밀한 관계를 맺게 되었다.

이 사례에서 말은 사실상 전통 농사일의 빈자리를 채우면서 번잡하고 무거운 인간의 육체노동을 분담했다. 한편 말 사육과 사용의 조건은 예전에 이미 기본적으로 갖추어져 있어서 이의 도입은 단번에 가능하게 되었다. 반면 정미기, 화학비료, 농약은 이와 유사한 기초를 모두 지니지 않았고, 도입의 실패를 황강 동족문화로부터 볼 때 객관적 사실로 이미 정해져 있었다. 이로부터 볼 때 전통적 생계방식의 현대적 변화가 모두 좋지 않다고 결코 단정 지을 수 없고, 전통생계가 기존의 특징과 객관적인 자연 및 사회조건에 근거하여 능동적으로 외래기술을 도입을 해야만 예상된 목표에 도달할 수 있다는 것을 시사한다. 이렇게 이루어 낸 현대적 변화는 문화의 소유자로부터 볼 때 늘 도움이 되는 것이지 절대로 손해 보는 일은 아니다. 이러한 지도원칙을 위반하고 다른 민족의 염원에서 출발해 어떤 형식의 현대기술이든 황강 주민들에게 강요를 하면 당사자의 동기가 아무리 순수하고 정당하다 해도 결과는 타인에게 피해를 주고, 동시에 자신도 해치게 되고 만다. 따라서 생태인류학은 현대기술의 도입을 단호히 주장을 하지만 반드시 문화 소유자의 염원을 존중하고 자연적 적응의 기존 성과를 존중하며, 자연과 생태 특성을 존중하면서 시간이 적합하지 않고, 현지에 맞지 않는 외래기술의 도입은 반드시 단호하게 제지해야 할 것이다.

4. 유연한 제도적 보장이 황강 전통생계에 미친 영향

찰벼 품종의 육종, 번식, 이용과 보종에 대해 위에서 살펴보았는데, 이러한 활동은 모든 황강 주민과 관련된다. 그러나 개인의 행위를 전체 황강 지역사회의 사회규범에 귀속시키지 않으면 동족 문화의 유기적인 구성체가 아니라 개인 활동으로 볼 수밖에 없다. 황강에 대한 현장조사에서 보인 사실들은 찰벼 품종을 둘러싼 앞에서 소개한 모든 개인 활동들로 하나도 빠짐없이 전반 황강의 사회활동 범위에 편입된다. 사회활동은 모두 명확한 사회적 위치가 있는데, 이러한 사회적 위치는 대대로 내려오면서 축적되고 정형화되었다. 구체적으로 극히 세분화되고 다양화된 황강 동족의 어휘로 표현된다. 이러한 전체 어휘에서 찰벼의 형태 해부명칭, 지리명칭, 생존배경 명칭은 상술한 개인 활동에 대한 묘사를 매우 정확하고 뚜렷하게 보여준다. 동족 주민이 다른 주민들과 나누는 이야기 내용은 정확하게 어떤 찰벼 품종에 변화가 일어났고 어떤 성과를 거두었는지, 어떤 문제들이 발생했는지 정확하게 파악하고 모든 동족 주민의 실제 활동에서 어떤 것을 유지를 하고 어떤 문제는 해결을 해야 하는지 등을 구체화하는데 동족 주민은 조금만 주의를 기울이면 모두 이해할 수 있고 다른 사람들과 의견을 같이할 수 있다.

황강 동족 주민의 이러한 생물적 적응의 성과는 지역사회에서 도대체 정확도가 어떤 정도이고, 명확도 또한 어떤 정도인지 황강을 벗어나 외부적 시각에서 보면 정확하게 평가하기란 여간 쉽지 않다. 다음 지명을 예로 들어 우리가 보고 느낀 사회상황을 구체적으로 기술하고 이를 통해 사회적 행위의 정확도와 명확도를 입증하고자 한다. 정확성은 절대로 과학기기로 측량한 결과에 못지 않을 것이다.

외지인이 황강에서 10일이나 보름 정도 머문다 하더라도, 현지 지명에 주의를 기울이지 않으면 그들의 일부 대화 내용이 무슨 뜻인지 잘 알아들을 수 없다는 것을 느끼게 될 것이다. 왜냐하면 흔히 황강 마을에 있는 큰 지명들에만 주의를 기울였지 제한된 범위에 사용되고 있는 더욱 풍부한 작은 지명에는 관심을 갖지 않았기 때문에 황강 지역에 사실 복잡하고 다양하며 상상할 수도 없는 특유의 지명이 많다는 점을 무시하기 쉽다. 찰벼를 재배하는 농경지를 현지조사한 후 황강인들이 경작하는 논마다 모두 전용 명칭이 있음을 발견할 수 있었다. 이러한 명칭 구성은 극히 복잡한데 어떤 것은 논을 일군 할아버지의 이름으로 명명하였고, 어떤 것은 농경지의 생태 배경으로 명명하였으며, 어떤 것은 그 논에 경작하기 적합한 작물로 명명하고, 또 어떤 것은 논에서 발생한 중대한 사건으로 명명을 하는 것 등이 있었다. 전체 황강의 만 여 개 되는 논이 모두 이런 식으로 명명되었던 것이다. 황강 주민들은 어떤 논의 이름을 들으면 바로 살아있는 역사 이야기를 상기시키고, 이 논의 발전추세, 생태배경, 급수노선, 수온고저, 해를 향한 상황 등을 아주 정확하게 알고 있다. 따라서 서로 다른 논밭을 언급할 경우 유발되는 연상은 황강 동족과 외부인의 경우 분명 다르다.

저자가 여평현 황강 마을에서 조사할 때 마을을 개척한 선조의 이름으로 명명한 농경지가 아주 많음을 발견할 수 있었다. 5조와 7조의 농경지에서 실례를 들어보면 다음과 같이 정리할 수 있다.

1. '귀공전貴公田'으로 '금구충金狗冲(jemh gous)'에 위치해 있다. 전하는 것에 의하면, 왕공귀인이 이 논을 개척할 때만 해도 바짓단을 걷어 올리지 않고 오랜 시간 무릎을 꿇고 돌 제방을 쌓았다고 하는데, 논두렁을 모두 쌓고 일어서려 하자 바짓가랑이가 모두 해져서 떨어져 나가고 말았다고 한다. 이 논은 현재 7조에 속하며 오로행吳老行이 도급을 맡고 있다. 논은 한 무더기로, 면적은 약 400.2제곱미터(현지에서는 6分으로 계산) 된다.
2. 아반亞班(Yav Banh) 전하는데 의하면, '반班(Banh)'이 지은 이름이라 하여 '반궁전班公田'으로 불린다. 이 논은 '등왕登汪(Daems Waengk)'이라는 산간 평지에 위치해 있다. 현재 5조에 속하며, 오로체吳老替가 도급 맡고 있다. 논은 총 세 무더기로 면적은 약 1.5묘 된다.
3. 아방亞磅(Yav Bemh) 전하는데 의하면, '방궁磅公(Bemh)'이 지었다 하여 '방궁전磅公田'으로 불린다. 이 논은 '반파班怕(Banc Pap)'라 불리는 산비탈 위에 위치해 있다. 현재 7조에 속하며, 천평여陳平有가 도급 맡고 있다. 논은 총 네 뙈기로 면적은 대략 1.2묘 된다.
4. 아응亞應(Yav Yunv) 전하는데 의하면, '응공應公(Yunv)'이 지었다 하여 '응전應田(Yav Yunv)'으로 불린다. 현재 7조에 속하며, 오납의吳臘義가 도급 맡고 있다. 논은 총 다섯 뙈기로 면적은 약 2묘 된다.

5. 아매亞妹(Yav Meiv) 전하는데 의하면, '매공妹公(Meiv)'이 지었다 하여 '매전妹田(Yav Meiv)'으로 불린다. 현재 7조에 속하며, 진평유陳平有가 도급 맡고 있다. 논은 총 세 뙈기로 면적은 약 1.2묘 된다.

6. 아금亞今(Yav Jaenh) 전하는데 의하면, '진공今公(Jaenh)'이 지었다 하여 '진궁전今公田(Yav Jaenh)'으로 불린다. '절대節大(Jeec Dav)'라는 산길에 위치해 있다. 현재 7조에 속하며, 오군호吳軍好가 도급 맡고 있다. 논은 총 두 무더기로 면적은 약 533.3㎡(현지에서는 8分으로 계산) 된다.

7. 아마亞麻(Yav Map) 전하는데 의하면, '마공麻公'이 지었다 하여 '마궁전麻公田(Yav Map)'으로 불린다. '반파'에 위치해 있고, 현재 7조에 속하며, 오여가吳游街가 도급 맡고 있다. 논은 총 두 뙈기로 면적은 약 466.7㎡(현지에서는 7分으로 계산) 된다.

8. 아관亞官(Yav Gonh) 전하는데 의하면, '관공官公'이 지었다 하여 '관공전官公田(Yav Gonh)'으로 불린다. 이 논은 '등뇨登開(Daem Naov)'의 제방에 위치해 있다. 현재 7조에 속하고, 오혁유吳革有가 도급 맡고 있다. 논은 총 두 뙈기로 면적은 약 1.6묘 된다.

9. 아안亞雁(Yav Yink) 전하는데 의하면, '안공雁公(Yink)'이 지었다 하여 '안공전雁公田(Yav Yink)'으로 불린다. 이 논은 '등뇨'라는 제방에 위치해 있다. 현재 7조에 속하고, 오근가吳跟架가 도급 맡고 있다. 논은 총 두 뙈기로 면적은 400㎡(현지에서는 6分으로 계산) 된다.

10. 아급인亞給引(Yav Kgeex Yaemx) 전하는데 의하면, '급인給引'이 지었다 하여 '급인전給引田(Yav Kgeex Yaemx)'으로 불린다. 이 논은 '농인弄引(Longl Yaemx)'의 산림 가장자리에 위치해 있다. 현재 7조에 속하고, 오로채吳老彩가 도급 맡고 있다. 논은 총 세 뙈기로 면적은 1.4묘 된다.

11. 아라亞羅(Yav Lol) 전하는데 의하면 '나공羅公'이 지었다 하여 '나공전羅公田(Yav Lol)'으로 불린다. 이 논은 '등뇨'에 위치해 있다, 현재 7조에 속하고 오구외吳勾外가 도급 맡고 있다. 논은 총 한 무더기로 면적은 약 1묘이다.

12. 아류亞留(Yav Liunc) 전하는데 의하면, '유공留公(Liunc)'이 지었다 하여 '유공전留公田(Yac Liunc)'으로 불린다. 이 논은 '등뇨'에 위치해 있다. 현재 5조에 속하고, 오대언吳大言이 도급 맡고 있다. 논은 총 두 뙈기로 면적은 약 400.2㎡(현지에서는 6分으로 계산) 된다.

13. 아조亞朝(Yav Neix Saoc) 전하는데 의하면, 촌락노인의 어머니가 지었다 하여 동족어 가운데 촌락노인의 경우 '조朝'로 부를 자격이 있기 때문에 이 논을 '조모朝母(Saoc)'의 논인 '조모전朝母田(Yav Neix Saox)'으로 불리는데 현지에서 특별한 의미를 갖는다. 아쉽게도 당시 어떤 촌락노인인지는 확인할 길이 없다. 이 논은 '등뇨'에 위치해 있다. 현재 7조에 속하고, 오구소吳勾紹가 도급 맡고 있다. 논은 총 한 떼기로 면적은 약 1묘 된다. 이는 조사에서 발견한 유일하게 여성의 명예로운 이름을 따서 지은 논이다.

14. 아동세亞東歲(Yav Xenc Weec) 전하는데 의하면, '행월行越(Xeec Weec)'이라는 사람이 '동세東歲(Dongh Siip)'에게 이 논을 이어 받았다고 한다. 그래서 사람들은 지금도 이 논을 '행월전行越田(Yav Xenx Weec)'이라 부른다.

이런 식으로 명명된 논은 이 외에도 많지만 구체적인 사례는 더 들지 않겠다. 이런 명명 방식은 황강 주민들에게 있어 사실상 지식 창고로 분명히 찰벼 재배를 어떻게 하는지를 안내하는 지방적 지식을 저장하는 보물창고이다. 따라서 황강 동족의 두 주민이 대화를 할 때, 상대방이 어떤 농사일을 하는지 전혀 이야기할 필요가 없고, 그가 언급한 논 이름과 그가 가지고 있는 농기구를 듣기만 해도 상대방은 바로 알아듣는다. 왜냐하면 이 논에서는 무엇을 할 수 있는지, 무엇이 필요한지를 아주 잘 알기 때문이다.

농경지뿐만 아니라 황강의 양어장은 물론 0.1묘도 안 되는 작은 호수도 자기 이름이 있다. 수로, 계곡도 마찬가지로 모두 불리는 이름이 있다. 사람의 이름으로 명명한 양어장도 양어장을 만든 사람의 이름을 딴 것과 양어장이 세워진 후 장기적으로 이를 소유한 사람의 이름으로 명명한 두 유형으로 나뉠 수 있다. 첫 번째 유형에는 다음 몇 가지가 있다. 하나, 당능當能(Dangc Laenh) '능공能公(Laenh)'이 만들었다고 전해져서 '능공어장能公魚塘(Dangc Laenh)'으로 불린다. '보기報机(Baol Jih)'의 북루 옆 큰 나무 아래에 위치해 있다. 둘, 당랑當郎(Dangc Laengc) '낭공郎公(Laengc)'이 만들었다고 전해져 '낭공어장郎公魚塘(Dangc Laengc)'으로 불리고, '정정井訂(Jemh Diens)' 평지에 위치해 있다. 셋, 당상當相(Dangc Xangh) '상공相公(Xangh)'이 만들었다고 해서 '상공어장相公魚塘(Dangc Xangh)'으로 불리고 '포기抱机(Baol Jih)' 북루 옆에 위치해 있다.

이외에도 이 마을에는 사람의 이름으로 명명한 산 속의 못과 저수지가 있다. 예를 들면, 당뇨當鬧(Daeml Naov), '뇨공鬧公(Naov)'이 만들었다고 해서 '뇨공 못 · 저수지鬧公山塘水庫(Daeml Naov)'라 불리는 것으로 전해지고 있다. 이 외에 인위적으로 조성한 돌계단과 돌다리도 이름이 있을 뿐만 아니라 자연생태도 자기만의 이름이 있다. 이 마을의 도로도 인명으로 명명하는지 조사하는 과정에서 마을 사람들은 인명으로 명명한 도로 대신 돌계단과 돌다리의 이름을 열거했다. 그렇다고 해서 돌계단과 돌다리가 결코 명명한 사람에 의해 조성된 것이 아니라 자금을 냈다든가 확인·인수를 했다고 해서 이렇게 명명을 했는데 구체적으로 다음의 몇 가지 실례를 들 수 있다. 첫째, 정訂(Jeiv Jemh Diens)은 '정訂(Diens)'이 돈을 투자하여 건축했다 하여 '정충석급訂冲石級(Jeiv Jemh Diens)'으로 불린다고 하는데, 학교 왼쪽의 산간의 평지에 위치해 있다. 둘째, 민국시기 유劉씨 부호 가문의 부친이 일찍 돌아가고, 모친이 다리를 세워 음덕을 쌓고자 자금을 내어 '기소机所(Jih Sox)' 돌계단을 조성했다 하여 '유모돌계단劉母石級(Jeiv Neix Liuuc)'으로 불린다고 한다. 셋째, 평래교平来橋(Jiuc Biingc Laic 또는 Lox Biingc Laic)는 3조와 7조 주민이 2003년 8월에 공동으로 자금과 노동력을 투입하여 건설하였다. 진평래陳平来가 음덕을 쌓으려고 다리를 조성하고 개 한 마리를 잡아 연회를 베풀어 다리를 건설한 주민들을 대접했는데, 이를 돌다리 인수의 조건으로 했다고 하여 이 다리는 '평래교'로 불린다고 한다. 2006년 주민들이 다시 자금과 노동력을 투자해 다리를 유지 보수할 때도 진평래는 절인 물고기와 고기, 술로 다리 주변에서 연회를 베풀었는데, 훗날 이 다리의 보수작업이 진행될 때마다 계속 이런 형식을 유지했다. 넷째, 황강 마을에서 황강 초등학교로 가는 길에 있는 다리의 경우 3, 5, 7, 11조 네 소조의 주민이 2003년 7월에 공동으로 조성하고, 다리 이름을 오홍영吳紅英과 오도행吳睹行 두 사람이 공동으로 이 다리를 확인·인수하였는데, 공동으로 돼지 한 마리를 헌납하여 다리 조성에 참가한 주민들을 상대로 연회를 베풀었다고 해서 이 다리를 '홍영紅英 도행睹行교'로 명명했다고 한다. 또한 훗날 이 다리의 보수 작업 때도 관행에 따라 수리작업을 한 주민들을 대접하는 일을 계속할 것을 주민들에게 약속했다.

우리는 현장조사 과정에서 여러 곳의 안내자에게 관련 구간의 이름에 대해 문의를 했는데, 여러 사람들로 나뉘어 분업으로 협조하여 기록한 결과에 의하면 이러한 지명의 밀도가 놀라울 정도로 크다는 것을 알게 되었다. 한 비탈에 흔히 몇 십 개의 지명이 병존하고, 지명이 밀집되게 분포된 구간의 경우 서로 다른 지명 간 거리가 흔히 50m 내에 있었으며, 어떤 구간은 여러 지명이 병존해 있었는데, 각자 서로 다른 역사적 기억을 지니고 있었다. 황강이 소재한 위치는 경도 1초 간격이 28m이고, 위도는 1초 간격이 30여 미터 되지만 황강의 지명이 밀집하게 분포된 지대는 공간위치 측정의 정밀도가 위에서 지적한 GPS의 정밀도에 달했다. 2미터에서 30여 미터 간격을 단위로 특정한 지명이 하나씩 있었는데, 동족 주민이 밀림의 어느 위치에서 뱀을 잡았는지 어디에서 벌집을 발견했는지를 모두 이러한 지명으로 위치를 정확하게 설명을 한다. 특히 40대 농부들은 자신이 재배하는 찰벼의 관련 범위에 대해 손바닥 보듯 잘 알고 있다. 찰벼와 관련된 문제와 연관된 명칭이 아주 복잡하기 때문에 여기에서 굳이 열거하지 않겠다. 그러나 동족 주민과 교류할 때, 남자 주인공이 숨겨둔 물건을 아무리 설명을 해도 우리는 찾을 수 없었지만 그의 아내는 물건이 있는 위치를 듣고 나서 아주 쉽게 찾아내는 것을 볼 수 있었다.

한편 꼭 집고 넘어가야 할 것은 이렇게 자세하고 확실한 지명 표기는 황강 동족 주민의 지방적 지식 창고의 제한된 구성 부분에 불과하다는 점이다. 황강 주민의 지식 창고는 우리가 상상한 것보다 훨씬 더 풍부하다. 병존하는 두 찰벼 품종 간 차이를 아무리 측량을 해도 알 수 없지만 황강 주민은 이를 살펴보기만 하면 바로 구분을 하는데, 곡식 종자와 볏모에 붙어있는 진흙으로부터 황강의 어느 지역의 어느 계단식 밭에서 나온 것을 알 수 있다.

위의 사실은 비록 황강 주민 개인의 총명함과 지혜가 일반인과 같을 수는 있겠지만 그들이 찰벼를 재배하는 구체적 경험과 지식은 쉽게 이해할 수 없을 뿐만 아니라 과학적으로 요약하기도 쉽지 않다. 왜냐하면 아주 세부적이고 정밀한 명칭에 대해 잘 알지 못하고 있기 때문이다. 비록 황강 주민 개개인이 이런저런 지식이나 지적 결함이 있다 하더라도 그들은 여러 자연적 적응의 성과가 동족 명칭에서 지니는 사회적 위치를 모두 잘 알고 있어 누군가 귀띔만 해주면 곧 찰벼 재배를 규범에 부합되도록 할 수 있는데, 이는 곧 자연적 적응의 요구에 부합되게 하는 것이다. 이로부터 황강 동족 주민의 자연적 적응의 성과는 결코 초연적 존재가 아니라 동족어의 구체적 명칭으로 직접 작용했음을 알 수 있다. 이러한 명명 자체는 바로 사회적 적응의 구현이다. 개인이 자연적 적응에서 얻은 성과는 사회화를 통해 모든 동족 주민이 공유할 수 있는 지방적 지식으로 탈바꿈한다.

반면 동족의 사회조직, 풍습, 오락활동, 가치관과 사회관은 반드시 자연적 적응의 성과가 뒷받침되어야 하고, 그에 상응한 생물자원 및 생산품의 뒷받침을 필요로 한다. 이를테면 종자를 교환하고, 품앗이를 하며 토지를 빌려서 사용하는 등 농사일에서 황강 동족 주민은 나름대로 환산 방법이 있을 뿐만 아니라 구체적인 물질형태로 구체화할 수 있는데, 이는 관련된 자연적 적응의 결과와도 관련된다. 황강 찰벼의 계량을 실례로 간단하게 설명을 하면 다음과 같다. 황강 주민은 찰벼를 수확한 후 kg으로 무게를 계산하는 것이 아니라 성인 기준 왼손으로 움켜 쥘 수 있는 벼 이삭을 '줌手'이라 하고, 두 손을 합해 움켜 쥔 양을 '웅큼把'이라고 하며, 열 웅큼을 '등분䥱'이라 한다. 곡식의 종자를 교환할 때 한 움큼을 단위로 하고, 품앗이를 할 때도 이를 계량 단위로 삼았다. 종자를 교환하거나 파종을 할 때, 어느 정도 면적의 논에 심을 수 있는지를 서로 묻기도 한다. 주의할 점은 종자를 교환할 때 찰벼의 무게를 고려해야 할 뿐만 아니라 서로 다른 품종의 재배 밀도와 분얼 능력도 고려해야 하며, 이삭 당 평균 낟알 수 등을 보조적 계산 요소로 삼아야 했는데 그렇게 해야 교환한 종자를 필요에 맞게 사용할 수 있기 때문이다. 이는 과학적인 방법으로 환산하더라도 아주 복잡한데 곡식의 종자를 교환하는 동족 주민의 경우는 손금 보듯 잘 알고 있다. 교환 후 쌍방은 모두 만족스러운 결과를 얻는다. 이러한 일련의 활동에서 '웅큼'이라는 단위는 언뜻 보면 아주 거칠지만 아주 풍부한 부가적 정보를 지니고 있다. 이러한 부가적 정보는 그들이 자연적 적응에서 쌓은 지방 지식과 관계가 아주 밀접한데, 이로 보아 사회활동은 궁극적 의미에서 자연적 적응을 기초로 구체화된 셈이다. 위에서 언급한 계량 단위는 보조 계량지표까지 더해 이미 사회활동과 인간관계 속에 침투되었고, 특정한 실물 이를테면 위에서 소개한 '웅큼'을 보더라도 결코 화폐 척도가 아니라 생명력이 있는 생태 지식의 운반체와 상징물인 것을 알 수 있다.

위의 내용을 종합하면 황강 동족의 문화적 적응 중에서 자연적 적응과 사회적 적응은 서로 보완하고 협조하면서 어우러져 나란히 나타나는데, 양자의 관계를 이완시키는 요소가 나타나기만 하면 생태적응의 효과가 나타나지 않을 뿐만 아니라 사회활동도 혼란에 빠지게 된다. 따라서 같은 문화에서 자연적 적응과 사회적 적응은 변증법적으로 통일되는 두 측면이며, 어느 하나가 빠져서도 안 되고, 양자의 결합관계가 느슨해지면 정상적인 사회활동을 유지할 수 없게 된다.

저자는 황강에서의 어떤 사회적 적응이든 모두 명확한 사회적 위치가 있고, 사회구성원의 사회행위로 구체화되는 것을 위에서 강조하였다. 이는 황강 주민이 창의적인 잠재력을 유지하는 기본 바탕이다. 개인의 창조력이 무한하다는 것을 인정해야 하지만 이런 창조는 결코 우연히 나타난 것이 아니라 반드시 일정한 사회문화를 근거로 나타난다. 그래서 특정한 사회적 배경에서 완성된 사회적 활동으로서 이러한 창조는 개인의 지혜와 직접적인 체험의 결과만은 아니다. 사실상 찰벼 품종을 둘러싼 황강의 창조는 모든 구성원이 대대로 내려오면서 축적한 성과로 구성원의 협조와 노력의 결과인데, 이런 조화를 이룬 데는 사회집단 내 문화적 동질성의 향상에 의지한 것으로 새로운 기술과 기능을 포함한 어떠한 사회활동이든 명확한 사회적 위치를 지닌다. 그래서 다른 사회구성원으로부터 이해와 협동을 얻어낸다. 이는 민족문화가 가져다 준 자연적 적응은 고립적으로 존재하거나 사회와 단절되어 존재하지 않고 사회적 위치를 기초로 해야만 하고, 사회적 규범에 부합되는 '창조성'과 '보수성'을 지니고 있는 것을 의미한다.

예를 들면 밀림 환경에서 가장 적게 투자를 하지만 수익을 올리는 생계방식은 야생식물 채취와 수렵이라 할 수 있는데, 이런 생계 방식은 동족 문화에서 주도적 위치를 차지하는 것을 허락하지 않고 찰벼 재배와 벼, 물고기, 오리 공생이라는 전제 하에 부속될 수밖에 없다. 따라서 동족 주민의 자연적응의 노력은 결코 주제와 아주 동떨어진 것이 아니라 민족 내 사회적응의 규약 하에서의 기여함을 알 수 있다. 이는 자연적 적응의 성과에 모두 동족 전통문화의 낙인을 남기게 했다. 말리노프스키는 줄곧 생물학적 '욕구'를 강조하였고, 또 이런 일차적인 생물학적 욕구에 대한 만족을 기초로 기능주의를 주장했다. 그러나 인류 생존에 필요한 수단에 있어 현재 누적된 자료로 보면 무한한 수준이라 해야 할 것이다. 병존하는 여러 민족문화에 대해 만약 공시적인 비교를 한다면 황강 주민들이 처한 자연 생태계와 비슷한 환경에 놓인 민족일 경우 식물과 다른 생물자연에 대한 그들의 의뢰는 여러 방식들이 병존해 있을 수 있다.

중국 남부 지역의 여러 민족은 산림이나 목본식물로부터 먹거리를 채취하는데 이런 목본식물에는 밤, 호두 등이 있다.[5] 그래서 밤과 호두 등 경제식물을 통해 목본농업의 방안을 세우는 것이 가능해졌는데, 이러한 목본농업은 산림의 존재와 충돌되지 않는다. 인도차이나 반도의 밀림에 사는 대부분의 민족은 산림의 근채 작물을 주요 식물로 한다. 문제는 이런 근채 작물에는 독성이 있어 반드시 독소를 제거해야 하는 것이다. 말리노프스키는 『서태평양의 항해자들Argonauts of the Western Pacific』에서 카사바 재배를 주요 식량으로 하는 열대우림 민족의 생활을 진실하게 기록하였다.[6] 황강 주민들은 위에서 소개한 여러 가능성에서 하나를 선택하여 밀림에 고정적인 농경지를 조성했는데, 이러한 황강주민의 찰벼 재배는 전통문화의 전승에서 출발하여 찰벼 재배를 이어오고 있다. 따라서 이러한 선택의 결과는 필연성을 갖고 있지 않다. 그러나 일단 선택을 하면 민족 내 사회적 적응은 찰벼를 재배하는 구조에서만 '창조성'과 '보수성'을 진일보로 발할 수 있다. 오늘날 황강에서 볼 수 있는 사회적 사실은 황강 주민의 일상생활이 거의 찰벼와 물고기를 둘러싸고 진행되고 있다는 것을 알 수 있다. 하루 세끼를 제외하고 접대, 선물용과 제사용 내지 민간 전설과 이야기에는 모두 찹쌀과 물고기가 등장하는데, 개가 사람 똥을 먹고 메뚜기(蝗蟲)가 사람을 무는 등의 현상은 언뜻 보면 찰벼와 전혀 관계없는 것처럼 보이지만 이들의 민간 전설에서 이런 동물은 찰벼 품종을 얻기 위한 행위를 이해하고 가치를 인정받는 의미를 부여했다.

구전에 의하면, 개가 하늘에서 곡식의 종자를 인간 세상에 가져왔는데, 곡식 종자가 개털에 붙어 인간 세상에 전해지고, 인간 세상에 온 후 개가 한번 뒹굴었더니 곡식 종자가 바위틈에 끼여 말거머리에 의해 바위틈에서 몸에 묻어 나와 인간에 전해 주었다고 한다. 인간은 이제야 비로소 찰벼를 소유하게 되었지만 말거머리와 개가 인류에게 자기의 기여에 대한 보상을 요구하자 이를 무시하고 개를 속여 "우리가 싼 똥도 찰벼가 변해서 된 것이니 너희들이 똥을 먹는 게 좋겠다."라고 했다고 한다. 이런 원인으로 개는 대대로

---

5 劉兆忠, 「發展木本粮油造福子孫后代」, 『河南林業科技』, 1986(2), p. 35.
6 (英)馬凌諾夫斯基著, 梁永佳·李紹明譯, 『西太平洋的航海者』, 北京: 華夏出版社, 2002.

내려오면서 사람 똥을 먹지만 말거머리는 이를 원치 않았기 때문에 "너희가 우리의 기여에 대한 보상을 하지 않으니 너희 집에 새 며느리가 논에 오면 우리는 피를 빨아 먹겠다."고 했다. 사람들은 심상치 않음을 느끼고 바로 번복하려고 했으나 이때는 이미 후회막급이라 말거머리는 논으로 사라진지 모래라 훗날 동족 젊은 여성들이 논에 갈 때 항상 거머리에 물리는 것을 늘 면치 못했다고 한다. 이런 이야기가 흥미 있든 없든 관계없이 인간이 자연계의 인식에 대하여 사회적으로 위치를 확정했다는 데 진정한 가치가 있다. 즉, 질서 있게 자연 적응을 지탱하는 요소들을 통합하고, 동시에 동족 주민의 공동체 의식과 통합해 양자 적응의 결합을 가져왔던 것이다. 요컨대, 민족 내부의 사회적 적응을 둘러싼 선택의 여지는 자연적 적응처럼 크지만 최종 선택의 제약 요소는 반드시 자연적 적응의 성과를 기초로 한다는 것을 알 수 있다.

제14장

황강 전통생계의 지속가능성

1. '지속가능성'의 개념과 발전적 변화
2. 동족 전통생계와 지속가능한 생태
3. 동족의 전통생계와 지속적인 자원 공급
4. 동족의 전통적 농업·목축업 상품과 지속적인 시장 보장

제14장

황강 전통생계의 지속가능성

1. '지속가능성'의 개념과 발전적 변화

　지속가능한 발전은 20세기 말에 제기된 개념으로 국제공약과 국가 정책문서에 자주 등장하고, 사람들의 입에 오르내리는 뜨거운 이슈이기도 하다. 그러나 이 개념 자체는 지속 가능한 내용에 대해 명확하게 제시하지 않았고, 발전의 성격에 대해 통일된 이해가 부족하며 지속 가능한 정도도 명확하게 확정짓지 않았고, 지속 가능한 시간 공간의 영역도 그 뜻이 모호하다는 등의 많은 문제가 있다. 이 개념은 서방 선진국에서 처음 사용하기 시작한 것이다. 따라서 위에서 소개한 네 방면의 내용을 명확히 하려면 서방 선진국의 사회적 배경에서 논의할 필요가 있다. 프란츠 보아스 학파는 문화에 영향을 끼친 요소는 결코 하나에 그치지 않고 방대한 조합으로, 그 중에 어떤 한 요소의 발전 변화를 막론하고 구체적인 민족문화의 역사 발전에 영향을 미친다[1]고 했다. 이 사상에 근거하여 사람들이 많은 관심을 갖는 '오존층ozone layer 파괴'[2]라는 내용을 사례로 지속가능한 대

1　黃淑娉, 龔佩華, 『文化人類學理論方法硏究』, 廣州: 廣東高等敎育出版社, 2004, p. 222.
2　오존 분자는 지면에서 10~15㎞ 되는 고공에서 오존층을 형성한다. 매년 봄이 되면 남극의 상공에 있는 성

상에 내재하는 모호성을 제시하도록 한다.

자연과학의 시각에서 보면 현대 사회에서 대량으로 배출하는 '프레온'은 에어컨과 냉장고에 사용되어 현대인의 일상생활에 편리를 도모하고 있다. 생활의 질을 추구하는 시각에서 보면 이는 크게 비난할 것이 못 된다. 그러나 지구물리학자들은 '프레온'은 '오존층'을 파괴하여 지표 자외선의 강도의 급증을 초래하여 결과적으로 인류의 건강을 해칠 뿐만 아니라 지구에 사는 많은 생물종의 피해도 야기하기 때문에 경계해야 하고, '프레온'의 생산과 이용을 줄일 것을 희망하였다. 환경운동가는 이를 근거로 '프레온' 배출을 거부하는 운동을 전개하였는데 이 역시 책임을 지는 행위로 지지와 격려할 가치가 있다. 그러나 이렇게 서로 다른 행위를 비교한 후 특히 몇 년 후 열기가 줄어든 후에 진지하게 생각을 하면 여기에 적지 않은 사기 요소가 포함되어 있음을 볼 수 있다.

사실상 '오존층'을 파괴하는 인위적 원인은 단순히 프레온 가스만이 아니다. 석유 연소와 연탄 연소 과정에 방출하는 폐기 가스에도 필연적으로 불소를 함유하고 있는데 이것 역시 오존층이 파괴되게 한다. 이런 이유로 냉장고, 자동차, 석탄과 석유 등을 사용하지 않으면 소위 현대화는 모름지기 이름만 남고 실체가 없어진지 오래되고, 지속가능한 발전도 토론의 여지가 없다. 지금도 오존 구멍은 계속 존재하고 냉장고, 에어컨도 여전히 사용하고 있으며 석유와 석탄의 소비량도 계속 늘어나고 있고, 당시 프레온 사용을 반대한 사람도 지금 에어컨을 사용하고 있다. 이러한 서방사람들의 말은 생각한 것과 달라 애초 지속가능발전의 본래 의미를 이미 잊은 지 오래다. 이러한 배경 하에서 지속가능한 발전의 성격을 분명히 하는 것은 아주 필요하다고 해야 할 것이다.

저자가 보기에 이와 유사한 개념을 제시한 사람들은 황강과 같은 소수민족 지역에 지금까지 관심을 보이지 않고 그들의 전통생계는 거들떠보지도 않았다. 또한 이들은 이러한 전통생계가 지속적으로 발전 가능한지에 대해서는 더욱 관심을 가지지 않았고, 오로

층권의 오존은 대규모로 파괴되는데, 그 중심 지대의 약 95% 되는 오존이 파괴된다. 오존층의 파괴는 직접적으로 자외선 강화로 나타나고, 생태계의 안전과 인류의 건강에 영향을 준다. 施維林等, 『生態與環境』, 杭州: 浙江大學出版社, 2006, pp.169~170.

지 '현대화'가 지속될 수 있느냐에만 관심을 보였다고 본다. 위에서 소개한 황강의 전통 생계에 대한 토론으로부터 볼 때 이러한 전통생계는 적어도 300년 동안 이어져 왔음을 알 수 있다. 인위적인 간섭을 하지 않으면 앞으로 수백 년 동안 문제없기 때문에 그들 앞에서 지속가능한 발전의 개념을 전파하는 것은 황강 주민들에게 있어 병 없이 신음하는 것과 같다.

황강의 사례를 살펴보면, 저자가 조사할 때만 해도 황강 마을에서 전등을 사용하기 시작한지 7년이 안 되고, 자동차가 다닌 지도 12년 밖에 안 되었다. 전에는 석유가 무엇인지도 몰랐다. 현재는 고작 텔레비전, 냉장고를 사용하기 시작했고 가끔씩 자동차도 한두 번 타본 정도이다. 그렇다면 그들은 도대체 어떤 방향으로 나아가야 할까? 자동차 방면으로 발전하면 도시 사람들은 이미 석유를 사용한지 오래 되었고, 높은 석유가격으로 인해 차를 산다 하더라도 석유를 공급하지 못하고 자동차를 둘 데도 없다. 이들이 스스로 발전 계획을 내오라고 하면 과연 어디에서부터 시작해야 할까? 설령 정부가 고액의 보조금을 제공해 자동차를 산다 하더라도 석유가격 폭등의 불운에서 빠져나오지 못하고 대신 서방의 석유 독점자본의 희생양으로 전락되고 만다. 한편 발전에 있어 자원의 지속적인 공급만 근거로 한다면 현대 모든 황강 동족 주민이 가구당 1.5마리 말과 3.5마리 소를 보유하고 있어 그들이 가지고 있는 생물에너지는 이미 사용하기에 충분하다. 에너지 소비를 환산하면 도시에 사는 사람들이 매일 버스를 타고 출근하는 데 소요되는 에너지보다 오히려 더 많다. 이를 근거로 하면 에너지 부족은 물론 에너지 공급도 지속가능하지 못하다는 이유를 어느 누구도 제시하지 못한다.

그러나 과거 어떤 연구이든 이러한 환산을 하기는 고사하고, 자동차에 소모되는 연료량을 어떻게 절약할 것인지에 대해서만 환산하려고 열중했다. 왜냐하면 이러한 환산에 의해 작성된 논문이야말로 중요시되고 황강 사람들의 바이오 에너지 점유량, 에너지 사용의 효과와 이익에 한정해서 황강 주민 스스로 가끔씩 계산하는 것을 제외하고는 인류학적 범위 내에서 교류할 수밖에 없기 때문이다. 같은 정신노동을 하지만 이에 따른 보수는 아주 불평등하다. 그 결과 석유와 에너지 가격 인상을 토론하면 모두 센세이션 효과를 가져 오기는 하지만 황강 주민의 실정을 묻는 사람은 거의 없게 되고 말았다. 현실적인 불평등은 발전 방향에 대한 이해의 불평등을 초래하기 마련인데, 사람들이 황강에 관심을 갖지 않는다고 해서 황강이 발전하지 않는 것은 아니다. 석유 에너지라는 현대발전 모델을 황강 주민들에게 강요한 것이야말로 가장 두려운 것으로 이는 황강의 발전에 있어 실로 진정한 치명적 재난이다.

발전의 귀착점은 모호한 개념으로 인류 역사 발전을 보면 자연과 사회 요소는 수시로 끊임없이 변화하고 있기 때문에 얻은 것과 잃은 것은 결코 수치가 같지 않아 근본적으로 환산할 수 없다. 현대 선진국의 경우 자동차, 텔레비전, 컴퓨터를 구비하고 있지만, 인심은 오히려 냉담해져 소름이 끼칠 정도이다. 최근 서구 학자들은 행복지수와 안전지수를 사회 발전을 측량하는 새로운 지표로 제기했는데, 이는 문제의 본질이라는 정곡을 찌른 셈이다. 자동차, TV가 행복과 안전을 대신할 수 없고, 자동차와 첨단기술의 상품을 발전 시켜야 할 뿐만 아니라 공기 청결, 하천 수질, 즐거운 마음 유지는 21세기에 와서 쉽게 이룰 수 없는 새로운 '신기루'가 되었다. 이는 20세기 전까지만 해도 모든 사람들이 쉽게 누릴 수 있는 것들이다.

아이러니하게 21세기에 와서 갑자기 발전에 대한 욕구가 한 세기 전의 원점으로 돌아 갔으니 인간을 향한 큰 농담이 아닐 수 없다. 서방의 선진국은 백 년 전에 그들이 원하던 물건을 갖게 되었지만, 원래 지닌 것들은 잃어 버려 지금 돌이켜보며 잃은 것을 회복하기를 바라니 사실 제 손으로 자기를 얽어맨 꼴이 된 셈이다. 21세기에도 자동차 운전을 계속 하려고 했기 때문에 지속가능한 발전이라는 개념을 주장하게 되었다. 한편 그들은 다른 민족에게는 자동차를 사용하지 말고 냉장고를 사용하지 말라는 등 현대 전자제품의 사용 금지를 가혹하게 요구함으로써 자신이 생활하는 지역의 강, 하천, 대기와 토양이 오염되어 자신의 생활 행복지수에 영향을 주는 것을 피하고자 했으니 그들의 언행 자체는 이중의 도덕적 표준의 산물이다. 그들의 공리공론을 쉽게 받아들이면 자기 발전의 방향을 잃게 마련이다.

황강의 입장에서 출발했기 때문에 동족 주민은 마음이 아주 평온하고 안정적이었는데, 그들이 이해하는 발전과 이러한 발전이 가져다준 만족은 여태껏 문제가 되지 않았다. 외지에 나가 동족의 노래 공연이 좋은 평가를 받고 수상하면 이에 만족을 했다. 저자가 그들을 귀양에서 열리는 회의에 초청하고, 교통비와 여비를 모두 부담한다고 했더니 바람을 쐬고자 귀양에서 여평으로 돌아갈 때 비행기를 타고 싶어 하였다. 처음에 저자는 깜짝 놀랐었다. 제한된 연구과제로 그들의 소원을 들어 주기에는 무리여서 그들이 이 생각을 포기하도록 설득하였다. 그러나 함께 지낸 시간이 길어지면서 특히 황강에 가서 2차 조사의 마무리 작업을 할 때 그들로부터 신뢰를 얻게 되면서 그들은 우리에게 실정을 말했다. 사실 그들은 돈이 없는 것도 아니고, 비행기 표를 구매할 수 있는 능력이 없는 것도 아니었다. 관건은 비행기를 타는 것과 같은 현대적 생활방식과 거리가 먼지라 쉽게 결정하지 못하고 용기를 내서 돈으로 비행기 티켓을 구매한다 하더라도 사람들이 냉대할까봐 또 사람들의 조롱을 받을 까봐 두려워 우리가 그들을 안내 하면 자기들이 아주 마음 편하게 비행기를 타는 기분을 느껴 보기를 갈망했던 것이다. 아니나 다를까 길수吉首에서의 회의 요청을 두 번째로 하자 그들은 우리의 안내 없이 혼자 집에 간다고 제기했을 뿐만 아니라 우리가 기회를 마련하기만 하면 자부담으로라도 바깥세상을 구경하겠다고 긍정적으로 응했다.

　물론 그들이 말하는 바깥세상은 노동자를 가리키는 것이 아닌데, 이러한 세상물정은 이미 접한지라 그들이 발전을 해서 진정으로 원하는 것은 자기 돈을 들여서 다른 신분으로 현대 도시의 거리를 오가고 자기가 원하는 대로 도시에서 이틀을 보내는 것이다. 곰곰이 생각해 보면 그들의 이러한 발전 기대는 결코 과분한 것도 실현할 수 없는 것도 아니었다. 왜냐하면 수십 년 동안 지속된 도시 사람과 농촌 사람의 뚜렷한 경계선은 줄곧 그들이 넘을 수 없는 마음의 한계여서 그들로 하여금 집에서는 떳떳하지만 집을 나서면 당황하여 어찌 할 바를 모르게 했다. 실제로 그들이 바라는 발전은 어떤 철칙이 아니라 인간으로서의 존엄을 지키는 것이다. 이는 그들에게 더욱 중요하고 그것의 실현은 더욱 더 어려웠던 것이다. 왜냐하면 동족 주민이 실제로 갖고 있는 개인 재산을 시장가격으로 환산하면, 국가에서 규정한 안정된 기준에 도달한 가정이 많기 때문이다. 따라서 시내에 나가 노동자로 일해서 돈을 버는 것은 별로 눈에 안 차 한다. 황강의 적지 않는 사람들은 광주, 심천에 가서 노동자로 일하는데, 두세 달 후면 집으로 가고 싶어 한다. 도시 생활에 적응하지도 못하고, 돈도 벌지 못해서 황강에서 자유로운 생활을 하는 것보다 오히려 못하기 때문이다. 따라서 발전의 귀결점을 통일할 필요가 있다는 점에 주의하지 않으면 지속가능한 발전에 관한 토론은 완전히 무색해진다.

어떤 의미가 있는 지속가능한 발전에 대한 토론은 적응이 가능한 시간과 공간을 반드시 고려해야 한다. 『상군서商君書』에서 "세상 일이 같을 수가 없고, 대책도 상황에 맞게 나와야 하니 하상주 3대의 예법도 춘추오패의 예법도 다르기 마련이다時移則事易, 事易則備變, 是以三代不同禮, 古今不同制"라고 했으니 지속가능한 발전을 공공연히 논의함에 있어 절대로 시간과 공간 영역을 혼동하지 말아야 한다. 이 관점은 위에서 소개한 세 의문점을 종합한 파생물로 사실상 가장 중요한 내용이기도 하다.

문화인류학의 기본 이론은 문화의 '총체성'과 모든 민족문화가 지니는 가치의 '상대성'을 강조한다. 지금 전 세계 여러 민족은 서로 다른 발전 단계와 지역에 처해 있어서 그들이 이해하는 발전과 지속가능한 발전이라는 두 개념은 서로 다를 수밖에 없다. 따라서 모든 민족에게 보편적으로 적용이 가능한 '지속가능한 발전'의 모델을 찾는 것은 불가능하다. 더구나 발전의 내용도 다양하고, 문화를 구성하는 여러 요소와 밀접한 관계를 맺고 있으니 민족을 넘어서기 전에 같은 민족 내에서도 발전에 대한 기대도 차이가 있기 마련인 만큼 전 세계에 보편적으로 적용되는 발전 모델은 더 말할 나위도 없다. 당대 중국의 궐기에 서구인들은 경이를 표함과 동시에 우려를 보였는데, 이는 중국을 대처하기 쉽지 않다고 생각했기 때문이다. 이 외에 다른 나라들은 생각이 달라 중국을 지지하거나 중국의 발전을 환영하는 나라도 있고, 중국을 곤경에 빠뜨리게 하는 나라도 적지 않은데 어쨌든 중국의 발전은 자체 힘으로 헤쳐 나가야 하는 만큼 다른 사람의 언행은 결국 중국의 발전의 배경에 불과하다.

황강의 경우도 이와 똑같이 적용된다. 저자가 황강에서 조사하는 동안 서로 다른 계층의 사람들이 황강의 미래에 대해 각각 다른 계획이 있다는 것을 깊이 느낄 수 있었다. 물론 황강 주민들 스스로도 자기 나름대로 생각을 갖고 있다. 저자가 황강 주민들을 이미 잘 이해했다고 말할 수 없지만, 황강 사람의 입장에서 보면 우려를 보이지 않을 수 없다. 이를테면 우리가 황강을 떠나기 전에 어떤 계층의 관리가 황강의 사회경제발전을 추진하기 위해 현재 황강의 관광업을 발전시키는 데 주력하고자 투자 유치를 하는데 황강에 몇몇 초대소와 음식점을 조성하여 외부의 관광객이 이곳에서 동족의 노래를 듣고, 찰밥을 맛보도록 준비하고 있다는 소문을 들을 수 있었다. 이러한 아이디어는 참신하지 않지만 각별히 신경을 쓴 것으로는 볼 수 있다. 또 다른 관리는 황강의 산림 자원이 마음에 들지만 국가에서 산림 벌목을 일률적으로 금지하고 있어서 황강에 과수원을 운영하면 되겠다고 하면서 나무를 잘라내고 대신 과일나무를 심을 것을 주장했다. 이렇게 되면 정부의 세금수입은 증가하고 황강 사람들도 경제적 수입을 얻을 수 있으며 생물자원도 효율적으로 이용할 수 있는데, 이는 결국 황강의 산림 목재자원을 점유하려는 목적도 달성할 수 있게 된 셈이다.

언뜻 보면 그야말로 일석이조의 좋은 방법이 아닐 수 없다. 다행히 이 관리가 아직 자금을 확보하지 못했으니 망정이지 아니면 황강의 산림은 재앙을 맞을 번 했다. 이 외에도 어떤 사람은 황강의 수자원에 관심이 있고, 또 어떤 사람은 황강의 토지자원에 관심이 있어 너도나도 황강에 손을 뻗었다. 황강 사람이 무엇을 하고 싶어 하는지, 황강사람들이 무엇을 필요로 하는지를 묻지 않았을 뿐만 아니라 현재 어떤 어려움이 있는지도 묻지 않았다. 현재 황강사람들은 의식주에 대한 우려가 없어 우리와 같은 길손도 기꺼이 환대해주었는데, 이들은 자금도 부족하지 않다. 위에서 설명한 것처럼 1인 기준 연당 1,000kg의 찰벼를 수확하는 것으로 보아 잡곡벼 판매가 부진인 상황에서 2007년 말 기준 황강 찰벼의 판매가격이 kg당 6위안으로 찹쌀 가격이 급등하고, 귀양에서의 시험 판매가격도 kg당 16~20위안에 달해서 최저 가격으로 계산을 해도 1인당 절반의 찰곡을 판매했으므로 현금 수입만 해도 3,000위안에 달한다. 이듬해도 찰벼 판매가격은 또 오를 추세를 보였다. 그러나 그들은 매우 위험한 상황에 놓인 다음과 같은 걱정거리를 가지고 있다.

예를 들면 다음과 같다. 첫째 '안전감'이다. 황강은 원래 '밤에 문을 닫지 않고', '길에 물건이 떨어져도 줍지 않는다'는 '성지'로 오늘날 중국의 대부분의 지역에서 기대할 수는 있으나 이루기는 어려운 오염되지 않은 '청정지역'이다. 또한 황강 주민은 매일 이런 즐거움을 누릴 수 있어 바깥 화량 벼 건조대에 널어 둔 소중한 찰벼를 누가 훔쳐갈까 봐 걱정한 적이 없고, 90%의 가정에 모두 핸드폰이 있어 핸드폰을 잃어 버려도 바로 찾을 수 있으니 다른 휴대용 개인 재산은 더 말할 필요가 없다. 그러나 관광업을 발전시킬 경우 황강 사람들은 아마 모든 사람이 안전하지 않다고 느낄 것이다. 외부 사람이 증가함에 따라 이러한 순수한 분위기는 자연히 점차 변화할 것이다.

둘째, '행복감'이다. 황강 사람은 해가 뜨면 일을 하고 해가 지면 휴식을 하며, 시간이 나면 동족 노래를 하고 청년남녀는 틈이 나면 '행가좌월'을 갈망한다. 사람마다 마음속으로 만족해하고 발전을 희망했다. 위에서도 소개했듯이 이는 곧 인간으로서의 존엄이지만 도시사람들이 농민을 무시하는 것은 아마도 짧은 시간 내에 바뀌지 않을 것이다. 한편 이들의 이런 '행복감'에도 위기가 나타났다. 귀주성 경내의 여파현 수경촌의 수족 주민의 경우 15년 전만 해도 황강처럼 아주 행복하게 지냈다. 그러나 광서 지역의 석탄 사장이 수경촌에 와서 정부로부터 수경촌 지하의 석탄 개발권을 도급 맡아 사천四川에서 천여 명의 광부를 수경촌에 모집한 이후 그들의 행복감은 사라졌다. 이들 외부 노동자들은 수경 일대에 천마 등 귀한 약재가 많이 난다는 것을 알고 나서는 약재를 캘 줄 잘 모르면서 광산 작업이 끝난 후에 무리를 지어 이산 저산 마구 돌아다니면서 비슷한 식물만 보아도 마구 캐고, 캐고 나서는 산을 난잡하게 어지럽혔다. 수족 주민은 집 밖에 그냥 둔 좋은 술과 옷, 일용품, 장신구 등은 주의 깊게 살피지 않으면 안 될 정도였다. 안정된 생활은 매일 조마조마해하며 보내는 것으로 대체되었다. 더욱이 걱정스러운 것은 저녁에 집에서 잘 때 땅속에서 들려오는 폭발소리로 언제 마을 전체가 땅 속으로 꺼질지 모른다는 것이다. 황강 사람들은 지금까지 이런 고생을 한 적이 없었는데, 과수원 경영이 훗날 현실화되어 외부에서 일꾼을 모집해 촌으로 들어오면 황강의 행복은 아마 유지되지 못할 것이다.

셋째, '자주감'이다. 황강 사람은 고향에서의 모든 자원, 모든 예의를 잘 지키고 주변 마을과 화목하게 지내면서 깊고 돈독한 정을 가지고 있었다. 다른 사람들은 알 길이 없지만 그들을 간섭하려고 하는 사람은 없었다. 과거 정부에서 동족 노래를 부르지 못하게 하고, '행가좌월'을 하지 못하게 하던 시기도 이미 지났다. 현재 '조화로운 사회 건설'의 신시대인 만큼 그들은 마음 놓고 기꺼이 획득한 자주감을 누릴 수 있어서 그야말로 즐거움 그 자체였다. 더욱이 온가보溫家寶(원자바오) 총리가 이 지역의 동족 합창단을 인솔하여 출국해 그들은 더욱 활개를 치고 자긍심으로 가득 차있었다. 그러나 이런 '자주감'은 오늘날 거의 믿을 만한 것이 못되는 것으로 변했다. 왜냐하면 지금까지 황강 지역의 일부 개발계획과 빈곤 퇴치사업은 황강 주민은 물론 촌장, 서기도 모르게 어느 날 갑자기 사인을 해 자금 입금이 될 지 모르기 때문이다. 그 때 가서 '자주감'을 다시 논의하는 것은 분명 물속의 달, 거울 속의 꽃으로 그림의 떡이 아닐 수 없다.

 위에서 소개한 이미 갖고 있는 소중한 보물 외에도 현재 황강 주민들이 가장 우려하는 것은 바로 '지속가능한 발전' 문제이다. 이는 투자도 기술도 아니고 정책도 아니며 기회는 더욱 아니다. 바로 그들 스스로의 문제이다. 9년제 의무교육이 황강에서 실시된 지 이미 10여 년이 지난 오늘, 그들의 자녀 대부분은 특히 13~23세 연령층의 청년남녀로 모두 여평현에 있는 중학교나 고등학교를 다닌다. 졸업장을 받은 사람도 있으나 애초 도시에 정착하면서 생활하려던 꿈이 사라지자 집으로 돌아왔다. 그러나 이런 사람들이 황강으로 돌아 온 후 오히려 쓸모없는 인간이 되어 농사일이면 농사일, 임업·목축·어업, 수렵, 채집 어느 것 하나 할 줄 아는 것이 없는데, 대부분은 이미 잊어버린 지 오래된다고 해야 할 것이다. 더 문제가 되는 것은 이들 젊은이들이 마음속으로부터 농사일을 무시하였는데, 이로써 그들은 진정한 의미에서 '주변인'으로 된 것이다. 그것도 더욱이 도시 사람이 봤을 때 '주변인'이고, 황강 사람이 봤을 때도 '주변인'인 이중 '주변인'인 것이다. 그들이 마을로 돌아온 후 하고 싶어 하는 일은 당구 치거나 포커를 하고 목적 없이 한가로이 돌아다니는 것뿐인데, 노는 일에 질리면 시내에 가서 노동자로 2, 3개월 하다 돈을 모두 쓰고 나면 집으로 돌아와 밥을 찾아 먹으니 황강 동족의 전통생계가 위협을 받을 수밖에 없다.

 논에서 일을 하는 사람은 대부분 30세 이상의 중년층과 노인들로, 이런 청년들로 하여금 농사일을 다시 배우게 하려면 다시한번 '농업대학'을 다녀야 하기 때문에 이것이야말로 그들이 가장 우려하는 중대한 사회문제이고 황강의 지속가능한 발전에 가장 큰 장애이다. 이런 현실에 황강 주민들은 속수무책이다. 이들 청년들도 마음이 심란한데 결정적인 것은 그들이 농사일을 하려는 결심을 내리지 못하는 것으로, 황강의 농사 수입과 도시에서 노동자로 일하여 버는 돈의 차이가 없을 지라도 관건은 체면을 내려놓지 못한다는 것이다. 게다가 현재 빈곤 퇴치를 제창함에 있어서도 심리상담 전문가가 없기 때문에 황강의 빈곤 퇴치는 해결점을 늘 찾지 못하고 있다. 그러나 다음의 작은 두 사건은 황강사람들이 안위를 느끼고 희망이 보인다고 느끼게 했다.

첫째, 저자가 황강에서 각종 지리 요소를 측정할 때 다른 팀원들과 고향으로 돌아온 동족의 청년남녀들이 작업에 동조하도록 요청하였다. 연구비 제한으로 그들의 식사비만 해결해 주고 수고비는 주지 않았지만 그들의 눈이 반짝거리기 시작했다. 세오돌라이트를 사용하고, 폿대를 세우고, 로그표를 확인하며 온도와 습도를 기록하고, 군용지도를 대조 확인하는 것에 그들 모두 상당히 신선하고 재미를 느꼈던 것이다. 일을 마칠 때 그들 중에 "학교에서 배운 경도, 위도 지식이 도시에서만 필요할 줄 알았는데 황강에서도 쓸모가 있다는 것을 누가 알았겠는가!"라고 감격해하는 청년도 없지 않았다. 그리고 여기서 끝난 것이 아니라 황강 주민들이 자녀들에게 우리와 많이 접촉하도록 격려를 해서 우리의 조사도 아주 순조롭게 추진할 수 있었다. 우리가 황강을 떠난 후 제작된 많은 기상 기록과 표본에도 모두 그들의 노동성과가 담겨 있다.

둘째, 이 청년들은 동족어를 약간 아는데 어려서부터 보고 들은 것이 있어 익숙하고 습관이 되었고, 동족 노래도 낯설지 않았다. 온가보 총리가 동족 합창단을 인솔해 출국한 후 현지에 큰 반향을 일으켰다. 이들 동족 청년들이 당구와 포커에 싫증을 느끼고 다시 동족 노래를 배우기 시작했다. 이들 중에 적지 않는 사람들은 이미 여평과 개리凱里에서 수차례 얼굴을 내밀었고 많은 박수갈채도 받았다. 그들도 안정을 느끼기 시작하고, 더 이상 한가로이 이리저리 돌아다니지 않았는데, 이는 동족 노인들을 아주 만족하게 했고 이에 저자는 황강의 새로운 희망을 보게 되었다.

지속가능한 발전의 실질을 분명히 밝힌 후 저자는 황강의 전통생계가 글로벌 경제 하에서 지속가능한 발전의 능력을 가지고 있느냐 않느냐는 결코 다른 사람에 의해 결정되는 것이 아니라 자신의 결정에 의해 이루어지고, 현지 정책이 진정으로 그들을 존중하는지, 민족문화를 존중하는지, 농업·농촌·농민을 존중하는지에 의해 결정된다고 본다. '삼농(농업·농촌·농민)'을 도태의 대상으로 보지 않는 이상 황강의 전통생계에는 지속가능한 발전의 문제가 존재하지 않는다. 이를 위하여 저자는 생태 안전, 시장 체재, 자원 안정, 에너지 운행, 환경오염 등 몇 개 방면에서 황강 전통생계의 미래 전망에 대해 살펴보도록 한다.

2. 동족 전통생계와 지속가능한 생태

　인류사회의 생태적 안전을 보호하는 것은 생태인류학 연구의 가장 중요한 과제이다. 그러나 해결이 필요한 중요한 문제는 어떻게 정확하게 생태적 안전의 실질을 인식하느냐 하는 문제이다. 한동안 적지 않는 학자들의 글에 '양성 생태환경', '악성 생태환경' 등 표현이 빈번하게 출현했다. 이러한 표현은 실질적으로 이미 문화상대주의 원칙을 위배해서 생태의 안전을 평가하는 근거나 기준이 절대 될 수 없다. 왜냐하면 서로 다른 민족문화가 필요로 하는 최적의 환경은 서로 다르기 때문이다. 예컨대, 초원 지역에 사는 몽골족은 장강 삼각주를 이상적인 생태환경으로 생각하지 않을 것이다. 왜냐하면 이 지역은 너무 습하여 수생 잡초가 자라서 소와 양의 방목에 불리하기 때문이다. 그러나 한족에게 있어 이곳은 물고기와 쌀이 가장 많이 나고 바다와 가까워 살기 좋은 곳이다. 유사한 사례는 아주 많은데 여기서는 구체적으로 전개하지 않겠다.

　다행히 최근 들어 어떤 학자가 생태적 안전에 대해 아주 보편적인 정의를 제시했다. 장기적으로 안정적인 생태환경이야말로 관련 민족에게 가장 큰 생태적 안전의 목표라는 것이다. 이러한 정의에 의하면, 생태 안전을 보장하기 위해서는 이른바 양성 생태환경을 다시 세울 필요도 악성 생태환경을 버릴 필요도 전혀 없다. 왜냐하면 인류사회의 합력合力을 지구생명체의 자연력과 비교를 하면 아주 보잘것없기 때문이다. 인류사회가 실시하는 어떠한 생태적 개조이든 자연력과 정면으로 대항해야 하는데, 생태 개조가 기대하는 목표에 도달했다 하더라도 개조 후의 생태체계는 안정성과 지속성 모두 안정적이지 않기 마련이다. 따라서 인류사회의 생태적 안전을 세우려면 관건은 가장 잘 적응한 민족문화를 배치하여 그 민족이 가장 잘 적응할 수 있는 생태환경을 이용하여 다원문화가 함께하는 여러 민족문화가 각자 위치를 확보하게 해야 하고, 이렇게 해야만 모든 인류의 생태적 안전은 믿음직한 보장이 있게 된다.

　황강 지역의 생태적 안전에 영향을 주는 요소는 세 가지가 있다. 첫째, 무기 화학적 자연 요소가 안정적으로 유지될 수 있느냐에 있다. 둘째, 황강의 생태계를 인류가 이용하는 과정에서 안정성을 유지할 수 있느냐 하는 문제이다. 셋째, 이와 상응한 동족 문화와 역사적으로 누적되어 온 사회규범이 안정적으로 지속될 수 있느냐 하는 것이다. 첫 번째 요소는 안정성에 문제가 없어 굳이 더 토론할 필요가 없다. 아래의 두 번째와 세 번째에 대해 저자가 조사하여 확보한 자료에 근거하여 검토해보도록 한다. 황강의 자연과 생태계는 비록 황강 주민이 수 백 년 동안 효율적으로 이용을 해 왔음에도 불구하고 현지의 생물 다양성[3] 수준이 여전히 아주 높고 생태계의 자정능력도 강한 반면 생태계의 취약고리가 받는 충격 규모는 아직도 미약하다. 현지 생태계의 지속가능성이 아직 뚜렷한 피해를 당하지 않았고, 생태적 안전도 충분하게 보장을 받고 있다.

황강 지역의 식생 피복율은 현재 전 지역의 90%를 초과하고 생물의 다양성 수준이 아주 높고, 대형 야생 포유동물이 20세기에 잇따라 자취를 감춘 것을 제외[4]하면 절대 다수의 야생 동식물의 종 규모는 결코 심각하게 파괴되지 않았다. 중국의 다른 지역에서 멸종 위기에 이른 희귀동물의 종은 이곳에서 모두 안정적으로 식물 군락과 동물 무리를 이루고 있으면서 안정적으로 발전하고 있다. 생태계의 물질 에너지와 정보의 이동에 결코 심한 장애가 없고, 이곳의 생물 다양성 수준은 중국의 많은 자연보호구역의 생물의 다양성 수준을 훨씬 초과하여 현지 생태계의 지속가능한 발전에 전혀 문제가 되지 않는다.

황강 지역의 생태계는 지난 반세기 동안 몇 차례 파괴를 받았기 때문에 현지 산림생태계 구조에 변화가 일어나 중유림과 인공 차생림次生林의 비율이 크게 늘어난 대신 성숙림成熟林의 비율이 줄었다. 그럼에도 불구하고 잔존한 이런 성숙림은 아직 왕성기여서 산림의 갱신에 종자를 제공할 수 있지만 중유림은 시간이 흐름에 따라 성숙림의 비율도 날

---

3   생물 다양성(biodiversit)은 생물 유기체 및 그가 의존하는 생태복합체의 다양성(variety)과 변이성(varability)을 가리키는데, 여기에는 수백 만 종의 동식물과 미생물 및 이들의 유전자 그리고 이들이 의존하는 생존환경과 복잡한 생태계 등이 포함된다. 따라서 생물 다양성은 내용과 형식이 아주 풍부한 개념으로 그중에서 의미를 지니는 가장 중요한 것들은 주로 유전자 다양성(genetic diversity), 종 다양성(species diversity), 생태계 다양성(ecosystem diversity)과 지형 다양성(landscape diversity)이 있다. 施維林等, 『生態與環境』, 杭州: 浙江大學出版社, 2006, p.188.

4   현재 동족어의 있는 일부 고유어에는 아직도 이 지역에서 멸종한 동물과 식물 명칭이 남아 있다. 예컨대, 악어(동족어: Wongv), 코끼리(동족어: Daih Xangc) 등 동족어 고유명사가 그러하다. 이는 당시 동족 지역에 이러한 대형 동물이 살고 있었다는 것을 설명한다. 潘永榮, 「浅談侗族傳統生態觀與生態建設」, 『貴州民族學院學報』, 2004(5), p.7.

로 늘어나기에 전체 산림생태계가 더욱 확실하게 자정 능력을 지니게 한다. 상황을 이해하지 못해 야기한 산림생태계의 구조적 결함은 파급 범위가 크지 않고, 적당한 인공 보호와 육성으로 산림 생태계의 자정 능력은 날로 뚜렷하게 제고될 수 있다. 다음에서는 산림 생태계의 마미송馬尾松 군락의 갱신을 예로 들어 설명하려고 한다.

지난 몇 차례의 산림 파괴 중 1960년대의 산림 파괴는 황강의 산림 면적을 격감시켜 적지 않은 표토가 드러나게 했다. 당시 임업 부문은 눈앞의 성공과 이익에만 급급해 비행기로 파종하는 수단으로 마미송 씨를 뿌렸다.[5] 그래서 황강의 산림 생태계에 대량의 마미송이 자라게 되었다. 현재 적지 않은 마미송이 집중적으로 여러 군데 분포되어 있어 일정한 규모의 군락을 형성하였다. 그러나 황강 지역은 고온다습한 온난지대에 속하고, 마미송은 가뭄에 견디고 햇빛을 좋아하는 교목으로, 마미송 군락에서 음지를 좋아하는 많은 원시적 식물은 모두 살아남지 못했다. 따라서 마미송 군락과 현지의 산림생태계는 아주 어울리지 않았다. 마미송 군락은 지표를 잘 막을 수 없고, 토양의 유수 침식을 효과적으로 막을 수 없어 현지의 많은 희귀식물들의 성장을 억제했던 것이다. 산림생태계의 안정을 보장하기 위해 조건이 구비되면 인력을 동원하여 계획적으로 마미송의 군락을 축소하고, 현지 원시 식물 군락을 확대해야 했는데 특히 야생 줄기 식물 종을 보호해서 산림 생태계의 안정에 유리하도록 해야 했다.

황강 지역의 생태는 인위적인 개조를 피할 수 없다. 현재 보편적으로 존재하지만 개조 규모를 보면 전체 황강 지역에 있어 아주 제한적이다. 이 중에서도 가장 주요한 생태 개조사업은 농경지 구축, 인위적으로 차생 생태계 구축, 마을 및 도로 건설 세 가지로 나뉠 수 있다. 첫 번째 농경지 구축은 위에서 여러 장으로 나뉘어 이미 심도 있게 살펴본 것처럼 황강의 밀림 계단식 논 구조는 효과적으로 생태계의 취약한 고리를 피하는 것이지 결코 뚜렷하게 생태계에 영향을 주는 것이 아님이 입증되었다. 두 번째 상황은 주로 산 정상의 방목장을 유지하고 고정적인 밭을 이용하며 논가에 있는 논 격리대 녹초벨트를 보

---

5 1968년 4월 12일부터 29일까지 비행기로 파종한 마미송은 파종 면적이 30만 묘에 달한다. 黎平縣志編撰委員會編, 『黎平縣志』, 巴蜀社出版社, 1989, p. 297.

호하는 것이다. 유사한 인공의 생태 개조와 산림생태계는 겸용성과 호환성을 갖고 있기 때문에 인위적 간섭만 중단하면 몇 년 내에 산림은 자연적으로 회복된다. 더욱 중요한 것은 동족 전통문화에서 이러한 인위적인 생태 개조를 실시하는 자체가 곧 취약한 생태환경을 계획적으로 피하는 것으로 전통적 생계방식까지 겸용할 수 있는 방법이다. 따라서 이러한 개조는 현지의 생태적 안전에 위협을 가져다주지 않는다.

황강의 생태적 안전에 대해 실질적으로 위협을 가져다주는 것은 세 번째 유형에 속하는 인위적 생태 개조이다. 위에서 이미 설명을 했듯이 생태경관의 변화와 계획된 도로 건설은 생태계의 안정에 부작용이 가장 크다. 그러나 이러한 부작용은 현대의 기술적 초치를 통하여 완화할 수 있다. 예를 들면, 도로의 굽은 길은 이석류를 유발하는 민감 지대로, 대응 방법은 건설 투자금을 더 들여 육교로 산 계곡을 지나게 하는 방법을 사용하면 뚜렷하게 개선할 수 있다. 정부에서 생태 건설을 심도 있게 진행하고, 황강 주민의 생활수준이 날로 향상되면서 황강 마을의 경관 생태화를 포함한 일부의 문제는 현대적 기술을 통해서 아주 쉽게 해결할 수 있게 되었다.

전통생계는 현대적 변화를 겪기 마련이고, 이는 지금 세계 모든 민족이 회피할 수 없는 역사적 과정이다. 이럴진대 생태적 안전의 보장을 결정짓는 관건적인 요소가 있느냐 없느냐의 문제는 현대적 변화 과정을 경험했는지, 이 과정 중에서 얼마나 많고 큰 피해를 겪었는지에 있는 것이 아니라 미래의 발전 추세와 그가 놓인 자연과 생태계의 안정적인 발전에 유리한지에 달려있다. 사회적 적응의 대상이 불안정성을 가지고 있다고 위에서 이미 지적했듯이, 황강의 경우는 전에 발생한 산림의 변화가 당시 사회적 환경에 의해 초래된 것으로 사회 환경의 변화에 따라 원래 산림 파괴를 초래한 사회적 요소들은 현재 뚜렷하게 변화를 했다. 황강이 처한 지리적 위치와 전통적 생계가 본질적으로 변화하지 않았어도 그것이 처한 사회적 배경은 반세기 전과 많이 다르다. 현재 황강의 생태적 건설을 지지하는 사회적 요소가 급증하고 있다. 따라서 황강의 산림 생태계의 자기발전 능력은 아주 중요한 관건적인 작용을 할 것이다.

인류 안전과 관련된 각종 국제협정의 조인에 따라 생태적 안전에 대한 의식은 이미 사람들의 마음에 깊이 뿌리내리고 있다. 현재 일부 선진국은 교토 의정서의 사인을 거부하였는데, 이들 국가는 세계 여론 속에서 입장이 곤란함을 느끼기 시작하였다. 이러한 세계적 여론은 황강의 생태 안전에도 적극적인 지지 작용을 할 수 있다. 중국 정부는 이미 생태 건설을 국가의 기본 국책으로 확정한 만큼 생태 건설의 중요한 임무에는 큰 강 상류의 수원 함양능력을 잘 보호하는 것을 포함하고 있다. 이는 황강의 특수한 지리적 위치를 지칭하는 것이기도 하다. 전체 황강 지역은 강의 발원지에 위치해 있어서 강의 수자원을 안정적으로 확보하기 위해서는 국가의 생태 건설 계획에서나 황강 주민 자신의 생태적 요구를 막론하고 향후 상당히 긴 시간 동안 황강의 산림 생태계를 안정적으로 보호해야 중국의 정책과 법령의 지지와 도움을 얻을 수 있고, 전국적인 범위 내에서도 여론의 지지를 얻을 수 있다. 이러한 양호한 배경 하에서 황강의 전통생계는 마침 이러한 국내 형식과 호흡을 같이 할 수 있었고, 이는 황강 지역의 생태적 안전에 더욱 확보하기 힘든 사회적 보장이다.

　황강에서 지금까지 계속 이어오고 있는 전통생계의 특수성은 벼 재배에 가장 불리한 산지 밀림에서 논과 산림 공존에 가장 적합한 방식을 찾아냈다는 점이다. 이 방식을 이루어낸 데는 다음과 같은 요소들이 있다. 첫째, 밀림에서 성장하기 적합한 찰벼 품종을 선택했다. 둘째, 직접 샘물로 논을 관개하는 농경지 개발을 완성했다. 셋째, 쌀을 주식으로 하는 수준이 내려가는 상황에서 야생 동식물 자원의 이용 규모를 확대했다. 넷째, 대형 초식동물의 이용가치를 부리는 것에 만족한 데서 식용으로 전환시킴과 동시에 여기에 투입되는 인력 투입을 확대했다. 이로써 자연적 적응의 창의성을 동족 전통문화를 근거로 살펴보면 모두 자원이용 수준과 이용 효율의 저하로 보아야 하지만 산지 산림에 불리한 요소를 극복하는 것으로부터 말하면, 산림 생태계의 겸용 능력이 제고되고 동족 문화가 산지 밀림지역에서 연속될 가능성의 시작을 열었다는 것을 의미한다. 오늘날 황강처럼 동족 주변지대에 있는 마을은 결코 적지 않다. 종강, 여평, 용강榕江, 삼도三都, 여파 등 현의 인접한 산 지역에 광범위하게 분포되어 있는데, 광서 경내에도 이와 비슷하게 연속 이어진 구조로 분포되어 있다. 따라서 황강 전통생계와 산림 생태계의 겸용은 아주 광범위하게 보급될 공간이 있고, 일정한 의미에서 중국 남부 지역의 아열대 산지 밀림의 생태 건설에 상대적으로 크게 성공적인 모델로 제시될 수 있다.

황강 지역 위치상의 특징과 전통생계는 중국 남부 지역의 산지 밀림의 수원함량림水源涵養林[6]의 관리와 보호에 성공적인 모델을 제공한다. 이러한 성공 모델은 전국적인 관심을 불러 일으켰다. 왜냐하면 이러한 지리적 위치는 주강珠江 유역의 생태 장벽으로, 황강의 생태 건설이 성공을 거두었다는 것은 주변 지역의 많은 민족의 생태 건설에 시범으로 작용을 하기 때문이다. 따라서 황강의 전통생계가 의지하는 생태적 안전은 반드시 광범위한 지역의 생태적 질량과 연관된다. 이 문제에 있어 황강의 향후 생태적 안전은 광범위한 사회적 지지와 도움을 얻게 될 것이다.

황강의 주변 환경은 전통적 생계방식의 동질성이 아주 높고 규모적인 생태적 안전 보호를 실행해 유리한 사회문화의 지지를 얻을 수 있는데, 황강이 처한 지대는 모두 동족이 밀집되게 분포한 지역의 제방 지역과 이어져 있다. 역사적으로 황강이 소재한 지역을 '칠백생묘채'라 불렀는데, 이는 합리적인 면이 없지 않다. 왜냐하면 황강을 비롯해서 소황, 점리, 평천 모두 자연적 적응과 사회적 적응의 총체적 결과가 모두 비슷하기 때문이다. 원래 묘족의 분포지역은 이미 동족문화로부터 기본적인 문화접변이 일어났다. 묘족의 전통생계는 이 지역에서 고도로 변형된 방식으로 존재할 수밖에 없다. 적지 않은 묘족 주민은 대외적으로 동족이라고 표명함으로서 민족 정체성이 모호하게 되는 상황이 발생하기까지 했다. 황강과 점리 지역의 전통적 주요 지위는 현재까지 계속 이어지고 있다. 황강 주민은 이 지역에서 아주 강한 감화력을 가지고 있어서 황강 주민은 시대 조류에 순응하여 전통생계와 생태 건설의 효과적인 결합을 추진하여 전체 지역의 생태건설을 안정적으로 이끌 수 있다. 그리고 각 지역과 마을 간의 협조도 아주 쉽게 이루어내는 데 어려움이 없고 지속가능한 생태적 안전을 실현할 수 있기 때문에 이 지역에서 쉽게 인식의 일치를 가져오고 또 쉽게 효과도 얻을 수 있다.

특히 이 지역 자원의 소유권과 관련된 몇 번의 정책적 변동이 있었지만 장기간 형성된 상호 신뢰관계는 지금까지 안정적으로 이어져 오고 있다. 저자가 이번 조사에서 발굴한

---

6 역주: 보호림의 한 종류로 물을 조절하여 공공용수의 원활한 공급이나 가뭄과 홍수 피해를 막기 위하여 설정한 산림이다.

비문은 이를 잘 증명해준다. 이 비문은 황강의 관할지 범위 내의 자료를 연속적이고 체계적으로 제공하고 있다. 이 자료들은 역사 기록에 부합되고 전혀 이의가 없을 뿐만 아니라 현대 영역의 자료와도 완전히 부합되면서 주변의 여러 동족과 묘족마을로부터 공동된 인식을 얻어냈는데, 이는 소중한 사회적 자산으로 보아야 한다. 현재 중국의 적지 않은 지역에서 생태계획이 좌절을 겪는 것은 결코 기술이나 자금 때문이 아니라 토지와 자연자원의 재산권이 불분명하여 필요 없는 논쟁에 인력과 물력을 소모하고, 또한 생태 건설 사업의 조화를 깨뜨린 데 주요 원인이 있다. 그렇지만 황강의 생태적 안전은 사회적 보장에 있어 아주 튼튼하다고 해야 할 것이다.

마지막으로 황강의 전통생계는 풍부한 자연적 적응의 성과들을 많이 쌓아왔다. 구체적으로 황강 주민 스스로 처한 지역 생태계에 대해 충분히 이해를 하고 있고, 그들이 그 지역 생태에 관한 지식과 지혜를 지닌 것으로 표현된다. 황강의 동족 주민의 재적응은 애초에 동족의 분포 범위를 확대하고자 한 것에서 출발했지만 재적응의 결과 풍부한 지방적 생태 지식을 쌓게 되었다. 이러한 지방적 생태지식은 현재 생태환경 건설에서 다음의 다섯 가지 측면에서 참고할 만한 가치를 지닌다.

첫째, 오랫동안 이어온 관습적 관념에 의하면, 고정적인 농경지의 건설과 산림의 존재를 대립물로 간주하여 서로 겸용하기 어렵다고 보았다. 유경 문화를 연구하는 인류학자는 유경 문화가 산림과 성공적으로 잘 겸용할 수 있음을 발견했다.[7] 그러나 고정적인 농경지 구조의 경우 특히 논밭 조성에 있어 산림과 겸용이 가능한지를 심도 있게 연구하지 않았다. 황강 동족의 자연적응은 고정적인 농경지와 밀림이 병존할 수 있을 뿐만 아니라 아주 높은 적응 수준을 이루어낸다는 것을 실제의 사실로 증명해주고 있다.

둘째, 오랫동안 학계에서는 농업생산을 자연력에 가장 많이 의존하는 산업으로만 간단하게 이해를 해 왔다. 구체적으로 수자원을 살펴보면 어떤 수자원이 있는가에 따라 그에 맞는 농업 생산에 종사하는 것이다. 하니족이 고산 계단식 밭을 조성하는 데서 생태적 적응가치가 드러난 이래[8] 학술적 연구의 시야를 넓혀서 수자원의 배치가 극히 부족

---

7 尹紹亭, 『人與森林』, 昆明: 云南教育出版社, 2000.

한 고산 지역의 산림에서도 이용 방식의 변화를 통하여 풍부한 농업용수를 공급 받을 수 있다는 것에 주목했다. 황강 주민들의 자연적 적응은 더 나아가 이를 증명하였다. 즉, 산림에서의 논 조성설은 수자원 이용 효과와 이익을 확대했을 뿐만 아니라 수자원을 장기간 고해발 지역에 보존하는데, 물을 보존하고 땅을 견고하게 하는 능력은 산림 자체를 초월했던 것이다. 이러한 황강의 성공 경험은 중국 수자원 관리가 천연 자연림에 완전히 의지하여 수자원 함양을 할 필요가 없고, 고해발 지대에 논을 만드는 것을 통하여 수자원을 더 효율적으로 보존할 수 있다는 새로운 사고의 맥락을 제공하였다.

셋째, 황강의 자연적응은 우리에게 생물자원의 이용방식을 제시했는데, 그 자체만으로도 다중성을 지닌다. 인류는 자기 창조력을 통하여 자신의 자원이용 방식을 바꾸는 주도권을 장악했으며, 서로 다른 이용방법은 처한 지역의 취약 고리에 가져다 주는 충격이 서로 다르고 자원에 대한 의존도 서로 다르기 때문에 접하게 될 리스크에도 변화가 발생하기 마련이다. 인류는 서로 다른 환경에 적응하는 광활한 공간이 있다. 예전에 나타났던 생태적 격변 모두 이용방식이 지나치게 단일하고 규모가 통제력을 잃은 결과이다. 능동적으로 이용하는 방식으로 변화할 필요가 있고, 사람과 땅의 조화로운 관계를 구축하는 것으로써 목표에 도달할 수 있기 때문에 생태적 건설의 전망은 밝다.

넷째, 오랫동안 학계에서는 환경정비에 대해 지나치게 공정기술 수단에 의지해 왔는데, 늘 동일한 문화적 모델에 의해 인위적으로 생태를 개조함으로써 '이상화'의 인위적인 생태환경을 재구축하고자 했다. 그러나 황강 재적응의 성공은 바로 가장 적게 변화하는 원칙을 따른 것에 있다. 그들은 결코 산림을 포기하거나 평지로 만든 것이 아니라 벼·물고기·오리 공생에 필요한 것을 만족시키고, 고산지대 습지의 범위를 적절하게 일정한 범위에서 확대해 재적응을 찰벼의 선종과 육종에 집중적으로 투입해서 그들이 놓인 자연 생태계의 안정을 이룩했다. 이는 철학적 원리로 충만한 생태 대책이다. 만약 순수 기술 수단에 의한 의존 정도에 대해 규제를 하고, 응급 상황에서만 적용을 한다면 생태건설 결과는 지속적 효과를 나타내는 능력을 얻게 될 것이다.

8 　王清華, 『梯田文化論 - 哈尼族生態農業』, 昆明: 云南大學出版社, 1999.

다섯째, 황강의 재적응은 동족 주민이 대대로 쌓아온 역사적 노력과 관련되고, 지속적으로 이어져 온 동족 문화에 의해 점차 완성된 것이다. 그래서 자연적 적응이 완성됨과 동시에 사회적 안정도 충분히 보장될 수 있었다. 문화의 정상적인 작동에 의지하여 생태적 건설의 임무를 완성하는 것이 가장 타당한 방법이고, 자금과 기술에만 의존하여 생태건설에 종사하면 한계가 있기 마련이다. 이는 향후 생태건설에 참조해야 할 소중한 경험이고, 생태인류학의 일관된 주장이다. 생태인류학은 연구를 필요로 하는 이와 비슷한 연구 사업에서 이러한 본토 지식과 기술의 기능에 대하여 철저하고 설득력 있는 과학적 해석을 한다. 이를 통해 본토 지식과 기술 기능에 대한 사람들의 편견을 제거하고, 본토 지식과 기술 기능에 합리성과 과학성의 설명을 부여함으로써 이러한 본토지식이 빨리 학계의 인정을 받도록 한다. 이로써 이와 상관된 지역의 생태 안전은 보다 큰 보장을 얻게 된다.

황강의 동족 주민은 위에서 열거한 다섯 가지의 본토 지식과 기술 기능에 집중을 했는데, 워낙 그들이 놓인 생태환경에 지금까지 실질적인 변화가 거의 없었기 때문에 현재는 물론 향후에도 여전히 효력을 발할 것이다. 이는 이 지역의 생태적 안전을 보장하는 무형 자산으로, 이를 장악하면 이 지역의 생태적 안전은 지속가능성을 얻게 된다. 요컨대 황강 동족 주민의 전통생계는 분명히 현대적 변화를 거쳤지만, 그들이 의존하는 생태적 환경의 안전계수는 지금도 아주 높다. 향후 현대적 변화에 어떠한 새로운 내용이 더해질지 몰라도 이러한 전통생계가 의존하는 생태적 안전의 전망은 무한히 밝고 지속가능하다고 해야 할 것이다.

3. 동족의 전통생계와 지속적인 자원 공급

전통생계에 대해서 많은 연구자들은 습관적으로 우매하고 폐쇄적이며 비과학적인 것과 연관시키는데, 이로써 전통생계는 현대적 조류 속에서 도태되어야 할 대상이지 절대적으로 지속가능한 발전을 이룰 수 없다고 단정 짓는다. 반세기 넘는 논증을 통해 문제의 복잡성은 점차 학계의 인정을 받게 되었다. 현대화를 대규모의 농업기계, 화학비료와 농약의 사용, 현대 육종기술의 보급으로만 정의하면 황강의 전통생계는 현대화를 실현했다고 할 수 없다. 그러나 녹색경제, 생태경제와 순환경제가 날로 사람의 마음에 깊이 자리 잡는 현재의 상황은 크게 달라졌다. 황강의 전통생계는 당사자가 순환경제와 녹색경제를 진정으로 이해하고, 기존의 제도적 보증에 조금 더 조정을 하기만 하면 이 목표를 실현할 수 있다. 절대 어려운 일이 아니고 지속가능성을 보면 화석 에너지의 고갈, 석유 가격의 폭등, 산유국과 석유 소비국 간 모순 격화에 따라 에너지 부족은 기존의 정의 기준에서의 표준적인 현대화 농업을 곤경에 빠뜨렸다. 유럽 국가나 아시아의 선진 지역을 막론하고, 현대 농목축업은 정부가 지원한 고액의 농업 보조금이 없으면 운영 자체도 유지하지 못하는데 무슨 지속성을 논할 수 있을까? 반면 황강의 전통생계는 지금까지 어떠한 형식의 농업 보조도 받지 않았지만 지속적인 운영능력은 어떤 형식의 에너지 지원 결핍에도 그 타격을 이겨냈다. 황강을 상대로 전면적인 에너지 봉쇄를 진행하더라도 황강 스스로 사용 가능한 모든 에너지를 동원해 정상적인 생산과 생활을 충분히 유지할 수 있을 뿐만 아니라 대량의 에너지를 절약할 수 있다.

에너지 문제뿐만 아니라 황강의 전통생계가 의지하는 기타 자원도 황강 주민들은 자급자족은 물론 여유까지 있다. 이런 전통 경제의 지속가능성은 의심의 여지가 없다. 이외 일부 학자들은 아직도 관념의 변화를 현대화의 지표로 정의하고 있다. 이를테면 잉글레스Ingles는 관념의 변화를 발전 중의 민족이 현대화로 나아가는데 있어 필연적으로 거쳐야 하는 과정임을 인정하였다.[9] 또한 어떤 학자는 제도의 변혁을 현대화의 필연적 과정으로 보았는데, 뮈르달Karl Gunnar Myrdal[10]의 경우가 그러하다. 그러나 이런 주장은 모두 특정한 목적성이 있는데 대부분 특정의 발전도상국이나 특정 민족을 상대로 의견을 제기했다는 점이다. 그러나 구체적으로 황강의 전통생계에 대해서는 거의 문제를 제기하지 못했다. 황강은 결코 위의 학자들이 이해한 것처럼 폐쇄적이지 않고, 황강 주민은

---

9 杜金亮, 「論人的思維方式的現代化轉變」, 『文史哲』, 1999(5), pp. 84~85.
10 季建林, 「后發優勢的制度性障碍」, 『西北民族大學學報』, 2006(6).

중국의 발달지역에 대해 어느 정도 이해를 하고 있기 때문에 발달 지역으로 가서 생계를 도모하는 것은 그다지 낯선 일이 아니다. 발달 지역의 생산과 생활을 접했을 뿐만 아니라 어느 정도 이해하고 있다. 그들이 황강에 남기로 결정한 이유는 완전히 이성적 선택의 결과로 그들이 관념을 바꾼 것은 별개의 문제이다. 제도적 보장에 대해서는 일부 어려움에 직면할 수 있는데, 이는 전통적인 제도 보장이 느슨해졌기 때문에 오늘날 황강의 전통은 어느 정도 약화되었지만 현재에도 여전히 작용하고 있다. 줄리안 스튜어드가 지적한 '사회문화적 통합모델'은 황강 주민들도 습관화되어 멜빌 허스코비츠가 지적한 '문화접변'의 경계에 이미 도달했다. 두 체제는 정상적인 궤도에서 벗어나 병행하는데, 황강에서는 현대적 요구와 전통적 발전이 한데 어우러졌다고 할 수 있다. 따라서 여기서 글로벌을 논하는 것은 전혀 의미가 없다.

최근 일부의 학자들은 '행복감'과 '만족감'을 추구하면서 이를 행동의 목표로 삼았는데, 이러한 목표는 분명히 물질적 조건을 한층 더 만족시킨 후의 요구이다. 이를테면 황강의 경우 도시의 생활방식을 답습하지 않는다면 물질생활의 조건은 절대적으로 부족하다고 느끼지 않을 것이다. 행복감, 편안함, 안전감 그것은 더욱 문제가 되지 않는다. 그들 스스로 황강에 남기로 선택하였다는 것은 그들이 이러한 생활방식에 만족함을 충분히 보여주는데, 이는 도시 생활과 황강 생활을 비교한 후 내린 이성적인 선택이다. 황강의 전통생계는 자원의 안정적인 보급 수준은 물론 당사자의 자아만족 모두 학자들의 기대 목표에 달했다. 그들이 자원보조 측면의 지속가능성 수준을 토론하는 것은 별로 의미가 없는 일이다. 왜냐하면 위에서도 분석한 것처럼 이는 의심할 여지가 없는 문제이기 때문이다.

이 절에서 심도 있게 다뤄야 할 내용은 바로 현재 과학기술의 조건에서 황강 전통생계에 필요한 자원 보급의 지속가능성과 자원의 개발가능 공간, 전국 다른 지방에 대한 기여 수준 발굴과 비축 등이다. 다음에는 에너지 개발과 수자원의 보호를 사례로 해서 황강 전통생계의 지속가능성에 대해 살펴보도록 한다. 지금까지의 논의를 통해 알 수 있는 것처럼 황강의 전통생계가 의지하는 에너지는 모두 재생 가능한 생물에너지로 그 에너지의 비축 형식은 인간과 가축이 지닌 생물 에너지 그리고 목재에서 나오는 열에너지,

흐르는 물에서 획득한 에너지 등이 있다. 인류학자 레슬리 화이트Leslie A. White의 에너지를 다루는 기준에 의하면, 황강의 에너지 사용 항목은 현대화로 이해할 수 없다. 왜냐하면 화석 에너지와 전기 에너지의 사용 비율이 아주 낮기 때문이다. 그러나 적당히 현대기술을 도입하면 이러한 국면은 단기간에 아주 쉽게 커다란 변화를 가져올 수 있다.

저자는 생물 에너지의 발효를 통해 메탄가스 형식으로 황강의 전통생계의 에너지 구조를 바꾸기를 제안했는데, 이 제안의 근거는 황강의 삼림 피복률과 황강의 밀림 분포 면적으로부터 볼 때 현재 방식으로 생물 에너지를 이용하면 지속가능성이 거의 무한하기 때문이다. 따라서 황강 전통생계의 에너지 보급의 지속가능성은 아예 토론할 필요도 없다. 단 여기서 토론의 여지가 있는 내용으로는 현대 최신 과학기술에 근거하여 황강의 전통생계가 에너지 개발을 얼마 더 할 수 있는지, 황강 주민들의 늘어나는 에너지 수요를 충족시킨 기초 위에서 다른 지역 사람들에게도 혜택을 줄 수 있는지 하는 것이다. 현재 황강은 전통적인 생계에 필요한 에너지 수요를 만족시키는 것 외에 바이오 에너지와 물 에너지라는 2대 에너지 비축 용도가 있다. 황강은 27,000여 묘의 산림을 보유하고 있고, 대형 가축 2,500여 마리가 있는데, 여기에 농작물 밀짚 혼합 비료까지 더하면 사용할 수 있는 유기질 폐기물이 10만 톤 가까이 된다. 이는 어마어마한 생물 에너지 비축창고로서 현대 기술을 적당히 적용시키기만 하면 추출할 수 있는 생물 에너지는 잠재력이 어마어마하다. 게다가 이러한 생물 에너지 비축은 모두 재생 에너지원에 속하며 비축량은 끊임없이 재생된다.

저자가 제안한 생물 에너지의 개발은 황강이 현대 메탄가스 발효기술을 도입하는 것으로, 황강 지역에서 이용할 수 있는 유기질 폐기물을 이용하여 메탄과 비료를 전환시켜 황강 주민의 늘어나는 에너지 수요를 만족시키는 동시에 일정 정도 다른 지역의 에너지 요구도 만족시킬 수 있음을 의미한다.

농촌에서 농가에 메탄발효 기술과 장비를 제공하는 것은 다른 국가나 중국 정부 모두 대폭 실시한 적이 있으나 이런 보급 효과에 대한 평가는 일치하지 않는다. 그중 전경수 교수가 한국 제주도에서 실시한 연구가 아주 대표적이다. 그는 연구 보고서에서 개인 농가에 제공하여 사용하는 이런 메탄 장비는 발효 원료의 수집, 장비의 신뢰성 정도, 날씨 영향 등 많은 조건의 제한을 받는다고 명확하게 지적했다.[11] 그의 이 보고서는 확실히 실제 상황을 그대로 반영했다. 그러나 이 보고서를 깊이 연구한 후 문제는 메탄 발효에 있는 것이 아니라 관련된 사회에 있음을 발견할 수 있다. 개별 농가의 재력, 기술, 생활환경 모두 많은 제약요소를 지니는데, 설비 제조업체가 되도록이면 설비생산 원가를 낮추었을 뿐만 아니라 개별 농가가 구매하여 사용할 수 있도록 보장을 해주었다. 그 결과 전체 장비와 기술 제공에서 사회적 제도 보장의 질을 살펴볼 겨를이 없었던 관계로 여러 가지 예상하지 못한 문제들을 야기 시켰다. 생각을 바꾸어 보면 고품질과 고표준의 요구는 기존의 사회보장제도를 충분히 파악한 기초 위에서 맞춤형 설계와 마을에 일급 규모의 메탄발효 장비를 조성하면 전경수 교수가 언급한 문제는 사실상 피할 수 있다.

황강이 고려해야 하는 사회적 요소는 다음 네 가지가 있다. 첫째, 큰 가축은 농가 소유로, 가축 분뇨를 집중하여 발효 원료로 사용하는 데 어려움이 있다. 둘째, 현재 주민이 사용하는 연료는 주로 땔나무에 의지하는데, 이는 나무를 벌목한 것으로 이미 제도적으로 농사일에 포함시켰기 때문에 대신 메탄으로 바꾸어 연료로 하면 전통적인 농사 안배와 자원 사용의 관례를 조정해야 한다. 셋째, 황강 마을은 아직 전통적인 촌락노인 제도를 이어오고 있어 효과적으로 전통생계의 운영을 제어할 수 있지만, 직업의 분화를 억제하기에 대형 메탄발효 장비를 설치하는 데는 부정적인 영향이 있다. 넷째, 메탄 폐액의 방출은 황강 전통생계에 필연적으로 새로운 난제로 작용한다. 황강의 전통생계에서 생명 물질과 생물 에너지의 순환은 이미 정형화되었는데, 메탄 폐액을 처리하기 위해서는 새로운 순환 고리를 건설해야 파생된 환경오염 문제를 해결할 수 있다. 위의 네 방면의 사회적 실정을 보면 대형 메탄장비의 조성에 여러 가지의 부정적 작용이 있어 이러한 모순을 해결하지 않으면 현대화의 생물 에너지의 개발은 전통생계와 서로 겸용할 수 없다.

위에서 살펴본 부정적 작용은 현대 도시에서는 해결하지 못할 것이다. 장강을 보더라도 매일 수만 톤의 분뇨가 배출되어 수중에 유입되는 것이 바로 유력한 증거이다. 그러나 황강 동족 지역에서는 이를 해결하는 데 결코 예상한 것처럼 어렵지 않다. 여기서 사

---

11 全京秀著, 崔海洋譯, 『環境, 人類, 親和』, 貴陽: 貴州人民出版社, 2007, pp. 128~132.

회와 기술 두 측면으로 나뉘어 살펴보도록 한다. 사회적 측면에서 보면, 대형 메탄발효 장비를 구축하는 데 관건은 원료의 안정적인 보급을 보장하는 데 있다. 황강에서 공급할 수 있는 메탄발효 유기질 폐기물의 분포가 분산적이어서 이런 유기질 폐기물을 수집하여 발효지가 있는 곳으로 집중하는 데는 이론적으로 대량의 노동력 투입을 해야 한다. 이러한 노동력 투입을 엄격하게 계산하여 보상을 하면 메탄 발효 생산의 에너지 원가가 지나치게 높다.

그러나 황강의 전통생계에는 객관적으로 이용 가능한 유리한 요소가 있다. 황강 주민이 전통생계를 실시함에 있어 노동력의 투입 항목이 극히 세분화되어 있고, 사회적 습관에 의하면 보상을 한 적이 전혀 없기 때문에 메탄발효 원료의 집중을 기존의 전통생계 노동 항목에 포함시킨다면 유기질 폐기물 집중은 낮은 원가로 가동되고 완성될 수 있다. 게다가 황강 지역사회에서 촌락노인이 전통적으로 마을을 관리하고 '동관' 관습법이 여전히 효력을 발생하는데, 이러한 전통적인 관습법과 지역사회의 기구를 이용해 가축의 분뇨를 밭으로 운송하는 것이 아니라 메탄발효 장치에 집중하도록 다시 규정함으로써 전체 운행을 관습법의 규약 하에서 순조롭게 진행되도록 할 수 있다. 이와 관련된 직업의 분화, 이를테면 메탄발효 장치의 조작 인원을 확정하는 것도 같은 수단을 사용하여 순조롭게 실현할 수 있다. 요컨대, 황강의 전통생계가 이러한 동족 문화에 이미 있는 것을 이용하기만 하면 현대 기술과 설비를 도입하는 사회적 어려움은 웬만하면 합리적으로 해결할 수 있다. 황강의 마을과 도로의 성공적인 개조가 어려운 일이 아닌 것처럼 메탄발효 장치를 도입하는 것은 쉽게 가능한 일이다.

기술적인 측면에서 보면, 현재 황강 주민에게 단시기 내에 메탄 발효기술, 발전기술을 익히게 하는 것은 확실히 아주 어렵지만 객관적으로 유리한 조건도 없지 않다. 첫째, 황강에는 이미 중학교를 졸업한 학생들이 있고, 일부 주민들도 외부에 나가 노동자로 일하면서 어느 정도 현대기술을 익혔기 때문에 이들 중에서 선발하여 기술 교육을 받게 해서 메탄발효 전문 인원으로 되게 하는 데는 크게 문제가 되지 않는다. 게다가 전문 인원을 자체로 일정한 시간 내에 양성할 수 없다 하더라도 황강은 역사상 일찍이 인재를 도입한 관례가 있는 만큼 한 두 명의 기술인원을 도입하는 것도 어렵지 않다.

실제로 해결이 어려운 기술 난제는 메탄의 배송과 발효 폐액의 처리다. 밭이 분산되어 있고, 거주도 분산되다 보니 장비 투입에 자금이 크게 늘어난다. 예를 들면, 발효한 메탄을 모든 가정에서 연료로 사용하도록 배송하려면 배송관을 설치해야 하고, 이에 들어가는 투자금액이 상당히 높기 때문에 원가를 절약하는 방법으로 발효한 메탄을 현지에서 발전하도록 전력시스템에 합병하여 황강 주민이 사용하도록 할 수 있다. 이렇게 하면 메탄 배송의 원가 투자를 절약할 수 있다. 이 외에 발효 폐액의 처리인데, 수송관을 설치하여 밭에까지 배송하면 장비 투자의 원가가 상당히 높지만 이 역시 절약할 수 있다. 예를 들면 폐액을 밭 관개수로로 배출해 관개수로를 통하여 배송하면 장비 투자에 필요한 투자금을 크게 절약할 수 있다.

위의 내용을 종합하면, 황강의 전통생계는 에너지 공급에 믿음직한 지속성이 있을 뿐만 아니라 생물 에너지의 비축도 개발 공간이 아주 크고, 주변 지역의 에너지 부족 문제를 완화하는 데 도움이 된다. 이런 의미에서 보면 전통생계의 지속성은 의심할 바가 없다. 황강의 전통생계는 기존에 파악한 상황으로부터 보면 수자원은 절대 부족하지 않는다. 황강 지역의 자연과 생태환경은 황강의 전통생계 수자원 보급의 지속성을 철저히 확보할 수 있다. 그러나 황강은 하천 상류 발원지에 위치하여 있기 때문에 수자원 이용에 있어 자기 수요를 만족시켜야 할 뿐만 아니라 하천 하류에 대한 기여도 고려해야 한다. 황강의 전통생계가 전국의 수자원 안전에 기여를 한다면 이런 전통생계의 지속성도 지역을 초월하고 다문화 가치도 초월할 수 있다. 이번 조사 연구를 통하여 저자는 황강의 전통생계가 이를 충분히 해낼 수 있다고 확신하게 되었다.

수자원의 안정적인 공급은 생태적 안전의 가장 중요한 전제이지만, 수자원은 가장 쉽게 유실되는 자연자원이기도 하다. 중국의 수자원 공급이 지극히 부족한 현황을 완화하기 위해서는 소중한 수자원을 되도록 고해발 지역에 비축하여 안정적이고 천천히 하류 지역에 균형적으로 보충할 수 있는 방법을 찾아야 한다. 이를 위해 수리공정 기술인원은 하천 상류에 저수지를 가능한 많이 건설할 것을 주장한다. 그러나 생태학자들은 하천 상류 수원 발원지에 되도록 자연 원시 식생을 회복시켜야 한다고 주장한다. 전통생계와 현대기술의 접목을 추진하여 수자원 보호 효과를 대폭 제고시키면서, 다른 생태가치를 획득할 수 있는 점에 주의를 돌린 사람은 많지 않다.

　주지하다시피 대형 수리공정을 구축하는 것은 지리적 조건의 제약을 받지만 모든 하천 상류에 수리공정을 구축할 수 있는 것이 아니고, 더구나 수리공정을 구축하면 생각하지도 못한 여러 생태문제와 사회적 부작용을 유발할 수도 있다. 게다가 어떤 수리공정이든 인력, 물력, 재력과 기술 투자를 많이 해야 하므로 투자 대비 보상을 비교하면 경제적으로 수지가 맞지 않는다. 현재 중국의 하천 상류에서 수리공정이 적합한 곳은 이미 공사를 대부분 마무리했기 때문에 다시 수리공정을 하고자 해도 이미 적합한 댐 자리를 찾기가 쉽지 않다. 한편 장강, 주강 삼각주에서 바닷물이 역류하는 곳과 염수는 점점 더 심해지고 있고,[12] 하천의 양쪽 제방은 날로 높아지는 대신 논밭의 침수 재해의 폐해는 근절되지 않고 있다. 수리공정을 건설하는 것만으로 재해를 예방하려는 것은 충분히 의존할 만한 정책이 못된다. 하천 상류에 수원함양림을 세우는 정도는 물론 이상적인 대책에 속한다. 그러나 수원함양림의 형성은 오랜 성장기가 지나야 하므로 단기간에 수자원 함양림의 효과를 발휘할 수 없다. 더구나 대규모로 수풀과 초지를 환원하는 것은 대량의 경작지를 점용하기 마련이다. 경작지를 산림으로 복원하는 정책은 여러 민족 주민들의 눈 앞 이익에 영향을 주기 마련이고, 효과도 이로 인해 확고하지 않게 된다. 경작 포기는 경작지 면적의 축소와 식량 생산량의 저하를 야기하는데, 이는 중국 식량 공급 안전에 영향을 준다. 따라서 경작지를 산림으로 환원해 중국의 수자원 공급 안전을 확보하려는 데 의지해서는 단기간에 효과를 보기 어렵다.

　위의 분석을 통하여 저자는 황강 동족의 전통생계가 그들이 처한 자연과 생태환경에 고도로 적응했을 뿐만 아니라 전통생계의 농사일은 수자원의 거대한 함양 잠재력도 겸비[13]함을 발견할 수 있다. 왜냐하면 그들이 하는 농사일은 산림 환경과 겸용되는 기질을 선천적으로 타고났고, 수자원의 구조를 변화시키는 능력도 가지고 있기 때문에 황강의

---

[12] 張遠銘等,「實施珠江"壓咸補淡"應急調水」,『廣東建設報』, 2006. 1. 17; 綜合新聞, 吳昌紅等,「長江中下游拉响枯水警報」,『新華日報』, 2004. 2. 18.
[13] 농사일 생태시스템에서 수자원 함양 기능의 계산 방법은 다음의 내용을 참조 바람. 中國21世紀議程管理中心可持續發展戰略研究組著,『生態補償: 國際經驗與中國實踐』, 北京: 社會科學文獻出版社, 2007, pp. 70~71.

전통적 농사일은 다음과 같은 생물학적 특징을 지닌다.

첫째, 그들이 재배한 찰벼 품종은 식물체가 높고 분얼 능력이 강하며 벼 줄기가 단단하고 침수에 잘 견디는 공통적 생물 속성을 지닌다. 논에 물이 50㎝를 넘고 지속시간도 15일을 넘기는데, 이러한 찰벼 품종은 이런 상황에서도 정상적으로 성장할 수 있다. 왜냐하면 이러한 찰벼 품종은 벼 줄기가 특이한 생체적 구조를 가지고 있어서 지표의 산소를 뿌리에 수송해 벼 뿌리 호흡을 충족시킬 수 있기 때문이다. 그래서 뿌리가 15일 이상 물에 잠기더라도 뿌리 부분이 부패하지 않는다. 황강 동족 주민은 높은 논둑을 조성해 복중 가뭄에도 탈수되지 않도록 보호하는데, 이는 장마철에 더 많은 수자원을 많이 저장하여 벼 성장기의 용수 수요를 충족시킬 수 있게 한다. 이로 말미암아 그들의 전통생계에서 무의식적으로 작은 저수지를 많이 축조한 것은 사실상 황강 지역의 논이 '소형 저수지' 기능을 할 수 있게 하기 위한 데 있다.

둘째, 이러한 찰벼 품종은 추위에 잘 견디는데, 해발 300~1,000m 되는 깊은 밀림에서도 재배가 가능할 뿐만 아니라 안정적이고 높은 생산량을 유지할 수 있다. 이러한 찰벼 재배는 산림생태 체계와 효과적으로 병존할 수 있기 때문에 산림과 경작지를 차지하려는 모순을 합리적으로 해결할 수 있는데, 이러한 생계방식은 천연림의 수자원 저장능력을 높이게 할 수 있을 뿐만 아니라 인공적인 생계 시설의 수자원 비축능력을 높인다. 결과적으로 일거양득이어서 수자원 비축능력이 수리공정의 효과보다 클 뿐만 아니라 자연림의 저장 효과보다도 뛰어나기 때문에 중국의 수자원 부족을 개선하는데 확실히 크게 기여를 한다.

셋째, 황강 전통생계에서 90%의 논은 포동 작업을 실시한다. 겨울을 날 때 평균 수심이 약 15㎝로, 겨울에 논에서 물고기와 오리를 기르며, 논 가운데 야생 동물이 성장할 수 있도록 하고 봄에는 가뭄을 예방하는 작용을 한다. 그러나 이렇게 한 결과 이런 논이 봄, 겨울의 가뭄 절기에 모두 경작할 수 있을 뿐만 아니라 묘당 논에 100여 톤의 수자원을 저장할 수 있어 하류로 천천히 끊임없이 흘러들게 해 강 하류의 수자원 부족을 보충하는 데 유리하고, 하류 가뭄으로 바닷물 역류를 대처하는데 가장 적절한 인문 구조물이 된다.

넷째, 논을 제외하고도 황강의 전통생계에는 대량의 양어장, 저수지와 각종 관개수로 등의 부대시설로 세워져 있다. 이러한 농경지 보조 설비도 홍수와 가뭄을 예방하는 역할을 하고, 장마철에는 풍부한 수자원을 장기적으로 고해발 위치에 저장하며 건조기에는 지표와 지하수 방식으로 하류로 안정적으로 흘러들게 한다.

이로 보아 황강 동족의 전통생계 수자원 보호에 있어 자타 모두를 이롭게 하는 수자원 재배치의 이중 기능을 겸하고 있음을 알 수 있다. 다음의 실측과 추산을 통하여 황강 전통생계의 수자원 저장 효과를 살펴볼 수 있다. 황강에는 현재 논 5,000묘가 있는데, 논의 홍수 저장 수심이 0.5m 되므로 저장된 물이 15일이 넘어도 찰벼의 정상적인 성장에 영향을 주지 않는다. 즉, 장마철에 묘당 330㎥의 물을 저장하기 때문에 5,000묘에는 실제로 물을 1,650,000㎥ 저장할 수 있다. 이는 소형 저수지 용량에 해당되는 많은 용량이다. 건조기에도 이러한 논은 지하수 관개수로로 직접 배수하는 방식을 통하여 끊임없이 강 하류에 수자원 부족을 보충하기 때문에 작은 저수지의 효능을 갖는다.

황강 마을의 현재 임업 면적은 27,000묘(실제 산림면적은 5만묘이고, 대부분 차생 중유림)인데, 수자원 저장능력은 묘당 110㎥로, 27,000묘 임지의 전체 수자원 저장 능력은 270만㎥이다. 게다가 황강의 전통생계는 고산지대의 논과 산림 생태계가 상호 겸용되도록 하기 때문에 산림과 논의 홍수와 가뭄 예방 기능이 서로 부딪치지 않고 겸용되도록 해 황강 전통생계의 안정성만 지속되는데, 이는 의도치 않게 황강 주민들과 강 하류의 각 민족이 어떠한 투자도 하지 않고 대형 저수지를 세우는 것과 동일한 효과를 가지게 하였다.

황강 전통생계의 '포동전'과 부설 수리시설도 자타 모두를 이롭게 하는 수리시설에 속한다. 최근 중국의 주강 하구에 있는 도시의 공업용수 수요가 크게 증가하여 겨울과 봄이 교차하는 시기만 되면 주강 하구 지역은 해수 역류로 인한 재해가 발발하기도 했다. 연안 지역의 주민 생활에 영향을 가져다주는 것은 물론 대면적의 공장 생산이 이로 인해 중단되기까지 한다. 이런 피해를 가져다 준 원인으로는 최근 10년 동안 농산품의 생산량을 높이기 위하여 서강西江 유역의 여러 성과 시의 농업부문에서 보편적으로 월동작물 재배를 추진한 것과도 관련된다. 이와 동시에 적지 않은 지역의 전통 벼·물고기·오리의 공생 방식도 벼 생산량을 높이려는 필요에 따라 점차 폐기되었다. 서강 유역의 고해발 지대의 수천 묘의 농경지는 겨울 전에 물을 모두 빼버리는데, 이때가 사실 물을 막아야 할 마지막 시기로, 하천 하류에 수자원을 배출하여도 강 하류의 여러 민족 주민들에게 별로 도움이 되지 않고 그냥 바다로 흘러들기 때문에 이듬해 봄 가뭄에 해수 역류가 발생해 재해를 입게 한다.

위의 내용으로부터 볼 때, 저자는 황강 주민의 전통생계 방식에서 포동 작업과 양어장과 논을 연결하는 구조를 계속 발전시키는 것이 국가와 국민에게 도움이 되는 중요한 대응 조치이지 도태시킬 낙후한 습관이 아니라고 본다. 황강은 5,000여 묘의 논에 월동 때 물을 가로 막아 저장하는 능력이 50만 톤에 달하고, 1,000묘 가까이 되는 양어장과 기타 저수지 시설도 논과 비슷한데, 약 백만 톤 되는 수자원을 해발이 높은 데에 저장하여 수자원을 끊임없이 하류로 수자원을 보충하기 때문에 하류의 해수 역류를 완화시키는 데 크게 기여를 한다.

4. 동족의 전통적 농업·목축업 상품과 지속적인 시장 보장

삼농(농촌·농업·농민) 문제는 이미 중국 정부가 시급하게 해결해야 하는 중요한 사회문제로 대두되고 있다. 삼농 문제를 철저하게 해결하기에 앞서 이와 아주 밀접하게 연결되어 있는 전통생계의 공평한 대우만 보아도 만족스러운 결과를 얻지 못하고 있다. 위의 분석을 통하여 우리는 황강 주민이 실시하는 전통생계는 안정적 연속에서 문제가 되는 것은 없고, 국가와 사회에 대한 전통생계의 기여도 인정해야 하다는 것에 대해 토론의 여지도 없음을 알 수 있다. 그러나 전통생계를 어떻게 정확하게 다루어야 하는지는 정확한 답이 없이 오랫동안 논의되던 문제이다. 전통생계에 대해 정확하게 대우하기 어려운 이유는 전통생계 자체에 있는 것이 아니라 현대 시장체제의 불공정에 있다. 이 문제의 실제는 위에서 이미 언급하였지만 핵심적인 문제는 농업 보조금이다. 황강의 이러한 전통생계도 미국이나 일본처럼 농업 보조를 하면 황강 동족 주민의 실제 수입은 크게 증가할 수 있다. 한편 황강 전통생계의 현대화는 국가의 투자 없이 스스로 해결할 수 있다. 그러나 중국이 아직 농업보조금을 해결할 능력이 없다는 것은 부정할 수 없는 사실로 황강 동족의 전통생계는 계속 버티면서 불공정 대우를 내내 인내해야 한다는 것을 의미한다.

사회현실은 이미 전통생계에 있어 아주 불공정하지만, 더욱 불공정한 것은 현재 적지 않는 학자들이 아더 루이스W. Arthur Lewis의 '후진국의 공업화 발전 모델Lewis-Fei-Ranis model'을 인용하는 데 열중하면서 여러 소수민족 농촌인구의 잉여 노동력을 도시로 유출하여 돈을 벌고 현대화 투자 자본을 축적하지 않음을 비판하는데 있다.[14] 이 관점은 분명히 아주 황당무계하다. 황강의 경우 양질의 농목축 생산품이 있어 동족 주민에게 공평한 판로의 기회만 생긴다면 그들은 아주 부유한 생활을 누릴 수 있고, 아주 쉽게 자본을 축적할 수 있다. 그러나 시장경제 발전의 불균형이라는 이유로 빈곤하고 낙후한 처지에 이르게 되었다. 만약 그들이 전통생계를 정말로 버리고 모두 도시로 가서 일하면 황강과 유사한 지역에 현대화는 물론 중국 전체가 식량난을 겪게 될 것이다. 슐츠Theodore W. Schultz는 『전통적 농업의 현대화Transforming Traditional Agriculture』[15]라는 책에서 다음과 같이 실정을 말했다. 서구의 현대 집약형 농업은 북온대 기후와 자연 환경을 기반으로 세워졌다. 이러한 집약형 농업은 서구 국가에만 적용되지 다른 지역에 적용되지 않는다. 세계의 다른 국가와 지역에서 고효율의 농업을 발전시키려면 처음부터 시작해야 하고, 자기만의 자연과 생태배경의 구조에 근거해 자기에게 부합되는 고효율의 농업을 발전시켜야 한다.

슐츠의 이 관점은 저자에게 시장 무역의 공평을 기다리는 것은 결코 현실적이지 않지만 자기의 우세에 근거하여 따로 시장체제를 세우는 것은 실행할 만하다는 시사점을 주었다. 따라서 녹색식품이 사람의 마음에 깊이 자리 잡은 오늘날 전통생계로 형성된 녹색식품은 소비자가 없을 리 만무하다. 문제 해결에 필요한 것은 기존의 시장체제를 피해가는 문제로 중간상이 장악한 초과 이윤을 전통생계 생산품의 생산자에게 환원하는 것이다. 그렇게 하면 불공평한 시장체제는 적어도 어느 정도 완화될 수 있다. 다음으로 생산품의 도매수단을 예로 들어 상술한 사고의 실행 가능성을 분석하고자 하는데, 이와 유사

14　朱云章, 章瑞, 「劉易斯農村勞動力流動理論及其現實意義」, 『行政論壇』, 2004(5).
15　參見舒爾茨著, 梁小民譯, 『改造傳統農業』, 北京: 商務印書館, 1987.

한 방법은 지금이나 나중에도 지속성을 지니고 있다는 것을 의미한다.

현재의 시장질서에 농산품의 유통체제는 서구의 집약형 농업에 근거하여 정형화하고 완성되었는데, 정형화의 과정은 줄곧 서구 선진국이 일관되게 주도권을 통제하고 있어 서구 선진국의 집약형 농업을 위하여 이윤을 쟁탈하였다. 이러한 시장체제 자체는 전통생계방식에 대한 불공평이 내포되어 있다. 대부분의 학자들은, 전통생계 방식으로 생산된 농목축 생산품은 제품의 규격화, 규모화와 규범화를 근본적으로 실현할 수 없다고 본다. 그래서 시장에서 합리적인 가격을 실현할 수 없는데, 이는 자신의 단점이 낳은 결과로 시장체제의 공평 여부와 무관하다고 주장한다. 이러한 주장은 겉으로는 아주 일리가 있는 것처럼 보이지만 자세히 들여다보면 그렇지 않다.

첫째, 미국은 높은 농업 보조금 정책을 실시한 역사가 오래되지만[16] 그들의 집약형 농업은 국제 농산물 무역시장에서 차지하는 비율이 높지 않다. 그전까지만 해도 이런 선진국의 농목축 생산에서 수공 작업은 아주 높은 비율을 차지했다. 이런 상황에서 농장 생산품의 규모화, 규격화, 규범화를 이룬다는 것은 상상할 수도 없는 일이다. 그러나 이것이 그들의 농산품 덤핑 판매 정책의 실행에 영향을 준 적은 거의 없다. 미국을 예로 살펴보면, 내연 기관으로 작동하는 대형 농기계 설계에 성공한 시기는 20세기 초의 일이지만, 규격화된 생산은 무려 반세기나 지속되다가 20세기 중반기에 와서야 미국이 가장 큰 농산품 수출국이 되었는데, 규모화, 규격화, 규범화를 실현하기 전까지만 해도 미국의 수공생산품의 수출 이윤에 누가 되지 않았음을 알 수 있다.

2차 세계대전 전에 미국은 이미 대형 농기계를 사용해 규모적 생산을 할 수 있는 능력을 보유하고 있었다. 그러나 당시 미국은 대량의 이민을 받아들여 농업생산의 육체 노동력을 모두 고용 인력의 수작업을 통해 완성하였는데, 농업에 종사하는 외국의 고용 인력은 마르크스가 『자본론』에서 제공한 농업 노동자와 거의 차이가 없다. 이러한 배경에서 어떤 농장주도 농기계를 사용하여 농업생산을 하지 않았다. 2차 대전이 끝난 후 노동력의 부족으로 노동자의 임금이 계속 상승하자 대형 농기계를 구매하는 사람이 나타났다.

---

16 周建華, 胡躍紅, 「美國農業補貼政策的調查及启示」, 『求索』, 2006(2), p. 44.

그 후 미국이 맹주 지위를 확립함에 따라 저가로 판매되는 석유 에너지에 의해 대형 농기구의 보급과 확산이 실현되었다. 이 시기 값싼 석유에 의지하여 비료와 농약 생산이 전면적으로 보급되어 농목축업 생산에 대규모로 사용되었다. 이 시기에 와서야 농산품의 소위 규모화, 규격화, 규범화가 최종적으로 현대 집약형 농업경영의 중심사상으로 확립되었다. 이로부터 농산품에 대한 '규모화', '규격화', '규범화'의 요구가 제기되고 농업 보조금과 농산품 덤핑 판매가 국제시장을 좌우하게까지 되었는데, 역사적 발전과정을 보면 동시에 발생하지 않았을 뿐만 아니라 필연적 관계도 존재하지 않기 때문에 규모화, 규격화, 규범화 지표로 소수민족의 전통생계를 엄격하게 요구하는 것은 그야말로 역사적 사실을 왜곡하는 것이다.

둘째, 전통 농목축 생산품 및 가공 상표 규범과 생산품 규격은 일반적으로 역사적 과정을 거쳐 형성된 것이지 규모화, 규격화, 규범화를 배경으로 나타난 것이 아니라는 점을 분명히 해야 한다. 예를 들면, 프랑스의 고급 와인, 치즈, 절인 고기, 이태리와 발칸반도에서 생산된 올리브유, 장미유 등이 이런 경우에 속하는데, 이런 고급 생산품은 지금도 여전히 수작업을 고집하고 있다. 이는 선진국의 전통생계 생산품이 전 세계적으로 잘 팔리는 데는 규모화, 규격화, 규범화의 규제를 받지 않았음을 의미한다. 그렇다면 왜 중국 소수민족의 생계에서 형성된 생산품은 규모화, 규격화, 규범화의 규제를 받아야 할까? 특히 오랫동안 높은 명성을 유지해온 고급 생산품에 대해 규모화, 규격화, 규범화의 요구를 제기하는 것은 전혀 도리에 부합되지 않는다. 황강의 양질의 찹쌀을 그 예로 살펴보면, '구양탕'과 같은 찰벼는 정상적인 상황에서 생산량이 극히 제한적인데, 여기에 규모화, 규격화, 규범화의 요구를 제기하는 것은 더욱 정당하지 않다. 이 외에도 신강 지역의 소수민족이 수작업으로 만든 카펫, 하서주랑河西走廊의 '이탄二灘' 양가죽과 내몽골 아라선기阿拉善旗(Alashanqi)의 낙타털 등이 있다.

셋째, 유럽 선진국의 농목축 생산품은 대부분 원료 재가공 제품들이며, 원료는 분산적으로 구입한 것으로 생산품의 규모화, 규격화, 규범화는 가공기업 자체에서 제한하지 원료 생산과 직접적으로 연관이 있는 것은 결코 아니다. 예를 들면, 미국의 코카콜라에 사용되는 주종 농산품 원료는 옥수수인데, 공장에서 옥수수를 이용해 포도당을 생산하는 과정은 확실히 규모화, 규격화, 규범화되었지만 이 음료의 많은 향료는 곧 라틴아메리카에서 구입한 것이지 결코 스페인 국적의 농민들이 생산한 것이 아니다. 이로 보아 생산품의 가공단계에서만 규모화, 규격화, 규범화가 관철되면 되는데, 전통생계 생산품도 마찬가지로 이를 적용해 순조롭게 시장으로 제품 출시를 하면 되지 원료 산지에 까다롭게 규모화, 규격화, 규범화를 요구할 필요가 없다. 코카콜라 외에도 커피, 시가의 생산도 이와 비슷하다. 따라서 중국의 여러 소수민족의 전통생계 생산품도 규모화, 규격화, 규범화가 이루어진 후에 시장 진출이 가능하다는 것은 가혹한 요구임에 틀림없다는 것을 알 수 있다.

넷째, 농목축 생산품의 규격으로 품질을 보증하는 것은 전체 생산과정을 통하여 더 규제할 수 있을 뿐만 아니라 사회제도를 통해서도 더욱 보증할 수 있다. 이것은 나라마다 방법이 다른데, 다음에서는 한국의 친환경 농업을 실예로 살펴보려고 한다. 한국에는 아직도 개별 농가가 많이 분산되어 있고, 중국과 달리 이렇게 분산된 농가 모두 각종 종교 조직의 협조 하에 여러 농업협회를 구성하고, 이런 농업협회가 제정한 규정에 의해 농목축 생산품의 품질과 규격을 보증함과 동시에 농민의 이익을 보장하고 농산품의 가격을 안정시킨다. 한국인의 사상에 '신토불이'라는 양생법[17]을 내세우는데, 이는 현지에서 생산된 농산품이 영양이 가장 좋고 건강에도 가장 이롭다는 이유에서이다. 이는 농민 협회의 주장이 전 사회의 이해와 지지를 얻으면서 '친환경 농업'운동을 불러일으켜 한국 전통농업의 존재와 발전을 유지하고 보호하였다. 따라서 한국 농민이 이를 해낼 수 있었던 만큼 황강 주민에게도 불가능한 일은 아니다.

황강 동족 지역 사회에는 전통생계 방식 외에 또 다른 사회적 재산인 전통사회 조직과 '동관'이라는 관습법이 있는데, 지금까지 이를 언급한 학자는 많지 않다. 그 내용이 현재까지 이어져 온 지속성과 사회 규약의 효과성에 대해서는 위에서 이미 언급했기 때문에 여기에서는 전통생계 생산품의 상품화에 대해 소개하려고 한다. 전통생계가 형성한 생산품과 관련해 위에서 이미 충분히 검토했는데, 생산 과정과 관련된 중요한 단계와 항목

---

17 이을호, 『사람과 자연은 하나다』, 서울: 지식산업사, 1993.

이 아주 많고 복잡할 뿐만 아니라 생산도 가정 중심으로 실시되므로 생산품 질량의 규격과 생산량은 생산과정에서 효과적인 감시와 제어를 근본적으로 실시할 수 없기 때문에 황강의 농목축 생산품이 시장에 진입하는데 커다란 제약 요소로 작용한다.

한편 생산품 소비가 아주 큰 호환성을 가지고 있고, 서로 다른 품질과 규격의 생산품은 이 지역에서 소비되는 과정에서 나름대로 역할을 해 유용한 소비로 되게 한다는 황강에 유리한 조건도 있다. 따라서 소비 단계에서 유리한 사회제도를 통해 품질을 보증하지 않고 규격에 문제가 있는 생산품을 분리해 내는 것은 완전히 가능한 일이다. 즉, 황강의 전통생계에서 생산된 농목축 생산품은 비록 질량이 안정적이 않고 통일된 규격이 없지만 사회적 수단으로 규격이 통일되고 품질이 보장된 생산품을 걸러낼 수 있다는 것이다. 또한 이를 기초로 전통생계 농목축 생산품의 서로 다른 두 체제를 병행할 수 있다. 예컨대, 생산된 농목축 생산품 중에서 품질이 안정적이고 규격이 통일된 생산품을 선택해서 외지에 판매를 하고 나머지 생산품을 자기 소비하는 것에 만족한다는 자급과 외부시장 둘 모두를 목표로 소비할 수 있는데, 이 방법은 자연히 시장에 제공하는 생산품에 대해 집중적인 규모화 및 집중적 포장을 하고 품질을 통일화한다.

요컨대, 시장 진입의 규모화, 규격화, 규범화 요구는 생산 단계에 대한 요구가 아니라 생산품의 마지막 단계에서 사회체재를 통하여 실행하는 것으로 전통생계를 실질적으로 개조하지 않는다는 전제 하에서 비교적 간편한 수단으로 상품의 시장 진입에 규모화, 규격화, 규범화 요구를 충족시킬 수 있다. 이러한 저자의 주장은 근거 없이 제기한 것이 아니며, 과거 황강은 일정한 규모의 전통생계 생산품이 안정적으로 시장에 진입하였다. 예를 들면, 절인 오리알과 피단(즉 송화단)이 바로 이러한 체제를 통하여 여평, 종강 두 현의 재래시장을 확고하게 점령하였고, 외부 중간상이 재래시장에서 사들인 생산품을 다시 포장해 광주 등지로 판매하고 있다. 황강에서 생산한 양질의 찹쌀도 중간상을 통하여 정밀하게 도정한 후 다시 포장해 높은 가격으로 시장에 판매된다. 이를테면 2007년 중간상은 황강에서 1kg에 6위안의 도매가격으로 찰벼 5톤을 구입하여 다시 포장한 후 귀양에서 12~15위안의 가격으로 도매로 팔았다. 이로 보아 사회체재를 통해 규모화, 규격화, 규범화를 실현할 수 있을 뿐만 아니라 높은 금액의 이윤도 얻을 수 있다.

현재 황강의 촌락노인 의사회는 아주 높은 권위를 아직 유지하고 있어 촌장과 서기 모두 자발적으로 그들의 의견과 결정을 존중한다. '노인이 마을을 관리' 하는 전통적 행위 방식은 모든 황강 주민을 여전히 효과적으로 통제할 수 있다. 촌락노인 의사회의 유력한 지지를 받으면 비교적 정확하게 시장 동향을 장악하고, 그들이 직접 황강 전통생계 생산품의 도매 판매를 조직할 수 있는데, 이에 성공하기만 하면 이들의 명망도 한층 높아진다. 황강의 농목축 생산품이 시장에서 지속적으로 유통될 전망은 높다. 물론 구체적인 조직방법에는 아주 많은 시장 경험과 그와 관련된 기술, 기능 등이 있지만 모두 결정적 요소는 아니다. 왜냐하면 이러한 문제는 인재 영입을 통하거나 고용 직원을 모집하는 방식을 통하여 적절하게 처리할 수 있기 때문이다. 황강의 여러 농민과 여러 가정의 전폭적 지지와 적극적인 협력만 있으면 다른 어려움은 모두 쉽게 극복할 수 있다.

한편 역사적 원인으로 황강과 점리의 두 동족 마을은 이 지역에서 아주 높은 명망이 있음을 알아야 한다. 이 두 마을이 나서서 다시 '합관'체제를 가동하고 상업무역 동맹을 토의하여 결정하며, 비교적 큰 지역의 동족 주민들과 협조하여 대외로 민족을 위해 시장에서 이익을 챙길 수 있을 뿐만 아니라 실행 가능성이 아주 높고 성공 확률도 상당히 높다. 한편 최근에 이 지역의 '동족 대가侗族大家'는 홍보를 강화하고 무형문화재 보호정책의 추진과 더불어 지명도가 많이 높아졌다. 황강과 주변 지역에서 생산한 농목축업 생산품도 이로 인해 비교적 높은 지명도와 신용 보증을 얻어 무형 자본을 형성하고 있다. 이러한 배경 하에서 현재 동족 전통사회의 조직규범과 전통 관습법을 충분히 이용하고, 이 기초 위에서 상업적인 동맹 내용을 주입하면 전통적 사회제도는 이 지역의 오늘날 상업활동에 완전히 기여할 수 있고 지속적인 시장화를 위하여 제도적 보장도 제공할 수 있다.

전통생계에 의한 생산품이 시장 운행 과정에서 갖는 또 다른 잠재적 우세는 시장의 지속적 운행을 지지할 수 있다는 것이다. 주지하다시피 어떤 시장이든 가격 리스크가 있기 마련이고, 대규모로 생산된 생산품은 이윤 보상이 넉넉하긴 하지만 시장 리스크도 상대적으로 크다. 대신 전통생계에 의한 생산품은 이와 달리 생산품의 생산량이 크지 않지만 생산품 종류가 다양하고, 개별 생산품의 가격이 폭락하여도 전체 전통생계의 운행에 큰 손실을 입히기에는 절대 역부족이다. 가격이 떨어진 생산품을 자기가 소비하는 것으로 전환시키면 시장 리스크도 따라서 해결된다. 다원화된 생산품이 병존하는 구조는 손해와 이익이 있기 마련이고, 이것들이 서로 상쇄하는 결과는 어떠한 형식의 시장 리스크도 해소하기에 충분하다. 황강 주민은 '현상을 유지하면서 다가올 변화에 적절히 대처'함으로써 안정적으로 시장에 진입하여 지속적으로 운행할 수 있다. 요컨대, 전통생계 생산품이 시장에 진입하면 큰 이윤은 가져올 수 없지만 작은 이윤은 지속적으로 보장되고, 어떠한 형식의 시장 리스크도 성공적으로 회피할 수 있다. 이는 전통생계 생산품이 지니는 시장에서의 장점이면서 단점이기도 하다. 이것을 잘 파악해야 지속성이 피해를 보지 않는다.

황강 주민에게 가장 가치를 지니는 정부의 역할은 정보 제공과 상업 무역의 중간 고리를 순조롭게 연결시켜 주는 것이다. 전통생계 방식에 의한 생산품은 기존에 주로 자급자족을 확보하는 것이 목적이지 시장을 상대로 생산을 한 것이 아니기 때문에 이를 잘 알고 진정으로 이해하는 사람은 아주 제한된 사람들로 겨우 농촌의 재래시장의 소수의 중간상에 불과하므로 시장 동향과 정보가 생산품 가격의 실현에 직접적으로 영향을 준다. 그러나 그들이 생산해내는 양이 워낙 적어서 정보 제공과 상업무역 중간상 서비스를 제공한다 하더라도 이윤을 확보할 수 있는 공간이 별로 크지 않을 수도 있기 때문에 성숙된 시장체제는 이런 생산품의 존재를 거들떠보지도 않는다. 이는 전통생계 방식에 의한 생산품이 규범화된 시장에 진입하기 어려운 큰 장애물이다. 황강에서 생산된 찹쌀과 기타 농목축 생산품은 오랫동안 농촌의 재래시장을 통해 판매되었다. 계획경제 시대에서만 정부는 일정 규모로 이 생산품들을 장악할 수 있었다. 이를 제외하고는 농림 부문의 기술 인원이 이러한 생산품에 대해 비교적 잘 알고 있다. 이러한 배경 하에서 황강 주민이 상품 정보와 생산품의 중계 서비스를 확실하게 제공하면 생산품의 시장 진입은 완전히 가능하다. 그러나 이러한 서비스는 단기간에 이익을 내지 못하고, 이러한 상황에서 분명히 정부의 지지와 도움이 뒷받침되어야 한다.

최근에 다행히 해외기금 기구와 자선조직의 개입으로 황강과 외부와의 정보가 유력하게 연결되고, 관련 연구 성과와 보고가 세상에 나와 황강 생산품의 시장 진출을 추진했다. 저자가 이 책을 마무리할 무렵에 해외기금에서 황강과 주변 지역에 대한 연구에 대해 떠들썩하게 관심을 보이고 지지를 보내왔다. 이러한 배경 하에서 황강의 양질의 찰벼는 비로소 대량으로 시장에 진출을 하고 비교적 높은 시장 가격을 얻게 되었다. 비록 이익을 보는 자들이 중간상이기는 하지만 좋은 징후로, 이는 전통생계 방식에 의한 생산품의 시장으로의 진입이 결국 시간문제임을 의미한다. 이것에 대해 저자는 아주 자신 있고 또한 자신의 노력을 통해 황강 및 황강과 유사한 지역의 여러 민족 주민의 시장 진입에 지지를 보낼 것을 약속한다. 이는 결코 동정이나 자선 사업에서 출발한 것이 아니라 중국의 생태적 건설에 필요하기 때문이다. 만약 시장의 지지를 얻지 못하면 전통생계 방식은 영원히 주변으로 밀려나고, 전통생계와 관련된 생태 건설도 잘 완성할 수 없고 생태 건설이 지속가능한 발전을 하지 못하면 모든 사람에게 슬픔이기 때문이다. 사람들이 이에 깨닫는 바가 있어 전통생계의 집행자에 더욱 확실한 도움과 지지를 준다면 인류의 생태적 안전은 비로소 보장될 수 있을 것이다.

제15장

결론 및 토론

제15장

결론 및 토론

　생태농업과 무형문화에 대한 보호는 현재 가장 이슈가 되는 두 주제인데, 이러한 주제가 사람들의 관심을 끌게 된 데는 사실 파헤쳐 말하기 힘든 고충이 있다. 비슷한 주제의 기대 목표는 얼마 전까지만 해도 사람들이 이미 공유한 것으로 현대적 발전 속에서 우리와 점점 멀어져만 가고 있다. 우리가 이해하는 '현대화'를 포기할 생각이 없고, '현대화'로 인해 이리저리 흩어진 '전원 목가' 식의 여유도 포기하려 하지 않는 만큼 이러한 사치 앞에서 두 마리 토끼를 다 잡을 수는 없는 법이다. 어쩌다 현대화와 글로벌에 의해 현대화가 형성한 현상에 말려들어 현대 농목축업과 전통생계의 장단점을 비교를 해야 된다면 우리는 수렁에 깊이 빠져 들어 영원히 헤어나지 못할 것이다. 이처럼 기이한 현상에 헤매지 않기 위해 저자는 문화인류학의 이론과 분석 방법에 근거해 전통생계에 대해 다시 살펴 본 결과 전통생계라고 하는 것은 사실 하나의 극히 모호한 개념으로 특정한 민족문화의 일부라는 것을 찾아낼 수 있었다. 그것의 존폐는 민족문화와 차이가 없는데, 이는 전통문화를 문화변동의 모델에 포함시켜 분석해야한다는 관련된 분석에 돌파구를 제공한 셈이다.

문화의 변화 메커니즘과 관련해 스튜어드는, 문화변동은 민족문화가 특수한 역사적 과정, 문화 전파 및 생태계의 복합적인 영향을 받는다고 일찍이 지적한 바 있다. 그렇다면 전통생계의 변화도 동일한 영향을 받는다고 해야 할 것이다. 이러한 영향은 문화적 속성에서 유래한 것으로 현재의 전통농업은 물론 수십 년 내지 수백 년 전의 전통농업의 변화도 모두 동일한 영향을 받고, 미래 농업은 더욱 예외일 수 없다고 보아야 할 것이다. 왜냐하면 스튜어드가 제시한 3대 요소를 현대화 과정에서 하나도 잃어버리지 않은 것으로 보면 전통농업의 지속가능한 발전의 문제는 분명히 실질적 의미가 없기 때문이다. 모든 형식의 민족 생계는 끊임없이 진화하기 때문에 그 중의 어떤 특점特點만을 고수하려 한다면 분명히 지속적으로 발전할 수 없다. 지구 생명체계에 대한 인류사회의 의존성을 고려한다면 인류의 생계는 인류가 멸망하지 않는 한 지속적으로 발전할 것이다.

문화인류학은 백 여 년의 발전을 거쳐 문화의 일체감, 구조기능주의와 문화상대주의가 사람들의 마음에 깊이 침투되게 했다. 문화의 일체감에서 출발하면 어떤 민족의 생계든 하나의 통일체로 불가피하게 외래문화의 영향을 받아서 외래 생계요소를 받아들일 수밖에 없고, 이러한 수용은 외래 생계요소를 기계적으로 생존방식 안으로 받아들이는 것이 아니라 외래 요소를 흡수해 다시 유기적인 전체로 되게 해 안정적으로 지속되게 한다는 전통생계와 관련하여 단 한 가지 결론 밖에 있을 수 없다. 이런 의미에서 현대 농목축업이든 전통생계이든 양자에 차이가 있지만 변화 불가능한 것이 아니고 내 안에 네가 있고, 네 속에 내가 있기에 현대와 전통을 강제로 구분하는 것 자체에 어떤 동기가 은폐되어 있기 마련이다.

구조기능주의 관점에서 출발하면 다음과 같은 결론을 얻을 수 있다. 서로 다른 민족의 생계방식은 하나의 체계를 이룰 뿐만 아니라 구조와 기능 모두 아주 정교하고 효과적으로 작동한다. 생물학자의 언어로 표현하면 그것은 스스로 자기조정능력을 가지고 있어서 모두 독립적으로 운행할 수 있고, 운행의 목표는 각자 수요를 만족시키는 데 있다. 따라서 그들 간의 교류는 작용과 반작용에서 분명히 비대칭적이고, 필연적으로 다중적 인과관계로 복합적이고 복잡한 상태로 나타난다. 이러한 상호작용의 특징과 복잡성은 현대 농업과 전통생계 간에도 불가피하게 존재한다. 농업 · 임업 · 목축업의 생산과 각자가 처한 생태계 간의 상호작용도 마찬가지인데, 지구 생명체가 다양한 생태계로 구성된 것이라고 할 때 농임목축업은 당연히 다양하게 공존을 해야 하고, 그 결과 현대 농목축업이든 전통농업이든 그 사이에 뚜렷한 호환성이 없고 필연적인 교체성도 존재하지 않기 때문에 당연히 병행하여 존속하는 형식으로 존재할 수밖에 없다. 이러한 이해는 멜빌 허스코비츠가 지적한 '문화접변'과 근본적 의미에서 서로 일치하다. 이는 현대농업이든 전통생계이든 동태적 과정에서 모두 지속가능하고, 단지 어떤 규모로 병존하느냐에서만 차이가 있다는 것을 의미한다.

문화상대주의에서 출발해도 존재하는 모든 생산방식은 그들에 적합한 환경, 범위, 연속 가능한 시간대 등이 서로 다르기 때문에 상호 간에 우열의 차이가 없다는 결론을 얻을 수 있다. 따라서 이들 간의 옳고 그름과 공과를 충분히 비교해 실질적으로 의미가 있는 결론을 얻을 수밖에 없어서 사람들에게 현대농업은 반드시 전통생계보다 훌륭하다는 가상假像을 줄 수밖에 없는데, 이는 현재 가장 사기성을 지닌 가상에 속한다. 진상眞相은 아주 분명하다. 석유자원이 부족하거나 현대농업을 실시하는 선진국들이 농업 보조금 정책을 시행하지 않으면 어떤 형식의 현대 농업이든 절대로 전통생계보다 결과가 좋을 수 없다는 것이다.

이 책에서는 위의 논리 관계를 황강 동족의 전통생계를 실례로 들어 하나씩 제시해서 전통생계가 지니는 가치를 더욱 쉽게 이해하도록 했다. 물론 이것을 통해 현대농업의 존재 가치를 결코 부정하려는 것이 아니라 단지 보편적인 존재 형식에 불과하다는 것을 지적하고자 한다. 예컨대, 전통생계의 가치가 인류사회의 미래를 대표하지도 않고, 전통생계의 능력을 소진하지도 않고 오히려 황강 동족의 전통생계에서 출발하여 현대화에 열중하는 이들이 이를 통해 교육적 의미가 있는 깨우침과 참고를 얻게 하려고 한다. 따라서 이는 사람들에게 지금 이 시대의 각종 생태 문제와 사회 문제를 해소하는 데 적극적인 기여를 할 수 있다. 이러한 기여는 다중성을 지니고 있고, 구체적인 내용은 이 책에서 이미 차례로 분석하였다. 문제를 더욱 집중적으로 이해하기 위해 이러한 내용을 다음 몇 가지 측면으로 종합해 논의할 필요가 있다. 구체적으로 소개하기 전에 반드시 짚고 넘어가야 할 것은 이 몇몇 측면의 내용은 모두 깊이 분석해야 하는 중대한 연구 과제이며 이 책의 연구는 단지 하나의 의견을 제시한 것일 뿐 앞으로 학계의 많은 관심을 기대하는 바이다. 이러한 연구 과제를 제기한 목적은 동료들의 관심을 불러 일으켜서 연구를 공동으로 진행하여 인류를 행복하게 하고, 이롭게 하기 위한 데 있다.

1. 전통생계에 대한 새로운 인식

장기간 사람들은 전통생계와 현대생활을 대립시켜 왔는데, 현대화가 추진됨에 따라 '낙후'된 민족의 전통생계는 궁극적으로 '선진' 민족의 농경방식에 의해 대체된다고 보았다. 그러나 저자가 황강 마을 현장조사에서 수집한 자료와 한문 문헌에 기록된 자료를 결합하여 보면, 과거 전통생계에 대한 정의에 오류가 있다는 것을 발견할 수 있었다. 즉, 단순히 과거의 시간 측면에서 전통생계를 고려하고, 전통생계는 지금 바로 철저히 도태되고 사라질 비과학적인 생산과 생활방식으로 여겨 왔던 것이다.

반면 저자는 어떤 민족의 전통생계 방식이든 단순히 시간의 측면에서만 정의를 내릴 것이 아니라 자연, 생태, 민족문화 차원에서 종합적인 정의가 필요하다고 주장한다. 왜냐하면 어떤 민족의 전통생계이든 그것은 특정한 자연 및 생태환경에 대한 자연적 적응이 누적된 결과이면서 주변 여러 민족의 객관적 존재에 대한 사회적 적응의 산물이기 때문이다. 예컨대, 각 민족의 전통생계가 지금까지 이어져 올 수 있는 것은 전통생계가 일정한 기준이나 원칙 없이 존재하는 살아있는 화석이 아니라 사회적 적응에 참여한 현대 사회의 복합적인 산물이기 때문이다. 우리가 관찰할 수 있는 전통생계도 어느 정도 현대 사회 특유의 내용을 포용하고 있다.

마찬가지로 현대적 생산과 생활도 그저 순수 현대적 내용이 아니라 필연적으로 기나긴 인류 역사에 누적된 전통 요소들을 반드시 포용하게 되어 있다. 따라서 '전통생계'와 '현대적 생산이나 생활 방식'은 상대적 가치만 있지 절대로 전통생계를 도태시킬 수 없으며, 전통생계도 현대화 과정을 끊임없이 겪기 때문에 양자는 장기간 공존하면서 계속 발전할 것이다. 인류 사회가 발전하는 한 '현대'만 있고 '전통'은 없는 일은 없을 것이다.

이에 저자는 어떤 민족의 전통생계이든 단순히 순수 농업, 임업, 목축업과 어업에 귀속시키기 어렵고, 이러한 산업은 고도로 복합적인 형식으로 존재하며, 이것을 독립적으로 운행된 생계의 기능과 기술의 총체로 본다. 전통생계를 집행하기 위해서는 반드시 지역에 관한 풍부한 지식과 기술·기능을 잘 알아야 한다. 이러한 전통지식과 기술·기능은 대대로 내려오면서 누적되는 과정에서 자신들이 처한 자연생태 환경에 적응한 결과이자 민족문화와 긴밀하게 결합되어 있고, 문화의 유기적 구성부분으로 되었기 때문이다. 따라서 한 민족의 전통생계를 전체적으로 연구하려면 반드시 문화인류학의 문화적응 이론을 기초로 하고, 지금의 과학기술 수준에 입각하여 문화적응에 대해 새롭게 인식하고 이해를 해야 한다.

2. 전통생계의 생태적 가치

황강의 개별적인 사례를 통하여 우리는 황강 동족의 전통생계 방식이 생물의 다양성과 지속가능한 생태적 환경을 보호하고 있을 뿐만 아니라 강 하류 수자원의 안전한 이용에도 크게 기여하고 있는 것을 알 수 있다. 이 책에서 황강 동족의 전통생계의 전승에 대해 소개를 했는데, 중국의 수자원 저장에 대한 의의는 다음과 같다. 첫째, 정부에서 황강 주민에게 국가 수자원의 부족 현상을 소개해서 그들이 각자 전통에 따라 특종 찰벼를 재배하고 논에 물고기를 기르도록 장려하는데, 이는 대형 저수지를 건설하는 것과 맞먹는 것으로 이렇게 하면 효과적으로 중국의 수자원 공급의 불균형 문제를 해결할 수 있다. 둘째, 이러한 '민간의 소형 저수지'는 조성하기만 하면 항구적 효과를 지녀 운행과 유지 보수 비용을 다시 투입할 필요가 없기 때문에 강 하류의 중대형 도시와 공장, 광산 기업의 수자원을 균형적으로 보급할 수 있다. 셋째, 정부는 황강 주민이 전통생계 방식으로 계속 농사일을 하고 작업하는 것을 격려하고, 양어장과 보조 설비, 수리설비 건설을 확대하며 포동 작업을 계속 실시하도록 하는데, 이는 하천 하류에 있는 여러 민족이 건조기에 대규모 담수를 무료로 보급할 수 있도록 확보해서 하천의 해수 역류로 인한 재난을 완화하는데 도움이 된다. 넷째, 정부는 황강 지역에서 생활하는 민족이 전통생계 방식에 의해 산지 밀림을 잘 관리하고 보호하며, 힘을 다해 산림의 층위 구조를 개선하고 농경지의 녹초벨트를 보호하며 산림 생태계의 수리 축적능력을 높이도록 적극 격려하는데, 이는 대형 수리공정을 세운 것과 효과가 같기 때문에 장마철에 서강西江의 홍수 방지

부담과 홍수 방지 투자를 대폭 줄이고, 건조기에도 주강의 중하류 수자원 공급 부족을 완화시켜 일거양득의 효과를 가져오게 한다.

황강 마을의 조사자료는 사람들에게 뜻밖의 시사점을 제공한다. 즉, 중국 남부 지역의 백월족에 속하는 여러 민족의 전통생계 방식은 현대화를 이룬 오늘날에도 여전히 어마어마한 경제적 사회적 발전 잠재력뿐만 아니라 생태적 가치를 지닌다는 것이다. 수자원의 재생 저장 가치와 홍수 저장 가치가 그러하다. 이는 중국의 수자원 부족을 완화하는 데 새로운 희망임에 틀림없다. 그러나 상류 주민의 발전 권리와 하류의 생태적 안전 간의 모순을 무시하면 안 되며, 이러한 모순은 생태적 보상이라는 방식을 통해야만 극복할 수 있다. 어떻게 보상을 하고 어떻게 지역 간 협조를 이루는지 등의 난제는 더욱 심도 있게 연구를 해야 한다.

3. 산림과 논의 공존 방식

토양의 유실은 지금 사회 및 경제발전의 중대한 장애가 되며, 국제적으로도 매우 중요한 문제가 되고 있다. 중국은 토양유실이 가장 심각한 국가이면서 인구와 수자원 점유량 간에 모순이 가장 첨예한 국가이다.[1] 따라서 생태붕괴, 토양유실 등 어려운 문제를 해결하기 위해 중국은 1978년부터 '삼북三北' 지역 방재림체계구축 사업[2]을 시작하였는데, 일부 서부 지역에서 실시한 경작지를 삼림으로 환원하는 작업을 기초로 해 1999년에 각 지역에서, 특히 경사도가 25도 이상인 비탈 지역은 일률적으로 경작지를 삼림으로 환원하는 정책을 실시하고 관련 지역의 생태자원의 과도한 이용을 못하게 했다.[3] 이러한 정책은 일정한 효과를 얻기는 했지만 경작지를 삼림으로 환원하는 작업으로 경작지가 줄고 이로 인해 사람과 산림이 땅을 두고 쟁탈하는 모순이 일어나 철저히 해결되지 않고 있다.

---

1 史更申,「水土流失极其防治對策」,『中國人口, 資源與環境』1994(9).
2 谷振賓, 王立群,「我國退耕還林生態影響及其評估研究進展」,『生態經濟』, 2007(5).
3 崔科, 張大紅等,「退耕還林生態學與經濟學理論依據探索」,『林業經濟』, 2003(5).

관습적 관념에서 고정적인 농경지 조성과 산림의 존재가 서로 대립되어 양자는 겸용되기 아주 어렵다. 유경 문화를 연구하는 인류학자는 이미 유경 문화가 산림과 아주 잘 겸용한다는 것에 주의를 돌렸지만, 고정적인 농경지의 조성, 특히 논이 산림과 겸용될 수 있는지에 대해서는 깊이 연구를 하지 않았다. 황강 현지의 동족 주민은 산림, 산림 논, 심수 양어장과 마을 건축에 대한 전체적인 계획을 잘 이용하여 중력 침식과 수력 침식 피해를 철저히 피할 뿐만 아니라 산림의 생태환경도 보호하고, 생태환경도 효율적으로 이용한다는 것을 조사를 통해 발견할 수 있었다. 이 개별 사례는 고정적인 논과 산림은 병존할 수 있을 뿐만 아니라 아주 높은 적응수준을 가져올 수 있다는 것을 이미 사실로 입증했다. 이러한 생계방식은 중국의 유사한 지역에서 경작지를 삼림으로 환원하는 정책을 실시한 후 일어나는 발전과 보호 간의 모순을 해결하는 데 참조할 수 있는 성공적인 사례를 제공했다. 황강 지역의 생태적 환경과 아주 크게 차이가 나는 지역, 예를 들면 사람과 목축지, 사람과 호수 간의 토지 쟁탈이라는 모순에 대해서는 더 깊이 연구해야 할 필요가 있다.

4. 전통생계의 변화가 가져다 준 교훈

민족문화는 질서 있는 하나의 통합된 전체이고, 작은 문화요소의 변동일지라도 새로운 문화적 구조 기능의 조정을 불러일으킨다는 것을 문화인류학은 강조해 왔다. 따라서 문화요소의 도입은 행복을 가져다 줄 수도, 재난도 불러일으킬 수도 있는데, 공교롭게도 전통생계의 현대적 변화는 문화의 사회적 적응에 속하기 때문에 현대적 변화를 대함에 있어 매우 신중을 기해야 할 뿐만 아니라 장기간 시험 과정이 절대적으로 필요하다. 황강 주민이 배육해 낸 새로운 찰벼 품종은 즉시 널리 보급할 수 없는데, 새로운 품종은 오랜 시간의 시험적 재배과정을 통해 전체 사회로부터 인정과 지지를 얻어야만 차츰 보급되고 정형화될 수 있다.

불행하게도 황강 마을에 잡종벼와 화학비료, 농약을 도입한 것은 확실히 아주 경솔하고 무책임한 것으로 마땅히 큰 교훈으로 삼아야 한다. 어떤 신기술의 보급도 여러 민족 문화의 자연적 적응성과에 의해 받아들여질 수 있는지 보아야 할 뿐만 아니라 전통 사회

조직과 전통 관념의 수용 정도, 당사자들의 염원을 고려하여야 한다. 신기술의 보급은 장기간의 조정과정이 필요한데, 이 과정에서 부적합한 것은 도태시키고, 유리한 것은 받아들임으로써 신기술은 이러한 과정을 통하여 정형화된 후에야 비로소 보급에 성공할 수 있다.

　정부는 황강에 교잡벼, 화학비료, 농약을 보급함에 있어 현지의 사회경제 발전에 동기를 두고 황강과 같은 지역에서 실시되는 전통생계는 기술이 아주 낙후되고 사상도 시대에 아주 뒤떨어져 있기 때문에 선진적인 과학기술을 통해서야만 이런 지역에서 진정으로 발전할 수 있다고 보았다. 그러나 사실은 이러한 염원과 달리 위에서 언급한 것처럼 교잡벼, 농약, 화학비료 등 현대문명의 산물을 도입한 후 불러일으킨 전통생계의 변화는 흔히 생태적 환경에 대한 심각한 파괴로 나타났다. 따라서 이러한 결과를 가져다 준 문화의 형성원인에 대해 깊이 연구를 하면 현지 정부의 농촌 업무에 참고할 수 있는 일정한 가치를 제공할 것이다.

부록

부록1

비문 1

"重申舊例督催夫役修繕城垣碑", 其碑文如下:

竊以人非金石, 未能與山岳綿延. 世冑頻更, 風氣殊難述古, 所以先輩勒書刊銘以志千古章程不易者也. □等因黎平府属由南第十段城垣, 册載黃崗九處供夫二十名修理. 昔因坍塌, 尚有争端, 于道光二十年控徑府主黃公斷. 立有石碑, 明白派定. 迄今年夕, 不料光緒二十年, 本段城垣坍塌, 有在位之榕硐七處推閃翻興不修, 因而禀控. 合將俞主批示斷案完結, 錄由再行勒石, 于后爲据.

光緒二十一年十一月二十八日, 吳鳳鳴, 吳明理, 文忠以懇恩查案等情禀榕硐, 占里, 戶宗, 銀潭, 高武, 上歹, 下歹七處一案. 奉黎平府正堂俞批准, 派傳各處承修可也.

光緒二十年二月初三日, 吳鳳鳴等以斂錢惑愚等情, 禀榕硐石廷標等七處一案. 奉黎平府正堂俞批

案, 經差候集案訊斷, 幷將執照碑記帶案呈驗核奪. 二月十六日, 審訊. 蒙黎平府正堂俞公, 斷九處地方供夫, 飭押石廷標, 潘榮隋以昭警戒. 十八日, 吳鳳鳴等以明遵暗阻等情續石廷標. 奉黎平府正堂俞批, 候飭石廷標速即具結, 協同修理可也. 已照碑案伙修完. 合立刊碑!

俾子孫世垂久遠 黃崗小岭更等同立

비문2

魚梁

執貴州黎平府潭溪司正副堂加三級記錄五次石爲給照#業以免后患#道光元年四月十三日据己大寨民老喬老佑老望老居等具控龍林老弟龍艮老三老翻老劉等以皆案子苗争禀補案乾隆四十年內小岭已大争漁木梁控經先任案下臨河驗明登母河魚梁斷歸小領等寨管属至今四十余年老喬記道評詞控争今將登母河魚梁照歸斷小岭七百管業已大不得再生事端倘再違斷強#許爾等該民執照赴官定行嚴究遵之慎之毋違. 需照遵.

道光二年四月二十三日照
照司行　限日繳

부록3

비문 3

恩 垂 萬 古
主考學院

　欽加三品銜, 補用道, 特授貴州黎平府正堂, 加十級記錄, 二十次表 准奉
頂品頂戴兵部侍郎, 貴州巡撫部院, 黎出示禁事案査前撫.
　少子少保頭品頂戴兵部侍郎兼都察院右副都御史,　巡撫貴州等處地方提督軍？加？制通省兵馬御, 兼理粮响軍功加三級, 世襲云尉曾原示內開照得, 苗疆補定. 民圍未亟, 應剔除積蔽加意妥爲撫綏, 作長治久安之計. 兹据, 通省善后總局轉置都勻府羅守具禀, 地方官及土司衙門向有苗民輪流當差應夫, 幷供器具雜？復遇差使過境, 或因公下鄕的土司書役？爲一氣, 勒夫馬, 酒食. 无不恣意苛求. 且有營訊貞弁, 官紳責令苗民服役其？？目等.

부록 4

비문 4

"嚴禁出賣土地于外人修建墳墓碑", 碑文如下:

立議條規爲七百大小村寨齊集開會誓盟公議合志同心事

爲因圍山壠上抵自□□, 出岑告寨, 中過岭来彭落登脉, 上扒店與四寨公山交界. 下抵自石彭庶, 上紀天, 出水雜, 上弄述, 下紀棚子子, 過□□□破, 過□侖, 出到□□與小黃, 占里交界. 自公議公山之后, 不得生端. 七百大小村寨不拘誰人埋葬, 不得買賣之. 故随心随葬. □□倘有誰寨私賣與別人, 七百查出, 罰錢五十二串. 如有□名私買私賣者, 一經查出, 罰錢十二串. 倘有別人占□我等公山, 六百小寨必要報明示衆. 我等七百首人務要同心協力, 有福同享, 有禍同當. 今當天地誓盟公議, 以免后患, 永保无虞！所立此碑！永垂不朽！

七百首人 龍林老弟老艮

老三老翻老到

同心立碑

道光二年七月初十日

부록5
비문 5

條規A

　立議條規爲七百大小村寨齊集開會誓盟公議合志同心事爲因山壠上抵自？？出岑告寨中過嶺来彭落登脉上扒店與四寨公山界下抵自石鼓庶山紀天出水雜上弄述下紀棚孖過菁登流破過口兪出？欄與小黃占里交界自公議公山之后不得生端匕百大小村寨不拘誰人埋葬不得買賣之故随心隨葬？后倘有誰私寨私賣與別人匕百查出罰錢五十二串如有？名私買私賣者一經查出罰錢十二串有倘有別人佔？我等公山六百小寨必要報明示衆我等七百首人務要同心協力有福同香有禍同當今當天地誓盟公議以免后患永保无虞所立此碑永垂不朽.

　　　　　　　　　　　　　道光二年七月初十日 立
　　　　　　　　　　七百首人 老三老翻老到 龍林老第老良

부록6
비문6

公元一九八四

　立口議條規爲黃剛山場管理地界之立碑黃剛村山場管理地界從地名登交起隨利規口口口口起罵上列岩弄王鋼腊大嶺口嶺破口圖爲界右邊坡灯爲龍圖所管左邊坡爲黃口隨杠口嶺破口告已今殺現以埋岩口各族爲口落山場管下生子孫萬代永遠遵照

　首人

　黃剛村

　吳招興 吳家國 吳政國 吳老懂

　公元一九八四年十二月

　　　　　　　　　　　　　反面小碑: 十能 玉連 與龍所管 斷

부록7
비문7

城垣(B)

　具遵結潭溪司属小領寨民孟老喬今結列 大老谷台前綠吳老氣方開紊等與蟻等爭按第十段城垣夫段一案蒙恩差提訊情因恩主親告城垣各有段落凡遇塌坍向派各司寨地方催夫修葺現有乾隆年間？册昭然其各處派拔人夫均載明地方夫役名数惟所爭之第十段城垣欠載有潭溪属黃崗等寨夫二十名幷未指定應派地方以致蟻等兩案爭持控径案下蒙恩審訊体恤蟻等兩寨均属愚苗未知識務復蒙檢查加慶年間老按核閱第十段城垣不指蟻等兩寨應夫修理尚有上下歹？？洞戶宗？里艮潭高武等寨均系潭溪司属民苗城垣應系蟻等寨各寨派夫修理蟻等仰邀天恩與議各寨照依舊例均匀酌派永定章程斷會議等小議等小領應夫三名，黃崗應夫一名半上歹寨應夫二名，下歹寨應派夫三名容洞寨應派夫三名艮潭寨應派夫二名高武寨應派夫二名半戶宗寨應夫一名半？里寨應派夫一名半九寨共計夫二十名修理第十段城垣歹公年九？復蒙縣主慮恐蟻等各寨后有爭端賞給議等？示蟻等得爲子孫世守永遠遵行日后再不敢彼此推閃情示出具應夫修理遵結？實

　　　　　　　　　　　　　　道光二十年十二月二十八日給

부록8

비문8

城垣(A)

特投貴州黎平府正堂加五紀錄十次黃爲

循查舊章給示遵守事照得

　本府親轄城垣各有叚落如遇坍塌向派各司寨地方催夫修葺且乾隆年間立有卯册存查？其各處派發人夫均載明地方夫役各数照册催修？据小頌黃岡等寨苗民孟老喬吳老氣等互争等十叚城垣夫役只載潭溪司属小頌黃岡等寨夫二十名幷无指定應派何寨夫役若干名以致該苗民等互相推閃 本府堂訊之下該苗等簽称尚有上歹寨下歹寨戶宗寨占理寨銀潭寨高武寨均属潭溪地方且裝該苗民地方等附 而后懇請循查舊寨永定章程今 本府体恤該苗等均属子民照依舊例均匀酌派？ 有榕洞寨應派夫三名銀潭寨應派夫三名銀潭寨應派夫二名高武寨應派夫二名丰上歹寨應派夫二名下歹寨應派夫三名戶宗寨應派夫壹名半黃岡寨應派壹名半小岭寨應派夫三名共計貳拾名修葺城垣該苗民等均各悦服具結附春本府口該民等后世子孫口口争端合行賞給執照永遠遵守爲此示仰小岭黃岡等寨遵照俟后爾等如遇第十叚城垣坍塌爾等各寨各自照依舊例應派夫役各数各自估修完固毋得仍行推延自取究戻各？凛遵毋違特示

右示給黃岡寨苗民人等遵照

道光二十年十二月二十八日給執照

부록9

황강 마을의 절기별 주요 농사활동

월별 (음력 기준)	현재 주요 농사 활동		과거 주요 농사 활동	
	남	여	남	여
1월	땔감 장만	실잣기·베짜기	땔감 장만	실잣기·베짜기
2월	밭갈이, 마차로 비료 운반	밭갈이, 마차로 비료 운반, 실잣기	멜대로 비료 나르기, 황단나무 새순(秧靑, Dalbergia assaMica Benth) 채취	멜대로 비료 운반, 황단나무 새순 채취
3월	써레질, 벼씨 뿌리기, 밭갈기, 치어 번식 (입하부터)	땅콩·목화 재배, 밭갈기, 풋거름(green manure), 작물 채종(采种), 실잣기	써레질, 벼씨 뿌리기, 밭갈기, 치어 번식 (입하부터)	황단나무 새순 채취, 목화 재배, 밭갈기
4월	치어 번식, 써레질 (논은 많아서 2회, 밭은 3회)	밭 기슭 잡초 제거	써레질(과거 논·밭 모두 3회)	밭 기슭 잡초 제거
5월	오전 써레질, 오후 모내기 및 치어 뿌리기	오전 볏모 가르기·세척·묶기(扯秧), 오후에 모내기	오전 써레질, 오후 모내기, 치어 뿌리기	오전 볏모 가르기·세척·묶기, 오후 모내기
6월	고구마밭 파기, 이묘(덧 파종) 및 논물 보기, 김매기(薅秧)	고구마 재배, 김매기(언덕 당 1~2회), 람(藍) 수확해 인디고(藍靛, 남색 염료) 추출하기 시작	고구마밭 파기, 이묘(덧 파종) 및 논물 보기, 김매기(3회)	고구마 재배, 김매기(언덕 당 3회), 람 수확해 인디고 추출하기 시작
7월	논두렁 깎기, 논물 보기	논두렁 깎기, 염색	논두렁 깎기, 논물 보기	논두렁 깎기, 염색
8월	곡식 건조대 화량(禾晾)·곡식 창고 화창(禾倉) 보수 및 건축, 60일 차 찰벼(Kam Rice of China, Kam Sweet Rice)수확·인디카 종(籼稻) 가을걷이	다듬이질, 염색, 60일 차 찰벼 수확·인디카 종 가을걷이	곡식 건조대 화량, 곡식 창고 보수 및 건축, 60일 차 찰벼 수확	다듬이질, 염색, 60일 차 찰벼 수확
9월	가을걷이	가을걷이	가을걷이	가을걷이
10월	가을걷이, 수확물 창고 저장	가을걷이	가을걷이, 수확물 창고 저장	가을걷이
11월	서로 도와 나무 운반해 가옥 건축	다듬이질, 옷 제작, 땔감 나르기	서로 도와 나무 운반해 가옥 건축, 땔감 나르기	다듬이질, 옷 제작, 땔감 나르기
12월	논두렁·제방 손질	쇠꼴 제거, 땔감 나르기	논두렁·제방 손질, 쇠꼴 제거	쇠꼴 제거, 땔감 나르기

> 부록10

황강촌 촌민 규약

黃崗村村規民約(一)

　　爲加快改革開放的步伐, 建立良好的社會環境, 有效地制止和打擊各种危害人民利益行爲, 使我村的社會治安實現根本好轉, 确保我村經濟建設的順利進行, 特制定本村村規民約經黃崗村支部, 村民委, 村老年協會, 各族干部以及各族群衆代表于一九九七年七月十五日會議討論通過, 具体內容如下:

1. 在農戶承包的責任田范圍內, 農戶有權發展生產, 增加粮食收入, 但不准買賣, 不准出租, 不准在承包責任田內起房造屋, 以及損害農田之行爲, 違者嚴格追究責任.
2. 農戶生產出来的一切勞動成果, 自己有權享受. 如: 粮食, 油菜, 綠肥, 魚類等被人偸盜, 一經抓獲, 除退回物質外, 幷給予每人每次罰500.00元.
3. 對農戶承包責任田的田榜, 也做明确規定: 上至6丈止, 下至3丈止, 左右各至三丈止, 所在規定的丈數內屬田主管理使用.
4. 梯田田榜規定最上面的一丘和最下面的一丘左右各至3丈止, 中間各丘左右各至1丈止內屬田主管理使用.
5. 上下相連兩丘田的距离, 下丘占三分之一, 上丘上三分之一.
6. 按照田榜規定: 周圍只按5尺爲准, 5尺內屬開田主.
7. 凡有靠近封山育林基地的農戶的自留地周圍規定在內割草堂; 在封山育林基地外的農戶自然地周圍內割草堂.
8. 如故意排水冲垮他人責任田者除賠償損失, 還要重新修好被冲垮的責任田.

9. 村組已劃分給農戶的成林樹木, 責任山, 農戶所有, 如需要砍伐的必須通過申請辦理手續進行砍伐, 否則按亂砍濫伐處.
10. 凡故意毀坏經濟果木林者, 對營造四年以上的及有年樹, 每毀坏一株賠償40元, 營造三年以下的每毀坏一株賠償20元, 幷給予罰款120元.
11. 无論是集體封山或是个人的自留山, 責任山的杉, 松, 亂偷一根的除樹木歸還主人外, 幷給予罰款一百二十元.
12. 毀林開荒, 一律按亂砍濫伐處理, 樹木全部退還林主, 幷給予罰款每株50元, 雜幼林每畝罰款50元.
13. 亂偷南竹林或南竹笋子每株給予罰款10元.
14. 全村的封山育林基地, 劃分片給各小組管理的, 小組只有權管理, 无權砍伐, 如集體需要建設, 必須通過村委, 老年協會研究同意后方可砍伐, 否則亂砍按偷盜處理.
15. 嚴禁野外用火, 如需要煉山造林, 開荒火燒, 田地等, 必須經過村組或上級主管部門批准搞好防火綫. 組織有滅火人員方能放火, 凡未經批准放火的, 對失火燒山的雜木林, 每畝罰款100元, 杉松林的每畝罰款150元. 林木高度1米左右的每株賠償5元, 兩米左右的每株賠償10元, 以此類推還要負責新造所被毀的面積, 管理三年后移交領主.
16. 扑滅山林火灾是每个公民的職責和義務, 凡發現失火燒山, 必須積极參加扑滅, 凡參加扑滅人員每人每次可享受5元報酬, 此款由失火者支付. 凡得到通知无故不參加扑滅山林火灾的, 每人每次受罰款5元.
17. 嚴禁寨内, 房屋内外堆放易燃物品, 侵占防火綫, 防火水塘(池). 凡侵占防火綫不拆除搬遷者, 村民組織人員搬遷, 拆遷工費由堆放侵占者支付每人每次10元. 凡麻痹大意發生火警者, 視其情節輕重每次罰款200至600元, 情節嚴重的將依法追究責任.
18. 經檢查發現每次罰款3元.
19. 嚴禁小孩玩火, 凡小孩玩火造成火警, 火灾者由家長或監護人賠償損失和承

担罰款的責任.

20. 大牲畜糟蹋庄稼, 林地的, 除賠償損失外, 牲畜的主人被罰款數額按每頭(只)15元計算.

21. 鷄鴨鵝等糟蹋庄稼的按只數計算沒收二分之一.

22. 對偷盜猪, 馬, 牛, 羊等的除偷一還一外, 幷給予罰款500元.

23. 對偷盜鷄鴨鵝的除偷一還一外, 幷給予每人每次500元.

24. 不准在他人田, 塘, 水庫釣魚, 違者不論大人, 小孩所釣, 所得的一切魚和工具全部沒收.

25. 嚴禁在河道, 田塘, 水庫内電毒炸魚, 凡發現電魚, 毒魚, 炸魚者, 給予每人每次罰款500元, 對所得的魚和工具全部沒收, 凡用炸藥, 雷管炸魚者, 除按上述罰款外, 再交公安機關予以懲處.

26. 對挖墻拱壁偷盜公私財務者, 除賠償損失按偷一還二外, 幷給予沒人每次罰款120元, 如是少年兒童作案的, 除偷一還一, 對家長或監護人員52元.

27. 爲賭博提供條件: 給予每家每次罰款100元, 同時收賭徒付給的灯油, 桌費和提供賭博的一切用具.

28. 偷盜水果類, 蔬菜類等不論大人, 小孩除偷一還一, 幷給予每人每次罰款18元.

29. 不准在他人附近的菜园, 田邊所規定的范圍内割草者給予每人每次罰款5元.

30. 偷盜他人棕樹片者, 棕片退回外, 給予每人每次罰款18元.

31. 酗酒鬧事, 毆打他人及造成輕微傷害的給予每人每次罰款52元, 凡被打致傷造成的一切損失由肇事者全部承担.

32. 對一般虐待家庭成員, 造成一定的社會影響的給予罰款52元.

33. 對亂搞兩性關系, 給予男女雙方每人罰款100元, 造成非法懷孕, 依法追究責任.

34. 對誣告他人者, 經調查了解, 不存在事實, 應追究他人名譽賠損費, 誣告一次, 給予52元.

35. 凡觸犯以上條款, 因被不法侵害所造成的誤工, 伙食等一切費用由侵害者支付, 誤工費按每人每天10元補償.

36. 凡觸犯以上各條規定, 被處罰后, 對參與處理人和進行打擊報復, 情節輕微的, 按以被罰款的金額再加一倍罰款, 情節嚴重的交政法機關依法處理.
37. 外鄉, 外村人員在我村境內違反上述條款的均應按本民條款處理.
38. 按本條約各條規定罰款的, 檢舉揭發人享有此項罰款金額30%的獎勵費.
39. 此約由村民治安隊, 治保, 民兵, 老年協會執行, 罰金先獎勵檢舉揭發者, 余下的金額全部作本村治安經費使用.
40. 上述條款凡是與國家機關發布的法律, 法規, 條例相抵触者, 應以國家法律, 法規, 條例爲准.
41. 本條約沒有規定的按以上相似條款處理.
42. 本民約從公布之日起生效, 以前制定的村規民約同時廢止.

黄崗村支部
黄崗村民委
黄崗村老齡協會
一九九七年七月十五日

黄崗村村規民約(二)

爲了加强我村治安管理, 維護社會秩序和公共公安, 保護人民群衆生命財產安全, 保護公安的合法權益, 規范和保障村民委及寨老履行自治管理職責, 爲构建和諧村寨促進全村社會, 政治穩定和經濟建設健康發展, 特制定本村規民約.

本村規民約是法律, 法規的補充部分, 在本村管轄內任何違反本村規民約的行爲, 除法律法規特別規定外, 都适用本村規民約.

第一條 結偷盜, 扒竊行爲的處理

(一)偷盗瓜, 果, 蔬菜類等. 每次罰款50元以下.

(二)偷盜鷄, 鴨, 鵝等, 除賠償損失外, 每只罰款30元; 偷魚除賠償外, 每斤罰款20元, 但罰款總額不限不超400元.

(三)偷竊他人香菇, 木耳, 松脂, 魔芋, 棉花, 木炭, 各种藥材的除賠償損失外, 每次處以200元以下的罰款.

(四)偷猪, 羊等金額不足以法律處罰的, 除賠償外, 另外以每頭200元的罰款, 損失在500元以上的, 報司法机關處理.

(五)未成年人撬門入室偷竊他人財物, 除責令監護人賠償損失外, 每次罰款監護人200元.

第二條 對亂砍濫伐森林處理

(一)偷盜他人木材的, 每次罰款150元; 偷砍其他人自留山柴火的, 每担罰款10元; 偷砍本村周圍風景林木(包括自留山風景林木.)除賠償損失外, 另罰款200元, 偷砍他人一根楠竹或竹笋, 除賠償損失外, 另每根罰款5元, 依此類推.

第三條 對侵犯他人人身權利行爲的處理

(一)酒后鬧事, 毆打他人, 不足以用法律法規處罰的, 除賠償医藥費, 誤工費等和賠禮道歉外, 處以150元罰款.

(二)結伙斗毆, 无理取鬧, 尋衅滋事, 打擊報復, 侮辱婦女耍流氓, 捏造事實誹謗誣陷他人, 不足以用法律法規處罰的行爲, 除賠禮道歉外, 幷對違約者每人罰款100元.

(三)虐待家庭成員的, 除責令其改正外, 另每次處以200元以下罰款.

第四條 損坏公共財物或砍坏公共設施的處罰

(一)損坏路碑, 交通標志, 除賠償恢復外, 另每次罰款100元.

(二)任何單位和个人, 不得損坏公共設施和古物建筑, 如: 鼓楼, 花橋, 寨門, 凉亭等, 違者除責令恢復外, 每人每次罰款300元.

第五條 妨碍公務人員執行公務, 經教育不改但又不足以用法律法規處罰的, 處以每人每次200元的罰款.

第六條 禁止用電, 毒, 网, 鈎, 弓箭, 魚梳等工具盜取他人稻田, 池塘里的魚, 泥鰍

등 人工飼養魚類動物, 除賠償損失外, 違者每人每次罰款50元, 幷没收一切捕撈工具.

第七條 火警, 火灾事故的處罰

(一)凡發生火警的, 除按本村傳統習俗處理外, 另每次罰款100元, 造成直接經濟損失的据實賠償.

(二)凡發生火灾事故時, 本村十八歲以上的村民(病, 傷, 殘者除外)必須无條件參與扑救, 接到通知不參與者, 每人每次罰款50元, 扑救人員的工傷費一律由當事人据實負担; 組織扑救的相關費用由當事人承担.

第八條 村容寨貌, 環境衞生

全体村民必須維護本村的村容寨貌, 做好公共秩序環境衞生, 堅決杜絶亂吐亂扔, 亂貼亂畫, 亂排亂倒, 亂搭亂建, 亂堆亂放, 亂停亂行, 家禽亂放, 污水亂排的現象, 保持村寨街巷, 屋前屋后, 飲食攤點, 公共場所, 公共廁所, 溪溝池塘, 村容村貌整洁, 遵守本村環境衞生管理制度, 違者按條約處罰.

第九條 防火綫, 村寨消防, 森林防火, 交通安全, 村寨建設管理

(一)對占用防火綫建房的農戶, 一律撤出, 否則后果自負.

(二)在消防池放養魚的農戶, 要放水打魚時必須通過村組干部批准后方可放水打魚, 否則罰款1500~3000元.

(三)我村各農戶必須做好用火, 用電安全, 交通安全, 嚴禁柴草亂堆亂放, 嚴禁亂接亂拉電綫, 督促本戶人員搞好消防安全各項工作.

  1. 各戶主要教育和督促本戶成搞好遵守安全各項規定.

  2. 積極配合村兩委做好各項安全工作, 對于屢教不改的村將停辦該戶所有訴求, 直至整改完全合格.

  3. 嚴禁野外用火, 燒山造林, 燒田埂.

  4. 嚴禁在林崗吸烟, 野炊, 燒烤.

  5. 發現違規野外用火處罰200元; 造成火灾和經濟損失的照价賠償外全村每戶1斤猪肉幷負責造林管護四年交于業主.

7. 嚴禁无證駕駛, 農用車載人, 三輪員載人, 違章行車, 超員超載.

8. 嚴禁无牌无照車輛上路行駛.

(四)我村是民族村寨, 上級規定, 一律不允許建砖房子, 如警告不听者, 后果自負.

(五)嚴禁破坏公共財物, 如村委會辦公楼, 學校設施, 道路, 凉亭, 橋梁等, 一經發現, 除賠償損失外, 另外還以200至500元罰款.

第十條 后龍三回收和村寨兩邊古樹管理

(一)對原來后龍山毀樹后作菜地种植的, 現在必須恢復各類樹种.

(二)對种菜地的農戶, 不准破坏現栽的樹种, 更不准損坏現在的樹种開荒种地等.

(三)對有損坏行爲的農戶, 按照村民民約處罰猪肉400斤, 米酒200斤, 大米400斤, 香烟400元.

第十一條 各戶主要搞好本戶人員思想道德教育, 遵紀守法教育幷監督本戶義務階段子女必須完成在校教育.

1. 搞好愛國教育, 思想道德教育, 遵紀守法教育.

2. 義務教育階段子女監護人員必須履行子女在校教育監督, 确保子女享有教育權利; 如有不履行義務的必須向村委繳納2000元的保證金, 直至在規定時間返校方可退回保證金, 如規定時間未返校的保證金將作違約處罰金.

第十二條 執行"村規民約"時, 應當嚴格按照村規民約, 秉公辦事不得徇私舞弊, 辦人情案, 更不允許有超越村規民約規定的行爲. 在業務上接受公安派出所的指導, 在行政上接受鄉黨委政府的領導.

第十三條 村規民約一經實施, 原村規民約同時廢除

第十四條 本村規民約于二OO六年六月二十三日及二O一四年六月一, 經村民兩次會議討論通過, 從二O一四年六月一日起執行, 本村規民約解釋權歸村民委員會.

黃崗村村規民約(三)

不忘初心, 牢記使命, 高舉中國特色社會主義偉大旗幟, 決胜全面建成小康社會, 奪取新時代中國特色社會主義偉大胜利, 爲實現中華民族偉大復興的中國夢不懈奮斗. 爲了我村脫貧攻堅事業, 全面建成小康社會, 建立良好的社會環境, 有效地制止和打擊各种危害人民利益行爲, 使我村的社會治安實現根本好轉, 确保我村經濟建設的順利進行, 根據國家相關法律法規, 結合我村實際情況, 特制定本村村規民約. 經黃崗村黨支部, 黨員, 黃崗村民委會, 寨老, 村老年協會, 鬼師, 各組組長及各組村民代表于2019年01月30日會議進行修正補充幷討論通過, 具體內容如下:

一、在農戶承包的責任田范圍內, 農戶有權發展生產, 增加粮食收入, 但不准買賣, 不准出租, 不准在承包責任田內起房造屋, 以及其他損害農田的行爲, 違者嚴格追究責任.

二、農戶生產出来的一切勞動成果, 自己有權享受. 如粮食, 油菜, 綠肥, 魚類等被人偷盜, 一經抓獲, 除退回物質外, 幷給予每人每次罰款500元.

三、凡故意毀坏或偷盜他人經濟作物者, 要按照年限恢復种植, 必須管護一年, 幷按价值賠償相關損失.

四、對于農戶承包責任田的田榜, 也作明确規定: 上至6丈止, 下至3丈止, 左右各至3丈止, 所在規定的丈數內属田主管理使用.

五、梯田田榜規定: 最上面的一丘和最下面的一丘左右各至3丈止, 中間各丘各至1丈止, 所在規定的丈數內属田主管理使用.

六、上下相連兩丘田的距离, 下丘占三分之二, 上丘占三分之一.

七、開荒的田田榜規定: 周圍只按5尺爲准, 5尺內属開田者管理使用.

八、靠近封山育林基地的農戶的自留地規定: 周圍各1.5丈以內爲割草堂; 靠近封山育林基地的農戶的農田田榜規定: 上3丈止, 下和左右1.5丈止爲割草堂; 封山育林地外的農戶自留地周圍3丈以內爲割草堂. 如在規定的割草堂內有自

然生長的各种樹木歸自留地主人所有.

九、第3條至第8條的所有測量方式規定: 統一用繩子隨土測量, 決不准拉直, 然后統一用國家規定的鋼卷尺測量距离.

十、任何集体和个人必須按山林土地界綫劃分管理, 原則上維護村, 組"山林三定"政策不變. 寨內景崗不准亂砍亂伐森林, 不准亂葬墳墓, 不准燒草.

十一、群衆建房時需上報村兩委, 待村兩委同意后再上報到鎮國土, 村鎮建設等部門按照程序和要求辦理准建手續, 未申請建房的屬于違建行爲.

十二、在農田用水期間, 各農戶視水源情況, 合理安排, 發生用水糾紛的, 經村組干部調查了解, 制造矛盾的一方, 除賠償農田作物損失外, 每次給予罰款500元.

十三、洪水時, 如故意排水冲垮他人責任田者, 除賠償農田作物損失外, 要重新修好被冲垮的責任田.

十四、后龍三回收、封山育林地和村寨兩邊古樹管理
　(1) 對原來后龍山毀樹后作菜地种植的, 現在必須恢復各類樹种.
　(2) 對种菜地的農戶, 不准破坏現栽的樹种, 更不准損坏現在的樹种開荒种地等.
　(3) 對有損坏封山育林地行爲的農戶, 按照村民民約處罰猪肉400斤, 米酒200斤, 大米400斤, 香烟400元.

十五、村組已劃分給農戶成林樹木, 責任山, 農戶只有管理權沒有砍伐權, 如需要砍伐的必須通過申請辦理手續个后方可砍伐.

十六、凡是要建新房的農戶必須申請國土, 村建辦等相關部門批准方可建房.

十七、凡故意毀坏經濟果木林者, 對營造四年以上的樹, 每毀坏一株賠償100元, 營造三年以下的, 每毀一株賠償50元, 幷給予罰款1200元.

十八、无論是集体封山還是个人的自留山, 責任山的杉, 松, 雜樹, 亂偷一根的除樹木歸還主人外, 幷給予罰款全村每戶一斤猪肉, 沒有經過同意, 擅自進入砍柴, 燒木炭, 种香菇, 木耳, 一經發現, 幷給予罰款1000元.

十九、毀林開荒, 一律按亂砍濫伐處理, 林木全部退還林主, 幷給予罰款每珠100元, 雜幼林每畝罰款100元.

二十、亂偷南竹林或南竹笋子每珠給予罰款100元.

二十一、全村的封山育林地, 劃分片給各小組管理的, 小組只有管理權, 无砍伐權, 如集体需要建設, 必須通過村委, 老年協會研究同意后方可砍伐, 否則亂砍按偷盜處理.

二十二、嚴禁野外用火, 如需要煉山造林, 開荒, 火燒田地等, 必須經過村組或上級主管部門批准搞好防火綫, 組織有滅火人員方能救火, 凡未經批准放火的, 對失火燒山的雜木林, 每畝罰款1000元, 杉松林的每畝罰款1500.00元, 林木高度1米左右的每珠賠償20元, 2米左右的每珠賠償40元, 以此類推, 還要負責新造所被毀的面積, 管理三年后移交林主.

二十三、扑滅山林火災時每個公民的職責和義務, 凡發現失火燒山, 必須積極參與扑滅, 凡參加扑滅人員每人每次可享受一斤猪肉報酬, 此款由失火者支付, 凡得到通知无故不參加扑滅山林火災的, 每人每次受罰款52元.

二十四、嚴禁寨內、房屋內外堆放易燃物品, 侵占防火綫, 防火水塘(池). 凡侵占防火綫限期不拆除搬遷者, 村民組織人員搬遷, 拆遷工費由堆放侵占者支付每人每次50元. 凡麻痹大意發生火警者, 視其情節輕重每次罰款200至600元, 情節嚴重的依法處理.

二十五、嚴禁小孩玩火, 凡小孩玩火造成火警, 造成火災者由家長或監護人賠償損失幷承担罰款每戶一斤猪肉.

二十六、一旦寨內發生火災, 村民應積極參與救火, 按照先救人, 再救火的順序, 有組織破拆兩邊房屋, 不准干擾, 破拆者无需承担責任, 自由相關保險公司承担賠償. 不准搶東西, 一旦發現阻碍救火的要追究當事人責任.

二十七、禁止擺放雜物在街邊或者防火綫上, 對小型車輛的管理包括農用車, 面包車, 皮卡車, 三輪車, 馬車, 不准随意停放在大街上和防火綫內, 需在房屋旁邊定點位置擺放整齊, 在停車場, 公路沿綫, 護欄, 綠化帶, 樹叢上擺放雜物.

二十八、大牲畜糟蹋庄稼, 林地的除賠償損失外, 牲畜的主人被罰款數額按每頭(只)150元計算.

二十九、雞鴨鵝等糟蹋庄稼的按只数計算没收二分之一.

三十、不准養狗, 凡是養狗的, 對其他人造成傷害的要追究相關責任和承担相關費用. 若放出來亂拉糞便, 由養狗者清掃洗地, 對于出門的狗全村所有人都有權利打死, 養狗者不得追究打狗人責任和打擊報復, 打狗過程中發生意外傷害, 由養狗者承担相關費用賠償.

三十一、對偷盜猪, 馬, 牛, 羊等的除偷一還一外, 幷給予罰款3500元.

三十二、對偷盜鷄鴨鵝的, 除偷一還三外, 給予罰款每人每次1500元.

三十三、不准在他人田, 塘, 水庫釣魚, 違者不論大人, 小孩所釣, 所得的魚和釣魚工具全部没收, 給予罰款全村每戶一斤猪肉.

三十四、嚴禁在河道, 田塘, 水庫内電毒炸魚, 凡發現電魚, 毒魚, 炸魚者, 給予每人每次罰款2000元, 對所得的魚和工具全部没收, 凡用炸藥, 雷管炸魚者, 除上述罰款外, 再交公安機關予以懲處.

三十五、不亂丟亂放垃圾, 群衆對破坏村容寨貌的行爲有權制止, 劝告和擧報, 在主干道, 公共巷道兩側的住戶和經營戶按照界定位置實行"門前三包"責任制, 即"包清掃, 包衞生、包秩序", 垃圾定點入池入箱, 積极配合村兩委組織環境衞生整治.

三十六、損坏公共財物或砍坏公共設施的處罰:
  (1) 損坏路碑, 交通標志, 除賠償恢復外, 另每次罰款1000元.
  (2) 任何單位和个人, 不得損坏公共設施和古物建筑, 如: 鼓楼, 花橋, 寨門, 凉亭等, 違者除責令恢復外, 每人每次罰款3000元.

三十七、妨碍公務人員執行公務, 經教育不改但又不足以用法律法規處罰的, 處以每人每次200元的罰款.

三十八、對挖强壁偷盜公私財務者, 除賠償損失按偷一還二外, 幷給予每人每次罰款2000元, 如是少年兒童作案的, 除偷一還一外, 對家長或監護人罰款200元.

三十九、凡利用錢物進行賭博的, 不論用什么方式, 每人罰款5000~10000元, 没收賭博資金, 工具.

四十、爲賭博提供條件, 給予窩家每次罰款10000元, 同時没收賭徒付給的灯油, 桌費和提供賭博的一切用具.

四十一、偷盗水果類, 蔬菜類等不論大人, 小孩, 除偷一還一外, 幷給予每人每次罰款50元.

四十二、不准在他人附近的菜園, 田邊所規定的范圍内割草, 違者給予每人每次罰款50元.

四十三、偷盗他人棕樹片者, 棕片退回外, 給予每人每次罰款50元.

四十四、酗酒鬧事, 毆打他人造成傷害的由肇事者承担車費, 誤工費等全部医療費用, 幷罰款全村每家一斤猪肉.

四十五、對一般虐待家庭成員, 造成一定社會影响的給予罰款全村每戶一斤猪肉, 嚴重者移交相關部門追究責任.

四十六、對亂搞兩性關系, 給予男女雙方每人罰款100元, 造成非法懷孕, 依法追究責任.

四十七、對誣告他人者, 經調查了解, 不存在事實, 應追究他人名譽賠損費, 誣告一次, 給予罰款52元.

四十八、凡觸犯以上條款, 因被不法侵害所造成的務工, 伙食等一切費用由侵害者支付, 務工費按每人每天50元補償.

四十九、凡觸犯以上各條規定, 被處罰后, 對參與處理人和檢舉揭發人進行打擊報復, 情節輕微的, 按已被罰款的金額再加一倍罰款, 情節嚴重的交執法机關依法處理.

五十、外鄉, 外村人員在我村境内違反上述條款的均應按本民約條款處理.

五十一、講文明, 傳美德, 對于孝敬老人, 拾金不昧等美好行爲的, 給予一定獎勵.

五十二、按本條約各條規定罰款的, 檢舉揭發人享有此項罰款金額30%的獎勵費.

五十三、執行"村規民約"時, 應當嚴格按照村規民約, 此約由村民治安隊, 治保, 民兵, 老年協會執行, 辦事人員應秉公辦事不得徇私舞弊, 辦人情案, 更不允許有超越村規民約規定的行爲. 在業務上接受公安派出所的指導, 在行政上

接受鄉黨委政府的領導.

五十四、罰金先獎勵檢舉揭發者, 余下的金額全部作本村治安經費使用.

五十五、上述條款凡是與國家机關發布的法律, 法規, 條例相抵触者, 應以國家法律, 法規, 條例爲准.

五十六、村規民約一經實施, 原村規民約同時廢除.

五十七、本村規民約于2006年06月23日, 2014年06月01日, 2019年01月30日, 經村民代表大會會議討論通過, 修正, 補充, 從2019年1月30日起執行, 本村規民約解釋權歸黃崗村民委員會所有.

黎平縣雙江鎮黃崗村黨支部
黎平縣雙江鎮黃崗村民委員會
2019年01月30日

옮긴이의 글

Chat GPT와 DeepSeek 같은 AI 기술이 발전함에 따라 우리의 정보 접근 방식과 사고 과정은 물론 번역이라는 신비성으로 가득했던 응용 영역에도 혁신적인 변화가 일어나고 있다. 생성형 AI가 현재 국제적인 커뮤니케이션의 장벽을 낮추고, 전 세계 사람들의 상호이해와 연결성을 강화하며 다양한 문화와 지식의 교류를 촉진하는 중요한 역할을 하지만 만능은 아니다. 예술성이나 특수성 등 상상력과 전문성을 포함해 문화 간의 커뮤니케이션을 특징으로 하는 장르의 번역이나 창작에서 인간의 몫으로 아직 그대로 남겨져 있는 게 실정이다.

20대의 컴퓨터 용어 번역에서 시작해 현재 학자와 역자라는 이중 신분으로 살아가는 나에게 번역은 말 그대로 삶의 일부였다. '세상은 아는 만큼 보이고' '책은 쓸 때가 되어서야 비로소 적은 것을 후회한다'고 학술 연구는 물론 이 인류학 저술을 번역하면서도 지식의 한계를 다시 한번 실감할 수 있었다. 언어학을 전공한 역자에게 인류학은 다소 낯설고 도전적인 분야였다. 그럼에도 불구하고 이 책을 번역하는 것은 나에게 새로운 배움의 과정이었다. 원문의 의미를 더 잘 전달하기 위해 많은 인류학 문헌을 읽고, 관련 세미나에 참석하고, 전문가들의 조언도 구했다. 그 과정에서 인류학의 심오함에 깊이 공감할 수 있었다. 매번 느끼지만 바로 이러한 학제 간 충돌 덕분에 번역 과정에서 많은 소중한 경험과 통찰을 얻을 수 있었다. 이러한 경험과 체험은 번역 작품을 이 세상에 내놓을 때마다 굵직하고 무게 있게 다가온다. 외롭고 고된 길이지만 분명 나는 행운아다.

우선 인류학 분야에 대한 심도 있는 연구와 명쾌한 설명에 대해 저자 최해양 교수님께 감사의 인사를 전하고 싶다. 이 책은 생생한 사례와 엄밀한 분석을 통해 우리를 생생하고 매력적인 다문화의 세계로 안내했다. 번역 과정에서 민족 문화의 다양성, 인간에 대한 저자의 존중과 민족문화 교류에 대한 열망에 늘 감동을 받았다. 어쩌면 머리만이 아니라 두 다리로 뛰고 가슴으로 소통하는 연구가 인류학이고 이 학문의 매력이 아닐까 하는 생각이 들고, 마음으로 읽고 공감대를 이끌어내는 학자야말로 훌륭한 연구와 저술을 탄생시킬 수 있겠구나 하고 감회가 새로울 정도였다. 이를 통해 인류학이 학문적 연구일 뿐만 아니라 문화 간 이해와 소통의 가교 역할을 한다는 것을 깨달았다. 이런 점에서 언어나 번역 등과 비슷한 면도 적도 없지 않았다.

이 책이 학술서만이 아니라 일반 도서로도 읽히게끔 역주를 넣었는데, 원문에 누가 되었다면 전적으로 역자의 몫임을 밝힌다. 아무쪼록 학문 교류는 물론 더 나아가 중국 동족의 생활사와 이야기를 담은 책으로 독자들에게 읽혀지길 바란다. 960만 제곱미터 되는 중국은 북경北京의 자금성과 만리장성, 상해上海의 예원과 동방명주타워, 서안西安의 병마용갱과 화청지, 항주杭州의 서호와 악왕묘도 유명하지만 동족, 묘족 등 소수민족도 있어 일종의 인문 경관을 이룬다는 점에 유의해 볼 필요가 있음을 강조하고 싶다. 시티투어가 명소는 물론 인문 경관에로 확대될 때 문화의 매력을 다시 한번 충분히 느낄 수 있을 것이다. 그야말로 '백문이불여일견'이라고 직접 보고 듣고 느끼고 하는 여행을 인생에 한 번 쯤은 해야 하지 않을까 싶다.

다음은 번역 과정에서 역자가 느낀 몇 가지 경험을 적어 보도록 한다. 인류학 저술의 번역에서는 문맥이 아주 중요한데, 같은 단어나 개념이라도 문화적 배경에 따라 다른 의미를 가질 수 있다. 저자의 관점을 정확하게 전달하기 위해 각 사례의 문맥을 복원하여 독자가 원문을 올바른 맥락에서 이해할 수 있도록 노력했다. 문화 간 커뮤니케이션의 도전 과제로 이 저술을 번역하면서 문화 간 커뮤니케이션이 결코 쉬운 일이 아니라는 것도 깨달았다. 번역 과정에서 정확한 대응 단어를 찾는 데 어려움을 겪을 때가 많았는데 그때마다 독자의 입장에서 원문의 의미를 알기 쉽게 표현하여 독자들이 인류학 연구의 매력을 느낄 수 있도록 최선을 다했다. 원문에 대한 존중과 적절한 혁신을 견지하고자 했는데 번역 과정에서 원문을 존중한다는 원칙을 따라야 하지만 동시에 적절한 혁신의 중요성도 깨닫고 한국인의 표현에 더 부합하는 번역을 위해 의미가 변하지 않는 전제 하에 일부 문장의 구조를 조정하여 독자들이 더 쉽게 받아들일 수 있도록 했다. 번역자의 책임감과 사명감도 짚고 넘어가지 않을 수 없다. 역자로서 저자의 관점을 전달해야 할 뿐만 아니라 독자에 대한 책임감도 가져야 하기 때문에 번역 과정에서 늘 신중한 태도를 유지하고 최고를 위해 달렸다.

    마지막으로 이 번역서가 성공적으로 출간될 수 있도록 수고해 주신 편집자, 교정자, 출판사 동료들의 노고와 사심 없는 도움에 감사드린다. 동시에 어려움을 겪을 때마다 격려와 응원을 보내준 가족과 친구들에게도 감사의 말을 전하고 싶다. 인류학은 발굴되기를 기다리는 풍부한 보물이라는 것도 독자들에게 전하고 싶다. 이 번역서를 통해 인류학을 더 깊이 이해하고, 문화 간 이해의 매력을 느낄 수 있기를 바란다. 동시에 능력의 한계로 번역에 부족한 점이 있다면 양해를 구하고, 인류학 저술 번역의 길에서 학도의 자세로 계속 배우고 발전해 나갈 것을 약속 드린다. 끝으로 이 책이 인류학의 신비를 함께 탐구하며 다른 문화에 대한 존중과 이해를 높일 수 있기를 바란다.

2025년 2월

김국화

참고문헌

1. 역사문헌

(光緒)『黎平府志』
(弘治)『貴州圖經新志』
(嘉靖)『貴州通志』
(康熙)『貴州通志』
(明)『黔記』
(乾隆)『貴州通志』
(淸)『黔記』
(淸)『黔語』
(宋)陸游撰『老學庵筆記』

(宋)朱輔撰『溪蠻叢笑』
『百圖圖』
『大明一統志』
『滇黔志略』
『峒谿纖志』
『古州雜記』
『廣志繹』
『禮記·王制篇』
『呂氏春秋·任地』

『明實錄』〈洪武實錄〉
『明實錄』〈永樂實錄〉
『黔南植方紀要』
『黔書』
『淸實錄』〈圣祖實錄〉
『續黔書』
『輿地廣記』
田汝成撰『炎檄紀聞』
徐家干撰『苗疆聞見錄稿』

2. 저서

(法)列維 - 布留爾著, 丁由譯, 『原始思維』, 北京: 商務印書館, 1981.
(法)列維 - 斯特勞斯著, 李幼蒸譯, 『野性的思維』, 北京: 商務印書館, 1987.
(法)馬塞爾·莫斯著, 畲碧平譯, 『社會人類學』, 上海: 上海譯文出版社, 2003.
(美)阿瑟·劉易斯編著, 施煒等譯, 『二元經濟論』, 北京經濟學院出版社, 1989.
(美)哈里斯著, 李培茱譯, 『文化人類學』, 北京: 東方出版社, 1988.
(美)路易斯 - 亨利·摩爾根, 『古代社會』, 上冊, 北京: 商務印書館, 1977.
(美)羅波特.C.尤林著, 何國強譯, 『理解文化: 從人類學和社會理論視角』, 北京: 北京大學出版社, 2005.
(美)馬文·哈里斯著, 張海洋等譯, 『文化唯物主義』, 北京: 華夏出版社, 1989.
(美)馬文·哈里斯, 『文化人類學』, 北京: 東方出版社, 1988.
(美)唐納德·哈迪斯蒂著, 郭凡等譯, 『生態人類學』, 北京: 文物出版社, 2002.
(美)托馬斯·哈蒂等著, 韓建軍等譯, 『文化與進化』, 杭州: 浙江人民出版社, 1987.
(日)梅卓忠夫著, 王子今譯, 『文明的生態史觀』, 上海: 三聯書店上海分店, 1988.

(日)鳥居龍藏, 『鳥居龍藏全集』 第10卷, 日本: 朝日新聞社, 1976.
(日)秋道智弥等編著, 范廣融·尹紹亭譯, 『生態人類學』, 昆明: 云南大學出版社, 2006.
(瑞士)坦納著, 任錫堃譯, 『歷史人類學導輪』, 北京: 北京大學出版社, 2008.
(英)埃文斯-普里查德著, 楮建方等譯, 『努爾人』, 北京: 華夏出版社, 2002.
(英)愛德華·泰勒原著, 連樹聲譯, 『原始文化』, 上海: 上海文藝出版社, 1992.
(英)馬凌諾夫斯基著, 梁永佳·李紹明譯, 『西太平洋的航海者』, 北京: 華夏出版社, 2002.
『〈聯合國氣候變化框架公約〉京都議定書』, 京都: 日本, 1997.
『侗族簡史』, 貴州民族出版社, 1985.
『清實錄貴州資料輯要』, 貴陽: 貴州人民出版社, 1964.
B.K. 馬林諾夫斯基著, 費孝通等譯, 『文化論』, 北京: 中國民間藝術出版社, 1987.
Hardesty, DonaldL., *Ecological Anthropology*, John Wiley & Sons, New York, 1977.
Julian H.Steward, *Theory of Culture Change: The Methodology of Multilinear Evolution*, Chicago, University of Illinois Press, 1955.
L.A懷特, 『文化科學』, 浙江人民出版社, 1988.
M.J.Herskovits, *Acculturation - The Study of culture Culture Contact, p10, Cloucester*, Mass., Peter Smith, 1958.
R. 本尼迪克特著, 何錫章等譯, 『文化模式』, 北京: 華夏出版社, 1987.
Roy Rappaport, *pigs for the Ancestots:Ritual in the Ecology of a New Guineapeople*, New Haven and London: Yale university press, 1984.
艾爾弗雷德 W.克羅斯比著, 許友民·許學征譯, 林紀涛審校, 『生態擴張主義 - 歐洲900~1900年的生態擴張』, 沈陽: 遼宁教育出版社, 2001.
博厄斯著, 項龍·王星譯, 『原始人的心智』, 北京: 國際文化出版社, 1989.
柴岩, 『穈子』, 北京: 中國農業出版社, 1992.
陳國鈞編, 『貴州苗夷歌谣』, 貴陽: 文通書局, 1942.
陳國鈞等, 『貴州苗夷社會研究』, 貴陽: 文通書局, 1942.
董險峰, 『持續生態與環境』, 北京: 中國環境科學出版社, 2006.
費孝通, 『江村經濟』, 南京: 江蘇人民出版社, 1986.
符太號, 『溪蠻叢笑研究』, 貴陽: 貴州民族出版社, 2003.
貴州省編輯組編, 『侗族社會歷史調查』, 貴州民族出版社, 1988.
國家統計局, 國家民族事務委員經濟發展司編, 『2000年中國人口普查資料』(上), 北京: 民族出版社, 2003.
亨利.H.摩爾根著, 秦學圣等著, 『印第安人的房屋建筑與家室生活』, 北京: 文物出版社, 1992.
侯仁之, 『歷史地理學的理論與實踐』, 上海: 上海人民出版社, 1979.
湖南省少数民族古籍辦公室主編, 楊錫光·楊錫·吳治德整理, 『侗款』, 岳麓書社, 1988.
黃淑娉, 龔佩華, 『文化人類學理論方法研究』, 廣州: 廣東高等教育出版社, 2004.
黎平縣志編撰委員會編, 『黎平縣志』, 巴蜀出版社, 1989.
李星學, 王仁農, 『還我大自然 - 地球敲响了警鍾』, 北京: 清華大學出版社, 2002.
林耀華, 『金翼』, 北京: 三聯書社, 1984.
林耀華主編, 『民族學通論』, 北京: 中央民族學院出版社, 1991.
綾部恒雄著, 中國社會科學院日本研究所社會文化研究室譯, 『文化人類學的十五种理論』, 北京: 國際文化出版公司,

1988.
劉昌明, 『今日水世界』, 濟南: 濟南大學出版社, 2000.
劉鋒, 龍耀宏主編, 『侗族: 貴州黎平縣九龍村調査』, 昆明: 云南大學出版社, 2004.
_____, 『百苗圖梳證』, 北京: 民族出版社, 2004.
羅康隆, 黃貽修, 『發展的代价 - 中國少數民族發展問題硏究』, 北京: 民族出版社, 2006.
羅康隆, "桃源"深處一侗家』, 昆明: 云南敎育出版社, 2001.
_____, 『文化人類學論綱』, 昆明: 云南大學出版社, 2005.
_____, 『文化适應與文化制衡』, 北京: 民族出版社, 2007.
馬林諾夫斯基著, 黃建波等譯, 『科學的文化論』, 英文序言, 北京: 中央民族大學出版社, 1999.
馬塞爾·莫斯著, 汲哲譯, 『禮物』, 上海: 上海人民出版社, 2002.
梅卓忠夫著, 王子今譯, 『文明的生態史觀』, 上海: 三聯書店上海分店, 1988.
繆爾·亨廷頓著, 周琪等譯, 『文明的冲突與世界秩序的重建』, 北京: 新華出版社, 2002.
裴盛基, 許建初, 陳三陽, 龍春林主編, 『西雙版納輪歇農業生態系統生物多樣性硏究論文報告集』, 昆明: 云南敎育出版社, 1997.
錢易, 『環境保護與可持續發展』, 北京: 高等敎育出版社, 2000.
全京秀著, 崔海洋譯, 『環境, 人類, 親和』, 貴陽: 貴州人民出版社, 2007.
塞繆爾·亨廷頓, 周琪等譯, 『文明的冲突與世界秩序的重建』, 北京: 新華出版社, 2002.
施維林等, 『生態與環境』, 杭州: 浙江大學出版社, 2006.
石干成, 『走進肇興: 南侗社崗文化考察筆記』, 北京: 中國文聯出版社, 2002.
石開忠, 『侗族鼓樓』, 華夏文化藝術出版社, 2001.
_____, 『鑒村侗族計劃生育的社會机制及方法』, 香港: 華夏文化藝術出版社, 2002.
舒爾茨著, 梁小民譯, 『改造傳統農業』, 北京: 商務印書館, 1987.
唐納德·哈迪斯蒂著, 郭凡·鄒和, 『生態人類學』, 北京: 文物出版社, 2002.
田玉隆等著, 『貴州土司史』(上), 貴陽: 貴州人民出版社, 200.
王猛等編著, 『人的創世紀』, 成都: 四川人民出版社, 1987.
王淸華, 『梯田文化論 - 哈尼族生態農業』, 昆明: 云南大學出版社, 1999.
吳浩, 『中國侗族村寨文化』, 北京: 民族出版社, 2004.
西奧多.W舒爾茨, 『改造傳統農業』, 北京: 商務印書館, 1999.
夏建中, 『文化人類學理論學派』, 北京: 中國人民大學出版社, 1997.
嚴力蛟, 『中國生態農業』, 北京: 氣象出版社, 2003.
楊國仁, 吳定國等整理, 『侗族祖先那里來』, 貴陽: 貴州人民出版社, 1981.
楊庭碩, 呂永鋒, 『人類的根基 - 生態人類學視野中的水土資源』, 昆明: 云南大學出版社, 2004.
楊庭碩, 『生態人類學導論』, 北京: 民族出版社, 2007.
楊庭碩等, 『民族, 文化與生境』, 貴陽: 貴州人民出版社, 1992.
尹紹亭, 『人與森林 - 生態人類學視野中的刀耕火种』, 昆明: 云南敎育出版社, 2000.
_____, 『一個充滿爭議的文化生態系統 - 云南刀耕火种硏究』, 昆明: 云南人民出版社, 1991.
余達忠, 『走向和諧 - 岑努村人類學考察』, 北京: 中國文聯出版社, 2002.
余未人, 『走進鼓樓: 侗族南部社崗文化口述史』, 北京: 中國文聯出版社, 2001.

中國21世紀議程管理中心可持續發展戰略研究組著, 『生態補償: 國際經驗與中國實踐』, 北京: 社會科學文献出版社, 2007.
庄孔韶, 『人類學通論』, 太原: 山西教育出版社, 2005.
이을호, 『사람과 자연은 하나다』, 서울: 지식산업사, 1993.
조경만, 「유기농업의 생태·경제과정을 통해서 본 사회자연체계의 이상과 현실」, 서울대 인류학과 박사학위논문, 1997.

3. 연구 논문

(韓)李稿澈, 「韓國農業在世界農業史上的意義和展望」, 『中國農史』, 2004(2).
(美)G. B. 特里卜来 · D. M. 杜倫著, 張炳星譯, 「免耕法」, 『世界農業』, 1979(1).
「飼料污染使比利時等國肉類工業内憂外患」, 『養殖魚飼料』, 2006(3).
阿達萊提 · 塔伊爾, 「新疆坎兒井研究綜述」, 『西域研究』, 2007(1).
蔡典明, 「中國農業的優良傳統與農業循環經濟的發展」, 『安徽農學學報』, 2006(6).
查光天, 鮑思祈, 「氣候因子對早稻産量構成的影響」, 『浙江農業科學』, 1986(4).
陳海宏, 「北美印第安戰爭」, 『山東師范大學學報』(社會科學版), 1996(5).
陳茂昌, 「論生態惡化之成因」, 『貴州民族研究』, 2005(4).
陳文, 「"天人合一"思想與當代生態文明建設」, 『前沿』, 2008(11).
程立生, 「中國重大熱帶作物病虫害生物防治發展戰略研究」, 『熱帶農業科學』, 1995(3).
池再香等, 「黔東南州氣象災害對水稻生産影響的研究對策」, 『中國農業氣象』, 2004(4).
崔海洋, 「来自韓國的生態警示」, 『吉首大學學報』, 2006(2).
崔科, 張大紅等, 「退耕還林生態學與經濟學理論依據探索」, 『林業經濟』, 2003(5).
崔麗, 傅建輝, 「浅釋傳統農業經濟效率低下的原因」, 『廣西社會科學』, 2006(5).
崔延虎, 「生態決策與新疆大開發」, 『民族研究』, 2001(1).
鄧敏文, 「(祖公上河)的成因與侗族族源」, 『貴州民族研究』, 1987(4).
鄧雄, 「關注"金砖四國": 當代發展, 動向及启示」, 『西南金融』, 2008(10).
杜金亮, 「論人的思維方式的現代化轉變」, 『文史哲』, 1999(5).
杜薇, 「布依族各支系分布的源流變遷」, 『貴州世居民族研究』, 2004.
谷振賓, 王立群, 「我國退耕還林生態影响及其評估研究進展」, 『生態經濟』, 2007(5).
關守蓉, 宮林茂幸, 箕輪光博, 陳學群, 「日本的森林文化及其理想模式」, 『北京林業大學學報』, 2007(2).
郭長生, 鄧星煌, 「侗族習慣法概述」, 『貴州民族研究』, 1983(1).
郭家聰, 「達爾文和達爾文學說」, 『生物學通報』, 1982(2).
國評, 「水浮蓮泛濫成災」, 『陽城晚報』, 2004. 5. 23.
何撒娜, 「中國侗族的村寨, 人與空間概念」, 『儀式, 親属與社群小型學術研討會文集』, 台北: 中央 研究院民族學研究所, 民國89年.
何學松, 「我國農村生態環境惡化的原因分析及改善對策」, 『安徽農業科學』, 2007(12).
胡火金, 「論中國傳統農業的生態化實踐」, 『南京農業大學學報』(社科版), 2005(3).

黃才貴, 「黎平肇興鄉侗族鼓楼調查」, 『六山六水民族調查』 卷四, 貴州民族研究所編, 1986.
黃蔚山, 陳憚, 「百畝水浮蓮堵死西陽船閘」, 『中國水運報』, 2004. 3. 12.
季建林, 「后發優勢的制度性障碍」, 『西北民族大學學報』, 2006(6).
角緩梅等, 「亞熱帶山地梯田農業景觀穩定性探索 - 以元陽哈尼梯田農業景觀爲例」, 『云南師范大學學報』(自然科學版), 2003(2).
孔榮, 「西部地崗生態建設的環境政策体系研究」, 『農業環境與發展』, 2008(5).
雷廣正等, 「侗族地崗"洞", "款"組織的特征和作用」, 『民族研究』, 1989(3).
李超民, 「美國〈2007年農場法〉農業補貼及相關立法研究」, 『農業展望』, 2007(1).
李稿澈, 「韓國農業在世界農業史上的意義和展望」, 『中國農史』, 2004(2).
李記明, 曲健, 溫春光, 「法國波爾多的葡萄與葡萄酒」, 『中外葡萄與葡萄酒(三)』, 2001(6).
李可可, 黎沛虹, 「都江堰 - 我國傳統治水文化的璀璨明珠」, 『歷史與文化』, 2004(8).
李紹清等, 「水稻耐水高產栽培與減灾策略」, 『上海農業學報』, 1999(3).
李霞, 「生態人類學的產生和發展」, 『國外社會科學』, 2000(6).
李曉明, 「南方山地民族"草標"的文化人類學闡釋」, 『黑龍江民族叢刊』, 2008(4).
李玉琴, 「藏族服飾崗劃新探」, 『民族研究』, 2007(1).
梁蕲善, 「貴州土地利用」, 『貴州經濟建設』, 1947年 第2卷(3,4).
廖君湘, 「侗族傳統社會冲突的主要層面」, 『經濟與社會發展』, 2005(6).
林榮爾, 「關于英國瘋牛病風波的来龍去脉」, 『肉類工業』, 2001(9).
林淑蓉, 「侗族社會的階序與權力: 以貴州侗人的人群關系爲例」, 『階序與權力學術研討會文集』, 台北: 中央研究院民族學研究所, 民國93年.
_____, 「生態, 節慶與禮物的交換: 談侗族的時間概念」, 『時間·記忆與歷史學術研討會論文集』, 台北: 中央研究院民族學研究所, 民國87年.
林向蕭, 「納西族族源新說再質疑 - 與諏訪哲郎先生進一步商榷」, 『云南民族大學學報』, 1993(1).
劉標, 「轉基因食品能吃嗎?」, 『百科知識』, 2000(5).
劉兆忠, 「發展木本粮油造福子孫后代」, 『河南林業科技』, 1986(2).
龍耀宏, 「侗族源于"干越"考」, 『貴州民族研究』, 1987(10).
龍宇曉, 石開雄, 「車江: 一个侗族社崗農業經濟變遷的實地調查」, 『六山六水調查』, 貴州民族研究所編, 1986.
麻春霞, 「生態人類學的方法論」, 『貴州民族學院學報』, 2006(6).
麻光炳, 「侗族族源研究與方法論」, 『侗學研究』, 1991.
麻國慶, 「草原生態與蒙古族的民間環境知識」, 『内蒙古社會科學(漢文版)』, 2001(1).
潘永榮, 譚厚鋒, 「"六山六水"民族調查與侗族研究」, 『貴州民族研究』, 2002(3).
潘永榮, 「浅談侗族傳統生態觀與生態建設」, 『貴州民族學院學報』, 2004(5).
任國英, 「生態人類學的主要理論及其發展」, 『黑龍江民族叢刊』, 2004(5).
石開忠, <侗族款組織的文化人類學闡釋>, 中央民族大學博士論文, 2007.
_____, 「宗教象征的来源, 形成與祭祀儀式」, 『貴州民族學院學報』, 2005(6).
史更申, 「水土流失极其防治對策」, 『中國人口, 資源與環境』, 1994(9).
談克儉, 「替代農業模式其特點」, 『沈陽農業大學學報』, 2005(3).
譚文化, 「技術异化與人類自我反思」, 『中國農業大學學報』, 2006(1).

陶利輝,「論農業起源的地理環境」,『農業考古』, 1994(1).
王蘭,「油中驕子 - 橄欖油」,『四川烹飪學校學報』, 2005(4).
王慶,「探論傳統民族文化對畢節實驗崗生態建設的借鑒作用」,『烏蒙論壇論文集』, 2004(1).
王慎強等,「荷蘭農業發展的思考」,『農業現代化研究』, 1997(5).
王胜先,「侗族族源考略」,『貴州民族研究』, 1984(2).
＿＿＿,「考古發現與侗族族源」,『貴州民族研究』, 1982(1)期.
王望,「法國農業補貼政策」,『政策計劃』, 2006(11).
王文光, 姜丹俅,「傣族的飲食文化及其功能」,『民族藝術研究』, 2006(3).
王玉德,「中國環境保護的歷史和 現存的十大問題」,『華中師范大學學報』(社科版), 1996(1).
韋慶穩,「探論百越民族的語言」,『百越民族史論集』, 北京: 中國社會科學出版社, 1986.
吳昌紅等,「長江中下游拉响枯水警報」,『新華日報』, 2004.2.18.
吳侹新,「侗族地崗立體林業經濟開發构想」,『貴州民族研究』, 1996(2).
吳三麟,「古代靖州侗"款"組織」,『貴州民族研究』, 1993(1).
吳廷棟,「侗族是百越一支發展起来的土著民族」,『貴州民族研究』, 1993(2).
吳澤霖, 陳梁匝第,「車寨社崗調查」,『邊政公論』, 卷六第4期, 1947.
席克定,「黎平, 從江等地的侗族丧習」,『月亮汕地崗民族調查』, 1983.
向零,「洞款鄉規及其演變」,『貴州民族研究』, 1989(3).
＿＿,「重訪九洞」, 貴州民族研究所編,『六山六水調查』, 1986.
熊宗貴, 白秀峰,「抗生素生物合成控制的進展」,『抗生素』, 1984(2).
徐伏牛,「1991年全國血吸虫病疫情分析」,『中國血吸虫病防治雜志』, 1992(6).
徐曉光,「芭茅草與草標」,『貴州民族研究』, 2008(3).
徐新建,「古城的生命在于文化與傳承」,『貴州社會科學』, 2009(2).
許劍平, 徐涛, 謝宇峰等,「國外少免耕法的發展研究」,『農机法研究』, 2005(1).
許磊,「歐盟對溫州打火机反傾銷調查思考」,『杭州研究』, 2004(4).
嚴偉群等,「水稻病虫綜合防治技術」,『上海農業科技』, 2006(6).
楊進飛,「侗款制探探」,『民族論壇』, 1987(3).
楊堃,「莫斯教授的社會學學說與法法」,『楊堃民族研究文集』, 北京: 民族出版社, 1991.
楊蓮如等,「駱駝 - 亞待保護的瀕危畜种」,『畜牧飼料科學』, 2004(2).
楊庭碩, 李天元,「混成耕牧在彝語地名中的反映」,『吉首大學學報』, 2001(3)期.
楊偉兵,「由糯到籼: 對黔東南糧食作物种植與民族生境适應問題的歷史考察」,『中國農史』, 2004(4).
楊秀綠,「侗款的產生、功能及傳承探探」,『中南民族學院學報』, 1989(1).
楊亞軍等,「中國古代生態人類學的思想体系與實踐」,『天水師范學院學報』, 2005(4).
楊有耕,「錦屏縣魁胆侗村發展林業生產的基本經驗」,『六山六水調查』, 貴州民族研究所編, 1986.
楊渊華,「認識氣候變化規律預防霜凍灾害」,『内蒙古氣象』, 1995(6).
楊曾輝,「昨天和今天: 生態人類學在中國」,『青海民族研究』, 2012(3).
尹紹亭,「探論當代的刀耕火种 - 兼論人與自然的關系」,『農業考古』, 1990(1).
＿＿＿,「云南刀耕火种 - 民族地理學的考察」,『思想戰綫』, 1990(2)期.
余宏模,「清代雍正時期隊貴州苗疆的開辟」,『貴州民族研究』, 1997(3).

苑國華, 「論"庫拉圈"理論及其人類學意義」, 『新疆師范大學學報』, 2006(4).
張火生, 「愛斯基摩人捕鯨習俗」, 『해양어업』, 1990(6).
張民, 「薩歲考略」, 『貴州民族研究』, 1982(3).
____, 「關于榕江縣車江的"薩歲"調查」, 『六山六水調查』, 貴州民族研究所出版(內部發行).
____, 「浅談侗族與仡伶和伶」, 『貴州民族研究』, 1993(1).
____, 「探探(越人歌)的誕生地 - 兼證榜紲越人與侗族族源」, 『貴州民族研究』, 1986(4).
____, 「探探(越人歌)的誕生地兼證榜梩人與侗族的關系」, 『貴州民族研究』, 1986(4).
____, 「探探(越人歌)與侗歌 - 兼證侗族族源」, 『貴州民族研究』, 1986(1).
張西華, 「傳統農業向現代農業轉變的研究」, 『安徽農業科學』, 2006(5).
張欣, 「從人的生物性和倫理性考察法律人格的確認」, 『法制社會』, 2006(11).
張遠銘等, 「實施珠江"壓咸補淡"應急調水」, 『廣東建設報』, 2006.1.17.
張增祺, 「洱海崗域的古代民族文化」, 『云南民族大學學報』, 1987(4)期.
趙敏, 「倫中國傳統農業哲學及其現實意義」, 『船山學刊』, 2005(3).
趙新泉, 「退耕還林的生態作用及實施措施」, 『林業資源管理』, 1999(3).
鄭敏, 「美國國家公园的困擾與保護行動」, 『國土資源情報』, 2008(10).
周建華, 胡躍紅, 「美國農業補貼政策的調查及启示」, 『求索』, 2006(2).
周義紅, 「論發展中國家爲何要爲削减發達國家的農業補貼而奮斗」, 『商場現代化』, 2007(2).
朱明德, 「美國的轉基因農業戰略及其對策」, 『食品科技與經濟』, 2000(6).
朱云章, 章瑞, 「劉易斯農村勞動力流動理論及其現實意義」, 『行政論壇』, 2004(5).

찾아보기

가

가을 서리 123
각두과 34
각목 206
각치장 197
간란식 주택 110
간벌 204
강가논 129
강미 134
개앙문 71, 75
개울가논 129
개청절 75
개토귀류 44, 52, 53, 55~57, 60, 86, 110, 205, 218, 232
개화기 131
검동남묘족동족자치주 14
검은 진흙 29
격두촌 105
경계비 200
경도 120, 170, 295, 311
계곡물 150, 165
계동 23, 226
계변고루 21, 49, 50
계보고루 21
계조 239
고라 21
고루 16, 21, 49, 50, 71, 72
고수 109
고증향 15, 16, 26
고해발 밭 29

곤명지 176
공생 체계 158, 160, 161, 164, 166, 172, 213
관동 16
관살 80, 81, 83, 84
관음보살 81
관초 식생 259
관평 16
광서 16, 20, 59, 109, 130, 160, 232, 244, 316
광우병 104
구귀랑 135
구금리 241
구문 126
구병귀노 135
구병파 135, 136
구양롱 124~126, 128, 136, 146, 154, 251
구역 혼종 143, 144, 146
구편용도 133
구황강 128, 246
귀공전 291
귀미 14
귀사 80~84
귀양 306, 308, 335
귀주 14, 16, 20, 42, 109, 110, 142, 151, 160, 231, 232, 238
규격화 48, 332~335
규모화 332,~335
규미 마을 193
규범화 246, 332~335, 337
금구충 291
금동 130, 132, 146, 189, 248

금추 198, 285
기노족 106
기부 126, 131, 134, 135
기천 71
까끄라기 121, 125~127, 129, 133~135, 137, 153~155, 251, 276, 278, 279

나

나미 134
나시족 106
낙타털 333
낙향 16, 26
납군 45, 46, 48, 51
납염 79, 80
낭공 293
내비성 129
냉침답 29
냉해 141, 149, 152, 251
네팅 208, 209
녹나무 34, 270
녹물답 29, 111, 126, 127, 250
녹초벨트 125, 154, 177, 183, 184, 190, 193, 196, 229, 314, 344
논 물꼬 124, 194
논배미 111, 112, 192
농목축혼성제 213
농약잔류증 164
농업 311, 330
농인 292
뇌공산 32, 182
뇌파 84, 85
뇨공 294
누런 진흙 29
늑석감비 52
능공 293

다

다랑이 논 33, 36, 51, 189
다북 쑥 82, 83, 84
다아 81, 82
단술 81, 82
단오절 226
단축 125
당뇨 294
당로 21
대관인 72, 147
대청 80
대합관 48
덤핑 판매 332, 333
도강언 195
도롱이 231
도류강 27, 34, 43, 204
도열병 144, 162
도운부 59
동관 260, 325, 334
동년 147, 187
동방의 베니스 109
동족 대가 81, 336
동향족 104
돼지 밥 238
두내로 45
두내위 45
두대 45, 46, 48, 50, 51
두료 46
두엄 212
두우 85
드렁허리 89, 92, 113, 164, 168, 170
등뇨 292
등민원 41
등분 296
등숙률 131
디클로르보스 283, 284
띠 36, 155

ㄹ

라이터 89
라파포트 210, 211
라후족 130
레슬리 화이트 323
레오 프로베니우스 224
루이스 헨리 모르간 98
뤼시앙 레비브륄 98

ㅁ

마디풀과 80
마르셀 모스 242
마미송 314
마빈 해리스 212
마샬 살린스 208, 228, 230
마작전 246
마춘하 138
마탑지 175
만년 찰벼 126~129, 136, 146
만생종 287, 288
말리노프스키 243, 244, 298
메기장 105
메뚜기 114, 142, 155, 298
메밥 238
메타미도포스 283, 284
메탄 장비 323
멜빌 허스코비츠 224, 227, 253, 263, 322, 342
멸동 18
모래가 섞인 밭 104
모어 172, 173
목타르 206, 265, 270
몽골 가젤 수렵 105
묘족 19, 22, 24, 51, 53, 54, 91, 103, 105, 106, 142, 160, 218, 219, 229, 231, 249, 252, 317, 374
무경간 농법 97, 99
무공해 농업 97
무기 312
무기적 167, 215

무미목 35
무작위 혼종 143
문명인의 사고 98
문살 82, 83
문화 핵심 89, 91
문화변동 223
문화접변 224~227, 229, 231~233, 237~239, 255, 317, 322, 342
문화핵심 214
물개구리밥 176
물고기눈 풀 281
물달개비 167
물쑥 281
미개인의 사고 98
미꾸라지 89, 113, 164
미심초 127, 167, 254
미주 199
밀크시슬 281

ㅂ

바파촌 18
발풀고사리 191
방호림대 190, 194
방화선 65, 93
밭벼 130, 151, 152
배수로 111
백모 85
백오황강 16, 48, 53
백월족 41, 237, 345
백합과 192
번식 162, 173, 176, 197, 201, 223, 264, 290
벌목 37, 38, 114, 127, 191, 193, 194, 199, 202, 203, 259, 260, 262, 264, 308, 324
베틀 69
벼 개화기 141
벼 그루터기 124
보수성 208, 249, 250, 297, 298
보아스 253, 263, 302
보종 239, 290

보취수 설비　111
복중 가뭄　131, 149, 150, 328
봄 가뭄　149, 330
부라　20
부레옥잠　167, 176, 177, 230
부생식물　34
부평초　36
분얼　126, 132, 296
분점 혼종　145
블루레이크　201
비그늘 지대　103
비대칭 피드백　254

ㅅ

사냥　87, 88, 92, 102, 106, 118, 120
사료 오염사건　104
사암　28, 29, 259
사채　14, 44, 51, 136, 240
사채하　27
사초과　30, 192
사회문화적 통합모델　222~226, 239, 255, 322
산요　42
살마　49
살세　21, 49, 83
살충제　283, 284
삼강현　244
삼나무　34, 36, 37, 203, 205, 219, 260, 270
삼농　311, 330
삼도　316
삼륜 자전거　115
삼륜차　168, 286
삼북　345
상공어장　293
생물학적 재적응　247, 249
생태 화장실　172, 173
생태농업　76, 102, 282, 340
생태적 지위　177
생태확장주의　158
생황　53, 83, 84

서리피해　123
서문　114
서비스　199, 208, 277, 279, 337
서왕모　81
석개충　40
석극정　197
석림　40
선형적 사고　161, 163
섬여　35
성숙림　192, 313
소령　20, 27, 37, 49, 61, 149, 185, 203
소령산　110
소림지　188
소황　15, 26, 56, 317
수경촌　236, 309
수구　16, 178
수로망　87, 150, 180, 185
수산소출　110
수소이온농도　29, 111
수수　194
수오공　89, 164, 167
수족　53, 145, 148, 160, 236, 237, 309
숭람　80
슈미트　224
슐츠　331
시내산　107
시루　45
식상사　53, 133, 147, 161, 244, 246
신동촌　18
신림　198
신미절　75
신생아 익사　17
신성　82, 198
신열주　128
신토불이　334
심천　211, 306
쌀과 물고기를 주식　218
쌍강향　14, 16, 19, 59
쌍계1호　238
쌍봉낙타　104
써래질　113

아

아관 292
아금 292
아급인 292
아더 루이스 331
아라산 104
아류 292
아마 292
아매 292
아반 291
아방 291
아안 292
아웅 291
악편 126, 129~136
암동진 18
야동호 230
양분식 112
양송성 19
양정 21, 65
양정석 119, 140, 141, 166, 180, 209, 214
어혈홍 252
어획 87
에너지 순환 고리 167
여계현 55
여래불 81
여파현 236, 309
여평현 14, 16, 18, 20, 30, 32, 33, 55~57, 114, 159, 168, 206, 232, 261, 262, 264, 281, 291, 310
열 혼종 143
염색용 독 69
영종현 57
옛 마을 고루 187
오광홍 82, 83, 84
오구대 240
오구소 293
오국희 83
오군호 292
오귀상 19, 120
오근가 292
오납의 291
오노계 18
오대언 292
오도행 294
오동파 168, 286
오두막 112, 113, 172
오로원 144
오로채 292
오로체 291
오로행 291
오보은 71
오생림 143
오선근 83, 127
오성룡 124
오승림 127
오양진 83
오여가 292
오은래 127
오일본 285, 286
오전귀 88
오정국 61, 71, 81~84
오존층 파괴 302
오토바이 286
오혁유 292
오홍영 294
옥황대제 81
온역론 158, 159
올레 173
옹롱 281
요르단강 107
요소 281
요족 53, 106
용강 316
용광로 114
용도향 133, 244
용요굉 40, 41
용우효 282
우교 69
우렁이 89, 164
우혈 69
운남 79, 103, 130, 231
울폐도 70

움막 210
움푹한 지대 124
웅큼 296
원강 41, 43
원륭평 265
원소절 226
월동작물 329
월인가 41
월지와 147, 244, 245
위경온 41
위구르족 104
위치추적시스템 169
유기농식품 97
유미목 35
육림 104, 197, 260
육유 42
육종 128, 132, 135, 137, 241~244, 246, 247, 290, 319
육청 56
응전 291
이공부세 110
이동경작 201, 202
이량위강 62, 216
이른 서리 123, 141
이무대육 201, 203
이벌대호 201~203
이석류 38, 259, 315
이용 196, 198
이원 대립 97, 98, 102
이족 106, 213
이탄 333
인공 수로 150
인공 차생림 313
인디고 69, 79
일반 진화 230
잉글레스 321
잎말이나방 114, 164

자

작은 도룡농 35

작은어머니 46, 48~50
잠추하 27, 134, 156, 185
잠하 14
잣나무 34
장강 20, 41, 312, 324, 327
장령림 63
장민 40, 41
장비 103
장족 41, 53, 160, 237
장축 125
재생 유령림 63
저수지 33, 111, 150, 294, 326, 328~330, 344
전경수 173, 323
전선대 123
전선면 151
전은 45, 46, 48, 51
절대 292
점리 15, 52, 56, 231, 317, 336
점미 134
점쟁이 75, 148
정미기 274~278, 289
정주 42
정주 농경 287
정충석급 294
제강·제철 운동 206
제살 71
제주도 173, 175, 323
제천절 31
조경 109
조생종 287, 288
조호 176
조흥 16, 17
종강현 14, 26, 30, 33, 56, 57, 133, 232
종돈 역병 178
종자보존 128
종자선택 128
종족촌락 공동체 70, 72~74, 198, 204, 243
주거 환경 181
주목나무 34, 219
주벌 204
주혈흡충병 159

줄리안 스튜어드 89, 119, 208, 209, 214, 223, 225, 322
중경제초 132
중국장수 도롱뇽 35
중심가장자리 혼종 143, 145, 146
중유림 187, 202, 313, 329
중조 18, 55, 178
증여론 242
증충 109
지네족 130
지력 146
진광후 18
진평래 294
진평유 292
집우 107

차

차강 247
차단 밸브 195
찬 서리 129
참나무 37
참오동나무 34, 270
창조성 208, 297, 298
창포과 192
채문고루 21, 51
채미고루 21, 51
채집 69, 70, 87, 88, 102, 106, 114, 118, 120, 155, 310
천립중 124
천삼관구 17
천수답 23, 189
천평여 291
청수강 114, 204
청장고원 265
촌락노인 16, 17, 58, 59, 64, 71, 73, 75, 78, 148, 194, 195, 199, 201, 245, 246, 293, 324, 325, 336
칠백생묘족마을 52, 218, 231, 232

카

카레즈 104
쿨라 링 243, 244
큰 도롱뇽 35
큰 물고기 양식 116
큰어머니 45, 46, 48~51, 137
클로드 레비 스트로스 74, 97

타

타이완산 103
탄산암모늄 281
탈곡기 276, 279
태호 176
택사과 192
토머스 하딩 208, 250
통발 113, 168, 170
퇴비 174, 212
투전승불 81
특수 진화 228

파

파서 21, 65
파초 155
판란근 167
편미 132, 288
평래교 294
평지 24, 32, 62, 64, 92, 110, 204, 291, 293, 319
평천 14, 51, 317
평천하 27, 51, 60, 62, 134, 156, 185
포기 21, 293
포동전 115, 118, 189, 190, 268, 329
포드재단 282
포의족 42, 237
포정사 110
표시조사법 267
풀표지 75

풍수림 197, 203
풍우교 25
프레온 303
피단 211, 335

하

하니족 103, 105, 213, 318
하서주랑 333
한로 134
함양능력 188, 316
함천대 84, 85
함천사 83
함천절 31, 81
합관 17, 31, 46, 48, 53, 57, 60, 68, 111, 170, 187, 193, 195, 197, 336
행가좌월 73, 77, 211, 309
행월전 293
향령 40
향양답 111
향화찰벼협회 282, 284
헤브루 107

혈암 28, 29, 259
홍영 도행교 294
홍주 231, 247
화량고루 21, 51
화변기 172
화장실 혁명 172
화전 경작 103
화창 112
환경오염증후군 162, 163
활로두 75, 148
황강하 27, 61, 134, 156, 185
황단 212
황숙기 132
회동 227
회하 41
횡경 125, 126, 129~136
흘람 42
흘령 42
흘료 42
흘루 42
홀신절 75
흰 진흙 29

중국 귀주성 동족侗族
쌀농사의 생태인류학

초판1쇄 발행 2025년 2월 28일

지은이 최해양
옮긴이 김국화

주간 조승연
편집·디자인 오경희·조정화·오성현·신나래·박선주·정성희
관리 박정대

펴낸이 홍종화
펴낸곳 민속원
창업 홍기원
출판등록 제1990-000045호
주소 서울 마포구 토정로 25길 41(대흥동 337-25)
전화 02) 804-3320, 805-3320, 806-3320(代)
팩스 02) 802-3346
이메일 minsokwon@naver.com
홈페이지 www.minsokwon.com

ISBN 978-89-285-2056-5
SET 978-89-285-0359-9 94380

ⓒ 최해양, 2025
ⓒ 민속원, 2025, Printed in Seoul, Korea

이 책은 저작권법에 따라 보호를 받는 저작물이므로 무단전재와 복제를 금지하며,
이 책의 전부 또는 일부를 이용하려면 반드시 저작권자와 출판사의 서면동의를 받아야 합니다.